موسوعة المنظمات الدولية   (5)

جامعة الدول العربية - الجزء الأول

جامعة الدول العربية
في مواجهة تحديات العولمة

الجزء الأول
إنشاء الجامعة وأهدافها

الأستاذ الدكتور
سهيل حسين الفتلاوي

أستاذ القانون الدولي العام
رئيس قسم القانون العام -جامعة جرش
رئيس الجمعية العلمية للبحوث والدراسات الإستراتيجية
عضو الجمعية المصرية للقانون الدولي

الطبعة الأولى
1432 هـ - 2011 م

الحامد

المملكة الأردنية الهاشمية
رقم الإيداع لدى دائرة المكتبة الوطنية
(2010/5/1817)

341.25

● الفتلاوي ، سهيل حسين

● موسوعة المنظمات الدولية: جامعة الدول العربية في مواجهة تحديات العولمة: إنشاء الجامعة العربية/
سهيل حسين الفتلاوي . عمان: دار ومكتبة الحامد للنشر والتوزيع، 2010
ج 5 (   ) .

● ر. إ. (2010/5/1817) .

● الواصفات: جامعة الدول العربية //المنظمات الدولية// المنظمات العربية// البلدان العربية /

■ يتحمل المؤلف كامل المسؤولية القانونية عن محتوى مصنفه ولا يعبر هذا المصنف عن رأي دائرة المكتبة
الوطنية أو أي جهة حكومية أخرى .

● (ردميك) : ISBN   978-9957-32-511-4

دار الحامد للنشر والتوزيع

شفا بدران - شارع العرب مقابل جامعة العلوم التطبيقية

هاتف: 5231081 -00962 فاكس : 5235594 -00962

ص.ب . (366) الرمز البريدي : (11941) عمان – الأردن

Site : www.daralhamed.net

E-mail: daralhamed@yahoo.com   E-mail : info@daralhamed.net

بسم الله الرحمن الرحيم

{ كنتم خير أمة أخرجت للناس تأمرون بالمعروف
وتنهون عن المنكر وتؤمنون بالله ولو آمن أهل الكتاب لكان خيرا لهم منهم المؤمنون
وأكثرهم الفاسقون }

(الأعراف: 168)

قائمة المحتويات

قائمة المحتويات

المقدمة

المقدمة

شهد الوطن العربي أقدم الحضارات الإنسانية. وظهر فيه أول مفهوم للدولة. وعلى الرغم من سيادة الطابع القبلي فقد تمكن الإسلام من جمع العرب وتوحيدهم، ونهض بهم، وأقام دولة قائمة على وحدة العقيدة، دامت قرونا عدة، استطاع العرب من خلالها أن ينشروا العدل والحق في العديد من مناطق العالم. وأقامت الدولتان الأموية والعباسية، صرحا كبيرا لنموذج الدولة المتطورة، والموحدة على الرغم من اتساعها وكبرها.

وبعد الانتكاسة التي شهدتها الحضارة الإسلامية على يد الجيش المغولي سنة 656هـ (1258م) أصبح الوطن العربي مسرحا للاحتلال والسيطرة الأجنبية التي سعت بكل وسائلها إلى تفتيت الروح القومية وفرض الهيمنة عليهم وإذلالهم بشتى الوسائل وفي مقدمة ذلك فرض الجهل والتخلف عليهم بعد أن كانوا أمة رائدة في إثراء البشرية والنهوض بها في المجالات المختلفة.

وخضع المغرب العربي للاحتلال الأجنبي المباشر وفرضت عليه الثقافة واللغة الأوربية، وقسم المشرق العربي بموجب معاهدة (سايس - بيكو) إلى مناطق نفوذ بريطاني فرنسي ومن بعد ذلك فرض الانتداب عليهم بقرار من عصبة الأمم.

وأصبحت كل من بريطانيا وفرنسا تتحكمان في مصير الوطن العربي، خلال فترة الحربين العالميتين الأولى والثانية، وحاولتا مسخ المشاعر القومية وفرض ثقافة غربية عليه. وبعد خروج الدول الأوربية من الحرب العالمية الثانية سواء أكانت المهزومة منها أم المنتصرة، كانت جميعها منهكة وغير قادرة على مواجهة القوة الأمريكية التي بدأت تنافس المصالح الأوربية، وظهور الكتلة الاشتراكية على مسرح السياسة الدولية كقوة عظمى، عندئذ شعرت بريطانيا بضرورة إقامة نظام

عربي موحد لمواجهة القوة الأمريكية والشيوعية المتعاظمة، فسعت إلى إقامة صرح عربي، تحت شعار اجمع واحكم. فدعت لإقامة جامعة عربية لمواجهة القوى العظمى الجديدة. ومن هنا بدأ الصراع البريطاني الأمريكي حول السيطرة على هذا النظام الجديد. وعلى الرغم من استبشار الحكام العرب، للاتجاه البريطاني، وحاولوا أن يستغلوا هذه الفرصة لإقامة نظام عربي موحد يكون محققا لآمال الأمة العربية، إلا أنهم لم يكونوا بالقدر المطلوب باستغلال هذه الفرصة، ولم ينطلقوا من مشاعر قومية، وإنما كانت بوحي من المصالح الأجنبية المتصارعة. والمحافظة على الكيانات القطرية. وفي ضوء ذلك قامت الجامعة العربية في عام 1945.

ومن المؤكد أن ميثاق جامعة الدول العربية وجاء بصيغة لم تحقق أماني الأمة العربية وحتى أماني الحكام الذين وقعوا الميثاق بسبب هيمنة المصالح الأجنبية والعمل بما أملاه الأجنبي، وكان المفروض أن يستغل الحكام العرب الذي ورثوا هذا الحدث التاريخي، وان يطوروا هذا الكيان نحو تحقيق مصالحهم ولو بصورة الجرعات الخفيفة خلال العقود التي مرت، واستغلالهم حالة التوازن الدولي التي كانت قائمة خلال هذه الحقبة، ويجعلوا من النظام الذي جاءت به الجامعة النواة التي يمكن أن تحقق أماني الأمة العربية، خاصة وان المجموعات الدولية تسير في الوقت الحاضر نحو التكتل في إطار منظمات دولية قادرة على تحقيق أهداف أمنية وعسكرية واقتصادية وسياسية واجتماعية وثقافية.

وبعد ظهور العولمة وإنشاء منظمة التجارة العالمية عام 1994، أصبح النظام العالمي الجديد يعاني من الهيمنة الأمريكية تحت عطاء حرية التجارة العالمية. لهذا فقد ذهبت العديد من الدول إلى التكتل مع بعضها لمواجهة هذه الهيمنة. فبرز الاتحاد الأوربي قوة اقتصادية وسياسية وعسكرية كبيرة. وظهرت مجموعة آسيان كقوة اقتصادية كبيرة. كما ظهر الكومنولف الروسي كمحاولة لمواجهة العولمة. وأجريت تعديلات جوهرية على الوحدة الأفريقية بموجب اتفاقية عام 2002.

وعلى الرغم من هذه التكتلات فقد زادت الهيمنة الأمريكية في العالم وخاصة في الوطن العربي. واستطاعت أن تحتل الدول النفطية الخليجية تحت ستار اتفاقيات الحماية الدولية واحتلال العراق عسكريا في حرب مدمرة، عام 2003، وأصبح محتلا قانونا بقراري صادرين من مجلس الأمن في السنة نفسها.

ويعد الوطن العربي من أكثر المجتمعات الدولية توحدا، إذ تتوافر فيه عوامل التكتل والانسجام. وكان من المفروض أن تكون الجامعة العربية قادرة على حماية الأمة العربية وتعزز قدرتها في مواجهة النظام الدولي الجديد. وان تكون وحدة العرب نبراسا للأمة الإسلامية وقوة لها. ذلك أن قوة العرب تعد قوة للمسلمين وضعف العرب ضعفا للمسلمين.

وتأتي هذه الدراسة كمحاولة لتقويم جامعة الدول العربية وبعث دورها القومي والحضاري وإذكاء قدرتها على مواجهة التطورات التي يشهدها المجتمع الدولي. والبحث في هذا الموضوع يعد مسؤولية قومية ودينية تتطلب من كل باحث ينتمي لهذه الأمة أو يعيش في كنفها أن يعمل على مواجهة النظام الدولي الجديد عن طريق بعث الأمة العربية من جديد، وإذكاء مشاعرها القومية. ونحن في ذلك، لا ننطلق من مصالح خاصة، أو غايات عنصرية، إنما هدفنا هو العمل على قوة الأمة العربية وتحريرها ووحدها، لتكون أمة فاعلة منتجة، قادرة على تحديات العصر... وسنتعرض لمواقف بعض الدول، في العمل القومي، ليس من باب التجريح والتنديد، بل من باب الحرص على تجاوز الماضي والنظرة المستقبلية لواقع الأمة العربية، ومن أجل أن نمهد لأجيالنا الأمن والسلام والعيش الكريم..

وسنتناول الموضوع في جزأين، نتناول في الكتاب الأول إنشاء الجامعة وأهدافها ومبادئها، أما الكتاب الثاني فسنتناول فيه أجهزة الجامعة.

ونتناول في هذا الجزء الفصول الآتية:

☐ الفصل الأول – إنشاء الجامعة العربية.

☐ الفصل الثاني – حماية السلم والأمن العربي.

☐ الفصل الثالث – تنظيم العلاقات العربية الدولية.

☐ الفصل الرابع – تنمية العلاقات العربية المشتركة.

الفصل الأول

إنشاء جامعة الدول العربية

الفصل الأول

إنشاء جامعة الدول العربية

الفصل الأول
إنشاء جامعة الدول العربية

على الرغم من أن الوطن العربي يعد مجتمعا قبليا تتمتع فيه كل قبيلة بالاستقلال السياسي والاقتصادي والاجتماعي عن الأخرى، إلا أن المشاعر العربية والخصائص والتقاليد والعادات، كانت شبه موحدة. ولم يتوحد العرب سياسيا تحت حكم شخص واحد، إلا بعد ظهور الإسلام. إذ توحد العرب تحت رايته. فأصبحوا قادة للمسلمين. واستطاعوا نشر العدل، ليس بين العرب فحسب، بل بين غيرهم أيضا. واستمرت الدولة الإسلامية في إطار حضارة مزدهرة فترة طويلة من الزمن استطاعت أن تحقق وحدة متكاملة في التشريع والعادات والتقاليد واللغة. وأسهم العرب في ثراء البشرية بالعدل والعلم والحضارة بجوانبها المختلفة.

وكان من جراء تخلي العرب عن دورهم الريادي في قيادة الإسلام أن أصبحوا أمة متفرقة متصارعة. ونتيجة لما عانوه من ظلم واضطهاد، فقد فرض عليهم التخلف والجهل. وأصبح الوطن العربي محط أنظار أطماع الدول الأجنبية، فتعرض لموجات استعمارية متعددة. وفي نهاية القرن التاسع عشر وبداية القرن العشرين شهد الوطن العربي العديد من الدعوات من قبل بعض المفكرين تنادي بوحدة العرب وتدعوهم إلى قيام دولة عربية مستقلة تضم الوطن العربي كله.

وفي القرن التاسع عشر قامت فرنسا باحتلال الدول العربية في شمال أفريقيا. وبعد الحرب العالمية الأولى خضع الوطن العربي للاستعمار البريطاني الفرنسي. وعقب خروج الدول الأوربية من الحرب العالمية الثانية، وهي مدمرة سواء أكانت المنتصرة منها، أو المهزومة، دخلت الولايات المتحدة الأمريكية الوطن العربي، كمنافس جديد تهدد مصالح كل من بريطانيا وفرنسا. وحاولت بريطانيا أن تخلق جبهة قوية ضد منافستها الولايات المتحدة الأمريكية عن طريق جمع العرب

في وحدة سياسية على قاعدة أجمع واحكم. فتوجهت لإنشاء جامعة عربية تجمع الدول العربية تحت هيمنتها، أفضل لها من أن تتركهم يوحدون أنفسهم.

وبناء على ذلك سنتناول ملامح ظهور الشعور القومي في الوطن العربي وعوامل قيام جامعة الدول العربية في المباحث الآتية:

- المبحث الأول: التنافس الدولي في الوطن العربي قبل الحرب العالمية الأولى.
- المبحث الثاني: ظهور فكرة تنظيم دولي عربي.
- المبحث الثالث: دور بريطانيا في إنشاء جامعة الدول العربية.
- المبحث الرابع : عقد ميثاق جامعة الدول العربية.

المبحث الأول
واقع الوطن العربي قبل إنشاء الجامعة

إن البحث عن تاريخ جامعة الدول العربية، لا يبدأ من الحرب العالمية الثانية. إنما يمتد إلى أبعد من ذلك بكثير. فقد خضع الوطن العربي للحكم الأجنبي لقرون طويلة، فرض عليه الجهل والتخلف والفقر والفاقة والصراع، وطمست مشاعره القومية، وأصبح ساحة صراع تتجاذبها الأطماع الأجنبية. لهذا فإن الكلام عن الجامعة، يتطلب معرفة حالة الوطن العربي، قبل الحرب العالمية الثانية، وطبيعة الصراعات الدولية التي شهدها، والتي أثرت بمجملها على إنشاء جامعة الدول العربية. وهي فترة امتدت منذ سقوط الدولة العباسية، إلى انتهاء الحرب العالمية الثانية، والتي تمخضت عن قيام جامعة الدول العربية.

لهذا سنتناول واقع الأمة العربية الذي انتقل من الحكم العثماني إلى الاحتلال البريطاني والفرنسي للوطن العربي باختصار شديد:

أولا- واقع الوطن العربي في عهد الدولة العثمانية

كانت بغداد مركز الخلافة العباسية، منذ عام (750)م[1]. وكان الوطن العربي موحدا تحت راية الحكم الإسلامي، وخضعت له العديد من الأقاليم غير العربية. غير أن هذا التطور لم يجد المجرى الذي سيصل به تاريخ امتنا المجيدة بمستقبلها المنشود بسبب الانتكاسة التي تعرضت لها الحضارة العربية على يد الجيش التتري بقيادة (هولاكو) عام (656 هـ 1258م) ، الذي احل الخراب في مدينة بغداد ووضع نهاية مؤلمة للحاضرة العربية الإسلامية العريقة التي كانت بغداد عاصمتها[2]. فلم يعد هناك مجالا للتحدث فيه عن العروبة أو القومية، في الفترة اللاحقة للحكم العباسي لاستمرار احتدام الحروب والاضطرابات الداخلية، إذ

(1) يراجع عن واقع العرب في العصر العباسي: الدكتور عبد العزيز الدوري، دراسات في العصور العباسية المتأخرة، مركز دراسات الوحدة العربية، بيروت 2007.
(2) يراجع عبد الرزاق الحسني، تأريخ العراق السياسي الحديث، دار الكتب بيروت 1975 ص27.

اتجه هولاكو وأحفاده من بعده إلى محاولة تصفية الحضارة العربية الإسلامية التي سادت قيمها الإنسانية والأخلاقية العالم كله آنذاك. وبعد ذلك خضع الوطن العربي للسيطرة العثمانية ابتداء من عام 1517، باحتلالهم مصر.

ولا ينكر أن للدولة العثمانية الدور الكبير في نشر الدين الإسلامي ومواجهة الغرب في صراع مرير. إلا أن الأمر مختلف بالنسبة للوطن العربي. وعلى الرغم من أن هناك من يعتقد أن الأمة العربية شهدت تطورا في عهد الدولة العثمانية، وتوحدت في هذا العهد. إلا إننا نرى أن الوحدة لا تتحقق بتوحد النظام السياسي المهمين على الوطن العربي تحت سلطة حاكم أجنبي. فقد خضع الوطن العربي للاحتلال البريطاني والفرنسي، فلم يتوحد، بل زاد تجزئة وتشرذما وفقرا وقهرا وتخلفا في العهود المختلفة جميعها، التي خضع فيها العرب لحاكم غير عربي.

واعتمدت الدولة العثمانية، الفتوحات والتوجه نحو الغرب. ويعد السلطان سليمان الذي تولى الحكم بعد أبيه سليم الأول من أهم سلاطين الدولة العثمانية. وأطلق عليه بسليمان العظيم.

فقد نشبت في عهده العديد من الحروب مع أوربا. وتقدمت جيوشه لمحاصرة عاصمة النمسا. مما دفع " فرديناند " إمبراطور النمسا إلى عقد صلح مع سليمان عام 1523م أعترف له فيه بالسيادة على المجر[3]. وكان توجه الدولة العثمانية نحو الغرب لاحتلال وإخضاع الأقاليم والدول الأوربية عملا كبيرا مهد بتوسع الدولة العثمانية وسيطرتها على أهم الأخطار التى كانت تهددها. ولو كثفت جهودها في التوسع نحو الغرب لكانت الدولة العثمانية قد حققت العديد من المكاسب للدولة الإسلامية. ولاستطاعت أن تتخلص من الأخطار الناجمة من هذه المناطق والتي كانت السبب الرئيس في القضاء عليها وإسقاطها.

---

(3) الدكتور محمد كمال الدسوقي، الدولة العثمانية والمسألة الشرقي' دار الثقافة، القاهرة 1976، ص 58. وعماد الدين محمد بن محمد بن حامد الأصفهاني، تاريخ دولة السلجوقية، مطبعة الموسوعات، القاهرة، ص 100.والدكتور محمد عبد العزيز الشناوي، أوربا في مطلع العصور الحديثة، القاهرة 1969 ص 521.

ثانيا- توجه الدولة العثمانية نحو العرب

بدأ اهتمام الدولة العثمانية بالمنطقة العربية منذ القرن السادس عشر وفي عهد السلطان سليم الأول 1515-1520م. إذ حدث انقلاب في إستراتيجية الدولة العثمانية. فخف زحفها نحو الغرب واتجهت نحو الشرق إلى قلب المشرق العربي مهبط الدين الإسلامي الذي اعتنقه قادة الدولة العثمانية. وقد اتسم الزحف العثماني نحو الشرق بالسمات الآتية:

1- إن الزحف العثماني في القرن السادس عشر، أوجد وحدة سياسية في المنطقة العربية بعد تفككها بسقوط الدولة العباسية في منتصف القرن الثالث عشر.

2- إن زحف الدولة العثمانية حتى في أوج عظمتها لم تمتد جميع أرجاء الوطن العربي. فلم تشمل بعض مشايخ، أو إمارات الخليج العربي ولم تسيطر سيطرة فعلية على قلب شبه الجزيرة العربية. ومع ذلك فقد ظل العثمانيون يدعون حقوقا في السيادة على كل شبه الجزيرة العربية .

3- شهد الوطن العربي في ظل الدولة العثمانية عهدين. الأول يبدأ بالاحتلال العثماني للوطن العربي في القرن السادس عشر وينتهي في أواخر القرن الثامن عشر. وهو تاريخ الأنظمة العثمانية غير المباشرة وما أصابها من تدهور. والثاني يبدأ بالقرن التاسع عشر إلى أوائل القرن العشرين. ويمثل اتجاهات الدولة العثمانية الجديدة والتي شهد فيها الوطن العربي ظهور الحركات القومية[4].

4- إن خضوع الوطن العربي للاحتلال العثماني تحت ستار الدين لم يمنح العرب حريتهم في قيادة أنفسهم، أو يساعدهم في النهوض من كبوتهم وتخلفهم. ولم يمنحهم هذا الاحتلال فرصة أنفسهم. فقد كان الولاة يعينون من قبل الباب العالي، ومن العائلة العثمانية. وما كان على العرب سوى دفع الضرائب والمشاركة في حروب الدولة العثمانية بصفة جنود إلى جانب الجيش

---

(4) الدكتور السيد رجب حراز، الدولة العثمانية وشبه جزيرة العرب، معهد البحوث والدراسات العربية، القاهرة 1980ص8.

الانكشاري، دون أن يتمتعوا بأية حقوق تذكر. وقد عامل العثمانيون العرب بوصفهم شعب محتل عليه واجبات دون أن تكون له حقوق تذكر.

5- تحول العرب من عبودية المغول والفرس إلى عبودية العثمانيين. فلم يظهر لهم شأن في السياسة، أو الدين. وخلال أربعة قرون من الحكم العثماني شهد الوطن العربي اظلم فترة مرت في تاريخه القديم والمعاصر في جميع المجالات وخاصة المجالات السياسية والدينية والعسكرية العلمية والثقافية والعمرانية. فلم يمارس العرب أدنى مراتب السلطة في عهد الدولة العثمانية. فجميع الموظفين في الوطن العربي كانوا من الأتراك.

6- لم يقم العثمانيون علاقة مع الشعب العربي خلال احتلالهم للوطن العربي فقد كانوا غرباء عن الأمة العربية. وغرباء عن التعامل عن مشاكل العرب ومحنتهم. ولذلك فقد عد العرب خروج العثمانيين من الوطن العربي بمثابة انتصار للأمة العربية رغم إنهم خرجوا من احتلال أجنبي عثماني إلى احتلال بريطاني كان أقسى وأمر من الاحتلال الأول.

وبالنظر إلى أن الوطن العربي قد خضع للدولة العثمانية 1530-1914 وهو حكم أجنبي غير عربي إلا أن ما طبق في الدولة العثمانية من معاهدات طبق على الوطن العربي.

وقد بدأ العثمانيون في القرن السادس عشر بالشام ثم مصر فالحجاز. وعملوا على بسط سلطانهم على اليمن. كما حرروا العراق من الدولة الصفوية. ويربط فتح العثمانيين لليمن بفتحهم لمصر. فما كاد العثمانيون يفرغون من فتح مصر عام 1517م حتى وجدوا أنفسهم مضطرين لإتباع نفس الخطط التي كانت تسير عليها الدولة المملوكية في دفع الخطر البرتغالي عن البحار الشرقية فجعلوا من السويس قاعدة بحرية لعملياتهم في البحر الأحمر والمحيط الهندي والخليج

28

العربي وإغلاقها في وجه الدول الأوربية. فكانت قاعدتهم الأمامية هي اليمن بصفة عامة وعدن بصفة خاصة[5].

وقد تمكن العثمانيون من السيطرة على سواحل اليمن. واصطدمت القوات العثمانية بالأئمة الزيدية والقبائل اليمنية الأخرى. وأسرع السلطان سليم الثاني 1566-1574م بإرسال حملة كبرى عام 1569 لإعادة السيطرة في اليمن وتسمى هذه الحملة بالفتح العثماني الثاني لليمن خلال العصر العثماني الأول. وأصبحت اليمن ولاية عثمانية. ولم يتمكن العثمانيون من السيطرة على اليمن بسبب مقاومة اليمنيون للحكم العثماني، فخرجوا من اليمن عام 1635م. وفي عام 1839 تمكن الإنكليز الاستيلاء على ميناء عدن[6].

وقد اتجهت أنظار الدولة العثمانية بالسيطرة الفعلية على الخليج العربي. ومنذ أن تولى مدحت باشا ولاية بغداد اخذ يخطط لبسط النفوذ العثماني على الخليج وخاصة البحرين وقطر والإحساء ونجد والكويت. وكان آل صباح في الكويت يميلون منذ عام 1790 إلى الاعتراف بالسيادة العثمانية بشرط ألا يترتب على هذا الاعتراف دفع جزية للسلطان. وان الدولة العثمانية قد لجأت منذ عام 1845 إلى دفع مرتب سنوي لشيخ الكويت في نظير مشاركته في الدفاع عن ميناء البصرة بحريا. وقام الأتراك باحتلال الإحساء وعين (نافذ باشا) متصرفا على الإحساء التابعة لولاية بغداد. وكانت حكومة الهند البريطانية تراقب عن كثب نشاط الأتراك في الإحساء وقامت باحتلال بعض المناطق في الخليج[7].

ونظرا لاتساع الدولة العثمانية وتطور علاقاتها الدبلوماسية مع الدول الأخرى عقدت العثمانيون العديد من المعاهدات مع الدول الأجنبية كان في مقدمتها معاهدة عام (1535)م مع فرنسا في عهد السلطان (سليمان القانوني) ألزمت فيها

---

(5) الدكتور السيد رجب حراز ، مصدر سابق، ص 73.
(6) مصدر سابق، ص 84.
(7) مصدر سابق، ص 167.

الدولة العثمانية بمنح فرنسا امتيازات متعددة وخاصة في شؤون القضاء. إذ يكون لممثل فرنسا الولاية الكاملة في مقاضاة الفرنسيين في المناطق الخاضعة للدولة العثمانية في القضايا المدنية والجزائية وصلاحية تنفيذ الأحكام الصادرة من محاكمها في صورة محاكم خاصة يطلق عليها " المحاكم القنصلية ". أما إذا كان أحد أطراف الدعوى من رعايا الدولة العثمانية فإن الدعوى تخضع لمحاكم خاصة في الأستانة[8].

وكان من الطبيعي أن تطبق بعض هذه المعاهدات على جميع الأقاليم العربية باعتبارها من أقاليم الدول العثمانية، وأصبحت المحاكم العثمانية في الوطن العربي غير مختصة بالنظر في القضايا التي تخص البعثات الدبلوماسية وغير المسلمين[9].

وأقام الفرنسيون علاقات دبلوماسية مع الدولة العثمانية فكان لهم سفيرا في الأستانة وهو (دي جرميني) . وكانت أول صلات بين العثمانيين والإنكليز منذ سنة (1461) م عندما أسس التجار الإنكليز مركزا تجاريا في مدينة نابولي حيث نشأت الصلات التجارية البحرية في الموانئ العثمانية . وكان التاجر الإنكليزي (انطوني جنكيسن) أول تاجر إنكليزي يحصل من السلطان سليمان القانوني عام 1520 على وثيقة، أوجبت على العثمانيين مساعدته في مشروعه التجاري. وقد شجعت التطورات التجارية بين الدولة العثمانية والإنكليز على إقامة ممثلية تجارية بريطانية في الأستانة. وكان استقبال السلطان مراد الثالث 1574-1595 اثر كبيرا في استقبال الممثل التجاري (خوزيه) . وفي عام 1583 عينت بريطانيا "

---

(8) احمد بن سدرين ، دارسة عن الامتيازات القنصلية مجلة القضاء والتشريع التونسية العدد 20 مارس 1976 تونس ص 36.

ومن المعاهدات التي عقدتها الدولة العثمانية والتي منح بها الامتيازات للدول الأجنبية والتي يطلق عليها الامتيازات القنصلية . ومن هذه المعاهدات المعقودة مع كل من أمار بيتز سنة 1313 و1357 ومملكة أرغون سنة 1314 وأمار البندقية 1270 و1305 وفرنسا 1270 و 1742 و 1830 و1832 . ومع مملكة إنكلترا 1863 و 1875 انظر السيد محمد علي منصور مساهمة التشريع والقضاء التونسيين في المحافظة على الذاتية القومية مجلة القضاء والتشريع التونسية العدد (2) لسنة 19 وزارة العدل التونسية 1977 ص 17.

(9) الدكتور عبد العزيز سليمان نوار ، تاريخ العراق الحديث ، دار الكتاب العربي القاهرة 1968 ص 283.

هاربون " سفيرا لها في الدولة العثمانية. واستقبله السلطان مراد الثالث استقبالا حافلا. وقد بعث السفير البريطاني بالقناصل إلى القاهرة والإسكندرية والقدس ودمشق وحلب وطرابلس. وكان هاربون يتفاخر بأنه متفوق على السفير الفرنسي في الاحترام والتقدير(10).

وقد حافظ الإنكليز على تفوقهم الدبلوماسي في الدولة العثمانية حتى نهاية القرن السادس. غير أن هذه العلاقات كانت تتأثر بمواقف كل من الحكومتين العثمانية والإنكليزية خاصة بعد أن بدأ نشاط الشركة البريطانية للهند الشرقية بالتعامل مع غير العثمانيين بنقل التوابل من الهند إلى أوربا عبر موانئ غير عثمانية مما اضر بالمصالح العثمانية. وقد أسهم في العلاقات العثمانية الإنكليزية كثرة الحروب بين الدولة العثمانية والدول الأوربية(11).

ثالثا- النشاط الغربي في الوطن العربي في عهد الدولة العثمانية

على الرغم من أن استانبول عاصمة الدولة العثمانية إلا أن الوطن العربي شهد في القرن الثامن عشرات البعثات الدبلوماسية الأجنبية المتعددة، وأصبح ساحة للتنافس الدبلوماسي الأوربي. فقد أنشأ الإنكليز أول ممثلية لهم في بغداد عام 1702 م وأخرى في البصرة عام 1764 م، وفي أجزاء أخرى من الوطن العربي، كذلك فعل الفرنسيون والروس . وقد استغل الإنكليز الامتيازات الممنوحة لهم بموجب المعاهدات إلى أقصى درجة مما دفع الفرنسيين إلى تأليب الوالي عليهم الذي قام بمضايقتهم وانتهاك حصانتهم مرات عديدة كان من بينها قيام (داود باشا) بطرد القنصل البريطاني (كلودس رايش) ، غير أن النفوذ البريطاني عاد للتفوق على النفوذ الفرنسي والروسي في زمن والي بغداد (علي رضا) الذي أعاد امتيازات المبعوثين الدبلوماسيين البريطانيين بصورة أكثر من السابق ، حيث منحت بريطانيا

---

(10) الدكتور باسم حطاب طعمة ، العلاقات التجارية والدبلوماسية الانكليزية العثمانية 1558-1625 دراسة تحليلية ، مجلة آداب البصرة ، العدد 20 السنة 2001 جامعة البصرة ص135.

(11) المصدر السابق ص 148.

امتيازات تجارية وهمية كان الغرض منها التمهيد لاحتلال العراق والوطن العربي [12] .

واهتمت روسيا القيصرية اهتماما واسعا في الوطن العربي وبدأت بعثاتها الدبلوماسية قبل الاحتلال العثماني منذ عام 1420. وازداد تواجدها في بغداد والشام والخليج العربي في القرن الثامن عشر وتنافسها مع فرنسا بريطانيا منذ عام 1765م ، عندما وصلت بعثتها إلى بغداد بهدف وضع دراسة تفصيلية عن أحوال العراق والخليج العربي في القضايا الاجتماعية والسياسية والجغرافية. واستطاع القياصرة إنشاء قنصليات لهم في عدد من المدن العراقية في القرن التاسع عشر ونظموا رحلات استطلاعية أخرى منذ عام 1843 [13] .

وكان النشاط الدبلوماسي الروسي في الخليج قد استرعى انتباه الانكليز منذ عام 1887م، حين قام بعض الضباط الروس الذين يعملون في خدمة الحكومة الإيرانية بزيارة أصفهان وشيراز و بوشهر. وأعقب ذلك قيام أحد المهندسين الروس برحلة من بندر عباس إلى هرمز. وفي عام 1897 عين (كروجلر) قنصلا روسيا في بغداد فأخذ يعمل للظفر بميناء أو محطة فحم لبلاده على الخليج العربي. إلى جانب بسط النفوذ الروس حتى الكويت [14] .

وفي عام 1898 عين (اللورد كيرزون) السفير البريطاني في إيران نائبا للملك في الهند. وذهب إلى الهند، وتساوره الشكوك عن النشاط الروسي في الخليج العربي. مما جعله يصمم على الدفاع عن مركز بريطانيا ومصالحها في الخليج. وأكد في كتابه " المسألة الفارسية " بأنه يعد منطقة الخليج العربي منطقة

---

(12) John Marlowe, Arab Nationalism and British Imperialism. Contributors:: Praeger. Place of Publication: New York. Publication Year: 1961.17.

(13) وكانت البعثات الدبلوماسية قد وصلت للعراق قبل الاحتلال العثماني . فقد بدأ " زاسيم " عام 1420 م ثم بعثة " اكريفين " عام 1465م وبعثة " أي ن . بيريزن " عام 1818 الذي وبعثة " يز جيريكوف " عام 1849 وبعثة " شيولكوفنيكوف " عام 1902 والقنصل الروسي في البصرة " ادامون " عام 1012 . وقد قامت هذه البعثات بالتجول في مدن العراق .انظر:

الدكتور كمال مظهر احمد ، ثورة العشرين في الاستشراق السوفيتي ، مطبعة الزمان بغداد 1977 ص 6.

(14) الدكتور السيد رجب حراز ، مصدر سابق، ص 173.

بريطانية مغلقة ولا يسمح لأية دولة أن تحصل على قاعدة تجارية، أو بحرية على سواحلها. وعين في عام 1898م الكونت (فلادمير كابنيست) لدى السلطان عبد الحميد الثاني لبناء مشروع خط حديدي من ميناء طرابلس السوري على البحر المتوسط إلى أحد مواني الخليج العربي، على أن تمتد منه فروع إلى بغداد وخانقين [15].

ولما كان مشروع (كابنيست) من شأنه أن يؤدي إلى ظهور النفوذ الروس في الكويت. فقد انبرى (اللورد كيرزون) يعارضه بشدة لأنه يضر بمصالح بريطانيا في الخليج العربي. الأمر الذي دفع الحكومة البريطانية إلى عقد اتفاقية عام 1899م مع الكويت [16].

وعندما ضعفت الدولة العثمانية ازداد عدد المبعوثين الدبلوماسيين الأجانب في القاهرة وبغداد والبصرة ومنطقة الخليج العربي. واستطاع الإنكليز أن يعقدوا اتفاقا خاصا مع والي بغداد (داود باشا) في عام 1823 يضمن لهم توفير الحماية والحرمة الشخصية ومنحهم الامتيازات والإعفاءات المالية وحق تملك العقارات في بغداد [17].

وترجع العناية الكبرى من قبل الدول الأوربية في الوطن العربي إلى حملة (نابليون) على مصر جعلت الإنكليز يتخذون إجراءات إيجابية لمقاومة المشروعات الفرنسية للوصول إلى الهند عبر الوطن العربي. وقد أدت حملة نابليون على مصر أن يستخدم الإنكليز طريق العراق لفترة محدودة إلى الهند والى أن يرفعوا من مستوى التمثيل الدبلوماسي لمراقبة النشاط الفرنسي وللإشراف على نقل البريد عبر العراق إلى أوربا وبريطانيا [18]. وقد اهتم السفير البريطاني في الأستانة (سترانفورد كانتج) بمشروع الملاحة البحرية بين الشرق والغرب. ووجد أن التنافس البريطاني الروسي

(15) مصدر سابق، ص 174.
(16) مصدر سابق، ص 177.
(17) محمد اسعد اطلس ، تاريخ الأمة العربية عصر الانبعاث ، دار الأندلس بيروت 1963 ص28.
(18) الدكتور عبد العزيز سليمان نوار، مصدر سابق، ص242.

الفرنسي في الوطن العربي كان خطيرا. فنزلت الجيوش الفرنسية في الجزائر ووقعت الحرب الروسية العثمانية وبدأت المنازعات بين (محمد علي) والسلطان العثماني.

وقد أوكلت بريطانيا إلى ضابط بريطاني (جسني) كان يعمل في صفوف الجيش العثماني ضد الروس إلى أن يستطلع أحوال الوطن العربي عام 1832 وإيجاد منفذ بين أوربا والهند عبر العراق وسوريا وقدم تقريره إلى السفير البريطاني في الأستانة. وفي الوقت نفسه كانت القوات المصرية تكتسح الشام مما دفع الحكومة البريطانية إلى الوقوف إلى جانب الدولة العثمانية. ولهذا كانت مقترحات السفير البريطاني في الأستانة (سترانفورد كانتج) القيام بجهود دبلوماسية لمقاومة الزحف المصري والوقوف إلى جانب الدولة العثمانية. وكانت بريطانيا تسعى إلى الحصول على امتيازات لها في نهر الفرات في العراق وسوريا لا يشاركها فيها أحد بدلا من استخدام قناة السويس [19].

وبذلت جهود دبلوماسية كبيرة من اجل منع استخدام نهر الفرات من قبل بريطانيا كبديل عن قناة السويس. وكانت هذه الجهود قد بذلت من قبل محمد علي باشا وفرنسا وروسيا. ونجحت هذه الضغوط على السلطاني العثماني ووضعت العراقيل أمام تنفيذها. وقامت بريطانيا بتحريض العشائر العربية لمقاومة مشروع استخدام نهر الفرات [20]. وكان لهذا التنافس آثاره في احتدام المهام الدبلوماسية الغربية لدى الدولة العثمانية. حيث بدأت كل دولة تعين ممثليات لها في المدن العربية من اجل مراقبة الأنشطة الدبلوماسية للدول الأخرى.

ومن الامتيازات التي يتمتع بها أعضاء البعثة الدبلوماسية البريطانية في جميع أرجاء الوطن العربي ما يأتي :

---

(19) مصدر سابق، ص 247.

(20) مصدر السابق ص 259.

1- توفير الأمن الكامل لحياة وشرف كل فرد من أفراد الحكومة البريطانية ورعاياها العاملين معهم والاعتراف بامتيازاتهم حقوقهم؛
2- لا تجبى منهم أموال أو تنتزع منهم ممتلكات؛
3- لا ضريبة إلا الضريبة المحددة على القوارب والممتلكات؛
4- للبعثة الدبلوماسية في بغداد حق تملك ارض لمنزل رئيس البعثة وحديقة في المكان الذي يحدده؛
5- حق البعثة أن تفرض حمايتها على من تشاء من الناس ما دامت هذه الحماية لا توقع الضرر بأحد[21].

وبالنظر لعدم استطاعة الحكومة العثمانية توفير متطلبات هذه الحماية فقد كانت بريطانيا تحيط بعثتها الدبلوماسية في بغداد والمناطق الأخرى بمجموعة من الحرس يطلق عليهم **Accompany Sepoys** وفي نهر دجلة ترابط باخرة بريطانية مسلحة، تقف أمام البعثة باستمرار لحراستها وحمايتها[22]. وهذا مما يدل على ضعف الدولة العثمانية في حماية حتى البعثات الأجنبية.

وبصورة عامة كانت الحكومة العثمانية في الأستانة تعترف للمبعوثين الدبلوماسيين الذين تعينهم دولهم كممثلين لها في بغداد ببعض الامتيازات والحصانات كما يظهر ذلك من الأوامر الخاصة بقبول اعتمادهم[23]. ومن هذه الامتيازات ما يأتي:

1- إن ترفع البعثة الدبلوماسية علم دولتها؛

---

(21) انظر علاء موسى كاظم نورس ، ، حكم المماليك في العراق 1975 - 1831 ، منشورات وزارة الأعلام ، بغداد 1975 ص 122.

(22) الدكتور عبد العزيز سليمان نوار ، المصدر السابق ، ص 290 . وعلاء موسى كاظم نورس ، مصدر سابق ، ص74.

(23) في عام 1802 صدر فرمان تعيين " هارفرد جونز " قنصلا عاما في العراق . وقد جاء بالفرمان ما يأتي : " يعين هارفرد حونز قنصلا في بغداد ليحمي مصالح البريطانيين تحت العلم الانجليزي ، وأن تحدد الرسوم والضرائب بثلاثة بالمائة من ثمن البضائع ولا يتخل في شؤونه ولا يسجن ولا تفتيش داره ولا توضع فيه عساكر . ويعفى معاونوه وخدمه من الضرائب . وأية شكوى منه تحال على السلطان وهده وان يسمح له بالتسلح في المناطق الخطرة وان يساعده رجال السلطان في عمله.
انظر مجلة ألف باء العدد 515 السنة الحادية عشر 2 آب 1977 بغداد وزارة الأعلام ص 6.

2- الإعفاء من الضرائب المفروضة على البضائع التي تجلب معهم ومن الضرائب المحلية؛

3- التمتع بالحصانة القضائية الجزائية؛

4- صيانة شخصية المبعوث الدبلوماسي وعدم الاعتداء عليه .

وعلى الرغم من أن اعتراف الحكومة العثمانية في الأستانة بامتيازات وحصانات المبعوثين الدبلوماسيين في الوطن العربي، فإن هذه الامتيازات والحصانات غالبا ما تنتهك من قبل ولاة الدولة العثمانية بسبب استغلال المبعوثين الدبلوماسيين الأجانب في الوطن العربي وخاصة الإنكليز منهم لهذه الامتيازات والحصانات وتدخلهم في شؤون الولاة[24] .

وغالبا ما ترتبط الامتيازات والحصانات الدبلوماسية بمدى علاقة الدبلوماسي بوالي الولاية. فكلما كانت هذه العلاقة جيدة كان المبعوث الدبلوماسي يتمتع بها بصورة كاملة ، وكلما ساءت علاقته بالوالي فقد امتيازاته الدبلوماسية[25] .

ومن أسباب ضعف الدولة العثمانية ، تفكك الدولة العثمانية وعدم خضوع ولاة ولايات الدولة العثمانية في بعض الأحيان إلى أوامر الحكومة العثمانية في الأستانة[26] .

---

(24) وكان كثيرا ما يتدخل ممثل بريطانيا في شؤون والي بغداد ، وكانت له السلطة ما تضاهي قوة الوالي حيث انه كان المنفذ في بعض الأحيان في تعيين الوالي . فقد كان " هارفرد جونز " في عام 1808 م مثلا يتدخل في القضايا الداخلية كما لو كان أحد أعيان الدولة وان دار رئيس البعثة الدبلوماسية البريطانية كانت مجلس اجتماعي محلي وملتقى أكثر الموظفين والأشراف. وكان بيت رئيس البعثة مفتوحا للضيوف ودارا للبحث والتنقيب الأثري وقد كان الولاة ينظرون إلى الممثل البريطاني نظرة احتقار . ففي عام 1809 منع سليمان باشا الصغير وإلى بغداد دخول الممثل البريطاني بغداد إلا بعد أن أمضى فترة في قرية خارج بغداد ".

انظر علاء موسى كاظم نورس ، مصدر سابق ، ص 75.

(25) انظر على شاكر علي ، تاريخ العراق في العهد العثماني رسالة مقدمة كلية الآداب في جامعة بغداد 1976 ص 119.

(26) المصدر السابق ص 120.

واتجهت الدولة العثمانية في عهد السلطان عبد الحميد في سنة 1882م اتصالاته بكل من النمسا وألمانيا. فأرسلت ألمانيا بعثة من الضباط الألمان في العام المذكور لتدريب الجيش التركي وتطويره. وكان يرأس تلك الحملة الجنرال (جولتز). وقد استقبلت البعثة الألمانية استقبالا رسميا كبيرا من الحكومة التركية. وبدأ منذ ذلك التاريخ النفوذ الألماني في الجيش التركي الذي استمر حتى نهاية الحرب العالمية الأولى. كما تحسنت العلاقات الروسية خاصة بعد مقتل (الإسكندر الثاني) قيصر روسيا عام 1881م. وحرص القيصر (اسكندر الثالث) على تحسين العلاقات مع تركيا مستغلا ما شاب العلاقات التركية البريطانية من فتور [27].

وعلى الرغم من توسع النفوذ الألماني في أوربا، إلا انه لم يكن لها نفوذا في منطقة الشرق الأدنى سوى الإرساليات الدينية في بلاد الشام. فكان هم بسمارك عزل فرنسا عن أوربا. غير (بسمارك) اتجه لبناء نفوذ سياسي في الدولة العثمانية وخاصة في الأستانة. وقامت بإرسال ضباط لتدريب الجيش العثماني. وبعد انتهاء حكم (بسمارك) ازداد التغلغل الألماني في الدولة العثمانية. ولهذا فقد توطدت العلاقات الاقتصادية بين الدولتين لدرجة كبيرة [28].

رابعا - دور اليهود في الدولة العثمانية

تمكن اليهود في الدولة العثمانية من التأثير على سياسة الدولة العثمانية الخارجية. وتزوج بعض السلاطين العثمانيين من اليهوديات كما كانت أمهات بعضهم من اليهوديات..وفي عهد السلطان مراد الرابع تحسن حال اليهود في الدولة العثمانية. وساعد اليهود الدولة العثمانية ومدوها بالمال ضد الدولة الفارسية. ويقول الرحالة الانكليزي الذي زار مدن الدولة العثمانية عام 1831م بان اليهود في الدولة العثمانية كان يتاح لهم تسلم أعلى الوظائف في الدولة ولم يكن من اليهود من

(27) الدكتور احمد كمال الدسوقي ، مصدر سابق، ص 282.
(28) الدكتور السيد رجب حراز ، مصدر سابق، ص 187.

الفقراء وكانوا من ابرز الأغنياء في الدولة العثمانية. وقد أشاد الرحالة (بنيامين) عند زيارته المدن التابعة للدولة العثمانية عام 1848م بمركز اليهود الاجتماعي والسياسي والمالي في الدولة العثمانية . وازداد موقع اليهود قوة وتحسن وضعهم التجاري خاصة بعد افتتاح قناة السويس عام 1869م [29].

وفي المؤتمر الصهيوني الثالث للمنظمة الصهيونية العالمية عام 1899م أعلن (هرتزل) بأن هدف حركته هو الحصول على موافقة الحكومة العثمانية للبدء بتنفيذ خطته في استيطان فلسطين تحت حماية السلطان، وان الصهيونية تفضل الحصول على ترخيص من السلطان بدلا من إرسال اليهود بطريق غير مشروع إلى فلسطين [30].

وقد اتصل (هرتزل) بأستاذ جامعي يهودي في جامعة بودابست يدعى (فامبيري) يتحدث بلغات متعددة. واعتنق خمسة أديان. وكان (فامبيري) على علاقة شخصية بسلطان الدولة العثمانية ووعده (هرتزل) بمساعدة مالية إذا أثمرت جهوده مع السلطان. وفي عام 1901 دعا (هرتزل) بمساعدة مالية للحكومة العثمانية لإطفاء ديونها للممولين الأجانب بواسطة قرض يقدمه بعض الرأسماليين اليهود مقابل السماح لليهود بالاستيطان في فلسطين [31].

وعكس ما يقال عن السلطان (عبد الحميد) فقد كان متسامحا مع اليهود لدرجة كبيرة. فعندما قابله (هرتزل) قدم له طلبا جاء فيه " نحن اليهود نحتاج إلى من يحمينا في هذا العالم نريد لهذا الحامي أن يستعيد قوته [32]، أي أن (هرتزل) يريد للدولة العثمانية أن تكون قوية . وقد استخدم (هرتزل) الصحافة اليهودية ضد الأقلية الأرمينية في الدولة العثمانية المتمردة ليحوز على رضا السلطان [33].

(29) الموسوعة العبرية المصدر السابق .

(30) صبري جريس ، صبري جريس ، السياسة الصهيونية والمجتمع اليهودي في فلسطين المحتلة خلال الانتداب البريطاني 1918 – 1948 .ص 164،

(31) اسحق درينعيم ، الحركة الصهيونية ، ترجمة عن العبرية جودت السعد الأردن أربد، ص 71 .

(32) الدكتور عبد الحميد المستيري ، صهيونية هرتزل العلمانية ، مجلة مركز الدراسات الفلسطينية العدد الرابع المجلد الثالث جامعة بغداد 1975 ص 163.

(33) الدكتور عبد الحميد المستيري ، مصدر سابق ، ص 164.

وبعد هذه المقابلة استدعي عزت باشا أحد مستشاري السلطان (هرتزل) للتفاوض معه بشأن اقتراحه لإطفاء الديون العثمانية وابلغه أن اليهود يستطيعون دخول الدول العثمانية شرط أن يوافقوا على قبول الجنسية العثمانية. ولن يسمح لهم بالاستيطان الجماعي في فلسطين وان الحكومة العثمانية ستعين الأماكن التي سيسمح لهم بالاستيطان فيها . غير أن (هرتزل) رفض هذا العرض وعلى الرغم من ذلك ، فإن (فامبيري) عاد وأكد لهرتزل أن السلطان يرفض السماح لليهود بالهجرة الجماعية إلى فلسطين وانه قد يسمح لهم بالاستيطان في آسيا الصغرى أو العراق[34] .

وكان لموقف الحكومة العثمانية الدور الكبير في مناقشة مشروعها أمام المنظمة الصهيونية العالمية باستعمار منطقة من مناطقها الشاسعة. ففي المؤتمر الصهيوني السابع طرح موضوع استيطان العراق كنقطة تجمع لليهود ومن ثم الانتقال إلى فلسطين بدلا من استيطان أوغندا. وقد رفض المؤتمر مشروع استيطان العراق، أو أوغندا كنقطة تجمع لليهود. خرج اليهود المؤيدون لاستيطان العراق، أو أوغندا من المؤتمر وأسسوا منظمة جديدة أطلقوا عليها اسم " المنظمة الإقليمية اليهودية " . وترأس هذه المنظمة اليهودي البريطاني (يسرائيل زانغويل) وفتحت لها فروعا في بريطانيا وروسيا والولايات المتحدة الأمريكية. وكانت مطالبتهم أن يكون العراق، أو أوغندا نقطة تجمع لليهود ومن ثم الهجرة إلى فلسطين[35] . وقد ساعد ضعف سلطان الدولة العثمانية وولاتها على هجرة العديد من اليهود إلى فلسطين وإضفاء الحماية عليهم تحت ستار الامتيازات القنصلية التي منحتها الدولة العثمانية لرعايا الدول الأجنبية في الأراضي العثمانية طبقا لاتفاقيات عقدت لهذا

---

(34) صبرى جريس ، مصدر سابق ، ص 64.

(35) يراجع كتابنا الصهيونية حركة استعمارية استيطانية توسعية ، مطبعة عصام بغداد 1990 ص55.

الغرض (36) وقد تمتع اليهود بموجب هذه الاتفاقيات بوصفهم أجانب بحرية تامة داخل وخارج فلسطين وهذا ما خلق لهم حرية ترتيب أوضاعهم (37).

ومما شجع اليهود التفكير بإقامة الدولة في فلسطين هو ضعف الدولة العثمانية وخاصة في أواخر أيامها. وعكس ما يقال عن السلطان عبد الحميد فانه كان متسامحا مع اليهود وخاصة الحركة الصهيونية. وقد تم في عهده إقامة أول مستوطنة يهودية في فلسطين وهي مستوطنة ديانا عام 1882. وقد تمت في عهده ومن جاء بعده موجتين من الهجرة الصهيونية إلى فلسطين الأولى (1882-1903) والثانية (1904-1914) (38). وكانت الهجر اليهودية الأولى والثانية التي تمت في عهد الدولة العثمانية باكورة قيام الحركة الصهيونية والتفكير الجدي بإقامة الدولة الصهيونية في فلسطين لما وجدته الحركة الصهيونية من تسامح من الدولة العثمانية. فلو منع العثمانيون الهجرة إلى فلسطين لما قام الكيان الصهيوني في الوطن العربي. وعندما سقطت الدولة العثمانية خلفت ورائها مشكلة اليهود في فلسطين، ولا يزال العرب يعانون ما اقترفوه العثمانيون بحقهم من زرع هذا الكيان في وسط الوطن العربي، و مدى تأثيره على جامعة الدول العربية.

وكان تعامل العثمانيون مع الحركة الصهيونية ينطلق من اعتبارات سياسية ومالية. فقد اعتقدت أن استمالة اليهود سوف يجعلهم وسيلة ضغط على الدول الأوربية، كما أن وعد اليهود بدفع الديون المترتبة على الدولة العثمانية سوف يخفف الأعباء المالية المترتبة عليها. غير أن النتائج جاءت بضياع فلسطين دون أن يحصل العثمانيون على مقابل لذلك .

يتضح من ذلك، أن ضعف الدولة العثمانية، حفز الحركة الصهيونية من سبتها الطويل، وجعلها تفكر بإقامة وطن قومي لهم في الوطن العربي. وكان

---

(36) A. Revusky . Jews in Palestine . King and Son . London 1935 . p. 13

(37)Ben Halpern . The Idea of Jewish State . 2ed. Cambridge 1969,p .105

(38) Yonathan Shapiro ,The Formative Years of the Israeli Labor Party, Sage Publication , London 1976, p. 9

مأساة العرب قد بدأت من هذا التاريخ. فلا تزال الأمة العربية، تعاني من تشرذم وضعف، بسبب وجود الكيان الصهيونية في قلب الأمة العربية. وهو وجود أسهمت فيه الدولة العثمانية إسهاما كبيرا.

خامسا - التنافس الأوربي على ممتلكات الدولة العثمانية

عندما نتناول التنافس الأوربي على ممتلكات الدولة العثمانية، فإن الوطن العربي كان جزء من هذه الدولة. فمنذ أن بدأ ضعف الدولة العثمانية وخاصة في أواخر القرن الثامن عشر شغل أذهان الساسة في أوربا التفكير في مصير هذه الدولة والسيطرة على ميراثها. والدول التي كانت تتأهب للانقضاض على الدولة العثمانية هي:

1- بريطانيا التي أرادت تأمين طرق مواصلاتها إلى الشرق الأقصى والهند خصوصا بعد سيطرتها عليها. من اجل تأمين تجارتها.

2- روسيا القيصرية التي أرادت أن تجد لها منفذا من البحر الأسود إلى المياه الدافئة بالاستيلاء على القسطنطينية ومضايق البسفور والدردنيل.

3- فرنسا التي أخذت على عاتقها من زمن مبكر حماية مصالح رعايا الدول المسيحية الكاثوليكية في الليفانت والمارونيين على الأخص في لبنان وحماية مصالحها في هذه المنطقة.

4- ألمانيا والنمسا وبروسيا التي اهتمت بمصير الدولة العثمانية التي بات من المتوقع هلاكها فسميت لذلك برجل أوربا المريض[39].

سادسا - انتهاء الدولة العثمانية

دخلت الدولة العثمانية الحرب العالمية الأولى وخسرت الحرب وتوزعت ممتلكاتها على الدولة المنتصرة بموجب معاهدة لوزان عام 1923م.

(39) السيد رجب حراز ، مصدر سابق، ص 9.

ومن أهم الأسباب التي أدت إلى سقوط الدولة العثمانية ما يأتي:

1- توسع الدولة العثمانية في مناطق بعيدة من العاصمة إستانبول وتوزع قواتها في جميع هذه المناطق. ولم يدخل سكان هذه المناطق الإسلام لغرض تجندهم للخدمة إلى جانب قواتها المسلحة. وقد اضعف ذلك قوة الجيش العثماني بسبب تفرقه في بقاع متعددة من العالم.

2- تغلب العنصر القومي على العامل الديني في التوظف وتعيين الولاة في الدولة العثمانية. فلم يعتمدوا على المسلمين من العرب في فتوحاتهم أو التعيين في الجيش أو الولاة. فكان العرب يستخدمون كالإنكشارية. لا سلطة لهم.

3- لم يهتم العثمانيون بالإسلام ومنحه المكانة اللازمة التي يستحقها. فلم يقيموا المؤسسات العلمية الدينية، خاصة في المناطق التي احتلوها.

4- لم يهتم العثمانيون بتطوير المناطق التي فتحوها. فلم يهتموا بالتعليم والصحة ومساعدة المحتاجين ونشر العدالة. وكان جل اهتمامهم هو جمع الضرائب والسوق للخدمة العسكرية. فكانوا عبئا كبيرا وليس رحمة بالناس.

5- اعتمد العثمانيون على نظام (البكات) في تعيين الولاة في الأقاليم التي فتحوها. حيث يعين الوالي من العثمانيين ممن قدم خدمات جليلة لهم أو ممن يخافون منه الثورة، أو التمرد فأبعدوه بتعيينه في مناطق بعيدة. مما جعل هؤلاء يشعرون بأن المناطق التي عينوا فيها أصبحت ملكا لهم يتصرفون بها كما يشاءون دون رقيب، خاصة وان غالبيتهم من الجهلاء الجشعين

6- لم يحمل العثمانيون روح المسامحة والرفق بأهالي المناطق التي احتلوها فكانوا عبئا ثقيلا عليهم.

7- في الوقت الذي كانت أوربا تشهد ثورة صناعية كانت الدولة العثمانية تعيش الجهل الدامس. فلم تنقل هذه الثورة أو تستفد منها. فلم يكن في اهتمام العثمانيون العلم والتطور الصناعي والعلمي، بل كان همهم التوسع.

8 – ظهرت العديد من الحركات التركية العنصرية كالحركة الطورانية وتركيا الفتاة وغيرها من المنظمات القومية العنصرية. والتي كانت تهدف إلى القضاء على الإسلام كدين للدولة والاقتداء بالدول الأوربية القومية.

9 – ساهمت الاتفاقيات القنصلية التي عقدتها الدولة العثمانية مع الدول الأوربية في تثبيت الوجود الغربي في الدولة العثمانية وتفتيتها من الداخل. فأصبحت الممثليات القنصلية محاكم يلجأ إليها رعايا الدولة العثمانية لتسوية مشاكلهم. مما جعلها تتدخل في شؤونها الداخلية.

وقد اجتمعت هذه العوامل في إسقاط الدولة العثمانية. فجاءت الحرب العالمية الأولى لتعلن سقوط هذه الدولة التي امتدت عبر مئات السنين. وتوزعت ممتلكاتها على الدول المنتصرة في الحرب. وبسقوط الدولة العثمانية، توزعت ممتلكاتها وهي غالبية الدول العربية على الدول المنتصرة في الحرب العالمية الأولى [40]، وانتقل الوطن العربي، من الفترة المظلمة في عهد الدولة العثمانية، إلى الاستعمار الأوربي المباشر. ولم يتمكن العرب خلال هذه القرون الطويلة في عهد الدولة العثمانية من أن يكونوا مؤسسات قومية يستطيعون من خلالها العمل على بث الوعي القومي والسياسي الذي شمل العالم في ذلك الوقت، فانتقلوا من ظلم إلى ظلم أمر وأشد من سابقه.

وقد ولدت الجامعة من رحم هذه المشاكل. فكان العرب خلال المئات من السنين تحت الحكم العثماني المباشر. ولم يشركوا العرب في الدولة العثمانية فحسب، بل لم يشركوهم في قيادة أنفسهم، ولم يمنحوهم الفرص لتعلم أصول السياسة والحضارة التي بدأت في أوربا عند قيام العثمانيون باحتلال الوطن العربي.

وقد انسحب العثمانيون من الوطن العربي، ولم يتركوا فيه مدرسة، أو مستشفى أو جامع أو مؤسسة صناعية أو تجارية، ولا شوارع ولا مؤسسات علمية أو

---

(40) عن تقسيم الوطن العربي يراجع مؤلف الدكتور أحمد طربين، التجزئة العربية كيف تحققت تاريخيا، مركز دراسات الوحدة العربية، بيروت 2003.

تربوية. غير انهم تركوا التخلف والفقر وانتشار الإمراض والأوبئة. وكل ما خلفوه هو السجون المنتشرة في كل مدينة من المدن العربية. فعندما دخل العرب القرن العشرين، لم يعهدوا إدارة الدولة الحديثة، ولا يعرفوا منظمة عربية، أو حزبا سياسيا مؤثرا فيهم يجمعهم ويوحدهم، وينمي فيهم الروح القومية، ويقودهم باتجاه قيام مؤسسات سياسية واجتماعية قادرة على توحيدهم وجمعهم.

أما وضع الأقاليم العربية في شمال أفريقيا، فكانت أسوء مما هو عليه وضع الدول العربية في آسيا. فعلى الرغم من أن الاستعمارين الفرنسي والأسباني يقومان على أساس الضم، فانه ضمها أرضا دون البشر. فلم تر هذه الأقاليم العلم والمعرفة والتطور والعمران. فهذه هي حال الوطن العربي في العهد الذي سبق ظهور جامعة الدول العربية، فما كان على العرب إلا أن يقبلوا بهذا النزر القليل، القليل لربما يعيد لهم مجدهم وكرامتهم وشخصيتهم.

المبحث الثاني
ظهور فكرة التنظيم الدولي العربي

عندما تخلى العرب عن دورهم الريادي في حمل الرسالة الإسلامية تفرق العرب وخضعوا للاحتلال العثماني. وارتبطت الحكم العثماني بالتسلط والعنصرية، وعم الفساد فيه وشاع الظلم. وساد الضعف والتخلف والجهل. وفي نهاية القرن التاسع عشر ضعفت الدولة العثمانية، بدأت دول أوربا الغربية تدخل الأقاليم العربية التابعة للدولة العثمانية، وتنشر الفساد فيها، مما دفع بعض المفكرين العرب العمل من أجل الاستقلال، أو على الأقل إنشاء كيان ذاتي مستقل. وكانت دعوة هؤلاء المفكرين دافعا أساسيا في قيام فكرة الحركة القومية العربية[41].

أولا- نمو الفكر القومي

ولدت مسألة توحيد العرب منذ قرن ونيف من الزمن وكانت الشغل الشاغل للعديد من الحركات السياسية العربية جيلا بعد جيل. فقد ظهرت بعض الحركات القومية في نهاية القرن التاسع عشر وعقد المؤتمر العربي الأول في باريس عام 1913 وظهور أفكار قومية للمفكرين العرب، منهم (عبد الرحمن الكواكبي) 1848-1902 و(نجيب عازوري) و(ساطع الحصري) وغيرهم من مفكري الحركة القومية[42]. وقد عم الشعور القومي جميع الأديان والمذاهب والطوائف في كافة إرجاء الوطن العربي[43]. وكان هدف هؤلاء هو التخلص من الاستعمار الأجنبي والحصول على الاستقلال وبناء الدولة العربية الواحدة.

(41) الدكتور جعفر عبد السلام ، المنظمات الدولية ، دار نهضة مصر، القاهرة ص666.

(42) الدكتور عبد الله الدائم، الايدولوجيا القومية العربية بين التجديد والترشيد والردة، دراسات في القومية العربية والوحدة ، مركز دراسات الوحدة العربية، ط2 بيروت 1992 ص105.

(43) الدكتور وميض عمر نظمي، دراسات في القومية العربية والوحدة ، مركز دراسات الوحدة العربية، ط2 بيروت 1992 ص183.

وتعد الوحدة العربية أملا وهدفا ومستقبلا وقضية بالنسبة للشعب العربي من الناحية المبدئية وهي جزء من كرامة الشعب العربي وتحقيقا للهوية القومية[44]. وما أن وضعت الحرب العالمية الأولى أوزارها حتى استكمل مخطط تجزئة لوطن العربي أبعاده كافة، إذ تمت السيطرة الاستعمارية على الوطن العربي ورسمت الحدود الفاصلة بين أجزائه، وأنشئت الإدارات الخاصة لكل منها. وكان هناك حرص ملموسا على تفكيك الروابط التاريخية بين الكيانات العربية المستعمرة. وذلك من خلال ربط كل منها مباشرة وبشكل منفرد بالعاصمة الاستعمارية التي يتبعها، على الرغم من تبعية أكثر من مستعمرة عربية لوزارة المستعمرات في الدولة الاستعمارية[45].

وفي عام 1916 قامت الثورة العربية و سارعت بريطانيا إلى الاتفاق مع العرب الذين كان يمثلهم أمير مكة الشريف حسين للثورة عل الأتراك مقابل الوعد بإنشاء دولة عربية موحدة تمتد بين البحر المتوسط غربا والخليج العربي شرقا وبين جبال طوروس شمالا وإقليم عدن جنوبا. و اتجهت جيوش الشريف حسين إلى الشمال إلى جانب الجيش البريطاني وأخرجت القوات العثمانية من الشام. وبينما كان الحسين غارقا في الأحلام على أمل أن تفي بريطانيا بوعودها معه، كانت في الوقت نفسه تفاوض فرنسا على اتفاقية (سايكس بيكو) لتجزئة الشرق العربي واستمرار احتلاله وقضت المساومة الدولية في (سان ريمو) عام 1920 على آمال العرب في الاستقلال والوحدة فقسمت بلاد الشام إلى أربعة أقسام : سوريا و لبنان ووضعت تحت الوصاية الفرنسية وشرق الأردن و فلسطين والعراق تحت الانتداب البريطاني.

---

(44) الدكتور عفيف البهوني، في الهوية القومية العربية، دراسات في القومية العربية والوحدة ، مركز دراسات الوحدة العربية، ط2 بيروت 1992 ص17. كذلك يراجع: الدكتور وليد قزيهار، فكرة الوحدة العربية في مطلع القرن العشرين، دراسات في القومية العربية والوحدة ، مركز دراسات الوحدة العربية، ط2 بيروت 1992 ص241.

(45) عوني فرسخ ، حول التاريخ والهوية في الوطن العربي، دراسات في القومية العربية والوحدة ، مركز دراسات الوحدة العربية، ط2 بيروت 1992 ص71.

وعلى الرغم من خضوع العرب للاستعمار الغربي بعد الحرب العالمية الأولى وتقسيمهم إلى أقاليم نفوذ مقسمة بحدود جغرافية مصطنعة وظهور لغات ولهجات متعددة. فإن العرب لم يتخلوا عن شعورهم القومي والحنين للعودة نحو تراثهم وأمتهم وأصالتهم القومية والتطلع نحو وحدة عربية شاملة تستطيع النهوض بالعرب والمسلمين.

وقد اصطدمت هذه الدعوات بالعديد من التحديات الأجنبية وخاصة الاستعمار الغربي والصهيونية العالمية، والتي فرضت على العرب التجزئة والقطرية والتخلف والمنازعات المستمرة بينها. والدول الاستعمارية التي قاومت بطبيعة الحال مطالب العرب في الاستقلال قاومت في الوقت نفسه كل مطلب اتحادي لهم.

فقد أشارت الوثائق البريطانية بأنها عملت بكل ما تستطيع العمل به لإقناع الملك فيصل بالعدول عن مساعيه عن تحقيق الوحدة بين العراق وسوريا، وكان موقف الحكومة البريطانية المعارض لمثل هذه الوحدة يستند إلى مذكرة سرية أعدتها وزارة الخارجية البريطانية بعنوان " مواقف حكومة صاحب الجلالة من قضية الوحدة العربية" وأشارت فيها أن الوحدة منافية ومخالفة للمصالح البريطانية[46].

ونتيجة لفرض الظلم والتسلط والجهل المفروض على الأمة العربية من قبل الاستعمار الغربي وتقدم العديد من دول العالم وتطور العلوم في مختلف ميادينها أصبح الاستقلال مطلبا قوميا واسعا للأمة العربية. وإن هذا الاستقلال لا يمكن تحقيقه ما لم تكن الأمة موحدة. فالوحدة العربية هي الأساس في تطور العرب وقوتهم ومنع الأجنبي من استعمارهم والطمع في ثرواتهم.

وكان للتنافس الغربي على الوطن العربي وخاصة التنافس البريطاني الفرنسي والبريطاني الأمريكي الأثر الكبير في دفع بريطانيا إلى محاولات جمع

(46) الدكتور خلدون ساطع الحصري، حول الوحدة العربية، دراسات في القومية العربية والوحدة، مركز دراسات الوحدة العربية، ط2 بيروت 1992 ص265.

العرب تحت سيطرتها. فقد كان تعدد الأنظمة العربية واختلاف اتجاهاتها وظهور الحركة الشيوعية وتناميها في العالم والوطن العربي والضعف الذي بدأ يدب في بريطانيا مما دفعها للسعي إلى محاولة ضمان بقاء العرب في ظل سيطرتها تحت شعار " اجمع واحكم".

وفي نهاية القرن العشرين بدأ الوعي القومي يأخذ اتجاهات معينة، منها:

1- المطالبة بالحكم اللامركزي ضمن الدولة العثمانية، بان تحصل الولايات العربية على قدر من الاستقلال من شأنه أن ينمي الخصوصية العربية، ويحافظ على اللغة العربية وإدخال إصلاحات حديثة في إدارة والتعليم والمواصلات والاتصالات والاقتصاد. وقد تبنى هذا الاتجاه حزب اللامركزي العثماني، وجمعيتا بيروت والبصرة.

2- إنشاء مملكة عربية تتمتع باستقلال ذاتي، ترتبط بالدولة العثمانية. ويمثل هذا الاتجاه الجمعية القحطانية والعهد.

3- رفض الهيمنة العثمانية، ويعدها غير شرعية ويطالب بخلافة عربية قرشية. ويمثل هذا الاتجاه عبد الرحمن الكواكبي، ونجيب عازوري.

4- الثورة على الأتراك، ولانفصال عنهم، وإنشاء دولة عربية مستقلة تضم الولايات العربية في الدولة العثمانية، ويمثل هذا الاتجاه جمعية الفتاة العربية [47]..

وعلى الرغم من أن الدعوة إلى الوحدة العربية كانت مطروحة منذ عدة قرون إلا أن فكرة إقامة تنظيم عربي واحد يجمع شمل الدول العربية لم تتبلور، أو تتضح معالمها إلا خلال الحرب العالمية الثانية بفعل جملة متغيرات عربية وإقليمية ودولية. وكان تأخر ظهور التنظيم العربي الدولي يعود إلى عدم وجود دول عربية مستقلة تعمل على توحيد نفسها، ومن ثم توحيد العرب. ولم تظهر دول عربية مستقلة إلا في نهاية النصف الثاني من القرن العشرين. وعلى المستوى العربي يمكن القول

---

(47) على محافظة، النشأة التاريخية للجامعة العربية، جامعة الدول العربية ، الواقع والطموح، مركز دراسات الوحدة العربية ، بيروت 1983، ص 32.

أن الحقيقة العربية كانت حجر الأساس لهذا التطور التاريخي. فمن ناحية، كانت الحرب مناسبة لنمو الحركات الوطنية ونشاط المقاومة ضد الوجود الاستعماري، الأمر الذي انعكس على استقلال عدد متزايد من الدول العربية وأنشأ الحاجة إلى إقامة نوع من التوازن بين القوى السياسية لعبت فيه مصر دورا فاعلا.

كما، تعززت الحاجة إلى الوحدة مع الوعي بمخاطر الحركة الصهيونية وتقاطر الهجرات اليهودية إلى فلسطين بدور لا يغفل للدولة المنتدبة عليها. "بريطانيا"، تحقيقا لحلم الدولة اليهودية. ومن جهة أخرى، أدى تزايد الاحتكاك بالغرب نتيجة البعثات التعليمية إلى الانفتاح على بعض الأفكار والتيارات السياسية التي كانت تعتمل فيه، وفي مقدمتها الفكرة القومية. ومن ناحية أخرى، بدت أن هناك درجة معقولة من التبادل التجاري وانتقال الأشخاص لاسيما بين دول المشرق العربي على نحو بدا وكأنه يوفر الأساس المادي للوحدة إضافة إلى الأساس الروحي والثقافي المبدئي.

وعلى المستوى الإقليمي ساعدت التطورات التي كانت تجتازها دول الجوار وهى بالأساس تركيا وإيران على شغلها بنفسها وصرفها عن محاولة إجهاض مساعي العرب إلى الوحدة. أما تركيا فقد كانت هزيمتها في الحرب العالمية الأولى ومخاوفها من قيام نظام شيوعي على حدودها وبوادر تغيير علاقاتها وتحالفاتها من الشرق إلى الغرب أهم محددات أجندتها الداخلية والخارجية، وفي الوقت الذي تكفل فيه استيلاؤها على إقليم الاسكندرونة من سوريا وفشلها في اقتطاع الموصل من العراق بتعلية الجدران التي تفصلها عن محيطها العربي-الإسلامي، وإكسابها سمكا إضافيا، أما إيران فكانت مكبلة بنظام متسلط وباستعمار غربي مسيطر على موارد الثروة فيها ومحتلة من قبل القوات الأمريكية والبريطانية والسوفيتية منذ عام 1942 لغاية عام 1947 بذريعة حماية آبار النفط من السيطرة الألمانية، وكانت مهددة بأكثر مما كانت تركيا بخطر التغلغل الشيوعي (حزب توده) القوى داخل إيران، وقربها من الاتحاد السوفيتي الذي تحتفظ

معه بحدود طويلة والذي لم يخف نواياه الاستعمارية لا في منافذها البحرية ولا في نفطها، وهدفه بالوصول إلى المياه الدافئة.

وعلى المستوى الدولي تلت الحرب العالمية الثانية مرحلة انتقالية من مراحل تطور النظام الدولي، صرفت انتباه الولايات المتحدة إلى المناطق المجاورة للاتحاد السوفيتي وأوروبا الشرقية والصين، فيما تركت المنطقة العربية، مؤقتا، لتقع ضمن اهتمامات بريطانيا وفرنسا بخبرتيهما الطويلة في الشئون العربية.

وعلى المستوى الوطني فقد ظهرت العديد من الأحزاب والتجمعات القومية في العديد من الدول العربية، منها لبنان وسوريا والعراق [48]،

ثانيا- المشاريع القومية المطروحة

واجهت بريطانيا منذ نهاية القرن التاسع عشر حركات معادية في الشرق العربي استطاعت أن تتغلب عليها، بأساليب القوة تارة وبالخداع والوعود تارة أخرى. ولكنها تلقت منها درسا قويا دفعها إلى أن تبحث عن طريقة تحافظ بها على هيبتها من أجل أن تجمع العرب تحت قبضتها [49]. وبعد الحرب العالمية الأولى توقفت حركة المطالبة بالوحدة العربية، أو بإنشاء كيان عربي واحدة يضم الوطن العربي، بأي شكل كان، واصطدمت الحركة القومية بعدة عوامل منها ما هو داخلي ومنها ما هو خارجي ومن ذلك:

1- الصراع السياسي العربي – العربي.

2- الصراع العربي - الأوربي.

3- الصراع السلفي - التحديثي العربي.

---

(48) عن الحركات القومية في العراق تراجع المؤلفات: خطار بو سعيد، عصبة العمل القومي ودورها في لبنان وسوريا 1933-1939، مركز دراسات الوحدة العربية، بيروت 2004. ص 10 وما بعدها. كذلك الدكتور هادي حسن عليوي، الاتجاهات الوحدوية في الفكر القومي العربي الشرقي، 1918-1952، مركز دراسات الوحدة العربية، بيروت 2000، ص 15وما بعدها.

(49) الدكتور محمد طلعت الغنيمي، جامعة الدول العربية، منشأة المعارف الإسكندرية 1974ص6.

4- الصراع العربي - الصهيوني.

5- الصراع العربي الفارسي[50].

6- الصراع بين التخلف والتقدم العربي. (الصراع المدني العشائري)

وسادت الشعب العربي بين الحربين العالميتين موجة كبيرة تطالب بوحدة العرب، رغم وجود هذه العوامل الست المعطلة لخلق كيان عربي يضم الوطن العربي. فنشبت العديد من الثورات والانتفاضات في أرجاء الوطن العربي وظهر التفاعل العربي بين ثورات الهلال الخصيب ووادي النيل والمغرب العربي. واتخذ التطلع نحو كيان عربي يضم الوطن العربي بأسلوب التضامن العربي. غير أن فكرة الوحدة العربية ظلت حية واتخذت تسري في جميع أجزاء الوطن العربي. فأصبح طلب الاستقلال وتحقيقه مدخلا لتحقيق الوحدة العربية وتمهيدا لقيام نظام عربي دولي واحدة يجمع الأمة العربية[51].

ومع اشتداد الضغط النازي والفاشي على الدول الأوروبية أثناء الحرب العالمية الثانية رأت بريطانيا وفرنسا ألا تحدث مزيدا من الاضطرابات داخل مستعمراتها في البلاد العربية، فوعدت قادة تلك الدول بالاستقلال عقب انتهاء الحرب، وأعربت عن تشجيعها لأي اتجاه نحو الوحدة العربية كما جاء على لسان وزير خارجيتها (أنتوني إيدن) عام 1941[52]. وقد تفرعت عن الحركة العربية اربع اتجاهات رئيسة: الأول يطالب بوحدة فورية للدول العربية. والثاني يطالب بوحدة الهلال الخصيب بين العراق والشام. والثالث يطالب باتحاد عربي يجمع الدول العربية. أما الاتجاه الأخير فهو يطالب بوحدة عربية: وكان الجميع يهدف إلى تحرير الوطن العربي من الاستعمار الأجنبي:

---

(50) الدكتور مصطفى اللباد، إيران الجار التاريخي وإسرائيل الخطر البعيد، مجلة شؤون عربية، العدد (133) القاهرة 2008، ص 23.

(51) الدكتور حسن صعب، الوحدة العربية بين التنظير والتخطيط، دراسات في القومية العربية والوحدة ، مركز دراسات الوحدة العربية، ط2 بيروت 1992 ص323.

(52) محمد عبد العاطي جامعة الدول العربية : المبادئ والأهداف مقر جامعة الدول العربية الانترنيت 2001/3/25.

الاتجاه الأول - مشروع سورية الكبرى

يدعو مشروع سوريا الكبرى إلى إقامة الدولة السورية الموحدة والتي تضم سوريا وشرق الأردن وفلسطين ولبنان بعد ذلك إلى إعلان تأسيس اتحاد عربي تعاهدي مؤلف من سوريا والعراق. وبذل عبد الله بن الحسين مساعيه ولقاءاته المباشرة مع (اوليفز ليلتون) ممثل وزراء الخارجية في المنطقة وعن طريق المذكرات التي كان يرفعها باستمرار إلى الحكومة البريطانية والتي نصحته بضرورة التريث أو تأجيل بحث الموضوع المذكور لحين انتهاء الحرب[53].

الاتجاه الثاني - مشروع الهلال الخصيب

كان الملك فيصل الأول ملك العراق، أول من طرح مشروع الهلال الخصيب. وحاول نوري السعيد تبني هذا المشروع، ومعرفة آراء السياسيين المصريين منه، بعد أن تعيينه بمنصب وزير العراق المفوض في السفارة العراقية في القاهرة عام 1941. وعلى الرغم من انه لم يلق التأييد لمشروعه فأنه حاول بعد رئاسته الوزارة في العراق الحصول على تأييد المصريين عند زيارته لمصر مع الوصي عبد الإله. غير أن رئيس وزراء مصر تجاهل المشروع. والهدف من إقناع مصر ، على الرغم من أن مصر لم تكن ضمن هذا المشروع، هو أن مصر كانت الدولة الوحيدة بالإضافة إلى العراق تتمتع بشبه استقلال، ولها تأثير على بريطانيا بتبني الفكرة[54]. ورحبت كل من سوريا ولبنان بالمشروع وعارضته كل من مصر والسعودية. كما عارضته بريطانيا، ذلك أن المشروع لا يشمل الدول العربية جميعها[55]. وكان هذا المشروع بقيادة العراق، وهذا يعني قوة موقف العراق في الوطن العربي على حساب موقف مصر. وسبب رفض بريطانيا يقوم على أساس أنه يخلق محاور متصارعة في الوطن العربي مما يصعب معه السيطرة عليها.

(53) جميل الجبوري، نشأة فكرة جامعة الدول العربية مجلة شؤون عربية العدد 25 آذار 1983، ص 11.
(54) همسلي لونكريك، العراق الحديث ، 1900-1950 ترجمة سليم طه التكريتي بغداد 1965 ص321.
(55) على الدين هلال ، أمريكا والوحدة العربية ص 62.

☞ الاتجاه الثالث - الدعوة إلى اتحاد

يدعو هذا الاتجاه إلى اتحاد بين الدول العربية، يضم مصر وسوريا واليمن بالإضافة إلى أقطار الهلال الخصيب، وانقسم أصحاب هذه الدعوة إلى اتجاهين: الأول يدعو إلى اتحاد فدرالي أو كونفدرالي، أو نوع من الاتحاد له سلطة عليا تفرض إرادتها على الدول الأعضاء، والآخر يدعو إلى اتحاد يعمل على التعاون والتنسيق بين الدول العربية بعضها بعضا مع احتفاظ كل دولة باستقلاليتها[56].

وكان الاتجاه السائد في مباحثات الجامعة تبني هذا الاتجاه، إلا أن الظروف الدولية كانت تعمل بخلاف ذلك

☞ الاتجاه الرابع- الوحدة العربية

كان التيار المسيطر على الشارع العربي، ينادي بوحدة عربية تجمع كل الدول العربية. فمنذ بداية الأربعينيات من القرن الماضي ظهرت العديد من الأحزاب والتجمعات والمنظمات الوطنية تطالب بتحقيق الوحدة العربية. وشكلت المطالبة بالوحدة العربية تيارا شعبيا كبيرا شمل الدول العربية شبه المستقلة في ذلك. وقد ظهرت العديد من الأحزاب القومية في كل من مصر وسوريا والعراق ولبنان تنص تقوم برامجها على تحقيق الوحدة العربية.

ثالثا- الجهود الرسمية لإقامة الجامعة

وفي عام 1942، ألقى مصطفى النحاس خطابا في مجلس الشيوخ المصري أعلن فيه سعي مصر إلى عقد مؤتمر للقادة العرب لبحث هذا الأمر، وفي الأردن جاءت تصريحات الملك عبد الله متوافقة مع ما دعا إليه النحاس باشا. وفي أيلول/سبتمبر 1943 بدأت المشاورات الثنائية بين مصر وكل من الأردن والعراق وسوريا وصدرت تصريحات ووجهات نظر كثيرة من كل من نوري السعيد من

---

(56) محمد عبد العاطي مصدر سابق.

العراق وتوفيق أبو الهدى من الأردن وسعد اللـه الجابري من سوريا ويوسف ياسين من السعودية ورياض الصلح من لبنان، ووفد اليمن. وكانت خلاصة المشاورات مع تلك الوفود بروز اتجاهات ثلاثة بين القادة العرب فيما يختص بمشروع جامعة الدول العربية.

وكانت الدول العربية بعد الحرب العالمية الثانية كل من مصر والسعودية والعراق والأردن وسوريا ولبنان واليمن. غير أن هذه الدول جميعا كانت تعاني من السيطرة والهيمنة الاستعمارية الأجنبية بشكل أو بآخر. ورغم هذه السيطرة فكان نظام الانتداب الذي تقرر عليها في عهد العصبة قد خفف عليها التسلط الاستعماري في الوقت الذي كانت الدول العربية في القارة الأفريقية والخليج العربي تحت الاستعمار المباشر التي لم يشملها نظام الانتداب الذي جاءت به العصبة، لأن احتلالها حصل قبل الحرب العالمية الأولى، فلم تكن مشمولة بالدعوة البريطانية لإقامة تجمع عربي.

لهذا فقد شملت الدعوة البريطانية الدول العربية الأربع المشمولة بالانتداب وهي كل من العراق وسوريا ولبنان والأردن ودولتين شبه مستقلتين وهما كل من السعودية واليمن. فلم يحصل تقارب بين هذه الدول إلا عن طريق الدولة الراعية لها وهي بريطانيا وفرنسا. فلم تظهر مشاريع للوحدة أو الاتحاد أو العمل على إنشاء منظمة عربية بعد الحرب العالمية الأولى وخلال الحرب العالمية الثانية.

وعلى الرغم من أن فرنسا كانت منتدبة على كل من سوريا ولبنان وتحكم بصورة مباشرة كل من الجزائر وتونس والصومال واريتريا فإنها لم تدخل الصراع حول إنشاء الجامعة العربية. بسبب انشغالها بهمومها ومشاكلها، كونها كانت محتلة من قبل ألمانيا النازية وتحكمها حومة (فيشي) التابعة لألمانيا، ولم تكن متفرغة لموضوع جامعة الدول العربية. فكان الصراع محتدما بين تلك

الدولتين. فكان كل من (روزفلت) و(شرشل) في بارجة عسكرية يتولى توجيه القادة العرب المجتمعون في مؤتمر الإسكندرية، و يتلقون التعليمات منه[57].

وقد انتهز العرب هذه الفرصة وقرروا الاستفادة من هذه المبادرة بغض النظر عن النوايا التي تختفي ورائها. وسارع رئيس وزراء مصر إلى دعوة الدول العربية إجراء مشاورات بشأن الوحدة العربية . ولبت الدول العربية النداء وأرسلت ممثلين عنها للتشاور مع الحكومة المصرية. وأطلق على هذه المشاورات رسميا " مشاورات الوحدة العربية " وكانت تصريحات ممثلي الدول العربية تنادي بهذه الوحدة بحماس كبير. فكانت بعض الدول ترغب بإقامة دولة عربية موحدة بينما ترى دول أخرى قيام دولة اتحادية قوية تستطيع السيطرة على جميع أرجاء الوطن العربي[58]. وتهيأ الرأي العام العربي لقيام وحدة عربية وبدأ يضغط عن طريق الأحزاب والصحف في هذا الاتجاه، فوجه مصطفى النحاس باشا في 12 يوليو/تموز 1944 الدعوة إلى الحكومات العربية التي شاركت في المشاورات التمهيدية لإرسال مندوبيها للاشتراك في اللجنة التحضيرية للمؤتمر العربي العام التي ستتولى صياغة الاقتراحات المقدمة لتحقيق الوحدة العربية. بعد ثماني جلسات من النقاش استبعد القادة العرب فكرة الحكومة المركزية ومشروعي سورية الكبرى والهلال الخصيب وانحصر النقاش في تكوين اتحاد كونفدرالي لا تنفذ قراراته إلا الدول التي توافق عليه[59].

(57) تراجع رسالة نوري السعيد الموجهة لوزير الخارجية المحفوظة في المركز الوطني لحفظ الوثائق.

(58) الدكتور الشافعي محمد بشير ، مصدر سابق، ص 347.

وفي الخطاب الذي ألقاه النحاس باشا في مجلس الشيوخ في 20 مارس 1943 ردا على تصريح المستر آيدن بإقامة وحدة عربية حدد مراحل العمل لتحقيق هذه الغاية بما يأتي:

1- ان تتشاور مصر مع الحكومات العربية كل على انفراد للتوفيق بين آرائها فيما ترمي إليه من آمال.

2- دعوة الحكومات العربية فيما بعد لاجتماع ودي حتى يبدأ السعي لتحقيق الوحدة العربية بجبهة متحدة.

3- عقد مؤتمر عربي عام لإكمال بحث الموضوع واتخاذ القرارات المحققة للأغراض التي تنشدها الأمة العربية.يراجع: احمد الشقيري، الجامعة العربية كيف تكون جامعة وكيف تصبح عربية، دار أبو سلامة للطباعة والنشر ، تونس1979. ص 5 وما بعدها.

(59) محمد عبد العاطي جامعة الدول العربية مصدر سابق.

المبحث الثالث
الدور البريطاني في إنشاء الجامعة

إن فكرة إنشاء جامعة الدول العربية، بريطانية المنشأ رسميا التوجه. فبعد الحرب العالمية الأولى توزعت ممتلكات الدولة العثمانية على الدول المنتصرة. فكان نصيب فرنسا كل من سوريا ولبنان، ونصيب بريطانيا كل من العراق والأردن وفلسطين. وقررت عصبة الأمم تحويل هذه الدول إلى دول تحت الانتداب لمدة ثلاث سنوات ينتهي فيه الانتداب بعد قيام حكم وطني في الدول المذكورة. غير أن الانتداب استمر في العراق إلى عام 1932، وفي الأردن ولبنان وسوريا إلى عام 1946. أما مصر، فقد احتلها الفرنسيون وأعقبهم البريطانيون إلى تاريخ إجلاء القوات البريطانية من مصر عام 1956، في عهد الرئيس الراحل جمال عبد الناصر. أما بالنسبة للسعودية واليمن، فلم تخضعا للاحتلال والانتداب من الناحية القانونية.

أولا- أهداف بريطانيا من إنشاء الجامعة

شعرت بريطانيا في الحرب العالمية الثانية ضرورة تنفيذ خطتها بجمع العرب تحت نظام حكم موحد لضمان السيطرة عليه. ففي عام 1941 صرح (انتوني إيدن) وزير خارجية بريطانيا في مجلس العموم البريطاني بأن " العالم العربي قد خطا خطوات عظيمة إلى الأمام منذ نهاية الحرب الأخيرة. وإن كثيرا من المفكرين العرب يرغبون في أن تحقق الشعوب العربية درجة من التقارب أكبر مما هو متحقق الآن ومن أجل تحقيق هذا التقارب يعولون على مساعدتنا. أن مثل هذا النداء الصادر من أصدقائنا لا يمكن أن يظل بلا استجابة. وإنه يبدو لي من الطبيعي ومن العدل أن تتقدم العلاقات الثقافية والاقتصادية والسياسية بين البلاد العربية وإن حكومة صاحب الجلالة من جانبها سوف تقدم معونتها الكاملة لآي خطة تتمتع بالتأييد التام". وقد صدرت تصريحات لاحقة من إيدن بتأييد إقامة

كيان يجمع بين الدول العربية وإن تطلبت أن تأتي المبادرة في هذا الشأن من العرب أنفسهم [60]. وقد أردفت بريطانيا هذا الاتجاه الجديد بتصريحين تاليين في 19/مايس/1942 و24/شباط/1943 كرر فيها وزير خارجيتها ما سبق أن أعلنه من تأييد بريطانيا لحركة الوحدة العربية وأوضح أن الخطوة الأولى في سبيل تحقيق أي مشروع للوحدة العربية يجب أن تأتي من جانب العرب أنفسهم [61].

ورأى ممثلو بريطانيا في القاهرة وبغداد وبيروت والقدس وجدة، تعذر تنفيذ أي اتحاد عربي في ذلك الوقت، وان الضرورة تقضي بان لا تقدم الحكومة البريطانية على خطوة في قيام تقارب عربي. وبحث الموضوع مرة ثانية في اجتماع اللجنة الرسمية للشرق الأوسط في 1941/10/8، واتضح لهؤلاء أن كل مشروع اتحادي عربي مقبول إذا تضمن تامين الحاجة البريطانية من النفط وسلامة المواصلات البريطانية، واستبعد من المنطقة أي دولة معادية لبريطانيا. وتم الاتفاق على ضرورة تقديم تصريح رسمي بريطاني يحبذ فكرة الاتحاد العربي. واعدت اللجنة بالتعاون مع ممثلي وزارتي الخارجية والمستعمرات تقريرا عن الاتحاد العربي. قدم كمشروع في كانون الأول عام 1941. وتضمن التقرر تعدادا الفوائد والمضار من جراء قيام اتحاد عربي، وحل المشكلة الفلسطينية بما يرض العرب واليهود. أما المضار فهي عدم استعداد الرأي العام العربي للاتحاد العربي، لأنه يستدعي تضحيات بالمصالح الوطنية لحساب المصالح القومية، وقد يثير العداء بين الأسر الحاكمة والشقاق الديني والنزاع الطائفي. إضافة إلى معارضة فرنسا والمنظمة الصهيونية.

وانتهى التقرير إلى التوصية بان الوقت لم يحن بعد لقيام اتحاد سياسي عربي، وإلى إمكانية تحرك الحكومة البريطانية في اتجاهين. الأول يقوم على أساس رغبة العرب في إقامة صلات أوثق بينهم، ومن الضرورة أن تدرس بريطانيا

(60) الدكتور وحيد رأفت شؤون الجامعة العربية كمنظمة إقليمية دراسات في القانون الدولي ـ الجمعية المصرية للقانون الدولي المجلد الثاني عام 1970 ص 30. ويراجع مؤلف : الدكتور يونان لبيب رزق، موقف بريطانيا من الوحدة العربية، مركز دراسات الوحدة العربية، بيروت 1999.
(61) الدكتور الشافعي محمد بشير، المنظمات الدولية، منشأة المعارف الإسكندرية 1970ص345. والدكتور عبد الواحد محمد الفار، مصدر سابق، ص 512.

مستقبل سياستها تجاه الدول العربية. والثاني، يدعو إلى تشجيع المزيد من إجراءات الرامية إلى التعاون العربي في ميدان الاقتصاد والثقافة ووضع مشروع لهذا التعاون وإشكاله.

واشتمل التقرير على ملحق تضمن بعض المشروعات الاتحادية التي استثنت مصر واشتمل على جميع الدول العربية في آسيا، بأن يحتفظ كل قطر باستقلاله وكيانه الخاص به. وتشكيل مجلس اتحادي يتولى رئاسته احد رؤساء الدول الأعضاء بصورة دورية، أو انتخاب عبد العزيز بن سعود رئيسا له مدى الحياة. ويشمل المشروع الثاني أقطار الهلال الخصيب. أما المشروع الثالث اقتصر على وحدة الأقطار الشامية الأربعة وهي كل من سوريا ولبنان وفلسطين وشرقي الأردن [62].

وكان من نتائج الحرب العالمية الثانية:

1- **ضعف قدرة بريطانيا العسكرية:** قبل أن تحسم الحرب العالمية الثانية لصالح الحلفاء، تعرضت بريطانيا إلى التدمير الكامل. فشعرت بقرب نهايتها، فقبل سنة من انتهاء الحرب العالمية الثانية في عام 1944 جمعت العرب ونظموا برتوكول الإسكندرية ليكون البذرة الأولى لإنشاء الجامعة. وعندما اشتد الصراع العسكري بين الحلفاء ودول المحور في بداية عام 1945، وقبل أن تقوم الولايات المتحدة الأمريكية بضرب هيروشيما ونكازاكي في آب من عام 1945 ، رتبت بريطانيا عقد ميثاق جامعة الدول العربية في آذار من عام 1945، قبل رحيلها المحتمل من الوطن العربي [63]. وبالفعل فقد انسحبت بريطانيا قانونيا من المنطقة بعد مرور سنة واحدة من قيام جامعة الدول العربية. وأعلنت بريطانيا انتهاء الانتداب على الأردن عام 1946، وفلسطين عام 1947، وسحب قواتها من العراق المتواجدة في قاعدتي الشعيبة والحبانية، بعد أن رتبت السيطرة على العرب من خلال الجامعة.

(62) علي محافظة، مصدر سابق، ص 42.

(63) William Roger Louis, The British Empire in the Middle East, 1945-1951: Arab Nationalism, the United States, and Postwar Imperialism. Contributors. Clarendon Press. Place of Publication: Oxford. Publication Year: 1984.p128.

2- **انحسار النفوذ الفرنسي المنافس لبريطانيا:** فقد استغلت بريطانيا احتلال فرنسا من قبل ألمانيا عام 1942، وإقامة حكومة المنفى في لبنان ثم لندن واستمر احتلال فرنسا إلى نهاية الحرب العالمية الثانية عام 1945. مما جعل بريطانيا وحدها في المنطقة وهي في حالة انهيار شبه كامل. فكان لابد لبريطانيا من استغلال الغياب الفرنسي وترتيب الأوضاع بحسب ما تقتضيه مصالحها. فعملت على التقرب لدول المنطقة ورسم مستقبلها وتحفيزها على مواجهة الحالات المحتملة [64].

3- **توقع خسارة الحلفاء الحرب العالمية الثانية:** توقعت العديد من الدول خسارة الحلفاء في الحرب العالمية الثانية. وهذا يعني إيقاظ الدولة العثمانية من جديد، وهو أمر يثير مخاوف العالم الغربي بشكل عام وبريطانية بصورة خاصة. فالخطر التركي يبقى الهاجس الذي يورق الدول الغربية حتى الوقت الحاضر. فالغرب لا يريد لتركيا أن تكون دولة ذات شأن في العالم. لهذا فلابد من تقوية دول المنطقة في مواجهة الأطماع التركية.

4- **التخوف من إيران:** ففي عام 1942 أدخلت جيوش كل الولايات المتحدة الأمريكية وبريطانيا والاتحاد السوفيتي الأراضي الإيرانية، بذريعة الخوف من قيام ألمانيا باحتلال منابع النفط في إيران. لهذا فإن خسارة الحرب العالمية الثانية يعني السيطرة على نفط إيران، لهذا لابد للعرب من أن يتمكنوا من حماية أنفسهم من الخطرين الألماني والإيراني، وبخاصة بعد ما وجدوا أن لإيران مطامع في الدول المجاورة.

5- **ظهور النفط في المنطقة:** تشكل السعودية والعراق احتياطيا نفطيا كبيرا مهما بالنسبة للعالم. وانه لا تقدم ولا تطور ولا إدامة للحرب بدون النفط. وتشكل مصر ممرا دوليا (قناة السويس) مهما في حركة النقل البحري التجاري والحربي، وتطل اليمن على فتحة الخليج العربي والبحر الأحمر والإطلال على البحر العربي. أما بالنسبة لسوريا والأردن ولبنان، فهي دول

---

(64) يراجع عن موقف فرنسا من الجامعة: الدكتور علي محافظة، فرنسا والوحدة العربية، مركز دراسات الوحدة العربية بيروت 2008.

وسطية بين هذه الدول تشكل عمقا إستراتيجيا مهما، وكان من المعتقد اكتشاف النفط فيها. لهذه الأسباب أرادت بريطانيا تطوير جامعة الدول العربية بعد قيامها، وان تضاف إليها المهمة المجاورة للعرب، وتحويلها إلى حلف يجمع الدول السبع في الجامعة مع الدول المحيطة بالدول العربية، في حلف أطلق عليه حلف بغداد، يضم الباكستان المطلة على فتحة الخليج العربي، وإيران الدولة النفطية المهمة، وتركيا الدول القوية المهمة. غير أن الرياح سارت بما لا تشتهي السفن، فلم تنظم الدول العربية الأخرى بضغط أمريكي، وحصل انقلاب في العراق أطاح بحلف بغداد وتحول إلى حلف المركزي (السانتو). وفقد الحلف المذكور أهميته في الوقت الحاضر.

6- **نمو الحركة الشيوعية:** كان انضمام الاتحاد السوفيتي للحلفاء ضد ألمانيا، قد سمح للشيوعية بالعمل العلني في الدول الغربية وفي الولايات المتحدة الأمريكية، والأقاليم المستعمرة التابعة لها، ودخل الشيوعية الوطن العربي عام 1919، من قبل اليهود السوفيت المهاجرين إلى فلسطين، وشكل فروعا في العديد من الدول العربية. لهذا فقد عمل الحزب الشيوعي في العراق بقادة فهد (يوسف سلمان) وفي سوريا (خالد بكداش) وفي مصر (كوريل) و في فلسطين (موسى) وكذلك في لبنان، وامتد إلى دول الخليج العربي، وقد وجدت بريطانيا، أن وجود هذه الأحزاب الموالية للاتحاد السوفيتي يعد خطرا على مصالحها. وهي تعلم جيدا رغبة السوفييت بالوصول إلى المياه الدافئة. فلابد من إنشاء تكتل عربي يعمل على تحجيم هذه الأحزاب من الداخل دون أن تتدخل بريطانيا وتخالف التزاماتها الدولية، وتمنع الولاء للاتحاد السوفيتي.

7- **الحد من المد القومي في الوطن العربي:** شهدت فترة الأربعينيات، مدا قوميا عربيا في كل من العراق وسوريا ولبنان ومصر، وشكلت العديد من الأحزاب القومية في هذه الدول عملت بشكل علني. فأرادت بريطانيا أن تركب الموجة القومية للحد منها قبل أن تفلت زمام الأمور وتقوم قوة قومية مؤثرة تجمع العرب في دولة واحدة تهدد مصالحها الإستراتيجية في المنطقة. فبادرت بطرح

مشروع قومي على ما تراه مناسب لها. وكانت الفكرة السائدة في بريطانيا، وحدة من صنعنا خير من اتحاد من صنع العرب أنفسهم.

8- **دخول الولايات المتحدة الوطن العربي:** كان لاكتشاف النفط في السعودية الدور الكبير في دخول الولايات المتحدة الأمريكية للمنطقة العربية ومنافستها بريطانيا، وبخاصة بعد أن ضعفت بريطانيا لدرجة كبيرة. وعملت الولايات المتحدة على ترتيب أوضاعها في المنطقة في ضوء نظرية ملئ الفراغ(65). مما دفع بريطانيا العمل على ترتب أوضاع المنطقة قبل أن يمتد التغلغل الأمريكي لدول أخرى كان خاضعة لبريطانيا مثل العراق والأردن. غير أن الهدف البريطاني هذا دفع الولايات المتحدة إلى إجهاض المشروع البريطاني، فتدخلت حتى في صياغة ميثاق الجامعة.

ثانيا- الموقف البريطاني من مشروع الهلال الخصيب

بعد انتصار الحلفاء في معركة العلمين، وجدت العراق الفرصة للتحرك. فاتصل نوري السعيد. بالكولونيل (استيوارت نيوكب) للتباحث بشأن الوحدة العربية. وأوضح (نيوكمب) لنوري السعيد أن تحقيق الوحدة العربية أمر متعذر بسبب ظروف الحرب العالمية الثانية، والمشاكل القطرية والعرقية والطائفية وشكل النظام العام. ولكن هذه المباحثات لم تثن نوري عن مواصلة مساعيه، فزار القاهرة للتباحث ووزير الدولة البريطاني المستر (كيرزي) وطلب منه أن يقدم آراءه ومقترحاته مكتوبة، فقدم نوري السعيد هذه الآراء مكتوبة(66)، بمذكرة أطلق عليها الكتاب الأزرق، التي قدمها الوزير البريطاني في 1943/1/14. وتضمن المشروع ما يأتي:

أ- توحيد سورية ولبنان وشرقي الأردن وفلسطين في دولة واحدة.

---

(65) William Roger Louis,op.cit,p173.

(66) كثيرا ما يذكر الكتاب بان نوري السعيد قدم هذا المشروع أو ذاك المشروع، ونقول أن المشاريع المقدمة حول جامعة الدول العربية ليست من اقتراحات نوري السعيد، بل انها تعبر عن مواقف الحكومة العراقية حول جامعة الدول العربية. فلم يكن نوري السعيد في ذلك وزيرا أو سفيرا، وانما كان وزيرا مفوضا، وهي رتبة اقل من رتبة السفير. وبناء على ذلك فان نوري السعيد كان يمثل الحكومة العراقية وموقفها من الجامعة.

ب- إنشاء جامعة عربية تضم العراق وسورية وأي دولة عربية أخرى إذا طلبت ذلك.

ج- إنشاء مجلس دائم للجامعة يتولى شؤون الدفاع والخارجية والعملة والمواصلات والجمارك وحماية حقوق الأقليات.

د- إقامة إدارة ذاتية لليهود في المناطق التي يشكلون في أكثرية سكانية في فلسطين.

هـ- منح الموارنة في لبنان وضعا مماثلا للوضع الذي كنوا عليه في العهد العثماني [67].

ولم يلق هذا المشروع من الجانب البريطاني، أية استجابة، وبخاصة انه يمثل توحيد عدد من الأقطار العربية ويستبعد السعودية واليمن.

وطرح نوري السعيد هذا المشروع للمستشار الشرقي للسفارة البريطانية في القاهرة، غير انه المستشار البريطاني نصحه بعد معارضة السعودية، ثم اجتمع نوري السعيد مع وزير الدولة البريطاني المقيم في القاهرة، وعرض عليه مشروع الهلال الخصيب، فنصح نوري السعيد بعدم التهور وضرورة أخذ موافقة جميع الدول العربية على الخطوات الوحدوية. وهذا يعني عدم رغبة الحكومة البريطانية على مشروع الهلال الخصيب [68].

ونعتقد أن عدم موافقة الحكومة البريطانية على مشروع الهلال الخصيب يعود للأسباب الآتية:

1) أن الدول المقترحة في المشروع، هي كل من العراق وسوريا ولبنان وفلسطين وشرقي الأردن. وان كل من سوريا ولبنان كانت تحت الانتداب الفرنسي. فلم تكن بريطانيا تحبذ المواجهة مع فرنسا.

---

(67) يراجع : نوري السعيد، استقلال العرب ووحدتهم، بغداد 1943، ص 5 وما بعدها. وكذلك يراجع: علي محافظة، مصدر سابق، ص 45.

(68) علي محافظة، مصدر سابق، ص 42.

2) أن المشروع يعني هيمنة العراق على هذه الدول بسب عدد نفوسه ومساحته وقدرته على استيعاب هذه الدول.

3) أن المشروع يقضي على أحلام قيام دولة صهيونية في الوطن العربي.

4) عزل السعودية من الانضواء تحت أي تكتل عربي، مما قد يضعفها تجاه مشروع الهلال الخصيب. وعزل السعودية يعني عزل منطقة الخليج العربي عن فكرة التجمع العربي الذي تهدف إليه بريطانيا.

5) أن المشروع يقيم دولة تمتد من إيران إلى البحر الأبيض المتوسط. وتضم العديد من ا لأقليات العرقية في المنطقة. مما قد يخلق مشاكل مستقبلية لدولة الهلال الخصيب.

6) يهدد المشروع التوجه البريطاني بضم الدول النفطية في تجمع عربي واحد. إذ يشتت كل من العراق والسعودية ومنطقة الخليج العربي وهي دول ومناطق نفطية مهمة.

ثالثا- طبيعة الدور البريطاني في إنشاء الجامعة

لعبت بريطانيا دورا مهما في إنشاء جامعة الدول العربية، وهذا يتطلب أن نوضح حقائق مهمة:

1) دعم تأسيس الجامعة العربية لأسباب مصلحية. ولعبت دورا مهما في دفع الحكام العرب إلى اللقاء والبحث, ولأول مرة في التاريخ الحديث يجتمع فيه القادة العرب. فلم يقم الدور البريطاني في إقامة جامعة الدول العربية، من خلف الكواليس، بل كان موقفا رسميا صادرا من رئاسة الوزراء ووزارة الخارجية والبرلماني البريطاني[69]، في حين كان الدور الأمريكي دورا سريا من خلف الكواليس.

---

(69) William Roger Louis,op.cit,p. 439.

2) ساهم الدور البريطاني في إيقاظ العرب وحفزهم على العمل. ولم يكن دورا منشئا أو مبادرا، لأنه لا توجد دولة مهما كانت وبلغت درجة هيمنتها السياسية في حقبة تاريخية معينة قادرة على نفخ الروح من العدم. كما أن السلوك السياسي البريطاني، كما اتضح لاحقا كان سلوكا معاديا لتطوير الأواصر العربية وساعيا إلى ترتيبها بأواصر مصطنعة أهمها الأواصر الشرق أوسطية. أي أن بريطانيا شعرت في الأربعينيات من القرن العشرين أن وجود أحد الأشكال المؤسسية التي تنتظم فيها الدول العربية المستقلة في حينه يخدم مصالحها، من عدة وجوه أساسية. ومن ذلك:

أ- التعاطي مع أماني المنطقة تعاطيا جديدا تحسبا للمنافسات الأمريكية والفرنسية منها بالأساس.

ب- التجاوب مع المد الاستقلالي والتحرري الذي بدا أنه سيكون أحد معالم العلاقات الدولية بعد انتهاء الحرب.

ج- الانتفاضات التي حصلت ضد بريطانيا في العديد من الدول، ومنها ثورة العراق بقيادة رشيد الكيلاني، وحركات التمرد ضدها في مصر، وحركة الحسيني في فلسطين..

د- حل قضية اليهود في فلسطين، توهما منها أن تأسيس دولة يهودية لا يمكن أن يتم إلا من خلال إطار عربي عام قادر على إعطاء التنازلات للصهاينة وموحد لكلمة العرب ومنسقها في هذا الشأن.

ه- الاستفادة من خبرة الحرب العالمية الثانية التي أكدت الطبيعة الواحدة اقتصاديا واستراتيجيا للمنطقة العربية كمنطقة تزخر باحتياطي نفطي ضخم يجاور ثلثي الاحتياطي العالمي المعروف آنذاك وكمعبر لأحد أهم المجارى المائية الدولية: قناة السويس، وكحلقة وصل بين الشرق والغرب، وبالتالي الشعور بالحاجة للتعامل مع هذه الحقيقة بما يلاءمها.

وفي هذا السياق جاء إلقاء (أنتوني إيدن) وزير خارجية بريطانيا خطابا في 1941/5/29 ذكر فيه "إن العالم العربي قد خطا خطوات عظيمة منذ التسوية التي تمت عقب الحرب العالمية الماضية، ويرجو كثير من مفكري العرب للشعوب العربية درجة من درجات الوحدة أكبر مما تتمتع به الآن. وإن العرب يتطلعون لنيل تأييدنا في مساعيهم نحو هذا الهدف ولا ينبغي أن نغفل الرد على هذا الطلب من جانب أصدقائنا ويبدو أنه من الطبيعي ومن الحق وجود تقوية الروابط الثقافية والاقتصادية بين الدول العربية وكذلك الروابط السياسية أيضا. وحكومة بريطانيا سوف تبذل تأييدها التام لأي خطة تلقى موافقة عامة".

وبعد أقل من عامين من هذا التاريخ وتحديدا في 1943/2/24 عاد (أنطوني إيدن) يصرح في مجلس العموم البريطاني بأن الحكومة البريطانية "تنظر بعين العطف إلى كل حركة بين العرب ترمى إلى تحقيق وحدتهم الاقتصادية والثقافية والسياسية" [70].

والمعروف عن (انطوني إيدن) أنه احد مخططي الهجوم الثلاثي (البريطاني الفرنسي الإسرائيلي) على مصر عام 1956.

رابعا-التنافس البريطاني الأمريكي في إنشاء الجامعة

لم تهتم الولايات المتحدة الأمريكية في المنطقة بمثل ما اهتمت به بريطانيا وفرنسا. وبدا الاهتمام الأمريكي بالمنطقة بعد اكتشاف النفط فيه. ومما هدد المصالح البريطانية في الوطن العربي بشكل كبير، هو تدخل المصالح الدولية. فلم تعد بريطانيا المنهارة من جراء الحرب العالمية الثانية، قادرة على مواجهة التدخل الأمريكي في المنطقة [71]، بسب اكتشاف النفط. فمنذ بداية الأربعينيات من القرن الماضي،

---

(70) يراجع الدكتور مفيد شهاب، جامعة الدول العربية: ميثاقها وانجازاتها، القاهرة : معهد البحوث والدراسات العربية، 1978، ص ص 5-20، ص ص 99-118.

(71) Jon Kimche Seven Fallen Pillars: The Middle East, 1945-1952. Contributors. Frederick A. Praeger. Place of Publication: New York. Publication Year: 1953.p.3.

اهتمت الولايات المتحدة الأمريكية في الوطن العربي، منذ عام 1942 عندما قامت مع كل من بريطانيا والاتحاد السوفيتي منابع النفط في إيران، لمنع ألمانيا من احتلالها واستخدامها في الحرب. فعلى الرغم من اكتفاء الولايات المتحدة الأمريكية من النفط، إلا أنها وجدت أن وجود النفط بكميات كبيرة يسهل لأعدائها الحرب ضدها، وان السيطرة على هذه المنطقة يعد السيطرة على العالم كله.

وإذا كانت الولايات المتحدة الأمريكية اكبر دولة منتجة للنفط، فهي اكبر دولة مستهلكة له، مما جعل المنطقة العربية في نظرها مهمة اقتصاديا للولايات المتحدة بالإضافة إلى أهميتها العسكرية. ومن هذا المنطق تدخلت الولايات المتحدة الأمريكية في الوطن العربي سياسيا واقتصاديا وعسكريا ، عن طريق إقامة علاقات مع دول المنطقة وبخاصة مع السعودية. وعن طريق ذلك بدأت تعمل على التواجد الاقتصادي والسياسي والعسكري.

وبعد عقد مؤتمر القاهرة عام 1945 لإنشاء جامعة الدول العربية، عملت توجيه الدول الإطراف بعقد ميثاق الجامعة بالاتجاه الذي يحقق مصالحها. فكان لها الدور الكبير في الحد من الخطط البريطانية والعربية في عقد ميثاق الجامعة. وإذا كان التدخل البريطاني علنيا بإنشاء الجامعة، فإن التدخل الأمريكي كان سريا يعمل بالخفاء لإجهاض التوجه البريطاني.

لهذا ولدت جامعة الدولية من أبوين أحدهما علني وهي بريطانيا، والثاني سري وهي الولايات المتحدة الأمريكية، وبالنتيجة اندحرت بريطانيا نهائيا وخرجت من الساحة بشكل كامل، وسيطرت الولايات المتحدة على جميع منابع النفط بشكل كامل، وعلى توجيه سياسة المنطقة لصالحها. وأغرقت المنطقة بعشرات القواعد العسكرية، بالرضاء المكره، أو بالحرب والاحتلال، واستخدمتها ضد الدول العربية.

المبحث الرابع

الخطوات العملية لعقد ميثاق جامعة الدول العربية

بدأ تحرك عربي رسمي على مستوى الدول العربية، وعقبه عقد بروتوكول الإسكندرية، ثم ميثاق الجامعة:

أولا - الجهود العربية الرسمية لإقامة الجامعة

من أجل استثمار العوامل الذاتية المبررة وللظروف الإقليمية والدولية المواتية، بدأت الخطوات التنفيذية لوضع تنظيم عربي موضع التنفيذ. فقد أخذ رئيس الوزراء المصري مصطفى النحاس بزمام المبادرة بعد عام تقريبا من خطاب (أنتوني إيدن). ودعا كلا من رئيس الوزراء السوري (جميل مردم) ورئيس الكتلة الوطنية اللبنانية (بشارة الخوري) للتباحث معهما في القاهرة حول فكرة "إقامة جامعة عربية لتوثيق العرى بين البلدان العربية المنضمة لها". وكانت هذه أول مرة تثار فيها فكرة الجامعة العربية بمثل هذا الوضوح ثم عاد بعد نحو شهر من تصريح (انطوني إيدن) أمام مجلس العموم، ليؤكد استعداد الحكومة المصرية لاستطلاع آراء الحكومات العربية في موضوع الوحدة وعقد مؤتمر لمناقشته وهى الفكرة التي أثنى عليها ملك الأردن في حينه الملك عبد الله. وعلى أثر ذلك بدأت سلسلة من المشاورات الثنائية بين مصر من جانب وممثلي كل من العراق وسوريا ولبنان والمملكة العربية السعودية والأردن واليمن من جانب آخر . وهى المشاورات التي أسفرت عن بلورة اتجاهين رئيسيين بخصوص موضوع الوحدة الاتجاه الأول يدعو إلى ما يمكن وصفه بالوحدة الإقليمية الفرعية أو الجهوية وقوامها سوريا الكبرى أو الهلال الخصيب. والاتجاه الثاني يدعو إلى نوع أعم وأشمل من الوحدة يضم الدول العربية المستقلة، وإن تضمن هذا الاتجاه بدوره رأيين فرعيين أحدهما يدعو لوحدة فيدرالية أو كونفدرالية بين الدول المعنية والآخر يطالب بصيغة وسط تحقق التعاون والتنسيق في سائر المجالات وتحافظ في الوقت نفسه على استقلال الدول وسيادتها.

وعندما اجتمعت لجنة تحضيرية من ممثلين عن كل من سوريا ولبنان والأردن والعراق ومصر واليمن (بصفة مراقب) في الفترة 9/25 إلى 1944/10/7 رجحت الاتجاه الداعي إلى وحدة الدول العربية المستقلة بما لا يمس استقلالها وسيادتها. كما استقرت على تسمية الرابطة المجسدة لهذه الوحدة بـ "الجامعة العربية" وآثرته على مسمى "التحالف" و "الاتحاد" كون الأول يشير إلى علاقة عارضة والثاني يعبر عن علاقة تجب الاختصاصات المتفق على تحويلها للمنظمة العربية الناشئة. وفي ضوء ذلك تم التوصل إلى بروتوكول الإسكندرية الذي صار أول وثيقة تخص الجامعة العربية منذ سقوط الدولة العباسية عام 1258م. ويعد بروتوكول الإسكندرية أو حدث قومي في تاريخ العرب الحديث.

ثانيا ـ بروتوكول الإسكندرية

دعت الحكومة المصرية إلى عقد مؤتمر عربي عام تحضره الدول العربية القائمة في ذلك الوقت. وتم تشكيل لجنة تحضيرية جميع الدول العربية، واليمن وفلسطين بصفة مراقب، لوضع بروتوكول الإسكندرية. واجتمعت اللجنة التحضيرية في الإسكندرية للمدة من 25/ أيلول-17/تشرين أول /1944. ،وعقدت اللجنة ثمانية اجتماعات [72]. وانحصر النقاش في تناول مشروع نوري السعيد بتكوين مجلس اتحاد له سلطة تنفيذية. وقدم الوفد المصري مشروعا متكاملا للجامعة العربية وأعطى لهذه المنظمة اسم الجامعة العربية. وانتهى الأمر إلى تأليف لجنة فرعية لصياغة المشروع المصري، ولم تدخل عليه تعديلات جوهرية، ووضع بروتوكول الإسكندرية وملاحقه في 1944/10/17 [73].

وإذا كانت بريطانيا قد رفعت شعار "اجمع واحكم" ودعت إلى قيام وحدة عربية على الطريقة التي تخدم مصالحها، فإن الولايات المتحدة الأمريكية عملت تحت شعار "فرق تسد". فكانت ضد قيام وحدة عربية لخدمة مصالحها. وقد توصل

---

(72) الدكتور عبد الواحد محمد الفار، التنظيم الدولي، عامل الكتب القاهرة 1979، ص 514.

(73) الشقيري، الجامعة العربية كيف تكون جامعة وككيف تصبح عربية، ص 98.

مؤتمر الإسكندرية والذي بموجبه أطلق المؤتمرون على أنفسهم بـ(هيئة لجنة تحضيرية للمؤتمر العربي العام) وصدر عن المؤتمر برتوكول أطلق عليه بـ(بروتوكول الإسكندرية).

وقد تضمن البرتوكول المبادئ الرئيسة لجامعة الدول العربية التي تضم الدول العربية المستقلة. ويكون لهذه الجامعة مجلس يطلق عليه " مجلس جامعة الدول العربية" تمثل فيه الدول المشتركة في الجامعة على قدم المساواة. ويتولى هذا المجلس توثيق الصلات بينها وتنسيق خططها السياسية تحقيقا للتعاون بينها وصيانة لاستقلالها وسيادتها من كل اعتداء بالوسائل الممكنة وللنظر بصفة عامة في شؤون البلاد العربية ومصالحها. وقرارات هذا المجلس تكون ملزمة.

ووقع رؤساء الوفود العربية في اللجنة التحضيرية للمؤتمر العربي العالم بروتوكول الإسكندرية في إدارة جامعة فاروق الأول بتاريخ السابع من تشرين أول / أكتوبر 1944 [74].

وجاء في ديباجة البرتوكول: إثباتا للصلات الوثيقة والروابط العديدة التي تربط بين البلاد العربية جمعاء، وحرصا على توطيد هذه الروابط وتدعيمها وتوجيهها إلى ما فيه خير البلاد العربية قاطبة وصلاح أحوالها وتأمين مستقبلها وتحقيق أمانيها وآمالها، واستجابة للرأي العربي العام في جميع الأقطار العربية. فقد تم الاتفاق على إنشاء جامعة الدول العربية من الدول العربية المستقلة التي تقبل الانضمام إليها. ويكون لهذه الجامعة مجلسا يسمى "مجلس جامعة الدول العربية" تمثل فيه الدول المشتركة في "الجامعة" على قدم المساواة.

(74) رئيس اللجنة التحضيرية السيد مصطفى النحاس باشا رئيس مجلس وزراء مصر ووزير خارجيتها ورئيس الوفد المصري . ومن سوريا السيد سعد الـلـه الجابري رئيس مجلس وزراء سوريا ورئيس الوفد السوري. جميل مردم بك وزير الخارجية. الدكتور نجيب الأرمنازي أمين سر العام لرياسة الجمهورية. الأستاذ صبري العسلي نائب دمشق . وعن الأردن توفيق أبو الهدى باشا رئيس مجلس وزراء شرق الأردن ووزير خارجيته ورئيس الوفد الأردني . وسليمان سكر بك سكرتير مالي وزارة الخارجية. وعن العراق السيد حمدي الباجه جي رئيس مجلس وزراء العراق ورئيس الوفد العراقي. والسيد أرشد العمري وزير الخارجية . والسيد نوري السعيد رئيس مجلس وزراء العراق سابقا. والسيد تحسين العسكري وزير العراق المفوض بمصر. وعن لبنان السيد رياض الصلح بك رئيس مجلس وزراء لبنان ورئيس الوفد اللبناني. وسليم تقلا بك وزير الخارجية. والسيد موسى مبارك مدير غرفة رئيس الجمهورية. وعن مصر السيد أحمد نجيب الهلالي باشا وزير المعارف العمومية. ومحمد صبري أبو علم باشا وزير العدل. ومحمد صلاح الدين بك وكيل وزارة الخارجية.

وقد نص البرتوكول على ما يأتي:

1 - إنشاء تنظيم عربي

نص البروتوكول على إنشاء تنظيم عربي يطلق عليه بجامعة عربية يهدف إلى تحقيق ما يأتي:

أ-   مراعاة تنفيذ ما تبرمه هذه الدول فيما بينها من الاتفاقات؛

ب-   تنسيق خططها السياسية تحقيقا للتعاون بينها؛

ج-   صيانة لاستقلالها وسيادتها من كل اعتداء بالوسائل الممكنة؛

د-   النظر بصفة عامة في شؤون البلاد العربية ومصالحها؛

ه-   تسوية المنازعات بين الدول العربية؛

و-   تسوية المنازعات بين الدول العربية والدول الأجنبية؛

ز-   عدم استخدام القوة في العلاقات العربية؛

ح-   لا يجوز في أية حال أتباع سياسة خارجية تضر بسياسة جامعة الدول العربية [75].

2- التعاون في الشئون الاقتصادية والثقافية والاجتماعية

أ   تتعاون الدول العربية الممثلة في اللجنة تعاونا وثيقا في الشؤون الآتية:

- الشؤون الاقتصادية والمالية بما في ذلك التبادل التجاري والجمارك والعملة وأمور الزراعة والصناعة؛

- شؤون المواصلات بما في ذلك السكك الحديدية والطرق والطيران والملاحة والبرق والبريد؛

- شؤون الثقافة؛

---

(75) الفقرة الأولى من بروتوكول الإسكندرية المعقود عام 1944.

- شؤون الجنسية والجوازات والتأشيرات وتنفيذ الأحكام وتسليم المجرمين وما إلى ذلك؛

- الشؤون الاجتماعية؛

- الشؤون الصحية؛

ب- تؤلف لجنة فرعية من الخبراء لكل طائفة من هذه الشؤون تمثل فيها الحكومات المشتركة في اللجنة التحضيرية وتكون مهمتها إعداد مشروع قواعد التعاون في الشؤون المذكورة ومداه وأداته؛

ج- تؤلف لجنة للتنسيق والتحرير تكون مهمتها مراقبة عمل اللجان الفرعية الأخرى وتنسيق ما يتم من أعمالها أولا فأول وصياغته في شكل مشروعات اتفاقات وعرضه على الحكومات المختلفة؛

د- عندما تنتهي جميع اللجان الفرعية من أعمالها تجتمع اللجنة التحضيرية لتعرض عليها نتائج بحث هذه اللجان تمهيدا لعقد المؤتمر العربي العام [76].

3- تدعيم الروابط في المستقبل:

تعمل الجامعة على تنظيم العلاقات بين الدول العربية بعد انتهاء الحرب العالمية الثانية. وجعل البروتوكول القواعد التي جاء بها كحد أدنى للعلاقات بين الدول العربية وان المستقبل كفيل بتطوير العلاقات بين هذه الدول [77].

4- قرار خاص بلبنان:

تؤيد الدول العربية الممثلة في اللجنة التحضيرية مجتمعة احترامها لاستقلال لبنان وسيادته بحدوده الحاضرة وهو ما سبق لحكومات هذه الدول أن اعترفت به بعد أن انتهج سياسة استقلالية أعلنتها حكومته في بيانها الوزاري الذي نالت عليه موافقة المجلس النيابي اللبناني بالإجماع في 7 أكتوبر سنة 1943.

---

(76) الفقرة الثانية من بروتوكول الإسكندرية المعقود عام 1944.
(77) الفقرة الثالثة من بروتوكول الإسكندرية المعقود عام 1945.

5- قرار خاص بفلسطين

رأت اللجنة أن فلسطين ركن مهم من أركان البلاد العربية وأن حقوق العرب لا يمكن المساس بها من غير إضرار بالسلم والاستقرار في العالم العربي.

كما ترى اللجنة أن التعهدات التي ارتبطت بها الدولة البريطانية والتي تقضي بوقف الهجرة اليهودية والمحافظة على الأراضي العربية والوصول إلى استقلال فلسطين هي من حقوق العرب الثابتة التي تكون المبادرة إلى تنفيذها خطوة نحو الهدف المطلوب ونحو استتباب السلم وتحقيق الاستقرار.

وأعلنت اللجنة تأييدها لقضية عرب فلسطين بالعمل على تحقيق أمانيهم المشروعة وصون حقوقهم العادلة. وإنها ليست أقل تألما من أحد لما أصاب اليهود في أوروبا من الويلات والآلام على يد بعض الدول الأوروبية الدكتاتورية، ولكن يجب أن لا يخلط بين مسألة هؤلاء اليهود وبين الصهيونية. إذ ليس أشد ظلما وعدوانا من أن تحل مسألة يهود أوروبا بظلم آخر يقع على عرب فلسطين على اختلاف أديانهم ومذاهبهم.

وأحيل الاقتراح الخاص بمساهمة الحكومات والشعوب العربية في "صندوق الأمة العربية " لإنقاذ أراضي العرب في فلسطين إلى لجنة الشؤون الاقتصادية والمالية لبحثه من جميع وجوهه وعرض نتيجة البحث على اللجنة التحضيرية في إجتماعها المقبل.

ومن أهم المبادئ التي جاء بها بروتوكول الإسكندرية هو أن الجامعة تضم الدول العربية المستقلة. وهذا يعني أن الدول العربية المستعمرة لا تمثل فيه. وان مجلس الجامعة يضم جميع الدول الأعضاء. وهو بمثابة الجمعية العامة للجامعة. تمثل فيه الدول المشتركة في الجامعة على قدم المساواة. ويتولى هذا المجلس توثيق الصلات بينها وتنسيق خططها السياسية تحقيقا للتعاون فيها وصيانة لاستقلالها

وسيادتها من كل اعتداء بالوسائل الممكنة وللنظر بصفة عامة فشؤون البلاد العربية ومصالحها. وتكون قرارات هذا المجلس ملزمة.

وفرق البرتوكول بين اليهود وبين الصهيونية. وأشار بأنه ليس اشد ظلما وعدوانا من أن تحل مسألة يهود أوربا بظلم آخر يقع على عرب فلسطين على اختلاف أديانهم ومذاهبهم. وهذه أول إشارة إلى كلمة الصهيونية على الصعيد العربي الرسمي. وبعد انعقاد بروتوكول الإسكندرية سقطت حكومة النحاس في مصر وسقطت حكومة رياض الصلح في لبنان وحكومة توفيق باشا أبو الهدى في الأردن واستبدل سعد الله الجابري في سوريا وسقط حمدي الباجه جي في العراق بسبب موقف الرأي العام العربي في الإصرار على الوحدة وتغير مكان وموعد الاجتماع[78]. ورغم هذا للتغيير لم يحدث تطور في المفاهيم التي سادت بروتوكول الإسكندرية بل تحولت للأسوأ.

ويعد بروتوكول الإسكندرية أول وثيقة عربية في التاريخ الحديث رسمية تنص على إقامة منظمة عربية تعمل على تحقيق التعاون بين الدول العربية. ومما يؤسف له أن ميثاق الجامعة العربية لم ينص على اعتمادها كملحق من ملاحق الجامعة.

ثالثا- المشاريع المطروحة لإنشاء الجامعة

في مارس من عام 1945 عقدت اللجنة التحضيرية المنبثقة من مؤتمر الإسكندرية عام 1944 عدة اجتماعات في القاهرة لوضع الصيغة النهائية لميثاق جامعة الدول العربية[79].

وقد وضع أمام اللجنة الفرعية مشروعان الأول مشروع عراقي والثاني مشروع لبناني. وقد اتفق منذ البداية على أن يكون بروتوكول الإسكندرية هو الأساس الذي يبنى عليه ميثاق جامعة الدول العربية. وكان المشروع العراقي قد

---

(78) أحمد الشقيري، مصدر سابق، ص 98.

(79) Alan R. Taylor. The Arab Balance of Power. Contributors. Publisher: Syracuse University Press. Place of Publication: Syracuse, NY. Publication Year: 1982,p. 21.

ركز على مسألة ضمان استقلال الدول العربية وسيادتها وحماية استقلالها وعدم انتهاج سياسة خارجية تضر بسياسة الجامعة أو بسياسة أية دول عربية من الأعضاء. وتوحيد النظم والأسلحة بين الجيوش العربية البرية والبحرية والجوية. أما المشروع اللبناني فأكثر نصوصه مستمدة من مواد البروتوكول وغلبت عليه مسألة الاستقلال والسيادة. حيث كان الوطن العربي تحت الاستعمار البريطاني والفرنسي [80]. ومضت اللجنة في دراسة المشروعين العراقي واللبناني في ضوء بروتوكول الإسكندرية وتناول النقاش جميع النصوص المتعلقة باختصاص الجامعة ولجانها وتسوية المنازعات العربية والأمانة العامة. وقطعت اللجنة ست عشر جلسة متعاقبة [81].

وحصل المؤلف على تقرير خطي من رئيس الوفد العراقي (نوري السعيد)، برسالة خطية إلى وزير الخارجية العراقي، يذكر فيها، أن بارجتين حربيتين، الأولى أمريكية فيها لرئيس الأمريكي (روزفلت)، والثانية بريطانية فيها (شرشل)، فبال السواحل المصرية، إذا يقوم الرئيس السوري (شكري القوتلي) بالذهاب إلى البارجة البريطانية، بينما يقوم ملك السعودية (عبد العزيز آل سعود)، بالذهاب إلى البارجة الأمريكية. وكانت بريطانيا تهدف من الجامعة، توحيد العرب في ضوء مبدأ (اجمع واحكم) بينما كانت الولايات المتحدة الأمريكية تعمل على وفق مبدأ (فرق تسد). وكان نوري السعيد يحصل على تفاصيل المحادثات من المترجمين الذين يقومان بالترجمة في البارجتين. وكان سعي العراق أن تكون الجامعة، نواة للوحدة العربية، بينما ترى دول عربية أخرى أن تتولى الجامعة تنظيم العلاقات العربية. وانتصر الرأي الثاني. والقبول بالرأي الثاني، أفضل من لا شيء.

وقد حصل جدال بين رؤساء الوفود العربية حول تسمية التنظيم. فقد طرح اسم الجامعة العربية "التحالف العربي" كما اقترحت سوريا أو "الاتحاد العربي"

---

(80) احمد الشقيري، مصدر سابق، ص 104.
(81) مصدر سابق، ص 105.

كما اقترح العراق، إلا أن الوفد المصري رأى أن اسم "الجامعة العربية" الذي تقدم به أكثر ملاءمة من الناحية اللغوية والسياسية ومتوافقا مع أهداف الدول العربية، وفي النهاية وافق الجميع على اسم الجامعة العربية. وبعد ذلك تم تغيير الاسم إلى جامعة الدول العربية[82]. ونرى أن مصطلح الجامعة العربية، أفضل من جامعة الدول العربية، فالأول يعد أعم واشمل من الثاني.

وأقرت اللجنة في قصر الزعفران بالقاهرة في 17 مارس/آذار 1945 الصيغة النهائية لميثاق جامعة الدول العربية بعد الأخذ في الاعتبار بالمقترحات والصياغات التي أعدها الدكتور عبد الحميد بدوي أستاذ القانون الدولي، وخرج الميثاق إلى الوجود في 19 مارس/آذار 1945 مؤلفا من ديباجة و20 مادة وثلاثة ملاحق، ووقع عليه مندوبو الدول العربية في احتفال أقيم لهذا الغرض بقصر الزعفران بالقاهرة في 22 مارس/آذار 1945، وقد اتسعت عضوية الدول العربية فبعد أن بدأت بسبع دول فقط أصبح عددها الآن 22 دولة، كانت جزر القمر آخرها عندما انضمت عام1993[83].

وفي مؤتمر القمة المنعقد في القاهرة عام 2000 قرر أن يكون اجتماع مؤتمر القمة العربي سنويا يعقد في شهر آذار/مارس من كل سنة. ويعد هذا القرار ملحقا بميثاق الجامعة.

وبذلك فإن وراء قيام الجامعة العربية كانت كل من بريطانيا والولايات المتحدة الأمريكية[84]. ولم تكن فرنسا طرفا في عملية قيام الجامعة على الرغم من إنها كانت أكثر الدول الغربية تستعمر دولا عربية، إذ تسيطر على كل من سوريا ولبنان والدول العربية في شمال أفريقيا. ولم يكن قيام الجامعة بإرادة عربية حرة. وإنما كانت صناعة استعمارية عبرت عن التوفيق بين المصالح الاستعمارية

---

(82) محمد عبد العاطي جامعة الدول العربية، مصدر سابق.

(83) ، مصدر سابق.

(84) احمد الشقيري، مصدر سابق، ص98.

المتعارضة. وهذا ما يفسر فشل الجامعة في تحقيق أهداف الأمة العربية. وكان من الممكن استغلال التوجه الاستعماري بإنشاء الجامعة والعمل على توحيد الجهود بإقامة جامعة قادرة على قيادة العرب بالقدر الذي تسمح به الدول المهيمنة على الجامعة. غير أن تطبيق الدول العربية لنصوص الميثاق جاءت أسوء بكثير من التوجه الاستعماري بإنشاء الجامعة.

فإذا كان ميثاق الجامعة العربية قد عبر عن الوفاق بين الدولتين الولايات المتحدة الأمريكية وبريطانيا فإن الدول التي كانت تخضع للهيمنة البريطانية والتي كانت تؤيد أن تكون الجامعة العربية نواة لوحدة عربية لم تخط خطوات جادة نحو تحقيق الوحدة العربية، لا من خلال جامعة الدول العربية، ولا من خلال العلاقات الثنائية بينها. وإن كل ما عملت على تحقيق هو عقد العديد من المعاهدات مثل معاهدة الدفاع العربي المشترك والمعاهدات الاقتصادية والثقافية والتي لم تر النور ولم تطبق على الصعيد العملي.

رابعا-عيوب ميثاق الجامعة

إن إنشاء تنظيم دولي عربي جديد، يجمع العرب في مؤسسة دولية قادرة على مواجهة التحديات الدولية، يتطلب أن يملك الإرادة المستقلة في وضع تنظيم يلبي طموحات العرب، إلا انه واجه العديد من التحديات منها:

1- التنافس بين الدول العربية: فقد شهد مؤتمر الإسكندرية والقاهرة، صراعا حادا بين العراق ومصر، ثم دخلت السعودية حلبة الصراع. وعلى الصعيد الدولي، فقد شهد إنشاء الجامعة صراعا بين بريطانيا والولايات المتحدة الأمريكية. وقد تجسد هذا الصراع في صياغة نصوص الجامعة.

2- عدم وجود قواعد أساسية لتنظيم العمل العربي المشترك: ذلك أن قيام أي نوع من الوحدة بين دولتين ينبغي أن تتوافر قواعد أساسية لهذه الوحدة قبل قيامها. وفي مقدمة ذلك مد الجسور التي تسهم في توثيق الروابط بين تلك الدول في المجالات الاقتصادية والتكامل الاقتصادي وخلق روابط اجتماعية

وسياسية بين شعوب تلك الدول بشكل تكاملي وليس تنافسي يسهم في تطوير العلاقات بين الشعب العربي في المجالات كافة. بحيث يجعل مجرد التفكير بفك تلك الروابط يؤدي إلى مشاكل عديدة تضر بشعوب جميع الأطراف. ولنا في تجربة الاتحاد الأوربي خير مثال على نجاح تلك التجربة رغم الاختلاف الشاسع بين شعوب هذه الدول في المجالات المختلفة إلا أن بناء القاعدة الأساسية أحكم صياغته بشكل سليم مما جعل هذه الدول تسير خطوة بعد أخرى نحو الاندماج الكامل بينها. بينما نجد أن محاولات الوحدة أو الاتحاد بين الأقطار العربية لم تقم على أساس البناء من القاعدة، بل تمت عن طرق القمة دون أن تقوم على أسس متينة .

3- عدم استخدام العوامل المشتركة: تجمع الشعب العربي العديد من العوامل المشتركة كاللغة والدين والتاريخ والتراث المشترك والعوامل القومية. فلابد من العمل على تسهيل التعامل بين أبناء الشعب العربي. ومن ذلك تسهيل انتقال رؤوس الأموال والأشخاص وتسهيل إجراءات الإقامة وتخفيف إجراءات الدخول لأية دولة عربية، مع الأخذ بنظر بعين الاعتبار في المرحلة الحاضرة ضرورة مراعاة الخصوصية لبعض الأقطار العربية. ذلك أن بعض الدول العربية تشعر بضياعها في حالة اندماجها في وحدة عربية. فمملكة البحرين مثلا لو اندمجت في وحدة عربية تصبح وكأنها إحدى المديريات التابعة لمحافظة من محافظات مصر. فقد يدفعها هذا الشعور إلى مقاومة أية وحدة عربية لأنها تشعر بالضياع. في حين أن الاتحاد الأوربي يتعامل مع النمسا كما يتعامل مع ألمانيا الاتحادية. ولهذا فإن المحافظة على الخصوصية العربية تعد ضرورية لإقامة أي تجمع عربي ناجح.

4- إهمال نشر ثقافة العمل القومي العربي: لم يتضمن الميثاق إلزام الدول العربية بنشر الوعي القومي في المناهج التعليمية والقنوات الثقافية في جميع الأقطار العربية. فلابد من خلق شعور قومي لدى مواطنيها بالشكل الذي

يحفز المجتمع في المستقبل على تقبل الوحدة، أو الاتحاد بين الأقطار العربية وأنها الوسيلة الوحيدة لحمايتها وتحقيق أمانيها نحو إقامة حضارة عربية تساهم في البناء الإنساني، ومواجهة جميع التحديات التي تقف حائلا أمام ذلك. ولحد الآن لا تملك جامعة الدول العربية قنوات فضائية وإذاعية، ووسائل إعلامية عدا مجلس شؤون عربية، بينما يملك الاتحاد الأوربي جميع هذه الوسائل.

5- عدم الاعتماد على الجامعة كمركز لتنسيق العمل العربي المشترك: أن الضرورة تقضي إقامة علاقات التعاون بين جميع الدول العربية من خلال الجامعة، وجعلها هي الأساس في قيادة الأمة العربية. وهذا ما يفرض عدم خلق تكتلات إقليمية في صورة منظمات عربية، أو اتحاد متصارعة مع بعضها. وإذا ما أريد لهذه المنظمات، أو الاتحادات البقاء فيجب أن تكون في خدمة الجامعة العربية ويشد من ساعدها وتعمل على تحقيق أهدافها.

6- غياب الخطة المرحلية لتطوير الجامعة: لم يعتمد الميثاق أسلوب العمل بخطوات لتحقيق أهدافه. فعقد العديد من الاتفاقيات، دون أن تكون هناك القدرة على تطبقها. فلابد من أن تتم عملية التقارب العربي بخطوات متتابعة خلال مدة زمنية مناسبة وبشكل تدريجي بعد التأكد من نجاح الخطوة يصار إلى تطويرها أو تنبني خطوة أخرى متقدمة. فلا يتم تطبيق الخطوة اللاحقة إلا بعد اكتمال الخطوة السابقة.

7- استمرار الهيمنة: إذا كانت الجامعة قد نشأت بقرار استعماري، فلابد من أن يكون التطبيق العملي على تحريرها من الهيمنة الأجنبية يأخذ الأهمية الكبرى، ويمنع الهيمنة الأجنبية عليها. فلا تزال الجامعة تشكل انعكاسا للسياسة الدولية، في كل مرحلة من مراحلها. فانتقلت كما انتقل العالم من مرحلة التوازن الدولي،إلى مرحلة الهيمنة الدولية.

8- عدم وجود مؤسسة قضائية لتسوية المنازعات العربية. فعلى الرغم من أن الميثاق أشار إلى إنشاء محكمة عدل عربية، إلا إنها لم تر النور. وكان ينبغي أن تنشأ محكمة عربية لتسوية المنازعات الحدودية والقانونية بيد الدول العربية، وان يكون اختصاصها إلزاميا بالنظر بالمنازعات التي تنشأ بين الدول العربية. وان تتولى الجامعة تطبيق قرارات هذه المحكمة. كما تمنح المحكمة حق الفتوى بطلب من الجامعة أو من أية دولة عربية.

9- صياغة قانونية غير موفقة: جاءت نصوص الميثاق بصياغة قانونية غير موفقة. فلم يعتمد الميثاق أهداف المنظمة بشكل واضح، والمبادئ التي تطبق بموجبها هذه الأهداف. وكانت الأهداف والمبادئ متداخلة في العديد من المواد. فلم يشترك فقهاء القانون الدولي المتخصصين في صياغة الميثاق. ويبدو أن اللجنة المكلفة بصياغة الميثاق لم يكن لها القدرة القانونية في صياغة الميثاق صياغة محكمة.

10- إهمال الدول العربية المستعمرة: لم يهتم الميثاق بالدول العربية المستعمرة بشكل واضح وصريح. ولم يعمل على بذل الجهود لتحريرها وان كان ذلك في مجال الجهود الدبلوماسية. ولا يقبل العذر بان اغلب الدول التي أنشأت الجامعة كانت تحت الانتداب أو الاحتلال الأجنبي، فإن ذلك لا يعفيها أن تطالب على الأقل في المحافل الدولية باستقلال هذه الدول. وكان اقل ما يمكن أن تعمله الجامعة أن تقبل مراقبين فيها للدول المستعمرات والمناطق المحتلة.

11- التمسك بالسيادة: عمل ميثاق الجامعة على تغليب سيادة الدول الوطنية على العمل العربي المشترك. فكل ما راعاه الميثاق حماية سيادة الدولة. فجعل القرارات التي تصدر بالأغلبية غير ملزمة بالنسبة للدولة التي لم توافق عليها. وهذا يعني أن كل دولة ترفض أي قرار يصدر من الجامعة لكي لا تكون هي ملزمة به.

79

خامسا - الطبيعة القانونية لجامعة الدول العربية

الطبيعة القانونية لجامعة الدول العربية هي:

1- منظمة دولية: ينطبق على الجامعة وصف المنظمة الدولية. إذ تضم عددا من الدول. وهي منظمة حكومية، أنشئت بموجب معاهدة دولية أطلق عليه ميثاق جامعة الدول العربية وقعته الدول الأعضاء وصادقت عليه. وهي منظمة دائمة، تعمل على تحقيق الأهداف الواردة في الميثاق.

2- تتمتع بالشخصية القانونية الدولية: تتمتع الجامعة بشخصية قانونية مستقلة عن الدول الأعضاء. ولها مؤسساتها الخاصة ويمتع ممثلو الدول الأعضاء في المنظمة وأموالها بالامتيازات والحصانات الدبلوماسية. وللمنظمة حق عقد المعاهدات الدولية مع الدول والمنظمات الدولية الأخرى. وقد عقدت الجامعة العديد من الاتفاقيات مع الدول والمنظمات الدولية.

3- منظمة إقليمية: الجامعة ليست منظمة عالمية وإنما منظمة إقليمية. كما إنها ليست منظمة قارية محصورة في قارة واحدة. إذ تقع الدول العربية الأعضاء في قارتي أسيا وأفريقيا[85].

4- عمومية أهداف الجامعة: الجامعة العربية منظمة تهدف إلى تحقيق العديد من الأهداف الاقتصادية والسياسية والعسكرية والثقافية والاجتماعية، فهي منظمة عامة وليست متخصصة في موضوع محدد. وتضم العديد من المنظمات المتخصصة التابعة لها.

5- منظمة غير مفتوحة: الجامعة العربية ليست منظمة مفتوحة لكل دولة عربية حق الانضمام إليها بدون شروط، كما أن الانضمام إليها ليس آليا، بل يتطلب أن تتوافر في الدول العديد من الشروط، وان يوافق مجلس الجامعة على قبولها عضوا في الجامعة.

---

(85) هناك من يرى أن الجامعة منظمة قومية لا إقليمية لانها اعتنت بأحوال البلاد العربية التي لم تنل استقلالها والعمل على انضمامها إلى الجامعة. يراجع: حسين البحارنة ، ميثاق الجامعة العربية بين القطرية والقومية والتعديلات المقترحة. مركز دراسات الوحدة العربية، بيروت 1983، ص 113. ونحن نرى أن مصطلحات المنظمات العالمية والمنظمات الإقليمية تعد من المصطلحات القانونية الثابة. وليس هناك مصطلح الإقليمية في المنظمات الدولية.

6- اتحاد كونفدرالي: تتمتع الدول الأعضاء بالمنظمة بالشخصية القانونية الدولية. ولكل دولة عربية عضو في الجامعة السيادة الكاملة وتتمتع بحق إقامة علاقات دولية. ولكل دولة رئيسها واستقلالها ووزارة خارجيتها وجيشها. وان دور المنظمة هو تنظيم الأهداف المشتركة للدول العربية. لهذا فإنها تقترب من نظام الكونفدرالية، على الرغم من أنها لم تحقق جميع الأهداف الواردة في الميثاق والمعاهدات المعقودة في ظلها.

سادسا- الجهود العربية لإنشاء تكتلات عربية

نتيجة لعدم قدرة الجامعة على تحقيق أهداف الشعب العربي، فقد بذلت جهودا على صعيد العلاقات بين الدول العربية، لتقوية الروابط بين الدول العربية خارج حدود الجامعة. وبعد تحقق إرادة كل من مصر وسوريا حثت الجهود لتوحيد القطرين. تكللت تلك الجهود بوحدة مصر وسوريا عام 1958 وإنشاء الجمهورية العربية المتحدة. وعقدت بعد ذلك معاهدة عديدة في هذا الاتجاه منها الاتحاد بين الجمهورية العربية المتحدة واليمن عام 1958 وبين العراق والأردن عام 1958، والذي أطلق عليه بالاتحاد الهاشمي. وقد فشلت تلك الجهود فلم تفلح بإقامة وحدة أو اتحاد حقيقي بين بعض الدول العربية.

وبعد فشل تلك المحاولات عقد معاهدة نيسان عام 1963 بين كل من مصر وسوريا والعراق لتوحيد تلك الأقطار. وفي عام 1969 صدر بيان طرابلس من كل الرئيس المصري الراحل جمال عبد الناصر والرئيس الليبي معمر القذافي والرئيس السوداني جعفر النميري عن رغبة هذه الدول في إقامة وحدة ثلاثية بين هذه الأقطار والتي أدت إلى قيام الوحدة بين هذه الأقطار عام 1970. وبعد ذلك أقيمت وحدة بين مصر وليبيا عام 1973. إلا أن هذه المحاولات باءت بالفشل كما حصل للمحاولات السابقة[86].

---

(86) الدكتور جعفر عبد السلام ، المنظمات الدولية، دار نهضة مصر للطباعة والنشر، القاهرة.ص 674.

وعندما اتسع عدد الدول العربية المنظمة للجامعة العربية والتي أصبح عددها (22) دولة عربية دب التمحور والتكتل بين بعض الدول العربية الأعضاء في جامعة الدول العربية التي تتشابه أوضاعها الاقتصادية. وكان باكورة هذا التكتل هو مجلس التعاون لدول الخليج العربية المنعقد في عام 1981، وهو أمر دفع الدول العربية الأخرى إلى إنشاء تكتلات لمواجهة التكتل المذكور فتم إنشاء مجلس التعاون العربي الذي ضم كل من مصر والعراق والأردن واليمن. والاتحاد المغاربي الذي ضم كل من المغرب وليبيا وتونس والجزائر. وكانت هذه المنظمات العربية من أسباب ضعف الجامعة وعدم تمكنها من الاضطلاع بمهامها الموكولة إليها.

وعلى الرغم من إنشاء هذه التكتلات داخل جامعة الدول العربية فإن هذه التكتلات لم تتمكن من خلق روابط بين شعوب هذه الدول. وذلك بسبب الانقسام القائمة بينها والأيدي الخفية التي تدير وتغذي هذه الانقسامات، والتمسك بالعشائرية. وفي جميع الأحوال فإن هذه المحاولات ما كانت تظهر لو أن الجامعة العربية لبت طموح الشعب العربي.

المبحث الخامس
العلاقة بين الجامعة والمنظمات الدولية

تتعاون المنظمات الدولية فيما بينها لتوثيق الصلة بينها من أجل تحقيق أهدافها. وسنتناول تعاون الجامعة مع الأمم المتحدة ومنظمة التجارة العالمية، بوصفهما منظمتين مهمتين:

أولا- أوجه التعاون بين جامعة الدول العربية والأمم المتحدة

على الرغم من أن ميثاق الأمم المتحدة قد أولى أهمية كبيرة للمنظمات الإقليمية بحماية السلم والأمن الدوليين[87]، ويستخدمها في أعمال القمع[88]، وان تبذل هذه المنظمات جهدها لحل المنازعات القائمة بين أعضائها قبل عرضها على مجلس الأمن،، إلا انه منعها من استخدام القوة لحماية السلم والأمن الدوليين، وأوكل ذلك إلى مجلس الأمن[89]. ويجب أن يكون مجلس الأمن علم تام بما يجري من أعمال لحفظ السلم والأمن الدوليين[90].

---

(87) نصت الفقرة (1)من المادة (52) من ميثاق الأمم المتحدة على ما يأتي: " ليس في هذا الميثاق ما يحول دون قيام تنظيمات أو وكالات إقليمية تعالج من الأمور المتعلقة بحفظ السلم والأمن الدولي ما يكون العمل الإقليمي صالحا فيها ومناسبا ما دامت هذه التنظيمات أو الوكالات الإقليمية ونشاطها متلائمة مع مقاصد "الأمم المتحدة "ومبادئها."

(88) نصت المادة (53) من ميثاق الأمم المتحدة على ما يأتي: " يستخدم مجلس الأمن تلك التنظيمات والوكالات الإقليمية في أعمال القمع، كلما رأى ذلك ملائما ويكون عملها حينئذ تحت مراقبته وإشرافه. أما التنظيمات والوكالات نفسها فإنه لا يجوز بمقتضاها أو على يدها القيام بأي عمل من أعمال القمع بغير إذن المجلس، ويستثنى مما تقدم التدابير التي تتخذ ضد أية دولة من دول الأعداء المعرفة في الفقرة 2 من هذه المادة مما هو منصوص عليه في المادة 107 أو التدابير التي يكون المقصود بها في التنظيمات الإقليمية منع تجدد سياسة العدوان من جانب دولة من تلك الدول، وذلك إلى أن يحين الوقت الذي قد يعهد فيه إلى الهيئة، بناء على طلب الحكومات ذات الشأن، بالمسؤولية عن منع كل عدوان آخر من جانب أية دولة من تلك الدول."

(89) نصت الفقرة (2) من المادة (52) من ميثاق الأمم المتحدة على ما يأتي: " يبذل أعضاء "الأمم المتحدة" الداخلون في مثل هذه التنظيمات أو الذين تتألف منهم تلك الوكالات كل جهدهم لتدبير الحل السلمي للمنازعات المحلية عن طريق هذه التنظيمات الإقليمية أو بواسطة هذه الوكالات وذلك قبل عرضها على مجلس الأمن."

(90) نصت المادة (53) من ميثاق الأمم المتحدة على ما يأتي: " يجب أن يكون مجلس الأمن على علم تام بما يجري من الأعمال لحفظ السلم والأمن الدولي بمقتضى تنظيمات أو بواسطة وكالات إقليمية أو ما يزمع إجراؤه منها . "

ومن الناحية العملية فإن مجلس الأمن استخدم المنظمات الإقليمية في أعمال القمع. فعلى الرغم من أن الحرب على العراق عام 2003 قامت من قبل الولايات المتحدة الأمريكية بما يطلق عليها بقوات الإتلاف، إلا أن الأمم المتحدة اعترفت بقيام الولايات المتحدة باحتلال العراق، وقامت بتجديد وجودها كل لمدة ستة أشهر قابلة للتجديد بناء على طلب من الحكومة العراقية. كذلك الحال بالنسبة لكوسوفو، فقد قام الحلف الأطلسي بضرب كوسوفو واحتلالها دون موافقة الأمم المتحدة إلا أن مجلس الأمن سمح لهذه القوات بان تحتل كوسوفو وتعمل بتجديد من مجلس الأمن كما هو الحال بالنسبة للعراق. كما استخدمت الأمم المتحدة قوات منظمة الوحدة الأفريقية في حماية السلم والأمن الدوليين في العديد من الدول الأفريقية.

وعلى الرغم من أن الجامعة قامت بمبادرة بريطانية وإنها أرادت أن تبسط سيطرتها على الوطن العربي برمته من خلال هذه الجامعة، إلا انه يمكننا القول أن الجامعة العربية كان لها دور في العمل السياسي الدولي لدى المنظمات الدولية وخصوصا في الأمم المتحدة ومنظماتها المتخصصة من خلال للتوفيق بين موقف الدول العربية والتعاون السياسي بينها وبلورة موقف عربي موحد في العديد من القضايا الدولية وذات التأثير السياسي بالأمة العربية وقضاياها المصيرية[91].

يرى الدكتور بطرس بطرس غالي الأمين العام الأسبق لجامعة الدول العربية والأمين العام السابق للأمم المتحدة بخصوص وضع المنظمات الإقليمية ومنها جامعة الدول العربية في ضل العولمة أن للمنظمات الإقليمية دورا جديدا في النظام الدولي الجديد نلخصه بالنقاط الآتية[92]:

---

(91) الدكتور ناظم عبد الواحد الجاسور، قراءة سياسية لميثاق جامعة الدول العربية وأسس تعزيز العمل العربي المشترك. وقائع الندوة العربية التي أقامها بيت الحكمة تحت عنوان- جامعة الدول العربية في عصر التكتلات الإقليمية ، بغداد 2002 ص105.

(92) بطرس بطرس غالى الأمين العام للمنظمة الفرانكفونية الدولية الدورة الثلاثين روما 1999/11/23(محاضرة ماكوغال التذكارية الحادية والعشرين).

1- الرغبة حول توسيع مجلس الأمن واختصاصاته تفسر إلى حد كبير عملية تطبيق اللامركزية التي تعكف الأمم المتحدة على تنفيذها منذ عدة سنوات والتي يتعين المضي فيها قدما.

2- ما برحت المنظمات الإقليمية تبلور، منذ نهاية الحرب الباردة، نزعة إقليمية جديدة، لا كي تشكل دائرة نفوذ جديدة، بل كي توفر إضافة صحية مكملة للنزعة الدولية. وفي الوقت الذي يتنامى فيه الطلب على العمل الدولي من جهة ويتضاءل فيه الاهتمام بهذا العمل من جهة أخرى، تكتسي الإمكانات التي تنطوي عليها المؤسسات الإقليمية، سواء في ميدان الأمن والسلام أو في ميدان التنمية، أهمية متزايدة.

3- إن دمج المنظمات الإقليمية في منظومة الأمم المتحدة وكذلك في العلاقة بين الأقاليم يشكل خطوة هامة على طريق إشاعة الديمقراطية في المجتمع الدولي. غير أن تلك الرغبة في إشاعة الديمقراطية قد تكون مسألة عارضة وتعاني العديد من المشكل، مما أفقدها معناها.

4- أن مفهوما جديدا للتضامن هو وحده الكفيل بتجنب أشكال الاستبعاد الحتمية التي ينطوي عليها المجتمع العالمي، أو بالتخفيف من حدة هذه الأشكال على الأقل.

5- إن التضامن لا يتحقق بقرار، فالتضامن هو أساسا الاقتناع بالانتماء إلى عالم واحد، وهو أيضا رغبة في بناء مستقبل. ولن يتحقق التضامن إلا بالتزام جماعي، يشمل الدول، كما يشمل العناصر الفاعلة الخاصة في المجتمع الدولي المعاصر. وهذه المرحلة الجديدة لإشاعة الديمقراطية يندرج ضمنها التأمل الجماعي الواسع الذي جرى خلال السنوات الماضية في الميدان الاقتصادي والاجتماعي في إطار المؤتمرات الدولية التي خصصت للقضايا الكبرى التي تتجاوز حدود الدول، وتؤثر في مستقبل البشرية بل وفي مصيرها. ولكن كل ذلك يظل غير كاف، إذ لن يتسنى في التحليل النهائي تحقيق

إنجاز حقيقي ما لم تظهر الأغلبية العظمى للدول عزيمة صادقة على المشاركة في الشؤون العالمية. وفى هذا الصدد، تعد الشركات عبر الوطنية اليوم موقعا أساسيا من مواقع السلطة على صعيد الكوكب، ويتعين إشراكها، بهذه الصفة، إشراكا أوثق في صنع القرار على الصعيد الدولي.

6- لابد من إشراك الشركات عبر الوطنية في عملية تحقيق الديمقراطية، حتى لا تبدو ككيانات مفترسة تستغل نواقص النظام الاجتماعي الدولي، بل لتصبح على العكس أطرافا مشاركة في التنمية وعناصر أساسية للتكامل الاجتماعي. أن مشاركة الشركات في إقامة معنى نظام اجتماعي جديد عبر وطني تكتسي مزيدا من الأهمية، خاصة وأن ضعف وسائل الرقابة الحكومية، وتضاؤل معنى الحدود الإقليمية، وتشتت المصالح الاقتصادية القطرية، تعد كلها أمورا تستلزم استحداث قواعد جديدة وممارسات جديدة في ميدان المنافسة. فعن طريق إشاعة الديمقراطية في أنماط اتخاذ القرار ووضع القواعد يمكن للشركات عبر الوطنية أن تشارك في إقامة نظام اجتماعي جديد ويمكنها أيضا أن تشعر، بشكل ما، أنها من مواطني العالم [93].

ثانيا- التنسيق بين جامعة الدول العربية والأمم المتحدة

منذ عام 1950 بدأت الجامعة العربية في المشاركة بصفة مراقب في دورات الجمعية العامة. وقد أسفرت الاتصالات والرسائل المتبادلة بين كل من الأمين العام لجامعة الدول العربية والأمين العام للأمم المتحدة خلال فترة الخمسينات عن توقيع مذكرة تفاهم عام 1960 استنادا إلى المادة الثالثة من ميثاق جامعة الدول العربية التي توكل المجلس الجامعة مهمة تقرير وسائل التعاون مع الهيئات الدولية التي يتم إنشاؤها في المستقبل لكفالة الأمن والسلام وتنظيم العلاقات الاقتصادية والاجتماعية. ورغبة المنظمتين في تدعيم الروابط القائمة بينهما في كل من الميدان

---

(93) بطرس بطرس غالى الأمين العام للمنظمة الفرانكفونية الدولية الدورة الثلاثين روما 1999/11/23 (محاضرة ماكوغال التذكارية الحادية والعشرين)

السياسي والاقتصادي والاجتماعي والإنساني والثقافي والتقني والإداري وفي تطوير هذه الروابط وزيادة تعزيزها. وتم الاتفاق على أن التعاون بين جامعة الدول العربية ومنظمة الأمم المتحدة يتحقق بما يأتي:

1. أن تواصل التعاون مع الأمين العام وفيما بينها ومع الجامعة ومنظماتها المتخصصة في متابعة المقترحات المتعددة الأطراف التي تهدف إلى تعزيز وتوسيع التعاون في جميع الميادين بين منظومة الأمم المتحدة وجامعة الدول العربية ومنظماتها المتخصصة،

2. أن تعمل على تعزيز قدرات الجامعة ومؤسساتها ومنظماتها المتخصصة في مجال الاستفادة من العولمة وتكنولوجيا المعلومات ومواجهة التحديات التنموية في الألفية الجديدة،

3. أن تعمل على تكثيف التعاون والتنسيق مع مؤسسات جامعة الدول العربية المتخصصة في مجال إقامة الحلقات الدراسية والدورات التدريبية وإعداد الدراسات،

4. أن تعمل على مواصلة وزيادة الاتصالات وتحسين آلية التشاور مع البرامج والمنظمات والوكالات المناظرة لها فيما يتعلق بالمشاريع والبرامج بغية تيسير تنفيذها،

5. أن تشترك، مع منظمات الجامعة ومؤسساتها في تنفيذ وإنجاز المشاريع الإنمائية في المنطقة العربية.

6. أن تبلغ الأمين العام، في موعد لا يتجاوز 30 حزيران/ يونيه 2001، بالتقدم المحرز في تعاونها مع الجامعة ومنظماتها المتخصصة، وأن تبلغه بصفة خاصة بإجراءات المتابعة.

7. الطلب إلى الوكالات المتخصصة وسائر مؤسسات وبرامج منظومة الأمم المتحدة تكثيف التعاون مع جامعة الدول العربية ومنظماتها المتخصصة في القطاعات التالية ذات الأولوية، وهى الطاقة، والتنمية الريفية، والتصحر

والأحزمة الخضراء ، والتدريب، والتدريب المهني، والتكنولوجيا والبيئة ، والإعلام والتوثيق. وان يعمل الأمين العام للأمم المتحدة أن يعمل، بالتعاون مع الأمين العام لجامعة الدول العربية، على تشجيع التشاور دوريا بين ممثلي الأمانة العامة للأمم المتحدة والأمانة العامة لجامعة الدول العربية لاستعراض وتعزيز آليات التنسيق بغية الإسراع بإجراءات تنفيذ ومتابعة المشاريع والمقترحات والتوصيات المتعددة الأطراف المعتمدة في الاجتماعات بين المنظمتين،

8) أن تقوم الأمم المتحدة وسائر المنظمات والمؤسسات التابعة لها، بالاستفادة قدر الإمكان من المؤسسات والخبرات الفنية العربية في المشاريع المتعددة التي تقام في المنطقة العربية.

ثالثا - أثار العولمة على الجامعة العربية

عقدت العديد من الاتفاقيات الاقتصادية في ظل الجامعة. وينبغي أن يكون موقع هذه الاتفاقيات محكوما بما ورد في اتفاقية منظمة التجارة العالمية والاتفاقيات المعقودة في ظلها. في ضوء ما يأتي:

1- ألا تعارض الاتفاقيات المعقودة في إطار جامعة الدول العربية أهداف منظمة التجارة العالمية. وبالنظر لطبيعة الاتفاقيات المعقودة في ضل منظمة التجارة العالمية فإنها لا تتفق ومبادئ منظمة التجارة العالمية. ذلك أن هذه الاتفاقيات تعمل مراعاة الجانب القومي على الجانب المادي في حين منظمة التجارة العالمية لا تعمل بالجانب القومي، بل أن كل ما يهمها هو الجانب الاقتصادي.

2- ان تستفيد جميع الدول الأعضاء في منظمة التجارة العالمية من المزايا الواردة في الاتفاقيات المعقودة في إطار الجامعة. وبالنظر إلى هذه الاتفاقيات فيها مراعاة للدول العربية ومن ذلك اتفاقية الوحدة الاقتصادية فانه من الصعوبة أن تطبق على دول غير عربية.

أن المتتبع لحال الأمة العربية وما عليها من ضعف وتفكك وسلب لحقوقها وإرادتها يدرك ضمنا أن النظام العربي في ضل الأوضاع الدولية الجديدة لم يعد قادرا على تحمل المسؤوليات التي تطمح إليها الأمة العربية ولابد من الإدراك أن ميثاق الجامعة يحتاج إلى مراجعة وإصلاح حتى يصبح في مستوى الآمال والطموحات [94].

ومن أجل إيقاف التدهور بات العمل بصيغة الحد الأدنى من العمل المشترك والتضامن أمرا معقولا ومطلبا ملحا لوقف الانهيار والتداعي. والعمل بصيغة المتيسر أو الحد الأدنى كخطوة أولى إلى أمام ضمن الظروف الصعبة التي تعيشها الأمة العربية. وضرورة أن يجتمع العرب كلهم أو اغلبهم ويتفقوا على برنامج واضح منذ البداية ، ويكون الموافقون عليه مستعدين للتقدم به خطوة للأمام بحيث ينقل البرنامج المتفق عليه إلى حالة فوق التردي والى حالة أفضل مما هم عليها [95].

ومن الضرورة أن تلجا إلى خيمة الجامعة العربية لتتناقش وتتحاور لتحل مشاكلها ولا تسمح بتدخل الدول الأجنبية بالتدخل في شؤونها [96]. وينبغي على الدول الأعضاء في الجامعة أن يواجهوا الوضع الدولي الجديد وان يتصرفوا على نحو مختلف عن السابق وان يحافظوا على رباطة جأشهم وتوازن ردود فعلهم والتعاطي مع التطور الجديد في حدوده و حجمه وبالتالي قطع الطريق على أي انهيار أو تراجع في القضايا القومية المصيرية [97].

ومن ذلك فإن أهداف العولمة تتعارض وأهداف جامعة الدول العربية في المجال الاقتصادي. وفي المجال السياسي فإن الهدف الأساس من إنشاء جامعة الدول العربية هو تحقيق الخصوصية العربية ومنها تحقيق الوحدة العربية. وهذا ما يتعارض

---

(94) الدكتور احمد عبد الرحيم خلايله، الجامعة العربية والأمن القومي العربي، وقائع الندوة العربية التي أقامها بيت الحكمة تحت عنوان- جامعة الدول العربية في عصر التكتلات الإقليمية ، بغداد 2002 ص 225.

(95) الدكتور حسن محمد طوالبة، مصدر سابق، ص 89.

(96) الدكتور ناظم عبد الواحد الجاسور، مصدر سابق، ص117.

(97) على فياض، الجامعة العربية وقضية فلسطين، وقائع الندوة العربية التي أقامها بيت الحكمة تحت عنوان- جامعة الدول العربية في عصر التكتلات الإقليمية ، بغداد 2002 ص 197.

مع العولمة التي تحاول بشتى الوسائل القضاء على الخصوصيات للدول لان مثل هذه الخصوصيات تتعارض مع أهداف العولمة. أن الجامعة أنشأت من اجل تنسيق العمل بين الدول العربية وتنمية العلاقات بينها والعمل على تحرير بقية البلدان العربية التي كانت خاضعة للاستعمار الأجنبي والعمل على تحقيق الوحدة العربية. وقد تمكنت الجامعة خلال المدة الماضية من عقد العديد من الاتفاقيات الدولية في الجوانب الاقتصادية والسياسية والاجتماعية.

الفصل الثاني

حماية الأمن والسلام العربيين

الفصل الثاني
حماية الأمن والسلام
العربيين

الفصل الثاني
حماية الأمن والسلام العربيين

لم يفكر واضعو ميثاق جامعة الدول العربية بالسلم والأمن العربيين، كما هو الحال لواضعي ميثاق الأمم المتحدة. فالدول العربية لم تشترك في الحرب العالمية الثانية، وكانت جميعا تحت الحماية الدولية بأوضاع مختلفة، وان بريطانيا التي تولت إنشاء الجامعة لم تكن راغبة بتكوين جامعة قوية تتمكن من حماية الدول الأعضاء فيها، فالهدف الأساس لإنشاء الجامعة بالنسبة لبريطانيا يقوم على مبدأ اجمع وأحكم، بعد أن خرجت من الحرب العالمية الثانية وهي في حالة انهيار اقتصادي وعسكري.

وحاولت الدول العربية استغلال رغبة بريطانيا هذه، وتوظيفها بالاتجاه الذي قد يخدم مصالح الأمة العربية في الحدود المسموح بها، وبخاصة فإن التيار الذي كان يسيطر على الشارع العربي، هو التيار القومي، فأراد واضعو ميثاق الجامعة أن يحققوا بعض المكاسب القومية تمشيا مع الوضع العربي العام، ووجدوها فرصة مواتية لتنظيم شؤونهم بإقامة الجامعة، وان لم يكن على المستوى المطلوب لحماية السلم والأمن العربيين، إلا إنهم اهتموا بتشريع أهداف أخرى، كان من الممكن تطبيقها لتعمل على تحقيق السلم والأمن العربيين بشكل غير مباشر.

ونعتقد أن العرب لو كانوا يملكون زمام أمورهم عند وضع ميثاق الجامعة في تلك الفترة لكان الميثاق على غير ما هو عليه الآن، ولاستجاب لمشاعر الشعب العربي، التي كانت تهدف إلى تحقيق الوحدة العربية الاندماجية. ومع إيماننا بان إنشاء جامعة عربية قادرة على قيادة العرب لا يتوقف على نصوص ميثاق الجامعة، بل على رغبة الحكام العرب في تحقيق ذلك. فالاتفاقيات العربية التي عقدت في إطار جامعة الدول العربية تعد أفضل بكثير من الاتفاقيات التي عقدت في ظل

الاتحاد الأوربي التي بدأت باتفاقية الحديد والفحم عام 1943، ثم تطورت الأمور إلى توحيد العملة الأوربية. فالتطور الحاصل في الاتحاد الأوربي، أو الوحدة الأوربية، كان بجهود قادة الدول الأوربية وإيمانهم بالعمل المشترك فيما بينهم، وليس بما وضعوه من اتفاقيات.

وفي جميع الأحوال فالجامعة تعد نقطة مشرقة في تاريخ الأمة العربية، وعلى الأجيال الحالية والقادمة أن تطورها ليتسع مداها لينقل العرب من الحالة المؤلمة التي هم عليها الآن إلى حال أفضل.

وسنتناول في هذا الفصل قواعد ميثاق جامعة الدول العربية في مجال تعزيز الأمن والسلام العربيين، وما يتطلبه ذلك من حماية استقلالها، ومنع استخدام القوة، وترسيخ مبدأ عدم التدخل في الشؤون الداخلية للدول، والعمل على محاربة الإرهاب، وهو ما تتضمن المباحث الآتية:

- ☐ المبحث الأول: الدفاع العربي المشترك.

- ☐ المبحث الثاني: الامتناع عن استخدام القوة.

- ☐ المبحث الثالث: منطقة خالية من اسحله الدمار الشامل.

- ☐ المبحث الرابع: مكافحة الإرهاب.

المبحث الأول
الدفاع العربي المشترك

عقـدت معاهـدة الـدفاع العـربي المشـترك والتعـاون الاقتصادي في 17/يونيـو/1950 بـين الـدول المؤسسـة للجامعـة وهـي كـل مـن سـوريا والعـراق والسعودية ومصر ولبنان واليمن، مضافا إليها الأردن. وانضمت بعد ذلك للمعاهدة جميع الدول العربية.

وقد تضمنت المعاهدة (13) مـادة، خصـص منهـا (6) مـواد للدفاع العربي المشترك و(3) مواد للتعـاون الاقتصادي. وقـد عـدت المـادة السـابعة مـن المعاهـدة التعـاون الاقتصادي مكملا للدفاع العربي المشترك. تأثرا بمـا ورد في المـادة الأولى مـن ميثاق الأمم المتحدة التي ربطت تحقيـق السـلم والأمـن الـدوليين بتنمية العلاقـات الاقتصادية والاجتماعية بين الدول الأعضاء في الأمم المتحدة.

وجاء في ديباجة المعاهدة، أن الهـدف مـن المعاهـدة هـو رغبـة مـن الـدول العربية، في تقوية وتوثيق التعـاون بين دول الجامعـة العربيـة حرصا علـى اسـتقلالها ومحافظة على تراثها المشترك.

واستجابة لرغبة شعوبها في ضم الصفوف لتحقيق الدفاع المشترك عن كيانها وصيانة الأمـن والسـلام وفقا لمبـادئ ميثـاق جامعـة الـدول العربيـة وميثـاق الأمـم المتحدة ولأهدافها وتعزيزا للاستقرار والطمأنينة وتوفير أسباب الرفاهية والعمـران في بلادهـا. وحـددت المـادة الأولى أهـداف المعاهدة وهـي تحقيـق الأمـن والسـلم والاستقرار وفض المنازعات الدولية بالوسائل السلمية⁽¹⁾:

---

(1) نصت المادة (1) من معاهدة الدفاع العربي المشترك والتعاون الاقتصادي، على ما يأتي: " تؤكد الـدول المتعاقـدة، حرصا على دوام الأمن والسلام واستقراهما وعزمها على فض جميع منازعاتها الدولية بالطرق السلمية: سواء في علاقاتها المتبادلة فيما بينهما أو في علاقاتها مع الدول الأخرى"

أولا- مفهوم الأمن والسلام العربيين

مفهوم الأمن والسلام العربيين مفهوم خاص يختلف عن حماية السلم والأمن الدوليين. وقد أطلقت معاهدة الدفاع العربي المشترك والتعاون الاقتصادي، مصطلح الأمن والسلام العربي. وقد نقل واضعو المعاهدة هذا المصطلح من المادة الأولى من ميثاق الأمم المتحدة حماية السلم والأمن الدوليين. وقد عربت هذه العبارة إلى حماية السلم والأمن الدولي في النص العربي من ميثاق الأمم المتحدة، ولما كانت عبارة الدولي تشمل الأمن ولا تشمل السلم، فقد عدل التعريب إلى الدوليين لتشمل السلم والأمن. ولم ينتبه واضعو معاهدة الدفاع العربي المشترك إلى ذلك فوضعوا عبارة الأمن والسلام العربي، وليس العربيين، وهذا يعني أن العربي تشمل السلام، ولا شمل الأمن العربي. لهذا فإن التعبير الصحيح، هو الأمن والسلام العربيين، من أجل أن تشمل العربي كل العبارتين الأمن والسلام. ومن ناحية أخرى قدموا مصطلح الأمن على السلام، خلافا لما ورد في الميثاق الذي قدم السلم على الأمن. وهناك فرق بين الأمن العربي والسلام العربي والسلم العربي:

<u>أولا - الأمن العربي security</u>

يقصد بالأمن الأمن العربي، تحقيق استقرار وضع الدول العربية. ولا يعني الأمن الدولي الوارد في ميثاق الأمم المتحدة، فقد يعكر الأمن العربي دون أن يصاحب ذلك استخدام القوة المسلحة. وقد يظهر عدم استقرار الأمن في حالة نزاع بين دولتين، وأن لم يكن هناك نزاعا عسكريا مسلحا. كأن تحدث اضطرابات داخل دولة من شأن هذا الاضطراب أن يهدد الأمن العربي، أو التدخل في الشؤون الداخلية للدولة عربية. أو أن تقوم دولة بإنتاج أسلحة دمار شامل. ويخشى من هذه الدولة أن تستخدمها بشكل غير منضبط، أو أن تقوم دول بغلق مضيق دولي أو قناة دولية، قد يؤدي إلى زعزعة النظام الدولي، وإرباك الاقتصاد الإقليمي أو العالمي، وقطع إمدادات النفط عن الدول. أو قيام دولة بمنع الطيران فوق أراضيها، أو مياهها

الإقليمية مما يؤدي إلى عرقلة الطيران المدني، وقيام دولة بإنشاء مفاعلات نووية للأغراض العسكرية والخشية من استخدامها في منازعاتها الدولية، أو فرض الحصار على الدول العربية، أو تأزم العلاقات بين دولتين عربيتين دون استخدام القوة المسلحة.

وقد يعكر الأمن العربي، عند قيام حرب بين دولتين غير عربيتين، مثل الحرب بين الولايات المتحدة الأمريكية وروسيا الاتحادية، أو غيرها من الدول الكبرى. ومن المؤكد أن هذه الحرب تؤثر على الأمن العربي بشكل كبير، وان لم تكن طرفا في النزاع المسلح. فمثل هذه الأمور لا تهدد السلم العربي لعدم وجود نزاع عسكري مسلح بينها، وإنما تهدد الأمن العربي، لما تثيره من قلق بين الدول. فعدم استقرار الأمن العربي: لا يعني وجود نزاع بين دولتين، بل انه تصرف من دولة قد يؤدي إلى خلق حالة من عدم الاستقرار، أو زعزعة الاطمئنان في المستقبل، أو تنبأ بحدوث منازعات وكوارث في المستقبل.

☞ ثانيا - السلام العربي

قدمت المعاهدة الأمن على السلام، خلافا لميثاق الأمم المتحدة الذي عكس الموضوع، فوضع من أهدافه حماية السلم والأمن الدوليين. وكان الأفضل أن تأخذ المعاهدة بما جاء في ميثاق الأمم المتحدة بان تضع من أهداف المعاهدة، حماية السلم والأمن العربيين. أما النظام الأساسي للمجلس السلم والأمن العربي المعقود عام 2008، قدم السلم على الأمن.

ويوجد فرق بين مصطلحي السلام العالمي World Peace والسلم الدولي International Peace. فالسلام يعني السلام العالمي، أي منع أية حرب مهما كان بين دولتين، أو أكثر. أما السلم الدولي فهو يعني منع الحروب العالمية التي من شأنها أن تهدد العالم كله مثل الحربين العالميتين الأولى والثانية، وتخضع مثل هذه الحروب إلى الفصل السابع من ميثاق الأمم المتحدة. ويتطلب اتخاذ تدابير المنع

والردع. أما السلام العالمي فهو يخضع للفصل السادس من الميثاق ولا يتطلب اتخاذ مثل هذه التدابير.

ويقصد بالسلم العربي، منع الحروب بكل أنواعها بين الدول العربية. لهذا لا يندمج مفهوم السلام العربي بالسلم العربي في الوطن العربي. فعند وقوع حرب بين دولتين عربيتين أو دول أجنبية ودولة عربية، فإذا كان من شأن هذه الحرب أن تؤدي إلى انقسام الدول العربية إلى محورين، فانه يؤثر على السلم العربي. فعندما قام العراق باحتلال الكويت عام 1990، انقسمت الدول العربية إلى محورين، فأرسلت جيوشها لمحاربة العراق، في حين وقفت دول عربية أخرى مؤيدة سياسيا إلى جانب العراق. فكانت الحرب بين العراق والكويت قد أثرت على السلم العربي. أما إذا حصلت حرب ين دولتين عربيتين، أو دولة أجنبية ودولة عربية، ولم تمتد آثارها للدول العربية الأخرى، فإن مثل هذه الحرب لا تؤثر على السلم العربي، وإنما على السلام العربي. فاحتلال أثيوبيا للصومال عام 2006، لم يؤثر على السلم العربي، بل على السلام العربي، ذلك أن آثار النزاع المسلح بينهما لم يمتد إلى الدول العربية الأخرى.

وورد في معاهدة الدفاع العربي المشترك والتعاون الاقتصادي مصطلح السلام، وهو بالتأكيد السلام العربي، وليس السلم العربي. فهدف الجامعة منع أية حرب بين دولتين عربيتين أو أكثر، وان كان من شأن هذه الحرب تبقى محصورة بين دولتين. وهذا بخلاف ما جاء في ميثاق الأمم المتحدة الذي اهتم بالسلم الدولي وليس بالسلام العالمي. ونعتقد أن واضعي المعاهدة لم يدركوا التمييز بين السلم والسلام، ولكنهم فعلوا ذلك حسنا. فإن ما يهدد السلم الدولي، أي الحروب التي تقع بين الدول والتي تؤدي إلى حرب عالمية تعم العالم جميعا، تخضع للفصل السابع من الميثاق، إذ يحق لمجلس الأمن أن يتخذ تدابير المنع والقمع بصددها. أما الحروب المحصورة بين دولتين ولم يتسع نطاقها، فلا تهدد السلم الدولي، فمثل هذه الحروب تخضع للفصل السادس الخاص بوسائل التسوية السلمية.

والتفرقة بين هذين النوعين مهمة بالنسبة لمعاهدة الدفاع العربي المشترك. فالنوع الأول من المنازعات بين الدول العربية، وهي المنازعات المسلحة التي تهدد السلم والأمن الدوليين، أي قد تؤدي إلى حرب عالمية، فإن الجامعة ليست مختصة باتخاذ التدابير المسلحة في مثل هذه المنازعات وان كانت بين دولتين عربتين، ذلك أن ميثاق الأمم المتحدة منع المنظمات الإقليمية أن تتخذ التدابير التي هي من صلاحية مجلس الأمن، إلا بإذن منه وتحت إشرافه[2]. أما بالنسبة للمنازعات المسلحة بين الدول العربية، والتي لا تهدد السلم والأمن الدوليين وإنما تهدد السلام العربي، فإن هذا النوع من المنازعات وحدها تخضع للجامعة ولكن ليس للجامعة أن تتخذ إعمال القمع، وإنما أعمال المنع فحسب، وان أجازت معاهدة الدفاع العربي المشترك والتعاون الاقتصادي للجامعة ذلك، ذلك أن الأحكام الواردة في ميثاق الأمم المتحدة تعطل كل المعاهدات التي تتناقض معها[3]، بما فيها المعاهدة المذكورة. فإجراءات القمع التي اتخذت ضد العراق لاحتلاله الكويت اتخذت من قبل مجلس الأمن وليس من قبل ا لجامعة.

وفي جميع الأحوال، فإن الجهة التي تحدد بان هذه الحرب، مما تهدد السلم الدولي، أم لا ، ليس من اختصاص الجامعة، بل تعود إلى مجلس الأمن وحده. فهو الجهة الوحيدة في العالم التي تملك هذه السلطة، وهي سلطة تقديرية لا تخضع لرقابة جهة عليا، ولا تعتمد هذه السلطة على الأسس القانونية، بل على اعتبارات

---

(2) نصت المادة (53) من ميثاق الأمم المتحدة على ما يأتي: " يستخدم مجلس الأمن تلك التنظيمات والوكالات الإقليمية في أعمال القمع، كلما رأى ذلك ملائما ويكون عملها حينئذ تحت مراقبته وإشرافه. أما التنظيمات والوكالات نفسها فإنه لا يجوز بمقتضاها أو على يدها القيام بأي عمل من أعمال القمع بغير إذن المجلس، ويستثنى مما تقدم التدابير التي تتخذ ضد أية دولة من دول الأعداء المعرفة في الفقرة 2 من هذه المادة مما هو منصوص عليه في المادة 107 أو التدابير التي يكون المقصود بها في التنظيمات الإقليمية منع تجدد سياسة العدوان من جانب دولة من تلك الدول، وذلك إلى أن يحين الوقت الذي قد يعهد فيه إلى الهيئة، بناء على طلب الحكومات ذات الشأن، بالمسؤولية عن منع كل عدوان آخر من جانب أية دولة من تلك الدول .
2. .تنطبق عبارة "الدولة المعادية" المذكورة في الفقرة 1 من هذه المادة على أية دولة كانت في الحرب العالمية الثانية من أعداء أية دولة موقعة على هذا الميثاق."
(3) نصت المادة (103) من ميثاق الأمم المتحدة على ما يأتي: " إذا تعارضت الالتزامات التي يرتبط بها أعضاء "الأمم المتحدة" وفقا لأحكام هذا الميثاق مع أي التزام دولي آخر يرتبطون به فالعبرة بالتزاماتهم المترتبة على هذا الميثاق.

سياسية، بغض النظر عن نتائج الحروب وأهميتها. فمثلا عد مجلس الأمن أن احتلال العراق للكويت عام 1990م [4] واغتيال رفيق الحريري رئيس وزراء لبنان الأسبق عام 2005 [5]، ،مما يهدد السلم والأمن الدوليين، ولم يعد احتلال الحلف الأطلسي لكوسوفو في يوغسلافيا سابقا، واحتلال العراق وتدميره عام 2003، وقيام روسيا الاتحادية بغزو جورجيا في آب عام 2008، واغتيال الملك عبد الله ملك الأردن 1951 وفيصل ملك السعودية عام 1975، وإبراهيم حمدي رئيس اليمن الشمالي عام 1977، وأنور السادات رئس جمهورية مصر عام 1981، مما يهدد السلم والأمن الدوليين، على الرغم من خطورة هذه الحرب والاغتيالات.

أما إذا كانت الدولة تتعرض لحالة خطر حقيقي أو قيام حالة دولية قد تهدد دولة عربية أو عدة دول فإن الدول الأعضاء في الجامعة عليها أن تبادر إلى توحيد خططها ومساعيها في اتخاذ التدابير الوقائية والدفاعية التي تقتضيها حالة الحرب أو الحالة الدولية المفاجئة. وتتخذ الدول هذه التدابير بناء على مبادرة منها دون الحاجة إلى طلب الدولة المهددة [6]. وإذا ما تعرضت دولة عربية لحالة التهديد بالحرب فإن على تلك الدولة أن تقوم بإشعار الدول الأعضاء في الجامعة للتشاور لمواجهة حالة التهديد. أما إذا تعرضت دولة عربية لحالة خطر حقيقي فإن على الدول الأعضاء أن تبادر من نفسها في اتخاذ التدابير الوقائية والدفاعية.

والسؤال الذي يفرض نفسه في هذه الحالة، إذا لم تبادر الدول الأعضاء من تلقاء نفسها أو أنها هي كانت التي تهدد تلك الدولة أو تشارك بعدوان أجنبي على دولة عربية، فما هو العمل المتخذ؟.

---

(4) تراجع قرارات مجلس الأمن الصادرة ضد العراق : 660 المؤرخ في 2 آب/أغسطس 1990، و661 المؤرخ في 6 آب/أغسطس 1990 و 662 المؤرخ في 9 آب/أغسطس 1990 و 664 المؤرخ في 18 آب/أغسطس 1990، و 665 المؤرخ في 25 آب /أغسطس1990، و 666 المؤرخ في 13 أيلول/سبتمبر 1990، و 667 المؤرخ في 16أيلول /سبتمبر 1990، و 669 المؤرخ في24 أيلول /سبتمبر 1990، و 670 المؤرخ في 2 أيلول/سبتمبر 1990، و 674 المؤرخ في 29 تشرين الأول/أكتوبر 1990، و 677 المؤرخ في 28 تشرين الثاني /نوفمبر1990،

(5) يراجع قرارات مجلس الأمن الصادرة بخصوص لبنان، المرقمة : 2005/1595 و 2005/1636 و 2005/1664، وتراجع الوثائق المرقمة (2007) (S/RES/1757) و (S/2006/893), (S/2006/911).

(6) المادة الثالثة من معاهدة الدفاع العربي المشترك والتعاون الاقتصادي.

نرى ضرورة النص على إلزام مجلس الجامعة بالاجتماع فورا عند حصول حالة من الحالات المذكورة وان يقرر ما يراه مناسبا، ولو كان ذلك ورد عن طريق الإعلام. ويبقى المجلس يراقب تطورات النزاع إلى نهايته.

وتعرضت العديد من الدول العربية للعدوان والاحتلال والمنازعات المسلحة ولم تتدخل جامعة الدول العربية، منها احتلال إسرائيل للبنان عام 1982، وعام 2006، واحتلال الولايات المتحدة الأمريكية للعراق عام 2003، واحتلال أثيوبيا للصومال عام 2003، وغزو القوات التركية لشمال العراق عام 2007-2008، والنزاع العسكري المسلح بين جيبوتي واريتريا عام 2008. وقصف إيران لشمال العراق عام 2008. وقد أسهم في هذه الوضع، عاملان، الأول، وهو عدم وجود نصوص صريحة توجب على الجامعة حماية الدولة المعتدى عليها، والثاني، غالبا ما يكون الاعتداء من دولة أجنبية على دولة عربية، مدعوما من أطراف أعضاء في الجامعة. وكان على واضعي ميثاق الجامعة أن يهتموا بالسلام العربي، وليس السلم العربي، لان تهديد السلم العربي يعني تهديدا للسلم الدولي، وهو من اختصاص مجلس الأمن، وليس للمنظمات الإقليمية أن تتولى اتخاذ الإجراءات لإعادة السلم الدولي إلى نصابه.

ثانيا- التعاون العسكري

بالنظر لشعور الدول العربية، بان ميثاق الجامعة لم يضع نصوصا يلزم الدول العربية بحماية الأمن العربي، فقد شعر العرب بضرورة وجود اتفاقية دولية تعمل على حماية الأمن العربي، ومما شجعهم في ذلك هو صدور ميثاق الأمم المتحدة بعد قيام الجامعة، والذي وضع نظرية متكاملة لحماية السلم والأمن الدوليين. مما دفع العرب إلى العمل من أجل حماية الأمن العربي.

ففي تشرين الأول/أكتوبر عام 1947 اعتمد مجلس الجامعة تقرير الخبراء العسكريين العرب كما قرر تشكيل لجنة فنية ترتبط بالأمين العام مباشرة لتهيئة

وتنظيم الدفاع عن فلسطين. وكان هذا الجهاز باكورة الأجهزة العسكرية التي شكلت لرعاية أمور التعاون العسكري العربي. ونتيجة لاعتراض حكومة الانتداب البريطانية على تسليح عرب فلسطين قرر مؤتمر رؤساء الحكومات العربية في كانون الأول /ديسمبر 1947 تشكيل جيش من المتطوعين من مختلف الأقطار العربية عرف بعد ذلك باسم "جيش الإنقاذ". وقد شكل جيش الإنقاذ من عدد وصل إلى أكثر من سبعة آلاف مقاتل. كما اتفق رؤساء الوزارات العرب على أن تزود كل دولة عربية اللجنة العسكرية بعشرة آلاف بندقية علاوة على قيامها بتدريب وتسليح ثلاثة آلاف متطوع في سوريا ومصر واعتماد مليون جنية للإنفاق على تكاليف الجهاد. وقد فشل جيش الإنقاذ في تحقيق مهمته نتيجة للتفوق الصهيوني العددي والنوعي عليه. ولافتقار أغلبية عناصر الجيوش العربي للتدريب العسكري الأساس [7].

وقد افتقر العمل العربي المشترك والتعاون العسكري العربي في تلك المرحلة إلى أي إعداد لإدارة الصراع، إذ لم تتم دراسة إمكانية العدو وتنظيمه وتسليحه وأوضاعه وأساليب قتاله كما لم تتم دراسة مسرح العمليات، التي يحتمل أن تدور في الصراع ولم تتفق الجيوش العربية على وسائل لمواصلة التعاون على الرغم من تعيين ضابط مصري كضابط اتصال مع القائد العام. واضعف (غلوب باشا) التعاون العسكري بين الدول العربية حيث ابعد الجيش السوري عن الجيش اللبناني، وانعدام التعاون بين الجيش السوري والجيش الأردني [8]. وكان الجيش الصهيوني يتكون من ضباط وجنود شاركوا في الحرب العالمية الثانية في أوربا والولايات المتحدة الأمريكية والاتحاد السوفيتي، بينما افتقرت أغلب الجيوش العربية المشاركة لفنون القتال والأسلحة الحديثة. وكانت التجربة المريرة التي خاضها العرب مع الكيان الصهيوني في حرب عام 1948، وتوقيع اتفاقية الهدنة

---

(7) حسن البدري ، التعاون العسكري العربي المشترك، دار المريخ للنشر الرياض 1982 ص 65.
(8) طلعت أحمد مسلم ، التعاون العسكري العربي، مركز دراسات الوحدة العربية ، بيروت 1990 صص183.

التي أصبحت سارية المفعول على جميع الجبهات في آذار/مارس 1949 جعل القيادات العربية تدرك أهمية التعاون العسكري فيما بينها إزاء الأخطار المشتركة الخارجية. ودفعها هذا الإدراك إلى وضع إطار قانوني لهذا التعاون فأعدت معاهدة عرفت باسم معاهدة الدفاع المشترك والتعاون الاقتصادي وقعت في 17/حزيران/يونيو 1950. وأطلق عليها بميثاق الضمان الجماعي . وتعد أول خطوة جدية على طريق التعاون العسكري العربي [9].

وكان عقد اتفاقية الدفاع العربي المشترك والتعاون الاقتصادي يعود إلى ثلاثة عوامل، الأول، يقظة الدول العربية من نكبة فلسطين، والثاني، تحرر عدد من الدول العربية من الانتداب البريطاني. فملك العرب جزء من زمام أمورهم. أما العامل الثالث، هو بريطانيا الحامية للدول العربية في ذلك الوقت غير قادرة على حماية الدول العربية، بسبب الضعف الذي خلفته الحرب العالمية الثانية عليها.

وجاء في ديباجة معاهدة الدفاع المشترك والتعاون الاقتصادي المعقودة في ظل جامعة الدول العربية التأكيد على رغبة الدول العربية في التعاون فنصت الديباجة على:" أن حكومات الدول العربية رغبة منها في تقوية الروابط وتوثيق التعاون بين دول الجامعة العربية وحرصا على استقلالها ومحافظة على تراثها المشترك، واستجابة لرغبة شعوبها في ضم الصفوف لتحقيق الدفاع المشترك عن كيانها وصيانة الأمن والسلام وفقا لمبادئ ميثاق جامعة الدول العربية وميثاق الأمم المتحدة ولأهدافهما وتعزيزا للاستقرار والطمأنينة وتوفير أسباب الرفاهية والعمران في بلادها".

ويتضح أن الهدف من عقد معاهدة الدفاع العربي المشترك تحقيق ما يأتي:

1- تقوية الروابط والتعاون بين الدول العربية في المجالات المختلفة بما فيها التعاون العسكري بوصفة المهمة الأولى لتقوية الدول العربية؛

2- الحرص على استقلال الدول العربية؛

---

(9) المصدر السابق، ص 185.

3- المحافظة على تراثها؛

4- الدفاع عن كيانها من أي عدوان خارجي تتعرض له؛

5- صيانة الأمن والسلام وفقا لمبادئ ميثاق الجامعة وميثاق الأمم المتحدة؛

6- تعزيز الاستقرار والطمأنينة وتوفير أسباب الرفاهية والعمران؛

7- الربط بين الدفاع المشترك والتعاون في المجالات الاقتصادية.

وقد نظمت معاهدة الدفاع المشترك والتعاون الاقتصادي التعاون العسكري بين الدول العربية ودعم مقوماتها العسكرية وتعزيزها. وتشترك الدول العربية بحسب مواردها وحاجاتها في تهيئة وسائلها الدفاعية الخاصة والجماعية لمقاومة أي اعتداء مسلح. وتتولى تنظيم هذا التعاون لجنة عسكرية دائمة من ممثلي هيئة أركان حرب جيوش الدول المتعاقدة لتنظيم خطط الدفاع المشترك وتهيئة وسائلة وأساليبه"(10).

وطبقا لذلك يتطلب من الدول العربية أن تتعاون فيما بينها على تنظيم قدراتها العسكرية ضد أي عدوان تتعرض له أية دولة عربية(11). ويتحقق هذا التعاون عن طريق تبادل الخبرات وتجهيز المعدات العسكرية وفي التدريب العسكري في الأكاديميات العسكرية وتنظيم الخطط العسكرية وتبادل المعلومات والخبرات.

وأوجبت معاهدة الدفاع العربي المشترك والتعاون الاقتصادي على الدول العربية أن تتعاون في المجال العسكري في المجالات الآتية:

1- تقوم كل دولة عربية بإنشاء جهاز عسكري مناسب وتعزز قدراتها العسكرية. وتتعاون الدول العربية فيما بينها لتعزيز القدرات العسكرية بحسب موارد كل دولة؛

---

(10) المادة الرابعة من معاهدة الدفاع العربي المشترك.

(11) يراجع في ضرورة التعاون العسكري بين الدول العربية : طلعت أحمد مسلم ، التعاون العسكري العربي، مركز دراسات الوحدة العربية ، بيروت1990 ص 107.

2- تؤلف لجنة عسكرية دائمة تتكون مـن ممـثلي أركان حرب الجيوش العربية تختص بتنظيم خطط الدفاع العربي المشترك وتهيئة وسائله وأساليبه. وتتولى اللجنة بصورة خاصة عناصر التعاون العسكري بين الدول العربية. وترفع اللجنة تقاريرها لمجلس الدفاع المشترك [12].

وعلى الرغم من أن التنظيم العسكري داخـل كـل دولـة حالـة سيادية تقررها الدولة وحدها. غير أن توحيد الخطط العسكرية بين الـدول العربية يعـزز قدراتها الدفاعية خاصة إذا مـا تبنـت أنظمـة عسكرية موحـدة. فبعض الـدول العربية لا تستوعب أراضيها مطارات عسكرية كبيرة بينما تستوعب أراضي دول عربية أخرى هذه الحالة. كذلك فإن سواحل بعض الـدول العربي تصلح لإقامـة مـوانئ بحرية عسكرية كبيرة بينما لا تصلح سواحل عربية أخرى لهذه الحالة. ومن هـذا يـأتي دور التكامل والتعاون العسكري بين الدول العربية لتنظيم قدراتها العسكرية وتكاملها.

وربطت معاهدة الدفاع العربي المشترك والتعاون الاقتصادي بين التعاون في المجالين العسكري والاقتصادي. والسبب في ذلك يعـود إلى إدراك القادة العرب في ذلك الوقت إلى أهميـة الدور الاقتصادي في إنشاء روابط متينة بين الدول العربية. وقد نقل ذلك من المادة الأولى من ميثاق الأمم المتحدة الذي ربط بين تحقيق السلم والأمن الدوليين، والتعاون الاقتصادي والاجتماعي.

ثالثا- حق الدفاع الشرعي

منح ميثاق الجامعة، لكل دولة عربية حق اللجـوء لقواتها المسـلحة للـدفاع عن نفسها عندما تتعرض لعدوان خارجي. فنصت المادة الثانية على مـا يـأتي:" تعتبر الدول المتعاقدة كل اعتداء مسلح يقع عـلى أي دولـة أو أكـثر منهـا أو عـلى قواتها، اعتداء عليها جميعا، ولذلك فأنها، عملا بحق الدفاع الشرعي – الفـردي والجماعي – عن

_____

[12] المادة الرابعة من معاهدة الدفاع العربي المشترك والتعاون الاقتصادي.

كيانها ، تلتزم بان تبادر إلى معونة الدولة أو الدول المعتدى عليها وبان تتخذ على الفور، منفردة و مجتمعة، جميع التدابير وتستخدم جميع ما لديها من وسائل بما في ذلك استخدام القوة المسلحة لرد الاعتداء ولإعادة الأمن والسلام إلى نصابهما. وتطبيقا لأحكام المادة السادسة من ميثاق جامعة الدول العربية والمادة الحادية والخمسين من ميثاق الأمم المتحدة يخطر على الفور مجلس الجامعة ومجلس الأمن بوقوع الاعتداء وما اتخذ في صدده من تدابير وإجراءات ".

والنص على حق الدولة العربية على حق العربية بالدفاع الشرعي ضد أي عدوان تتعرض له، لا يقدم ولا يؤخر. فكل دولة عربية عندما تتعرض لعدوان خارجي، فمن حقها الدفاع الشرعي عن أراضيها، سواء نص ميثاق الجامعة، أم لم ينص. فهذا النص قاعدة ثابتة في القانون الدولي وهو ما نصت عليه المادة (51) من ميثاق الأمم المتحدة.

ويقوم الدفاع الشرعي على توافر حالة العدوان. ولم يعرف ميثاق الجامعة العدوان. وقد ثار خلاف شديد حول تعريف حالة العدوان التي تسمح للدولة باستخدام قواتها المسلحة. ففي عام 1974 تمكنت الجمعية العامة بقرارها المرقم 3314 في 14/كانون الأول/ 1974 من تعريف العدوان وتعداد الحالات التي تعد عدوانا وإذا ما وقعت واحدة منها جاز للدولة التي تعرضت للعدوان أن تستخدم حق الدفاع الشرعي بان تستخدم قواتها المسلحة لرد العدوان. فقد عرف قرار الجمعية العامة المذكور العدوان بأنه: "هو استعمال القوة المسلحة من قبل دولة ما ضد السيادة، أو السلامة الإقليمية أو الاستقلال السياسي لدوله أخرى أو بأي شكل أخر يتنافى مع ميثاق الأمم المتحدة. مثلما قرر في هذا التعريف".

وبالنظر إلى أن هذا التعريف لم يكن جامعا لجميع حالات العدوان فقد أورد قرار الجمعية العامة للأمم المتحدة العديد من الحالات التي تعد عدوانها وهو ما ينطبق على كل دولة عربية عندما تتعرض لعدوان خارجي. وحالات العدوان هي:

1- استعمال القوة المسلحة بخلاف ما جاء في من ميثاق الأمم المتحدة . ولمجلس الأمن أن يحدد الأفعال التي تعد عدونا[13] .

2- الغزو بواسطة القوات المسلحة لدولة ما ضد إقليم دولة أخرى أو الهجوم عليه . أو أي احتلال عسكري، و أن كان مؤقتا ناتجا عن مثل هذا الغزو أو الهجوم أو أي ضما لإقليم دولة أخرى أو جزء منه بواسطة استعمال القوة؛

3- إلقاء القنابل بواسطة القوات المسلحة لدولة ما ضد إقليم دولة أخرى أو استعمال أي نوع من الأسلحة من قبل دولة ما ضد إقليم دولة أخرى دون سبب مبرر؛

4- ضرب حصار على موانئ أو سواحل دولة ما بواسطة القوات المسلحة لدولة أخرى.

5- هجوم القوات المسلحة لدولة ما على القوات المسلحة البرية أو البحرية أو الجوية أو الأسطول البحري، أو الجوي لدولة أخرى. أو أي نوع من أنواع الهجوم العسكري؛

6- استعمال القوة المسلحة لدولة ما الموجودة في إقليم دولة أخرى بموجب اتفاقية مع الدولة المضيفة بحلاف الشروط التي تنص عليها الاتفاقية أو أي تمديد لوجودها في مثل هذا الإقليم إلى ما بعد نهاية الاتفاق؛

7- تصرف الدولة في السماح بوضع إقليمها تحت تصرف دولة أخرى لتستخدم من قبل تلك الدولة الأخرى لارتكاب عمل عدواني ضد دولة ثالثة؛

8- إرسال عصابات مسلحة، أو مجاميع أو قوات غير نظامية أو مرتزقة من قبل الدولة أو باسمها والتي تقوم بأعمال القوة المسلحة ضد دولة أخرى من الخطورة بحيث تعادل الأعمال المدونة المذكورة[14] .

9- لمجلس الأمن أن يحدد أي فعل من الأفعال بأنه يعد عدوانا[15] .

---

(13) المادة الثانية من قرار الجمعية العامة للأمم المتحدة بتعريف العدوان.

(14) المادة الثالثة من قرار الجمعية العامة للأمم المتحدة الخاص بتعريف العدوان.

ويترتب على تعرض دولة لأحد هذه الحالات ما يأتي:

1- للدولة التي تعرضت للعدوان أن تطبق المادة (51) من ميثاق الأمم المتحدة بان تستخدم حق الدفاع الشرعي، باستخدام القوة المسلحة، ضد الدولة المعتدية. يبرر لها في هذه الحالة استخدام قواتها المسلحة لرد العدوان.

2- العدوان جريمة ضد السلم الدولي؛

3- يترتب على العدوان المسؤولية الدولية. تتحمل الدولة التي ارتكبت العدوان تحمل الأضرار الناتجة عن أعمالها العدوانية ؛

4- إن أي عمل نتج عن العدوان لا يعترف به. فإذا ما قامت دولة بضم إقليم دولة أخرى عن طريق العدوان فلا يعترف بهذا الضم [16].

وقد نقل نص ميثاق الجامعة العربية من المادة (51) من مشروع ميثاق الأمم المتحدة بتصريف يسير. وإذا ما أردنا أن نحدد العدوان في نطاق جامعة الدول العربية والذي يبرر للدولة العربية أن تلجأ إلى قواتها المسلحة فإن قرار تعريف العدوان الصادر من الجمعية العامة للأمم المتحدة هو الذي يحدد العمل الذي يقع على الدولة العربية عما إذا كان عدوانا أم لا. ذلك أن الدول العربية جميعها قد وافقت على قرار الجمعية العامة الخاص بتعريف العدوان. ومن الناحية القانونية فإن نص المادة الثانية من ميثاق جامعة الدول العربية أفضل من نص المادة (51) من ميثاق الأمم المتحدة للأسباب الآتية:

1- عد ميثاق الجامعة العربية العدوان على دوله عربية واحده عدوانا على جميع الدول العربية. بينما لم يعد ميثاق الأمم المتحدة العدوان على دولة عدوان على الدول الأخرى؛

---

(15) المادة الرابعة من قرار الجمعية العامة للأمم المتحدة الخاص بتعريف العدوان.

(16) المادة الخامسة من قرار الجمعية العامة للأمم المتحدة الخاص بتعريف العدوان.

2- أوجب ميثاق جامعة الـدول العربيـة على الـدول العربيـة أن تبادر باستخدام قواتها المسلحة ضد الدولة التي تعتدي على دولة عربيـة أو أكثر وأطلـق عليـه بحق الدفاع الجماعي. فكل دولة عربيـة ملزمـة بالـدفاع عـن أيـة دولة عربيـة أخرى تتعرض لعدوان خارجي. بينما حدد ميثاق الأمم المتحدة للـدول حـق الدفاع الجماعي بالدول المعتدى عليها فقط.

3- أوجب ميثاق الجامعة على الـدول العربيـة جميعها معونة الدولة، أو الـدول المعتدى عليها، بينما لم ينص ميثاق الأمم المتحدة على معونة الدولة المعتدى عليها؛

4- يستمر حق الدول العربية برد العدوان الذي تتعرض لـه أيـة دولة عربيـة أو الـدول العربيـة إلى أن يتحقـق الأمـن والسـلام، بينما يتوقـف حـق الـدول بـرد العدوان في الوقت الذي يتخذ فيه مجلس الأمن التـدابير اللازمـة لحفـظ السـلم والأمن الدوليين؛

5- أجاز ميثاق الجامعة، للدول العربيـة أن تتخـذ الوسائل العسكرية والوسائل الأخرى لرد العدوان، بينما لم يحد ميثاق الأمم المتحدة سوى اسـتخدام التـدابير. وعلى الرغم من أن استخدام القوة العسكرية يعد من التدابير فإن النـص عليهـا يكون أفضل دفعا للتفسيرات المتناقضة.

ومن الملاحظ، أن اغلب الاعتداءات على أيـة دولة عربية، مما تهـدد السـلم والأمن الدوليين. فالعديد من الدول العربية دول منتجة للنفط وهي مادة تؤثر علـى العالم اجمع، كما أن الممرات والقنوات المهمة في العالم تقع في الـدول العربيـة، تـؤثر على الأمـن الـدولي، ومـن ذلـك مضيق هرمـز وباب المنـدب ومضيق جبـل طـارق، ومضايق تيران، وقناة السويس. فتعكير الملاحة في هذه الممرات الدولية المهمة يـؤثر على الأمن الدول، ويربك الاقتصاد الدولي بشكل كبير.

وينبغي الإشارة إلى أن حالة الـدفاع الشرعي التـي يسـمح للدولـة العربيـة، وللجامعة العربية للـدفاع ضـد عـدوان خارجي، تتحـدد بـدفع العدوان. فإذا وقـع العدوان وانتهى، كان تقوم دولة بقصف موقـع معين في دولـة معينـة، وانتهـى الأمـر، فإن هذه

الحالة لا تدخل في مفهوم الدفاع الشرعي. ذلك أن العمل العدواني وقع وانتهى. وإذا ما ردت الدولة المعتدى عليها على الطرف الآخر، فإن هذا لا يعد استخداما لحق الدفاع الشرعي، بل لمبدأ المقابلة بالمثل. فالدفاع الشرعي يعني رد العدوان ومنعه. وينبغي أن يتحدد بحدوده.

رابعا - مجلس الدفاع المشترك

أوجبت معاهدة الدفاع العربي المشترك والتعاون الاقتصادي، أن يؤلف ، تحت إشراف مجلس الجامعة ، مجلس الدفاع المشترك، يختص بجميع الشؤون المتعلقة بحالة الدفاع الشرعي والتعاون العسكري ورد الأخطار التي تهدد الأمة العربية ويستعين في تحقيق أهدافه باللجنة العسكرية الدائمة.

ويتكون مجلس الدفاع المشترك المشار إليه من وزراء الخارجية والدفاع الوطني للدول المتعاقدة أو من ينوبون عنهم. وما يقرره المجلس بأكثرية ثلثي الدول يكون ملزما لجميع الدول المتعاقدة[17].

ويلاحظ أن معاهدة الدفاع العربي المشترك والتعاون الاقتصادي جاءت بمبدأين مهمين. الأول: تشكيل مجلس الدفاع المشترك من ممثلين سياسيين وعسكريين حيث يضم المجلس وزراء الخارجية والدفاع للدول الأعضاء. والثاني: لم تأخذ المعاهدة بمبدأ الإجماع وإنما تتخذ القرارات داخل مجلس الدفاع المشترك بمبدأ أكثرية ثلثي الدول. وتكون هذه القرارات ملزمة للدول جميعا التي وافقت على القرار والتي لم توافق.

وعلى الرغم مما وردة في المعاهدة من إيجابيات فإنها لم تتضمن ضرورة التكامل العسكري العربي وتركت حرية إعداد وتجهيز القوات المسلحة لكل دولة على وفق ما هي ترغب فيه، في حين أن المادة الرابعة تنص على أن تتعاون الدول

---

(17) المادة الخامسة من معاهدة الدفاع العربي المشترك والتعاون الاقتصادي.

العربية فيما بينها لدعم مقوماتها العسكرية وتعزيزها وتشترك بحسب مواردها واحتياجاتها في تهيئة وسائلها الدفاعية الخاصة والجماعية لمقاومة أي اعتداء مسلح.

وقد فشلت المعاهدة في مواجهة العدوان الثلاثي على مصر عام 1956 والعدوان الصهيوني على الدول العربية عام 1967 والحرب بين العراق وإيران عام 1980، التي استمرت مدة ثمانية سنوات والعدوان الاريتري على اليمن حول جزر حنيش عام 1998 والعدوان الأسباني على المغرب حول جزيرة ليلى. والاحتلال الأمريكي للعراق عام 2003، والاحتلال الأثيوبي للصومال عام 2006، والاحتلال الإسرائيلي لجنوب لبنان عام 1982 وعام 2006، وقيام إسرائيل بضرب منشات سورية بذريعة أنها مفاعلات نووية عام 2008.

وعلى الرغم من أن نصوص معاهدة الدفاع العربي المشترك والتعاون الاقتصادي، ألزمت الدول العربية بالتعاون فيما بينها لمواجهة العدوان الأجنبي، فإنه من الناحية العملية لم تتعاون العربية فيما بينها لدفع العدوان عن الدول العربية المعتدى عليها. بسبب المواقف السياسية المختلف. فالوطن العربي محاط بأعداء وطامعين في خيرات الأمة العربية. ومما لا جدال فيه أن الكيان الصهيوني قد زرع في وسط الوطن العربي ليكون قاعدة استعمارية متقدمة لحماية المصالح الغربية. وقد خاض العديد من الحروب من أجل التوسع على حساب الأمة العربية. وهذا ما يتطلب التعاون بين الدول العربية من النواحي العسكرية بشكل جدي وحقيقي.

ويرجع المحللون العسكريون[18] أسباب إخفاق التعاون العسكري بين الدول العربية للأسباب الآتية:

1- وجود خلافات عميقة بين دول الجامعة العربية وخضوع الكثير من الدول العربية للهيمنة الأجنبية؛

2- ضعف القوات المسلحة العربية كما ونوعا؛

---

(18) المصدر السابق، ص187.

3- عدم انعقاد مجلس الدفاع المشترك نتيجة الخلافات بين الدول العربية؛

4- افتقار الاتفاقيات الثنائية ومتعددة الأطراف إلى جهاز سياسي دائم يقوم باستكشاف احتمالات التعاون العسكري في مواجهة التحديات المحتملة وتقديم توصيات للقيادات السياسية؛

5- تفضل بعض الدول العربية أن تخوض الحرب وحدها بدون مساندة الدول العربية الأخرى.

6- تعتقد بعض الدول العربية، أن الانضواء تحت خيمة دولة كبرى متقدمة، مثل الولايات المتحدة يضمن لها حماية من أي عدوان، فهي لا تحتاج للدول العربية، التي قد تكون هي منبع العدوان عليها. ومن المعروف أن الانضواء تحت خيمة دولة كبرى قد يكلف الدولة المساس بسيادتها واستنزاف مواردها، فإن بعض الدول العربية مع ذلك ترى ذلك أفضل من الاعتماد على الدول العربية الأخرى في ضمان حمايتها. وتكاد هذه الفكرة منطبقة في دول الخليج العربي. وهذا ما أثر على الأمن العربي بشكل كبير. فقد انتشرت القواعد الأمريكية في جميع الدول العربية الخليجية بموافقة هذه الدول تحت ذريعة حمايتها من الدول المجاورة، ومن الدول العربية الأخرى أيضا. وهذا ما جعل الدول العربية تعتمد بشكل أساس على الدور الأجنبي في الحماية، وتخطي جامعة الدول العربية، بل ومنظمة الأمم المتحدة. وهو أمر انعكس على ضعف مؤسسات الجامعة الخاصة بحماية الأمن العربي.

يضاف إلى ذلك أن دول العالم المتقدمة والقوية كالولايات المتحدة الأمريكية والدول الأوربية عملت تكتلات عسكرية قوية. وإنها تتجاوز الخلافات الأيديولوجية القائمة بينها من أجل تقوية جهازها العسكري. فروسيا الاتحادية تحاول الانضمام للحلف الأطلسي الذي كان موجها أساسا ضدها. وبالتأكيد أن هذه التكتلات ليست ضد بعضها بل إنها لمواجهة احتمالات مستقبلية، وإن هذه التكتلات تحوم حول الأمة العربية بسبب ما تتمتع به من خيرات وموقع جغرافي متميز تغري الطامعين.

وفي مؤتمر القمة الأول في كانون الثاني /يناير عام 1964 عد المؤتمر عزم الكيان الصهيوني تحويل نهر الأردن عدوانا خطيرا جديدا على المياه العربية، فقرر المؤتمر اتخاذ الخطوات الخاصة في الميدان الدفاعي وفي الميدان الفني وتشكيل قيادة موحدة لجيوش الدول العربية تعبيرا عن نية العرب في منع الكيان الصهيوني. وصادق مجلس الدفاع العربي المشترك في عام 1965 على اختصاصات القيادة الموحدة. وأعلن مؤتمر القمة الثاني في أيلول /سبتمر 1964 أن الهدف القومي هو تحرير فلسطين من الاستعمار الصهيوني. وقد قامت القيادة العربية المشتركة بالعديد من المهام إلا إنها لم تتمكن من تحقيقها. بسبب عدم التزام الدول العربية بالقرارات الصادرة منها وامتناع بعض الدول العربية من تسديد حصتها في ميزانية القيادة ورفض بعض الدول العربية السماح لقوات عربية بالدخول لأراضيها[19].

وكان من أحد قرارات مؤتمر قمة طرابلس في حزيران /يونيو 1970 إنشاء قيادة مشتركة للجبهات العربية بعد تجزئتها إلى جبهة شمالية في سوريا وجبهة شرقية في الأردن وجبهة جنوبية في مصر. واشترك في تشكيل القيادة ضباط من كل من العراق وسوريا و الأردن ومصر والسودان. وبعد نشوء مواجهة بين القوات الأردنية والفلسطينية نشبت خلافات سياسية بين الدول العربية وانتهي المشروع[20].

وبعد قيام الكيان الصهيوني في أيلول /سبتمبر عام 2000 بانتهاك حرمة المسجد الأقصى وضرب المخيمات الفلسطينية وتهديم الدور والمؤسسات وقتل الأطفال والنساء والشيوخ، لم تتخذ الدول العربية أية إجراءات عسكرية لوقف العدوان الصهيوني رغم انعقاد مؤتمر القمة في آذار عام 2001 وآذار عام 2002 . وهذا ما شجعه على تكرار اعتداءاته ضد لبنان في تموز عام 2006، وضربه الفلسطينيين بشكل يومي.

---

(19) المصدر السابق ص 190.

(20) المصدر السابق ص 204.

خامسا – آثار العولمة على الأمن العربي

حصلت تطورات جذرية في العالم المعاصر وظهرت مفاهيم مختلفة كليا عما كان في السابق، أدت في النهاية إلى انطواء صفحة الحرب الباردة وإنهاء عالم القوتين العظمتين. وبداية عصر القوة العظمى الواحدة، أو ما يطلق عليه بالقطب الواحد. وقد أدى انهيار المعسكر الاشتراكي إلى انعكاسات لا نهاية لها على دول العالم الثالث وخاصة الدول التي صاغت سياساتها استنادا إما على دعم دول الكتلة الاشتراكية وفي مقدمتها الاتحاد السوفيتي، وإما بالاستناد إلى سياسات الدول الرأسمالية وفي مقدمتها الولايات المتحدة الأمريكية وإما على أساس المناورة بين القوتين العظمتين .

وبعد انفراد الولايات المتحدة بالعالم سعت إلى وضع أطر سياسية واقتصادية وثقافية تستطيع عبرها إعادة صياغة المجتمع الدولي بما يمكنها من السيطرة على مقاليد الأمور في العالم في الوقت الذي تتصاعد فيه الدعاوى بإعلان مبادئ الديمقراطية واقتصاديات السوق والمساواة والتعددية وحقوق الإنسان وحل النزاعات بالطرق السلمية وإقرار حق تقرير المصير نجد أن المعايير اختلفت عند الممارسة العملية. وأصبحت تلك الادعاءات السامية حق يراد به باطل وتعاظم دور آليات البطش والسيطرة من أجل الحصول على المنافع الاقتصادية والسياسية والإستراتيجية [21].

وصار من المؤكد أن تصل أمواج هذا المد المتسارع في شكل متغيرات إلى شواطئ الوطن العربي. وتفرض رؤاها السياسية والاقتصادية والثقافية المغايرة لواقعنا غير المتحد قوميا والهش اقتصاديا والمبعثر ثقافيا. انطلاقا واتساقا مع ذهنية الرأسمالية والسيطرة على مقاليد الأمور في العالم. وفي الواقع العربي، ثقوب أمنية خطيرة على جدار الخريطة الأمنية لبلادنا كإضافة مستحدثة لهواجس وهموم الأمن

---

(21) المصدر السابق.

القومي وخاصة أن كل ثقب من هذه الثقوب المستحدثة مغلف بأساليب الخداع السياسي الاستراتيجي التي تشاطر إلى حد كبير أهداف ومفاهيم الفخ ألاستخباري وهو العولمة تحت غطاء المعاصرة ولهذا يتعين على الأمة العربية وهي بصدد الامتثال لبعض جوانب هذه التحولات ذات الصبغة الإذعانية أن تتسم تصرفاتها بالحكمة واليقظة والوعي الكافي لكي لا تتهم أو تعاقب وتحوله أساليب الاستدراج الاستخبارية إلى رقم في عالم التخلف والتفكك ويترفع رصيدها في عالم الانكفاء على الذات ويهمش دورها الإقليمي والدولي في عالم متغير ومتسارع الخطوات التكنولوجية في ملاعب السياسة الدولية وخاصة وهي في وضع أفضل بكثير من أوضاع الذين من حولها[22].

ويصبح أمن الوطن مهددا لان سياسات العولمة تهدف إلى إضعاف سيادة الدولة على أراضيها ومواطنيها وتفرض التدخل في الشؤون الداخلية للدولة. كما أن الأمن الخارجي للدول العربية يعد بالتأكيد امتداد لأهداف ومهام مسؤوليات الأمن الداخلي وان اختلفت التسميات. وطبيعة المسؤوليات وتباين المجالات ومخاطر التحرك.

ومن المفترض أن يكون جهاز الأمن الخارجي كأحد وأهم جهاز من أجهزة الإنذار المبكر للدولة في الخارج وتقع عليه تبعات أمنية خطيرة وجسيمة في الخارج لأنه يعمل في ظل ظروف وأوضاع لا يسيطر عليها إطلاقا وعليه تقع مسؤوليات ترويض هذه الظروف لصالح تحقيق الواجبات المنوط تحقيقها. وفي ظل العولمة أضيفت إليه أعباء أمنية جسيمة ممثلة في الآتي:

- الآثار المترتبة على مسألة إزالة الحدود.
- حرية اعتقال الأشخاص والبضائع ورؤوس الأموال.
- تدفق وتوفر المعلومات المختلفة.
- الشركات المتعددة الجنسيات والعابرة للقارات.

(22) مصدر سابق

- الجريمة المنظمة العابرة للقارات.
- عصابات المخدرات عبر القارات وانتشار شبكات الإرهاب الدولي

كل هذا في ظل دول تعاني من نقص متزايد في سيادتها ومتواصل في سيطرتها على أراضيها ومواطنيها بسبب العولمة. الصراعات المحلية والإقليمية ومنذ خلق الإنسان على الأرض نشأ الصراع وأكسبت الحاجات الاقتصادية والاجتماعية والسياسية والنزعات الأيدلوجية الصراع دوافعه الحقيقية. ومع بروز الجماعات الإنسانية برز الصراع من أجل السيطرة والنفوذ[23].

أن إبعاد العولمة وتداعياتها وانعكاساتها لم تتبلور معالمها بعد وما زال العديد من جوانبها في طور الترجمة على ارض الواقع. ولهذا يصبح من الصعب علينا جدا أن نخوض في محاولات استكشاف الثقوب الأمنية التي يمكن أن تحدثها أو تفرزها العولمة من خلال مسارات الممارسة المتواضعة الماثلة الآن. ولكن أن هذه الوقفة يجب ألا تقعد الأمة العربية عن الاستمرار في التفكير والبحث والدراسة. وبذل الجهد من أجل معرفة ما يمكن أن يكون عليه حال إحجام وطبيعة الثقوب الأمنية في حالة التقدم خطوات في مشاريع العولمة. الحتمية التنفيذ بالنسبة لأغلب دول العالم الثالث وفي ظل سيطرة القطب الواحد على مقاليد الأمور في العالم و الله الموفق[24].

ومن آثار العولمة تمكن الولايات المتحدة الأمريكية من ربط العديد من الدول العربية بالاقتصاد العالمي وخاصة الاقتصاد الأمريكي مما سهل لها فرض الاحتلال العسكري على العراق في نيسان من عام 2003. فعلى الرغم من مواقف جميع الدول العربية الأعضاء في الجامعة بتأييد العراق وعدم الموافقة على قيام الولايات المتحدة الأمريكية بضربه والتنديد باستمرار الحصار المفروض عليه إلا أن جميع الدول العربية وافقت على قيام الولايات المتحدة بضرب العراق عدا سوريا

---

(23) المصدر السابق.
(24) المصدر السابق.

ولبنان. وقد سمحت الـدول العربيـة للولايات المتحـدة باسـتخدام أراضـيها بضرب العراق. بل أن بعض الدول العربية أرسلت قوات عسكرية لمساعدة القـوات الأمريكية ضد العراق. رغم أن إضعاف العراق هو إضعاف للأمـة العربيـة. وهـذا مـا كان يحدث لولا ارتباط الدول العربية بمصالح اقتصادية مع الولايات المتحـدة وتمكـن الإدارة الأمريكية من القضاء بصورة كاملة على الأمن العربي.

ومن آثار العولمة المؤلمة على الوطن العربي، هـو أن الانهيـار العـالمي للنظـام المالي الذي حدث في أيلـول عـام 2008، قـد شـمل الـدول العربيـة و بخاصـة الـدول الخليجيـة، والتـي خسـرت المليـارات مـن أموالهـا بسـبب ارتباطهـا بالنظام العـالمي الجديد.

المبحث الثاني
الامتناع عن استخدام القوة

الامتناع عن استخدام القوة، مبدأ من مبادئ القانون الدولي العالم، والتي نص عليها ميثاق الأمم المتحدة، وميثاق الجامعة:

أولا – مبدأ عدم استخدام القوة في ميثاق الجامعة

من المبادئ المعروفة في القانون الدولي مبدأ الامتناع عن استخدام القوة في العلاقات الدولية. ونص ميثاق الجامعة على هذا المبدأ، إذ نصت المادة (5) من الميثاق على ما يأتي: " لا يجوز الالتجاء إلى القوة لفض المنازعات بين دولتين أو أكثر من دول الجامعة...". ويلاحظ أن ميثاق الجامعة حرم اللجوء للقوة ولم يحرم التهديد بها كما نص ميثاق الأمم المتحدة أن يمتنع أعضاء الهيئة جمعيا في علاقاتهم الدولية عن التهديد باستعمال القوة أو استخدامها ضد سلامة الأراضي، أو الاستقلال السياسي القوة أو استخدامها ضد سلامة الأراضي أو الاستقلال السياسي لأية دولة أو على أي وجه أخر لا يتفق ومقاصد الأمم المتحدة[25].

وتحريم التهديد باستخدام القوة يحفز الدول الأعضاء إلى منع نشوب قتال مسلح بين الدول الأعضاء. وكان المفروض أن ينص ميثاق الجامعة على تحريم التهديد باللجوء إلى استخدام القوة أيضا. والتهديد بالقوة يكون بالقول أو بالعمل. ويكون عن طريق القول، عندما تصدر الدولة إعلانا رسميا من الحكومة تعلن فيه بان ستقوم باحتلال أراضي دولة أو ضرب دولة. وقد يقوم التهديد بالعمل، عندما تحشد جولة قواتها العسكرية على حدود دولة أخرى، أو تجري مناورات عسكرية على حدودها، وقطع العلاقات الدبلوماسية وسحب البعثات من أراضي الطرف الآخر.

---

(25) الفقرة الرابعة من المادة الثانية من ميثاق الأمم المتحدة.

وعلى الرغم من أن معاهدة الدفاع المشترك والتعاون الاقتصادي بين الدول الجامعة، نصت في مادتها الأولى على تسوية المنازعات بين الدول العربية بالطرق السلمية إلا أنها لم تنص على تحريم اللجوء إلى استخدام القوة.

ويتضح من ذلك أن الميثاق منع الدول من استخدام القوة المسلحة في لعلاقات الدولية. وقد منح الدولة المعتدى عليها حق الدفاع الشرعي الفردي والجماعي.

وعدم اللجوء باستخدام القوة من المبادئ التي نص عليها ميثاق الأمم المتحدة. حيث نصت عليه الفقرة الرابعة من المادة الثانية من الميثاق على : " يمتنع أعضاء الهيئة جميعا في علاقاتهم الدولية عن التهديد باستعمال القوة أو استخدامها ضد سلامة الأراضي أو الاستقلال السياسي لأية دولة و على أي وجه آخر لا يتفق ومقاصد الأمم المتحدة ".

وعلى الرغم من أن ميثاق الأمم المتحدة، لم يحرم الحرب بين الدول بصورة واضحة إلا انه طالب الدول عدم الالتجاء إلى القوة في العلاقات الدولية. ذلك أن الأمم المتحدة قامت من اجل منع الحروب التي تؤدي إلى حرب عالمية. أما الحروب التي تنشب بين الدول والتي لا تؤدي إلى حرب عالمية فإن موقف مجلس الأمن يقتصر في هذه الحالة على البحث عن وسيلة لتسوية النزاع بالوسائل السلمية.

ويعد هذا المبدأ نتيجة حتمية لمبدأ التزام الأعضاء بتسوية منازعاتهم الدولية بالطرق السلمية. وجاء النص عليه في صورة تعهد اتفاقي متبادل يلتزم به كافة الدول الأعضاء في المنظمة. والحظر المنصوص عليه ليس مجرد تحريم الالتجاء إلى الحرب، أو التهديد بها ، ولكن يمتد هذا الحظر إلى كل صور العنف الدولي مثل الضرب الجوي والبحري والغزو والحصار المسلح والاحتلال الحربي[26] .

وأرد الميثاق استثناء على هذه الحالة وهي حالة الدفاع الشرعي عندما تتعرض دولة لعدوان خارجي. وقد حدد قرار الجمعية العامة المرقم 3314 الصادر

---

(26) الدكتور عبد الواحد محمد الفار ، مصدر سابق، ص 139.

في 1974/12/18 الحالات التي تعد عدوانا والتي أجاز فيها للدولة استخدام القوة لرد العدوان .

وعلى الرغم من أن ميثاق الأمم المتحدة قد حرم استخدام القوة، أو التهديد باستخدامها[27]. إلا انه اهتم بالحروب التي تهدد السلم والأمن الدوليين، أي الحروب التي تؤدي إلى حرب عالمية. أما أعمال العدوان التي لا تهدد السلم والأمن الدوليين فإن دور المجلس يبقى ضعيفا.فهناك العديد من الحروب لم بتدخل فيها مجلس الأمن، إلا بتوصيات غير ملزمة[28].

وبناء على ذلك فإن الامتناع عن استخدام القوة بين الدول العربية أكدته المادة الخامسة من الميثاق وجميع نصوص الميثاق الخاصة بإقامة علاقات دولية متطورة، وتسوية المنازعات الدولية بالوسائل السلمية، كما أن الدول العربية جميعها أعضاء في الأمم المتحدة وان عليها عدم استخدام القوة ليس بين الدول العربية بل بينها وبين أية دولة أخرى.

ولم يهتم ميثاق جامعة الدول العربية بوضع قواعد تفصيلية واضحة يحرم على الدول العربية استخدام القوة في علاقات الدولية، لأسباب عديدة منها:

1-إن عدم استخدام القوة في العلاقات الدولية مبدأ قانون دولي، ينص عليه ميثاق الأمم المتحدة.

2-أن تطبيق عدم استخدام القوة في العلاقات الدولية يتطلب وجود سلطة مسلحة تمنع العدوان والحروب بين الدول. ولما كان ميثاق الأمم المتحدة احتكر هذه السلطة لوحدة فانه لم يعد مسوغ قانوني للنص عليها في ميثاق الجامعة.

---

(27) الفقرة الرابعة من المادة الثانية من ميثاق الأمم المتحدة

(28) ومن الحروب الحديثة التي لم تتخذ الأمم المتحدة الإجراءات اللازمة لوقفها واكتفت بإصدار القرارات غير الحاسمة الحرب بين العراق وإيران والحرب بين الهندية والباكستانية والحرب بين اريتريا وأثيوبيا والحرب برواندي وراوند والحرب بين أذربيجان وأرمينيا والحرب بين الحلف الأطلسي ويوغسلافيا

3-لم تفكر الدول السبع التي وضعت ميثاق جامعة الدول العربية بان الدول العربية سوف تدخل في يوم ما حالة نزاع عسكري مسلح. فاغلب تلك الدول كانت خاضعة للانتداب البريطاني أو الاحتلال العسكري الأجنبي. فهي دول تحت الحماية الدولية. كما لا توجد منازعات مهمة بين تلك الدول تستوجب استخدام القوة المسلحة.

وان اغلب المنازعات المسلحة التي حصلت بين الدول العربية لم تكن بين الدول العربية السبع التي أنشأت جامعة الدول العربية، إنما بين الدول التي ظهرت بعد إنشاء الجامعة. عدا النزاع المسلح السعودي اليمني .

4-لم ترغب بريطانيا التي أنشأت الجامعة أن يكون للجامعة سلطة منع استخدام الدول العربية القوة في علاقاتها الدولية. فكانت بريطانيا تريد احتكار هذه الحالة لنفسها وإدارة المنازعات العربية بنفسها.

ثانيا- صور استخدام القوة

لم يحدد الميثاق صور القوة التي لا يجوز استخدامها بين الدول العربية. لهذا لابد من الرجوع لقواعد القانون الدولي لمفهوم القوة. ونرى أن مفهوم القوة المحرمة هي العدوان من دولة على أخرى. فالدفاع الشرعي وان كان فيه استخدما للقوة إلا انه يعد عملا شرعيا. وبناء على ذلك فالقوة على نوعين، قوة غير مشروعة وهي تدخل في باب العدوان، والقوة المشروعة وهي تدخل في مجال حق الدفاع الشرعي، وحق مجلس الأمن باتخاذ التدابير العسكرية ضد دولة بموجب الفصل السابع من الميثاق مقيد في حالة ما إذا كان العدوان مما يهدد السلم والأمن الدوليين. أما إذا كان العدوان لا يهدد السلم والأمن الدوليين، فانه يدخل ضمن الفصل السادس من الميثاق.

وكان موضوع العدوان الذي يتضمن استخدام القوة موضع جدل وخلاف بين فقهاء القانون الدولي. وقد حسم هذا الخلاف قرار الجمعية العامة المرقم

(3314) والمؤرخ في 14كانون الثاني 1974، الذي حدد الأعمال التي تعد عدوانا والتي أجاز فيها للدولة التي يقع عليها أحد من هذه الأعمال أن تستخدم حق الدفاع الشرعي. وعرف القرار المذكور العدوان أنه: "استعمال القوات المسلحة من قبل دولة ما ضد السيادة الإقليمية أو الاستقلال السياسي لدولة أخرى. أو بأي شكل يتنافى وميثاق الأمم المتحدة ".وسبق أن تناولنا حالات العدوان التي عددها قرارا الجمعية العامة المشار إليه.

ثالثا – عدم استخدام القوة في ضوء إعلان دمشق

بعد إخراج القوات العراقية من الكويت عام 1991، عقد في دمشق مؤتمر في 5-6/ آذار (مارس) 1991م. حضرته دول الخليج العربي الأعضاء في مجلس التعاون، وسوريا ومصر، وهي الدول التي شاركت مع القوات الدولية بضرب العراق. وتوصل المؤتمر إلى القرارات الآتية:

1) العمل بموجب ميثاق جامعة الدول العربية وميثاق الأمم المتحدة والمواثيق العربية والدولية الأخرى واحترام وتعزيز الروابط التاريخية والأخوية وعلاقات حسن الجوار والالتزام باحترام وحدة الأراضي والسلامة الإقليمية والمساواة في السيادة وعدم جواز اكتساب الأراضي بالقوة وعدم التدخل في الشئون الداخلية والالتزام بتسوية المنازعات بالطرز السلمية.

2) العمل على بناء نظام عربي جديد من أجل تعزيز العمل العربي المشترك واعتبار الترتيبات التي يتم الاتفاق عليها بين الأطراف المشاركة بمثابة الأساس الذي يمكن البناء عليه من أجل تحقيق ذلك، وترك المجال مفتوحا أمام الدول العربية الأخرى للمشاركة في هذا الإعلان في ضوء اتفاقية المصالح والأهداف. ولم تشترك اية دولة أخرى في الإعلان المذكور.

3) العمل على تمكين الأمة العربية من توجيه كافة إمكاناتهم لمواجهة التحديات التي يتعرض لها الاستقرار والأمن في المنطقة، ولتحقيق حل عادل وشامل

للصراع العربي الإسرائيلي وقضية فلسطين على أساس ميثاق الأمم المتحدة وقراراتها ذات الصلة.

4) احترام مبدأ سيادة كل دولة عربية على مواردها الطبيعية والاقتصادية.

وعلى الرغم من أن إعلان دمشق، لا علاقة له بالجامعة إلا انه يمثل عدد من دول الجامعة، ويبدو انه بدأ بمؤتمر واحد وانتهي به، فلم يعد له وجود في الوقت الحاضر. وكان الهدف من إنشاءه يعود إلى احتلال العراق للكويت.

رابعا - استخدام القوة في عصر العولمة

اتسمت العولمة بالعنف العسكري الذي تقوده الولايات المتحدة الأمريكية ضد الدول، والمنظمات الإرهابية والأفراد. لهذا فإن العالم يعيش في الوقت الحاضر فوضى عارمة وشاملة لكل قارات العالم، أطلق عليها بالفوضى الخلاقة.

واستخدمت القوة المسلحة من قبل الدول المهيمنة عن طريق الأمم المتحدة وبدونها. وكان باكورة عملها عام 1991 ضد العراق بقرارات مجلس الأمن وضد أفغانستان عام 2001. واستخدمت خارج نطاق الأمم المتحدة من قبل الولايات المتحدة الأمريكية ضد العراق عام 2003، ومن قبل الحلف الأطلسي ضد يوغسلافيا سابقا عام 2004، ومن قبل روسيا الاتحادية ضد جورجيا عام 2008، واحتلت هذه الدول بعد ضربها عسكريا، واعترافها بتاريخ 2008/8/26، بجمهوريتي أباخازيا أواسيتيا بعد فصلهما من جورجيا.

وكان استخدام القوة المسلحة بواسطة الأمم المتحدة وبدونها قد أيقظ الدول، بان النظام الدولي الجديد يقوم فعلا على الفوضى الخلاقة، وان الأمم المتحدة لم تعد قادرة على حماية الدول. ومن هذا المنطلق بدأت الدول تفكر في كيفية بناء قوة عسكرية لحمايتها. ولما كان ضرب العراق وأفغانستان ويوغسلافيا سابقا، جرى من مناطق بعيدة، طبقا لمبدأ الحرب بدون تماس (الحرب عن بعد) فقد اندفعت العديد من الدول إلى بناء نوعين من القوة المسلحة، الأولى بناء مفاعلات

نووية، وتصنيع صواريخ بعيدة المدى. لمواجهة هذا النوع من الحرب. وبذلك تحول العالم إلى مناطق نووية شملت العديد من الدول وبخاصة في آسيا، مثل الصين والهند والباكستان وإيران والدول المنسلخة من الاتحاد السوفيتي مثل اذريبيجان وأرمينيا وتركمانستان وطاجكتسان. وقد دفع هذا التوجه العالمي وخاصة في المنطقة العربية والقريبة منها، إلى مناداة العديد من الدول العربية إلى التصريح علنا بأنها تعمل على إنشاء مفاعلات نووية لحماية نفسها نتيجة سياسة الانفلات الأمني التي عمت العالم في عصر العولمة.

ونتيجة اهتمام الولايات المتحدة بهذه المنطقة. بذلت جهودا مضنية في إنشاء الكيان وسط هذه الأمة ودعمه ليكون قاعدة متقدمة للولايات المتحدة. وعملت على تقويته ومدة بالأسلحة والأموال. وبالنظر إلى أن مهمة الكيان الصهيوني في المرحلة الأولى عزل الوطن العربي عن بعضه والحيلولة دون إقامة دولة عربية موحدة، وهو الاتجاه الذي كان سائدا في ذلك الوقت. وبهذا ضمنت الولايات المتحدة الأمريكية بمساعدة الدول الأوربية عدم ظهور كتلة اقتصادية دولية فاعلة بالنظر لما تملكه من مقومات كبيرة. ومنع الدول العربية من بناء مفاعلات نووية. فقد قامت إسرائيل بضرب سوريا عام 2008، بذريعة أن سوريا قامت ببناء مفاعلات نووية، في الوقت الذي تمتلك فيه إسرائيل اكبر قوة نووية في المنطقة.

وعلى الرغم من أن الولايات المتحدة الأمريكية تعمل على إضعاف العرب وجعلهم أمة متخلفة غير قادرة على حماية نفسها والاعتماد عليها في حماية نفسها من أي عدوان خارجي إلا أن الملاحظ أن المنطقة العربية هي المنطقة الوحيدة في العالم التي تفوق فيها المساعدات الأمريكية العسكرية حجم المساعدات الاقتصادية فإن نسبة المساعدات العسكرية الأمريكية إلى الدول العربية تصل إلى 78% مقابل 22% مساعدات اقتصادية بينما في أفريقيا تصل نسبة المساعدات العسكرية إلى الاقتصادية إلى 5% فقط ودول الكومنولث المستقلة 9% وأمريكا

اللاتينية 9%[29]. وفي المقابل فإن المساعدات الاقتصادية للكيان الصهيوني تختلف كليا عن المساعدات التي تقدم للوطن العربي. فعلى الرغم من أن الكيان الصهيوني يحتل المرتبة (16) عالميا من حيث معدل الدخل الفردي فإن المساعدات الاقتصادية التي تقدم إليه تصل إلى نسبة 40%[30]. والهدف من المساعدات الأمريكية لبعض الدول العربية هو إسناد حكام هذه الدول الذين يعملون لمصلحة الولايات المتحدة الأمريكية. ومن الواضح أن تسليح الدول العربية بهذه الأسلحة الكبيرة ليس من أجل استخدامها ضد إسرائيل أو تركيا. كما أن الدول العربية غير قادرة على مواجهة إيران، لهذا فإن الهدف من تسليح الدول العربية ينحصر باستخدامها ضد بعضها. فليست هنا جهة معينة سوف يستخدم هذا السلاح ضدها. وقد وضع العرب بشكل وبأخر في دائرة النزاعات الدولية[31].

وإذا كانت العولمة تعمل على فرض قواعد عالمية موحدة على العالم اجمع إلا أن نظرتها للوطن العربي مختلفة تماما. إذ تعد التكتل العربي منافيا لمبادئها. لهذا فإن تعمل على التشطير والشرذمة والتجزئة، والقضاء على عوامل التقريب المتاحة للتكتل، وما يسمي بالفكر الإقليمي الجديد يعتمد علي نظرة عملية. والعمل على إذكاء المنازعات بين الدول العربية.. وبدأت العولمة تعمل على تجزئة المجزأ في الوطن العربي. حيث تخطط العولمة إلى تجزئة العديد من الدول العربية. وفي المنظور القريب فإن الاتجاه نحو العراق ومصر والسودان وسوريا ولبنان والسعودية، وعلى المنظور البعيد فإن التجزأة تشمل الدول العربية كلها. في حين نجد أن بعض الدول تشهد تقاربا كبيرا بينها على الرغم من سعت التناقضات بينها. ومن هذه الدول المجموعة الأوربية ومجموعة دول آسيان والاتحاد الأفريقي والألمانيتين والكوريتين.

---

(29) وليد عبد الحي، مصدر سابق، ص 72.

(30) المصدر نفسه، ص 72.

(31) للتفاصيل عن واقع العرب في المنازعات الدولية، مؤلف: عدنان السيد حسين، العرب في دائرة النزاعات الدولية، ط1، دار بدر للنشر، بيروت 2001.

هذه المستجدات تعكس نفسها علي أي توجه نحو التكتل الإقليمي العربي، وكل ذلك بهدف إفساح الطريق لإعادة صياغة نظام الهيمنة عن طريق الدعوة لتكتلات محكومة بـنظرة عملية[32]. ومن هذا المنطلق فقد جعلت العولمة السياسة في خدمة المجهود العسكري الأمريكي. كما جعلت العمل العسكري وسيلة للحصول على الدعم السياسي الدولي انطلاقا من الأمر الواقع. وأشعلت المنطقة بمنازعات بين الدول العربية وبينها وبين الدول الأجنبية، وتنبأ بمنازعات بين الدول العربية. وقد اتسم التوجه الغربي نحو إذكاء وتغذية المنازعات الداخلية للدول العربية، وإبراز مسألة الأقليات لتكون الخطر الذي يهدد الدول العربية[33]..

كما فرضت العولمة على الوطن العربي ما نطلق عليه بالعولمة العسكرية. فلم يعد الأمر قاصرا على إجبار الدول باتخاذ مواقف سياسية معينة لإرضاء الولايات المتحدة الأمريكية، وإنما تجاوز الأمر إلى فرض العمل العسكري على الدول. فعندما قامت الولايات المتحدة الأمريكية باحتلال العرق واجهت مقاومة كبيرة لم تتوقعها لحقت بها خسائر فادحة راح ضحيتها المئات من الجنود الأمريكيين. وقد حاولت الولايات المتحدة أن تزج بجيوش الدول العربية في العراق، لمساعدتها وإخراجها من محنتها. غير أن الدول العربية لم تتدخل ليس لان العراق بلد عربي، لكنها وجدت أن الجيش الأمريكي بقوته وجبروته لم يتمكن من السيطرة على الوضع في العراق، فلم تشترك الدول العربية في التدخل في العراق.

(32) محمد عبد الحكم دياب مصدر سابق، ص 8.

(33) يراجع للتفاصيل حول مصادر التهديد الداخلي مؤلف: غـازي نهـار، الأمـن القـومي العربي، دراسـة في مصـادر التهديد الداخلي، دار الأمل، عمان 1993.

المبحث الثالث
منطقة خالية من أسلحة الدمار الشامل

موضوع نزع أسلحة الدمار الشامل من الموضوعات الحديثة في القانون الدولي. إذ تؤدي أسلحة الدمار الشامل إلى تهديد البشرية بشك مباشر. وتمتلك العديد من الدول وبخاصة المتقدمة، واتسم النظام العالمي الجديد بانتشار أسلحة الدمار الشامل بشك كبير[34]. لهذا وجب على المجتمع الدولي أن يضع الخطط لإزالة هذه الأسلحة. لهذا طالبت العديد من المنظمات الدولية بجعل منطقة الشرق الأوسط منطقة خالية من أسلحة الدمار الشامل. ومن هذه المنظمات الأمم المتحدة ومنظمة المؤتمر الإسلامي، والاتحاد الأوربي، وجامعة الدول العربية.

أولا - تحريم أسلحة الدمار الشامل

إن التقدم العلمي والتكنولوجي الذي يشهده العالم في الوقت الحضر حمل معه عوامل الفناء السريع والمدمر للبشرية. فقد برعت المؤسسات العلمية في اختراع افتك أنواع أسلحة الدمار الشامل، كالقنابل الهيدروجينية والنووية والجرثومية والكيماوية والنيترونية وغيرها من الأسلحة ذات التدمير الشامل. ولم تتنافس الدول المتقدمة باختراع وسائل إسعاد البشرية بقدر تنافسها باختراع وسائل التدمير الشامل، وأصبح اختراع هذه الوسائل هو معيار التقدم والحضارة والتفوق العلمي والصناعي على الآخرين. ولم تعد الاختراعات المدمرة قاصرة على الدول المتقدمة في مختلف الميادين، بل شمل الدول الفقيرة، فهي أيضا قد دخلت حلبة التنافس في مجال امتلاك الأسلحة ذات التدمير الشامل ، وراحت أيضا تلوح بأنها أصبحت من الدول التي تستطيع أن تدمر جيرانها بهذه الأسلحة. وكان من نتيجة اتساع صناعة وامتلاك الأسلحة ذات التدمير الشامل، أصبح مجرد إشعال شرار الحرب بين الدول

(34) راندال فورسبرج. [وآخرون] ، منع انتشار الأسلحة النووية ، ؛ ترجمة سيد هدارة. - ط. 1. - القاهرة، مصر: الجمعية المصرية لنشر المعرفة و الثقافة العالمية،. (المركز الثقافي الأمريكي - دمشق1998 ص 20 وما بعدها.

التي تمتلك هذه الأسلحة ستحول الكرة الأرضية كبقية الكواكب السماوية غير صالحة للحياة.

وتنبه المجتمع الدولي إلى إخطار انتشار الأسلحة ذات التدمير الشامل، وبدأ يحس بإخطارها وبضرورة الحد منها. وكان من نتيجة ضرب مدينتي هيروشيما ونكازاكي اليابانيتين الأثر المروع الذي أذهل البشرية ودفعها إلى أن تعمل بإخلاص وجد للبحث عن الوسائل الكفيلة لإنقاذ الإنسانية من ويلات التدمير الشامل.

وعلى الرغم من أن القانون الدولي قد حرم بعض الأسلحة كرصاص دمدم والقنابل العنقودية وبعض الأسلحة السامة والأسلحة التي تسبب آلاما لا مبرر لها، إلا انه وجد صعوبة في منع صناعة الأسلحة ذات التدمير الشامل بسبب التنافس الكبير بين الدول المتقدمة صناعيا، كونها هي التي تقوم بصناعة هذه الأسلحة دون غيرها. غير أن امتلاك بعض الدول الفقيرة، أو الدول الصغيرة مثل هذه الأسلحة قد أيقظ المجتمع الدولي إلى أن يقف بصورة أكثر جدية لا لمنع صناعة واستخدام الأسلحة ذات التدمير الشامل عموما، بل لمنع الدول غير الكبرى من امتلاكها بحجة أنها لا تتوانى من استخدامها.

وكان مؤتمر باندونغ عام 1955 قد وجه انتباه الدول إلى خطورة الأسلحة ذات التدمير الشامل، والنتائج المفزعة من استخدامها، وطالب الدول بضرورة نزع السلاح الشامل ووقف التجارب وتحريم صناعتها، وفرض رقابة دولية فعالة لتحقيق نزع السلاح الشامل من اجل صيانة السلم والأمن الدوليين[35]. وبدأت الجهود الدولية تنادي بضرورة الحد من الأسلحة ذات التدمير الشامل. فقد أوجبت معاهدة الحظر الجزئي لتجارب الأسلحة النووية في الجو وفي الفضاء الخارجي وتحت سطح الماء، على الدول الأعضاء في المعاهدة، الامتناع عن إجراء مثل هذه التجارب وأية

---

(35) تراجع الفقرة (د/2) من قرارات مؤتمر باندونغ عام 1955.

انفجارات لتجارب الأسلحة النووية، أو انفجار نووي آخر في أي مكان ضمن دائرة اختصاصها أو إشرافها[36].

وعلى الرغم من أن تجديد معاهدة عدم انتشار الأسلحة النووية عام 1995 إلى مدة غير محدودة، إلا أن التطبيقات العملية، حرمت على بعض الدول الصغير امتلاك هذه الأسلحة، بينما احتفظت الدول الكبرى بها. وبعض الدول الصغرى مثل الكيان الصهيوني.كما أن استمرار التجارب النووية يدل بوضوح على أن العالم يهيئ نفسه إلى حروب مدمرة.وان بعض الدول التي تمتلك أسلحة الدمار الشامل ترفض الانضمام للمعاهدات التي تحرم صناعتها[37]. ومما زاد في تعقيد هذا الموضوع هو امتلاك بعض الدول الفقيرة ذات الطبيعة العدائية المستمرة بينها مثل الهند والباكستان مثل هذه الأسلحة[38].

ومن الملاحظ، أن الدول الكبرى، والعديد من الدول الأخرى لا تزال تمتلك الأسلحة ذات التدمير الشامل، إلا أن العديد من الدول لا تمتلك مثل هذه الأسلحة. وان المفروض انها هي التي تطالب بعدم امتلاكها لهذه الأسلحة. غير أن الدول التي تمتلك أسلحة الدمار الشامل هي التي تطالب الدول الأخرى بعدم امتلاك هذه الأسلحة على الرغم من أنها لا تلزم نفسها بذلك. والسبب في ذلك هو أنها تريد احتكار هذه الأسلحة دون غيرها.

لهذا فهي تستخدمها أو أنها تهدد باستخدامها ضد الدول التي تمتلك، أو التي تنوي امتلاكها. والعلة في السماح لهذه الدولة بامتلاك أسلحة الدمار الشامل، وعدم السماح لغيرها يعود على أساس وهمي، وهو أن الدول التي تمتلكها تملك إرادة بعدم استخدامها، وإنها تعرف وتدرك الآثار المروعة لاستخدامها، وإنها لا تستخدمها إلا في حالة الضرورة، بينما تدعي هذه الدول أن الدول الصغيرة لا تعرف

---

(36) عقدت المعاهدة في موسكو في الخامس من آب عام 1963.

(37) بتاريخ 14 تشرين الأول من عام 1999 رفضت الولايات المتحدة الأمريكية الانضمام لمعاهدة منع التجارب النووية.

(38) في حزيران من عام 1999 أجرت كل من الباكستان والهند تجارب نووية. وقد سبق للدولتين ان خاضت عدة حروب بينها منذ استقلالهما.

أخطار استخدام هذه الأسلحة، وقد تستخدمها لأمور تافهة لا تستحق ما ينتج منها من آثار مروعة، وقد تستولي عليها منظمات إرهابية وتستعملها في عمل غير مشروع.

والحقيقة هو أن الدول المتقدمة تخش من الدول الصغيرة من أن تستخدم هذه الأسلحة ضدها. ومن الناحية العملية، فإن وجود هذه الأسلحة قد يهدد البشرية وان لم يتم استخدامها..وما حادث التسرب النووي في مفاعل شرنوبل في الاتحاد السوفيتي ومفاعل اليابان عام 1999 اكبر دليل على خطورة هذه الأسلحة[39]. والتسرب النووي من مختبرات الوكالة الدولية للطاقة النووية من (سابير سدروف) قرب فيينا العاصمة النمساوية في 2008/8/3.

ثانيا- نزع أسلحة الدمار الشامل من منطقة الشرق الأوسط

بالنظر لأهمية الشرق الأوسط فقد اتجه المجتمع الدولي إلى المطالبة بان تكون هذه المنطقة خالية من أسلحة الدمار الشامل. وقد اختلفت الاتجاهات في تحديد منطقة الشرق الأوسط. واستخدم التعامل الدولي، مصطلح منطقة شرق أوسطية[40]. ومصطلح منطقة الشرق الأوسط. وللولايات المتحدة مفهومها الخاص عن منطقة الشرق الأوسط[41].

وعلى الرغم من أن مصطلح شرق أوسط من المصطلحات غير المرغوب بها في التعامل العربي، لأنها تتضمن إلغاء الهوية العربية، وإدخال دول أخرى لا علاقة

(39) حدث تسرب من المفاعل النووي في الاتحاد السوفيتي (سابقا) وآخر من أحد المفاعلات النووية في اليابان أدت إلى وقوع ضحايا من مواطني الدولتين .كما تشير التقارير ان مفاعل ديمونا في " اسرائيل "هو الآخر معرض لحالات التسرب النووي.

(40) يراجع عن النظام الشرق اوسطي المراجع الآتية: بشار إبراهيم. النظام الشرق أوسطي ، ط. 1. -: دار الحصاد دمشق ، 2000.. كذلك يراجع: فتحي شهاب الدين ، المشروع الشرق أوسطي ،. دار البشير، القاهرة: 1998.

(41) فؤاد نهرا. الشرق الأوسط الجديد في الفكر السياسي الأمريكي / تأليف - ط. 1مركز الدراسات الإستراتيجية..بيروت 2000. ص 10 وما بعدها. كذلك يراجع: أمين عطايا. النظام الشرق أوسطي الجديد : المخططات ، - ط. 1. - لبنان : المنارة، بيروت، 1995.

لها بالخصوصية العربية، ومنها إسرائيل [42]. فقد أستعمل هذا المصطلح في مجال منطقة شرق أوسط خالية من أسلحة الدمار الشامل. يعد مصطلحا مرغوبا ومتداولا لكونه لا يعني إلا بنزع أسلحة الدمار الشامل، ليس من العرب فحسب، بل بل نزع الأسلحة من الدول التي تعد خطرا على العرب [43]. وقد قسمت منطقة أفريقيا وآسيا، إلى مناطق ثلاث. فأطلق على دول شمال أفريقيا بالشرق الأدنى، وعلى مصر والجزيرة العربية والعراق وإيران والباكستان بالشرق الأوسط، وما بعدها من الهند والصين بالشرق الأقصى. وفي التعامل الدولي أصبحت منطقة الشرق الأوسط تمتد من مصر إلى إيران والباكستان وتركيا وما جاورها إلى البحر العربي. فعندما يقصد بمنطقة شرق أوسط خالية من أسلحة الدمار الشامل، يعني مصر والجزيرة وإيران والباكستان وتركيا ودول آسيا المنسلخة من الاتحاد السوفيتي. فمن مصلحة الدول العربية توسيع هذه المنطقة التي تعد اكبر تجمع نووي في العالم. وان كانت الدول العربية تعارض مفهوم الشرق أوسطية، في المجال السياسي.

وطبقا للوكالة الدولية للطاقة الذرية فإن مفهوم الشرق الأوسط يمتد:

1- المنطقة التي تشمل المساحة الممتدة من (ليبيا) غربا إلى (إيران) شرقا ، ومن سوريا (شمالا إلى اليمن) جنوبا .

2- استبعاد تركيا وقبرص ومالطا ، فبالنسبة لتركيا فهي عضو في معاهدة حلف شمال الأطلنطي وهناك أسلحة نووية على أراضيها ، أما قبرص ومالطا فيهما قواعد انجليزية عسكرية ولا تستضيفان أية أسلحة نووية .

3- حذف كل من الباكستان وأفغانستان باعتبار أن اهتماماتهما السياسية والعسكرية الرئيسية تتركز في اتجاهات أخرى .

(42) إبراهيم سعد الدين، الشرق أوسطية مخطط أمريكي صهيوني - ط. 1. مكتبة مدبولي القاهرة، مصر 1998 ، ص 23 وما بعدها.

(43) محمد علي حوات مفهوم الشرق أوسطية و تأثيرها على الأمن القومي العربي- ط. 1. مكتبة مدبولي القاهرة ، 2002. ص 8 وما بعدها.

4- وعدت الوكالة أن التعريف السابق هو تعريف يمتد إلى (البلدان الأساسية) فقط دون (البلدان الهامشية)، مراعية الوضع الجغرافي والتوترات القائمة وقدرة دول معينة على تطوير الأسلحة النووية .

5-بالرغم من حذف كل من جيبوتي والسودان والصومال ومجموعة دول الاتحاد المغاربي (تونس - الجزائر - المغرب - موريتانيا) ، من البلدان الأساسية للمنطقة إلا انه قد تعد من البلدان الأساسية فيما بعد، بإشراك بعض هذه الدول أو جميعها وخصوصا السودان وبلدان المغرب .

6-تشمل المساحة المتوقعة للمنطقة عددا من المضايق الدولية الخاضعة لنظام المرور العابر مثل مضيق (جبل طارق) و (باب المندب) و (هرمز) وتشمل (قناة السويس) .

7-أثارت مسألة إدخال المياه الدولية في المنطقة الخالية من الأسلحة النووية في الشرق الأوسط موقف الدول الخمس المعلن عنها أنها نووية والتي ستكون الدول الضامنة لسريان الاتفاقية المحتملة . وبالتالي فإن توسيع المنطقة إلى ما يتجاوز حدود السلطة الوطنية سيكون قضية يتعين تركها للمراحل الأخيرة من المفاوضات .

8- لما كانت حدود المنطقة الخالية من الأسلحة النووية في الشرق الأوسط تضم الاتحاد السوفييتي " شرقا " وتركيا " شمالا " فلابد من اتخاذ التدابير لتخفيض الأسلحة النووية لهاتين الدولتين المنتشرة على مناطق الحدود. وقد استخدم هنا مصطلح تخفيف أسلحة الدمار الشامل، ولم يستخدم مصطلح إزالة أسلحة الدمار الشامل[44].

(44) ورقة عمل مرفقة بيان مجلس جامعة الدول العربية في دورته غير العادية بتاريخ 1989/10/12 والإعلان الختامي لمؤتمر حظر الأسلحة الكيميائية المنعقدة في باريس 7-11 /1 /1989) .

أما مصطلح "شرق أوسطية" فيقصد به ضم إسرائيل وتركيا إلى الوطن العربي، وهذا المصطلح ترفضه الدول العربية، لأنه يؤدي إلى القضاء على الهوية العربية. وهو مصطلح يلغي مفهوم الوطن العربي.

ومن مستلزمات الأمن العربي، وتحيق الاستقرار في المنطقة، تجريد منطقة الشرق الأوسط من أسلحة الدمار الشامل. إذ تحيط بها العديد من الدول تمتلك أسلحة دمار شامل. ومن هذه الدول إسرائيل في قلب الشق الأوسط، التي تعترف رسميا بأنها تمتلك أسلحة نووية وتهدد باستخدامها. وإيران والباكستان والهند والصين والدول المنسلخة من الاتحاد السوفيتي وهي اذربيجان وتركمانستان وأوزبكستان وطاجاكستان. وجميع هذه الدول ليست بعيدة عن الوطن العربي. أما بالنسبة لتركيا، فهي تستضيف القواعد الأمريكية التي تمتلك أسلحة الدمار الشامل. وهي قواعد مهمة ضمن الحزام المطوق للاتحاد الروسي.

وبسبب هذا التجمع النووي الوحيد في العالم، نرى أن من أسباب احتلال الولايات المتحدة لأفغانستان هو مراقبة ما يجري في هذه الدول من تطورات عسكرية. إذ تحيط بأفغانستان تسع دول نووية. وقد احتلت أفغانستان بذريعة أخرى وهي مكافحة الإرهاب.

وبالنظر لما تسببه أسلحة الدمار الشامل من تدمير للبشرية وبسبب كون المنطقة العربية منطقة إستراتيجية في العالم لتوسطها قارات العالم ووجود الطاقة فيها فقد اهتم المجتمع الدولي بجعل منطقة الشرق الأوسط منطقة خالية من أسلحة الدمار الشامل. وعلى الرغم من اهتمام المنظمات العالمية والإقليمية بجعل منطقة الشرق الأوسط منطقة خالية من أسلحة الدمار الشامل.

ثالثا- مستلزمات المنطقة الخالية من أسلحة الدمار الشامل

تعد المنطقة خالية من الأسلحة النووية ، كقاعدة عامة ، أية منطقة تعترف بصفتها هذه الجمعية العامة للأمم المتحدة ، وتنشئها أية مجموعة من الدول ، على

سبيل الممارسة الحـرة لسيادتها وذلـك بمقتضى ـ معاهـدة أو اتفاقيـة يجـرى بموجبها. وتخضع لما يأتي:

أ- تحديد نظام الخلو التام من الأسلحة النووية التي تخضع له المنطقة المعنيـة ، بما في ذلك الإجراء الخاص بتعيين حدود المنطقة .

ب- إنشاء جهاز دولي للتحقيق والمراقبة لضمان الامتثـال للالتزامـات الناشئة عـن ذلك النظام .

ج- تكليف الوكالـة الدوليـة للطاقة الذريـة بمعظم عمليـات التحقيـق المتعلقـة بالأنشطة النووية السلمية لدول المنطقة .

د- إنشاء هيئات دائمة أو أجهزة خاصة للقيام بعملية التحقق، وفي الأقاليم التي تشهد منازعات حادة بفضل إسناد المهمة إلى منظمة دولية .

هـ- قيام نظام التحقق المتبادل بين إطراف المنطقة ، بمعنى قيام أي طرف بـإجراء أنشطة التحقق والتفتيش الموقعي في دولـة أخرى مـن دول المنطقـة . واحـد نماذج هذا المفهوم هو وثيقة استكهولم الختامية لعام 1975.

وتعد جميع دول المنطقة منضمة إلى (معاهدة عدم انتشار الأسلحة النووية باستثناء كل من : الإمارات والجزائر وعمان وموريتانيا وإسرائيل .

أما الـدول العربيـة الثلاثـة الأطـراف في المعاهـدة والتـي تمتلك (مفـاعلات بحوث) وهي : مصر وليبيا والعراق ، تخضع جميعها لاتفاقات ضمانات مـع الوكالة الدولية للطاقة الذرية. وبتاريخ 2008/8/25، أعلنت الأردن بأنها عقدت اتفاقيـة مـع فرنسا لبناء مفاعلات نووية للأغـراض السـلمية وإنها سـتكون تحت رقابة الوكالة الدولية للطاقة النووية.

وعلى الرغم من أن الجزائر لم تنظم إلى معاهدة عدم الانتشار تخضـع هـي (مفاعل بحوثها) إلى الوكالة الدولية للطاقة الذرية .

أمـا إسرائيـل فـلا يخضع مفاعلهـا (ديمونـة) والمفـاعلات الأخـرى، لهـذه الضمانات وهو الذي يشار إليه عادة بأنه المصدر المحتمل لقدرة إسرائيل النووية .

وتمتلك الـدول الخمس الحـائزة عـلى الأسلحة النوويـة الحـق مـن الناحيـة القانونيـة في وضع أسلحة نووية في أي دولة من دول الشرق الأوسط بشرط موافقـة تلك الدولة وهو الأمر الذي سوف يـزول في حالـة إنشاء منطقة خاليـة مـن أسـلحة الدمار الشامل (45). ومـن الناحية العملية، فإن منطقة الشرق الأوسط تعد اكبر منطقة في العالم فيها أسلحة نووية. إذ تمتلك إسرائيل عـدة مفـاعلات نووية وتنتـج القنبلـة النووية، كما أن الولايات المتحدة الأمريكية اكبر دولة في العالم تمتلك أسلحة نووية، لها العديد من القواعد في الوطن العربي. وقـد استخدمت اليوارنيـوم المنضب ضد العراق في حربها عـام 1991، وعـام 2003. وقـد شاهدنا مـن خـلال التدمير الـذي أحدثته في العراق عند احتلاله في التاسع من نيسان من عام 2003، إنها استخدمت أسلحة جديدة أكثر تدميرا من الأسلحة النووية.

ومن المؤكد أن الدول التي تمتلك أسلحة الدمار الشامل، عنـدما تجـد نفسـها في لحظة الحرج، فإنها لا تتوانى مـن استخدام ألأسلحة النوويـة ضـد أيـة دولـة تهدد مصالحها، وبخاصـة إذا مـا وجـدت الأسلحة التقليديـة والصاروخية البعيدة المـدى محققة لأهدافها. وفي عام 2008 أعلنت العديد مـن الـدول العربيـة برغبتها ببناء مفاعلات نووية لأغراض سلمية. ومـن هـذه الـدول السعودية وبعـض دول الخليـج العربي، بسبب امتلاك بعض الدول في المنطقة أسلحة الدمار الشامل. وهذا مـا يفسرـ مدى الرعب والتدمير الذي يهدد المنطقة العربية.

---

(45) يراجع ورقة عمل اللجنة الفنية اللجنة الفنية حول إنشاء منطقة خالية مـن أسلحة الدمار الشامل في الشرق الأوسط، تنفيذا لقرار مجلس الجامعة رقم 5335 سبتمبر 1993.

رابعا - أسباب جعل المنطقة خالية من أسلحة الدمار الشامل

هناك العديد من الأسباب لجعل منطقة الشرق الأوسط خالية من أسلحة الدمار الشامل، منها ما يعود لمصلحة دول المنطقة ومنها ما يعود لمصالح دول أخرى.

ومن أسباب جعل منطقة الشرق الأوسط منطقة خالية من أسلحة الدمار الشامل هي:

1- تجنب شعوب ودول المنطقة خطر استخدام الأسلحة النووية أو التهديد باستخدامها؛

2- المساهمة في منع الانتشار الأفقي للأسلحة النووية وكذلك الحد من اتساع التوزيع الجغرافي للأسلحة النووية من جانب الدول الحائزة عليها؛

3- تعزيز الثقة وتحسين العلاقات فيما بين دول المنطقة، وبخاصة أن منطقة الشرق الأوسط منطقة مشحونة بالمنازعات فيما دول المنطقة، أو بينها وبين الدول المجاورة، وهذا ما يجعل احتمالات استخدام أسلحة الدمار الشامل ممكنا في أبسط المنازعات بين الدول؛

4- المساهمة في الاستقرار والأمن على الصعيدين الإقليمي والعالمي وفي عملية نزع السلاح ، لاسيما نزع السلاح النووي؛

5- تسهيل وتشجيع التعاون في مجال تنمية الطاقة النووية واستخدامها في الإغراض السلمية سواء في المنطقة أو بين دول المنطقة والدول التي تقع خارجها.

6- تشكل منطقة الشرق الأوسط اكبر خزين للنفط في العالم. فتدميرها يؤدي إلى وقف إمدادات النفط في العالم؛

7- احتدام المنازعات في منطقة الشرق الأوسط مما قد يؤدي إلى احتمالات استخدام أسلحة التدمير الشامل ورادا.

8- إن الدول النووية الكبرى تعمل احتكار أسلحة الدمار الشامل ولا ترغب بان يملكها غيرها.

9- إن الدول الغربية لها أطماع في المنطقة، وانها تخشى أن تستعمل أسلحة الدمار الشامل ضدها.

10- المحافظة على وجود الكيان الصهيونية وسط الأمة العربية. وان امتلاك هذه الأسلحة قد يؤدي إلى إزالة إسرائيل من الوجود؛

11- الخشية من انتقال أسلحة الدمار الشامل إلى أي منظمة إرهابية قد تستخدمها ضد بعض الدول. وبخاصة من دول الشرق الأوسط[46].

12- وجود قواعد أجنبية عديدة منتشرة في المنطقة، وقد تتعرض هذه القواعد إلى التدمير؛

13- أن منطقة الشرق الأوسط منطقة قريبة من دول أوربا، وان استخدام أسلحة الدمار الشامل قد يؤدي إلى الإضرار البيئية على دول أوربا.

14- إن وجود أسلحة الدمار الشامل في منطقة الشرق الأوسط قد يهدد الدول البعيدة، وبخاصة بعد أن أصبح صنع الصواريخ البعيدة المدى امرأ سهلا وميسورا.

15- إن دول المنطقة من الدول الصغيرة وغير القادرة على حماية نفسها تجاه الأسلحة التقليدية التي تلكها الدول الكبرى. وطالما أن أسلحة الدمار الشامل تقوم على مبدأ الأسبقية، وهذا يعني أن دولة صغيرة قادرة على تدمير دولة كبرى إذا هي لجأت إلى ضربة استباقية.

16- الموقع الاستراتيجي للدول العربية. فهي تشرف على الممرات الرئيسة في العالم، منها مضيق هرمز ، وباب المندب، وجبل طارق، ومضايق تيران، وقناة السويس. فإن استخدام أسلحة الدمار الشامل قد يؤدي إلى إعاقة الملاحة في هذه المنطقة جميعها.

---

(46) عبد الله أبو راشد. العولمة في النظام العالمي و الشرق أوسطية ، - ط. 1.: دار الحوار للنشر والتوزيع، اللاذقية، سوريا 1999. ص 21، وما بعدها.

خامسا- جهود الجامعة بجعل المنطقة خالية من أسلحة الدمار الشامل

اهتمت جامعة الدول العربية بإنشاء منطقة شرق أوسط خالية من أسلحة الدمار الشامل. بسبب ما تمتلكه إسرائيل من هذه الأسلحة ولكونها تحتل الأراضي العربية، ورفضها الامتثال لقرارات الأمم المتحدة ذات الصلة بالصراع العربي الإسرائيلي وموقفها السلبي خلال مباحثات السلام بشكل خاص[47].

ومنذ بداية الصراع في الشرق الأوسط سعت إسرائيل إلى امتلاك احدث أنواع الأسلحة سواء منها الأسلحة التقليدية أو أسلحة الدمار الشامل مثل الأسلحة النووية والبيولوجية والكيماوية وكذلك وسائل الإيصال حيث تؤكد المعلومات المتوافرة في الأوساط الدولية امتلاك إسرائيل للأسلحة النووية إضافة إلى أسلحة الدمار الشامل الأخرى . وتواصل إسرائيل تمسكها بسياسة التفرد بالأسلحة النووية، بما يهدد أمن المنطقة ووضع المنطقة بكاملها في حالة عدم الاستقرار . كما ترفض إسرائيل التوقيع على معاهدة منع انتشار الأسلحة النووية ، وترفض آلية التفتيش على منشآتها في هذا المجال ، ونظام الضمانات والتفتيش الدولي التابع للوكالة الدولية للطاقة الذرية.

وقد طالب مؤتمر القمة العربية المنعقد في بيروت عام 1996 ، إخضاع كافة المنشآت النووية الإسرائيلية لنظام الضمانات الدولية والمطالبة بانضمام إسرائيل إلى معاهدة عدم انتشار الأسلحة النووية

وأكد القادة أن السلام والأمن الدائمين في المنطقة يستلزمان انضمام إسرائيل لمعاهدة عدم انتشار الأسلحة النووية وإخضاع كافة منشآتها النووية لنظام الضمانات الشاملة للوكالة الدولية للطاقة الذرية، ويؤكدون في هذا المجال الأهمية البالغة لإخلاء منطقة الشرق الأوسط من السلاح النووي وكافة أسلحة

---

(47) يراجع ورقة عمل اللجنة الفنية اللجنة الفنية حول إنشاء منطقة خالية من أسلحة الدمار الشامل في الشرق الأوسط ، تنفيذا لقرار مجلس الجامعة رقم 5335 سبتمبر 1993 .

وتراجع ورقة عمل مرفقة بيان مجلس جامعة الدول العربية في دورته غير العادية بتاريخ 1989/10/12 والإعلان الختامي لمؤتمر حظر الأسلحة الكيميائية المنعقدة في باريس 7-11 /1/ 1989)

الدمار الشامل باعتباره شرطا ضروريا ولازما لإرساء أية ترتيبات للأمن الإقليمي في المنطقة مستقبلا.

وأكد مؤتمر القمة العربي ضرورة انضمام إسرائيل إلى معاهدة عدم انتشار الأسلحة النووية، وإخضاع كافة مرافقها النووية لنظام التفتيش الدولي، التابع للوكالة الدولية للطاقة الذرية كما يجددون مطلبهم بإنشاء منطقة خالية من أسلحة الدمار الشامل في الشرق الأوسط وفى مقدمتها الأسلحة النووية تشمل كافة دول المنطقة بما فيها إسرائيل، ويؤكدون تصميمهم على اتخاذ الخطوات الضرورية لحماية المنطقة من مخاطر هذه الأسلحة وتجنيبها سباق تسلح يزيد من التوتر ويهدر مواردها وطاقاتها[48]. وعمل مجلس الجامعة على جعل منطقة الشرق الأوسط خالية من أسلحة الدمار الشامل. وصدرت العديد من القرارات بهذا الشأن والتي طالبت:

1-مساندة الجهود الدولية في ميدان نزع السلاح من خلال الاتفاقات والمعاهدات الدولية في هذا المجال مثل معاهدة منع انتشار الأسلحة النووية ومعاهدة تحريم التجارب النووية في الجو والفضاء وتحت سطح البحر لعام 1963 وكذلك اتفاقية منع تطوير وإنتاج الأسلحة البيولوجية والتكسينية والتدميرية لعام 1972.

2-فيما يتعلق بالأسلحة الكيميائية ، فإن دول الجامعة تلتزم بكل بأحكام القانون الدولي والاتفاقيات الدولية التي اجمع عليها المجتمع الدولي ومنها بروتوكول 1925 الذي يحرم استخدام الأسلحة الكيمائية والذي عقد في يناير / كانون الثاني 1989 فيما يتعلق بالربط بين موضوع الأسلحة الكيمائية وموضوع أسلحة التدمير الشامل البيولوجية و النووية . وعدم التمييز بين الدول النامية والدول المتقدمة في امتلاك واستخدام الأسلحة الكيمائية [49].

(48) مؤتمر القمة العربي غير العادي (القاهرة - جمهورية مصر العربية 5 - 7 صفر 1417 هـ * 21 - 23 يونيو 1996م)

(49) ورقة عمل مرفقة بيان مجلس جامعة الدول العربية في دورته غير العادية بتاريخ 1989/10/12 والإعلان الختامي لمؤتمر حظر الأسلحة الكيميائية المنعقدة في باريس 7-11 /1 /1989)

وناقش مجلس الجامعة موضوع تنسيق المواقف العربية تجاه أسلحة الدمار الشامل وكذلك الجهود الرامية إلى إنشاء منطقة خالية من أسلحة الدمار الشامل في الشرق الأوسط ، في دورة سبتمبر 1992 ، كما ناقش المجلس الموضوع نفسه في الدورتين 99 و 100 واتخذ بشأنه قرارين ، وجاء في القرار الأخير تشكيل لجنة فنية من الدول العربية التالية : المملكة الأردنية الهاشمية ، الجمهورية الجزائرية الديمقراطية الشعبية ، المملكة العربية السعودية الجمهورية العربية السورية، جمهورية العراق ، جمهورية مصر العربية ، المملكة المغربية ، مهمتها إعداد الدراسة الفنية المطلوبة وذلك على ضوء ردود الدول التي تلقتها الأمانة العامة وتنسيق المواقف العربية المشتركة في كافة المنتديات الدولية إزاء هذا الموضوع (مرفق صورة القرارات) . وأكد مجلس الجامعة على تأييد مؤتمر باريس الخاص بنزع الأسلحة الكيماوية ودعا المجلس إلى ما يأتي[50] .

أ-ضرورة تحريم جميع أسلحة الدمار الشامل بدون استثناء سواء كانت نووية أو بيولوجية أو كيماوية..الخ.. في منطقة الشرق الأوسط.

ب-تقوم جميع دول المنطقة، بدون استثناء بتقديم تعهدات متساوية ومتبادلة في هذا الشأن.

ج- ضرورة وضع إجراءات وأساليب تحقيق من أجل ضمان التزام جميع دول المنطقة دون استثناء بالنطاق الكامل للتحريم.

سادسا- موقف الدول الدائمة العضوية في مجلس الأمن

عقدت الدول الخمس دائمة العضوية اجتماعا على هامش اجتماع باريس في 8 و 9 يوليو 1991 وصدر على أثره بيانا حول الموضوع، وتضمن بيان الدول الخمس دائمة العضوية في مجلس الأمن الإشارة إلى موضوعات نقل الأسلحة وعدم الانتشار

---

(50) يراجع: الإعلان الختامي لمؤتمر حظر الأسلحة الكيميائية المنعقدة في باريس (7-1989/1/11) إن ممثلي الدول المشاركة في مؤتمر حظر الأسلحة الكيميائية، الذي يضم الدول الأطراف في بروتوكول جنيف لعالم 1925 والدول المعنية الأخرى، والمنعقد في باريس في الفترة من 7 إلى 11 يناير/ كانون الثاني/ 1989،

وتأييدهم الشديد لجعل منطقة الشرق الأوسط منطقة خالية من أسلحة الدمار الشامل، والحاجة إلى تنفيذ هذا الأمر في ضوء قرار مجلس الأمن رقم 687 واتخاذ دول المنطقة برنامجا شاملا للحد من التسليح يتضمن :

1) تجميد وإزالة صواريخ ارض / ارض من المنطقة .

2) إخضاع كافة دول المنطقة أنشطتها النووية لنظام ضمانات الوكالة الدولية.

3) حظر استيراد وصناعة المواد المستخدمة في صناعة الأسلحة النووية .

سابعا- دور الأمم المتحدة من نزع أسلحة الدمار الشامل من المنطقة

ناقشت كل من الجمعية العامة ومجلس الأمن إنشاء منطقة شرق اوسط خالية من أسلحة الدمار الشامل:

1- موقف الجمعية العامة

إدراج البند المعنون " إنشاء منطقة خالية من الأسلحة النووية في الشرق الأوسط " لأول مرة في جدول أعمال الجمعية العامة عام 1974 ، وذلك خلال انعقاد الدورة 29 ، بناء على طلب إيران وانضمت إليها مصر- وصدر القرار رقم 3263 (د 29.) بتاريخ 1974/12/9 يدعو كافة الأطراف المعنية في المنطقة إلى إعلان عن عزمها على الامتناع على أساس متبادل عن إنتاج أسلحة نووية أو اقتنائها على أي نحو آخر والى الانضمام إلي معاهدة عدم انتشار الأسلحة النووية .

وواصلت الجمعية العامة النظر في هذا البند في دوراتها 30-34 المنعقدة من عام 1975 حتى عام 1979 وأصدرت القرارات المناسبة . خلال انعقاد الدورة الاستثنائية العاشرة المكرسة لنزع السلاح عام 1978 رأت الجمعية العامة أن إنشاء منطقة خالية من الأسلحة النووية في الشرق الأوسط سيعزز السلم والأمن الدوليين وانه ريثما يتم ذلك ينبغي على دول المنطقة أن تعلن أنها ستتمتع على أساس متبادل عن إنتاج أو حيازة أو امتلاك الأسلحة النووية أو المتفجرة النووية أو وضع أسلحة

نووية في أراضيها من قبل طرف ثالث وان توافق على وضع جميع منشآتها النووية تحت ضمانات الوكالة الدولية للطاقة الذرية .

واعتبارا من الدورة 35 لعام 1980 وحتى تاريخه (الدورة 48) أصدرت الجمعية العامة العديد من القرارات بشأن هذا البند بتوافق الآراء ، حيث تخلت إسرائيل عن موقفها السابق والذي تميز بالامتناع عن التصويت ، وبذلك وافقت كافة الدول العربية ودول الشرق الأوسط جمعاء على مبادرة إنشاء منطقة خالية من أسلحة الدمار الشامل في الشرق الأوسط الأمر الذي عكس إجماعا دوليا على تأييد المبادرة. ومن الجدير بالذكر أنه في الدورة 43 طلبت الجمعية العامة من الأمين العام القيام بدراسة عن التدابير الفعالة والكفيلة بإنشاء منطقة خالية من الأسلحة النووية مع مراعاة خصائص المنطقة وآراء ومقترحات الإطراف المعنية[51] .

2- مجلس الأمن

بسب عدوان إسرائيل على المفاعل العراقي عام 1981 ، أصدر مجلس الأمن القرار 487 حيث جاء في الفقرة الخامسة منه : دعوة إسرائيل إلى وضع منشآتها النووية وبسرعة تحت إشراف وكالة الطاقة النووية. جاء في الفقرة 14 من القرار 687 لعام 1991 والمتعلق بالعراق ما يأتي : " يحيط علما (مجلس الأمن) بأن الإجراءات التي من المقرر أن يتخذها العراق والواردة في الفقرات 8 -13 من القرار تمثل خطوات نحو هدف إنشاء منطقة في الشرق الأوسط خالية من أسلحة التدمير الشامل وجميع وسائل إيصالها ، وهدف فرض حظر عالمي على الأسلحة الكيمائية

وضرورة الدعم العالمي الذي في موضوع إنشاء منطقة خالية من أسلحة الدمار الشامل في الشرق الأوسط ، خصوصا وأن قرار إقامة هذه المنطقة أصبح يحظى بموافقة الدول الأعضاء في المنطقة ، وكذلك الدول الدائمة العضوية في

(51) تراجع الدراسة المقدمة من قبل الأمانة العامة للأمم المتحدة المؤرخة في 10 أكتوبر 1990 برقم A/45/435

مجلس الأمن. وقد اصدر مجلس الأمن العديـد مـن القـرارات بشـان اعتبـار منطقة الشرق الأوسط خالية من اسلحة الدمار الشامل.

ثامنا – موقف إسرائيل

تقدمت إسرائيل في الدورة (46) بردهـا علـى تقريـر الجمعيـة العامـة حـول موضوع جعل منطقة الشرق الأوسـط منطقـة خاليـة مـن أسـلحة التـدمير الشامل ، أكدت إسرائيل ما يأتي:

1-إن أسلحة الدمار الشامل من وجهة نظرها هي جميـع الأسـلحة التـي يمكنهـا قتـل المدنيين بصورة عشوائية ، ونظرا لحالة إسرائيل فمن الضـروري أن يشـمل الحـد جميع الأنواع من الأسلحة .

2-بناء الثقة، فيما يتعلق بتدابير بناء الثقة ترى إسرائيل :

- ضرورة الاعتراف العلني بـأي دولـة في المنطقـة وقبولهـا كجـزء لا يتجـزأ مـن المنطقة .

- إعلان علني من جانب جميع دول المنطقة بأنها لا تلجأ إلى القـوة في تسـوية خلافاتها.

- رفض علني من جانب جميع دول المنطقة لمحاولات فرض مقاطعة لآي منها.

ضرورة التفاوض المسبق حول إنشاء المنطقـة الخاليـة مـن الأسـلحة النوويـة وعلى صيغ لبناء الثقة تؤدى إليها قبل وضع جميع مرافقهـا النوويـة تحـت التفتـيش من قبل الوكالة الدولية للطاقة الذرية .

تاسعا - تحديات إنشاء منطقة خالية من أسلحة الدمار الشامل

- موقف إسرائيل الرافض للتوقيع على معاهدة عدم انتشار الأسلحة النووية .

- رفض إسرائيل إخضاع منشآتها النوويـة لضـمانات وكالـة الطاقـة الذريـة الدوليـة IAEA .

- رفض إسرائيل للطرح العربي والخاص بـأن يشـمل الإخـلاء كافـة أسـلحة الـدمار الشامل بما فيها النووية والبيولوجية والكيمائية .

- رفض دول المنطقة التي تمتلك أسلحة نووية بالتعاون مع الجهود الدوليـة لإخلاء منطقة الشرق الأوسـط مـن أسـلحة الـدمار الشامل. ومـن هـذه الـدول إيـران والباكستان والهند والدول المنسلخة من الاتحاد السوفيتي. ذلك أن وجود أسلحة دمار شامل في هذه الدول يؤدي عدم استقرار المنطقة وتهديد وجودها.

- الازدواجية في قرارات الأمم المتحدة بصدد منع أسلحة الدمار الشامل في المنطقة. ففي الوقت الذي قامت به الأمم المتحدة بتدمير العراق، بذريعة امتلاكه أسـلحة دمار شامل، فإنها لم تتخذ أي إجراء تجاه إسرائيل والباكستان والهند. وهـي دول تعترف بأنها نووية وتمتلك أسلحة دمار شامل.

- التدخلات الأجنبية في سياسات دول المنطقة، واستخدام القوة المسـلحة مـن قبـل الدول الكبرى ضد بعض الدول مما دفعها إلى البحث عن وسائل لحماية نفسها.

- ليس من العدل أن تمتلك دول أسلحة ذات الدمار الشامل وتستخدمها فعـلا، في حين تمنع دول أخر من امتلاك هذه الأسلحة. فالعدل يقضي ـ بمنع جميـع الـدول بغض النظر عن قوتها وكبرى وصغرها من امتلاك هذه الأسلحة.

المبحث الرابع
مكافحة الإرهـــــــاب

على الرغم من أن الإرهاب قديم قدم الإنسانية، إلا أن عصر العولمة تميز بانتشار ظاهرة الإرهاب. فأصبح الإرهاب سمة العصر، وهم من همومه المستعصية، ومقلقا لأمنه وراحته، ومهددا لأمنه واستقراره، ووسيلة للفتك بالآخرين، وذريعة لانتهاك حقوق الإنسان.

وعلى الرغم من أن جميع الدول العربية تتعرض للإرهاب المستمر وان الدول الغربية تأوي المنظمات الإرهابية المعادية للعرب والمسلمين. بما فيها الدول العربية الحليفة لها. فإن الدول العربية متهمة بإيواء الإرهاب وتمويله. وبسبب ذلك تعاني الدول العربية من مشكلتين، الأولى، عدوان دولي غربي يتهم العرب بمساعدتهم الإرهاب، والثانية من إرهاب داخلي من قبل منظمات إرهابية، بذريعة موالاتها للغرب. والدول العربية مقسمة دوليا، ما بين متهمة بتمويل الإرهاب مثل السعودية وليبيا والعراق وسوريا والسودان والصومال، وما بين متعرضة للإرهاب، مثل الجزائر ومصر وتونس واليمن والسعودية.والعراق.

وعلى الرغم من أهمية مكافحة الإرهاب، فإن ميثاق الأمم المتحدة، وميثاق الجامعة، لم ينصا على مكافحة الإرهاب. إذ لم يكن الإرهاب مستشريا عند وضع ميثاق المنظمتين المذكورتين.

وقد أثيرت مسألة الإرهاب في جامعة الدول العربية عندما طلبت كل من بريطانيا والولايات المتحدة وفرنسا من مجلس الأمن في 27/نوفمبر 1991 بإلزام ليبيا بتسليم اثنين من مواطنيها اشتبه في تورطهما في حادث تفجير طائرة الركاب الأمريكية فوق قرية لوكربي في اسكتلندا في كانون أول/ديسمبر 1988

لمحاكمتهما أمام المحاكم الأمريكية(52). وقد رفضت الحكومة الليبية في وقتها تسليمهما. واصدر مجلس الأمن ثلاث قرارات 731 و 748 و883 عامي 1993/1992. فرضت بموجبها جزاءات على ليبيا لإرغامها على تسليم المواطنين والتأكيد على نبذ ليبيا للإرهاب الدولي. ولجأت ليبيا إلى محكمة العدل الدولية لاستصدار أمر إلى الدول الثلاثة بشكل عاجل بالامتناع عن الضغط على ليبيا لتسليم رعاياها استنادا إلى أن النزاع يعد نزاعا قانونيا ساحته محكمة العدل الدولية، طبقا لاتفاقية مونتريال عام 1971. وأصدرت المحكمة قرارا يقضي باختصاصها في النظر في القضية. وسعت ليبيا نحو المنظمات الدولية المختلفة. منها الأمم المتحدة ومنظمة الوحدة الأفريقية والجامعة العربية(53).

وأصدرت الجامعة عام 1998 قرارا تضمن قلق الجامعة على اتخاذ الإرهابيين من بعض الدول منطلقا لتدبير مؤامراتهم ونشر أفكارهم الهدامة مستفيدين من إقامتهم فيها وما تتيحه لهم هذه الدول من تسهيلات ودعم مادي أعلامي. ورفض المجلس الأعمال الإرهابية وأدان الإرهاب بمختلف صوره. وقرر المجلس ما يأتي:

1- حث الدول التي تؤوي الإرهابيين على تقدير الآثار السيئة لتواجد هؤلاء الإرهابيين فيها، وتوظيفهم وما يمثله نشاطهم من خطورة على الأمن القومي العربي.
2- دعوة الدول إلى التوقف عن إيواء الإرهابيين وإعادة النظر فيما تتيحه لهم من إمكانيات وما تقدمه لهم من تسهيلات تساعدهم في ممارسة نشاطهم الهدام.
3- مطالبة هذه الدول باتخاذ ما يلزم من ترتيبات قانونية وإجراءات إدارية لرصد تحركات الإرهابيين المعنيين وحصرهم وتسليم الدول العربية ذات العلاقة،

(52) يراجع عن قضية تفجير الطائرة لوكربي مؤلف: علي عيسى العدوان، موقف جامعة الدول العربية من المنازعات الدولية ، أزمة لوكربي، دار وائل عمان 2003، ص 9 وما بعدها.

(53) يراجع: الدكتور عبد الله الأشعل، أزمة لوكربي من الشرعية الدولية إلى العدالة البريطانية. السياسة الدولية العدد 137 يوليو 1999 ص 197.

بموجب قوائم بأسمائهم، وتسليمهم للدول التابعين لها باعتبارهم مطلوبين للعدالة.

4- تكليف الأمين العام بمتابعة هذا الموضوع وتقديم بشأنه إلى المجلس في دورته القادمة[54].

وفي الخامس من نيسان عام 1999 قامت ليبيا بتسليم المشتبه بهم إلى هولندا بحضور ممثلين عن الأمم المتحدة والسعودية وجنوب أفريقيا ومصر. وعقب ذلك إعلان من الدول تعليق العقوبات. وتمت محاكمتهم من قبل محكمة اسكتلندية. فقررت في كانون ثاني عام 2001 تبرئة أحدهم والحكم بالسجن المؤبد ضد الآخر. وقرر مجلس الأمن رفع الحظر المفروض على ليبيا.

كما أعلنت الولايات المتحدة الأمريكية استمرار الحظر الأمريكي المفروض على ليبيا منذ عام 1986. واصدر الاتحاد الأوربي بيانا باستمرار حظر المعدات العسكرية. وفي عام 2003 تصالحت ليبيا مع الولايات المتحدة الأمريكية، وتم تسوية المشاكل العالقة، وتسليم بعض المعدات التي كانت تمتلكها ليبيا إلى الجهات المختصة. فتقرر رفع الحصار عن ليبيا.

وبعد أحداث الحادي عشر من أيلول 2001 والذي بموجبه تعرضت الولايات المتحدة الأمريكية لحالات ضرب برجي التجارة العالمية، وإسقاط طائرة ركاب في بلسلفانيا، أصدر مجلس الأمن قرارين، 1368 و1373 /2001، قرر بموجبهما تجميد أموال المنظمات الإسلامية في دول العالم بما فيها المنظمات الفلسطينية. وقد طبقت العديد من الدول العربية هذا القرار في الوقت الذي تحتضن الولايات المتحدة العديد من المنظمات الإرهابية ضد هذه الدول العربية. وكان المفروض عدم تطبيق هذا القرار ما لم يكن قرارا عاما يشمل جميع المنظمات الإرهابية في العالم. ومن الثابت أن الجامعة العربية لم تتخذ قرارا بالطلب من الدول بتجميد أموال المنظمات

(54) يراجع نص القرار منشور في المجلة المصرية للقانون الدولي، المجلد الربع والخمسون 1998، الجمعية المصرية القاهرة. ص299.

الإرهابية المعادية للدول العربية ولم تطالب أيضا بتسليم الإرهابيين كما فعل مجلس الأمن بشأن أحداث أيلول. وبتاريخ 1998/4/22 اعتمد مجلسي- وزراء العدل والداخلية العرب قرارا بتبني مشروع الاتفاقية العربية لمكافحة الإرهاب. والدعوة من الدول العربية إلى سرعة المصادقة على الاتفاقية. كما طالبا الدول العربية اتخاذ ما يلزم من التدابير في إطار قوانينها:

1-تشديد عقوبات الجرائم الإرهابية؛
2-المعاقبة على الشروع في الجرائم الإرهابية بعقوبة الجريمة التامة, والشروع يعني عدم وقوع الفعل. وهو اتجاه الجاني لارتكاب العمل الإرهابي ولكنه يوقف لسبب خارج عن إرادته؛
3-تجميد ومصادرة الأدوات والأموال المتعلقة بالجرائم الإرهابية أو المستعملة فيها أو المتعلقة بها؛
4-تطبيق الأحكام الأكثر تحقيقا للتعاون القضائي والأمني وأغراض الاتفاقية العربية لمكافحة الإرهاب إذا تعارضت أحكامها مع أحكام أي اتفاقية ثنائية بين دولتين من الدول المتعاقدة[55].

ومن الناحية القانونية فإن هذه الدعوة من قبل مجلس العدل والداخلية العرب ليست جزءا من الاتفاقية العربية لمكافحة الإرهاب. وكل دولة عربية حرة في تطبيقها أو عدمه. وقد جاء في ديباجة الاتفاقية: "رغبة في تعزيز التعاون فيما بينها لمكافحة الجرائم الإرهابية، التي تهدد أمن الأمة العربية واستقرارها،

---

(55) إن مجلسي وزراء الداخلية والعدل العرب في اجتماعهما المنعقد بمقر الأمانة العامة لجامعة الدول العربية بالقاهرة يوم 1998/4/22م. بعد اطلاعهما على:
-قرار مجلس وزراء العدل العرب رقم (249) بتاريخ 1997/11/26م.
-وقرار مجلس وزراء الداخلية العرب رقم (290) بتاريخ 1998/1/5م.
-والتوصيات الصادرة عن الاجتماع المشترك للجنتين المنبثقتين عن مجلسي- وزراء الداخلية والعدل العرب. والذي انعقد بمقر الأمانة العامة لجامعة الدول العربية بالقاهرة خلال الفترة 10-1998/3/12م.
-ومشروع الاتفاقية العربية لمكافحة الإرهاب في صيغته النهائية والصادر عن اللجنتين الوارد ذكرهما أعلاه. يقرران:
أولا: اعتماد الاتفاقية العربية لمكافحة الإرهاب بالصيغة المرفقة، ودعوة الدول الأعضاء إلى سرعة المصادقة عليها، وفقا للأنظمة المرعية فيها.

وتشكل خطرا على مصالحها الحيوية. والتزاما بالمبادئ الأخلاقية والدينية السامية، ولاسيما أحكام الشريعة الإسلامية، وكذا بالتراث الإنساني للأمة العربية التي تنبذ كل أشكال العنف والإرهاب، وتدعو إلى حماية حقوق الإنسان، وهى الأحكام التي تتماشى معها مبادئ القانون الدولي وأسسه التي قامت على تعاون الشعوب من أجل إقامة السلام ... وتأكيدا على حق الشعوب في الكفاح ضد الاحتلال الأجنبي والعدوان بمختلف الوسائل، بما في ذلك الكفاح المسلح من أجل تحرير أراضيها، والحصول على حقها في تقرير مصيرها واستقلالها، وبما يحافظ على الوحدة الترابية لكل بلد عربي، وذلك كله على وفق مقاصد ومبادئ ميثاق وقرارات الأمم المتحدة. قد اتفقت على عقد الاتفاقية". وتضمن الاتفاقية الأحكام الآتية:

أولا- تعريف الإرهاب

على الرغم من أن المجتمع الدولي لم يحد تعريفا للإرهاب بسبب اختلاف وجهات نظر الدول حول مفهوم الإرهاب ونطاقه، كما أن كتاب القانون الدولي اختلفوا في تحديد مفهوم الإرهاب[56]. فإن الاتفاقية العربية لمكافحة الإرهاب قد عرفت الإرهاب بأنه: " كل فعل من أفعال العنف أو التهديد به أيا كانت بواعثه أو أغراضه، يقع تنفيذا لمشروع إجرامي فردي أو جماعي، يهدف إلى إلقاء الرعب بين الناس، أو ترويعهم بإيذائهم أو تعريض حياتهم أو حريتهم أو أمنهم للخطر، أو إلحاق الضرر بالبيئة أو بأحد المرافق أو الأملاك العامة أو الخاصة، أو احتلالها أو الاستيلاء عليها، أو تعريض أحد الموارد الوطنية للخطر"[57].

---

(56) وضعت العديد من التعاريف للإرهاب. فقد جمع باحث هولندي أكثر من مائة تعريف للإرهاب.
Alex P. Schmid , Political Terrorism, A Research Guide to Concepts Theories , Data Bases and Literature. – Amsterdam , North Holland Publishing co. 1983. P. 76.
ويراجع أيضا: فؤاد قسطنطين نيسان، الإرهاب الدولي، دراسة تحليلية في طبيعة الظاهرة ومكانتها في التقاليد والممارسات الصهيونية، رسالة مقدمة إلى كلية العلوم السياسية جامعة بغداد 1999ص5 وما بعدها. وعرف أيضا: بأنه: " الاستعمال العمدي والمنظم لوسائل من طبيعتها إثارة الرعب بقصد تحقيق الأهداف". يراجع: الدكتور عبد العزيز محمد عبد الهادي ، الإرهاب الدولي، دار النهضة العربية القاهرة 1986 ص 40.
(57) الفقرة الأولى من المادة الأولى من الاتفاقية العربية لمكافحة الإرهاب.

وقد تضمن التعريف العوامل التي يقوم عليها الإرهاب وهي:

1 - <u>**العامل النفسي**</u>: وهو مدى تأثير العمل المنفذ في نفوس الأفراد. فكلما كان هذا التأثير قويا كان العمل الإرهابي شديدا. وإذا فقد العامل النفسي من العنف المسلح لم يعد هذا العنف إرهابا. والعامل النفسي متأتي من العمل المادي ويرتبط به. ويقوم العامل النفسي على الخوف والذعر من جراء أعمال العنف المسلح. وكلما كان العامل النفس مؤثرا كان الإرهاب قد أدى الغاية منه.

2 - <u>**العامل الاجتماعي**</u>: وهو يعني أن العمل الإرهابي لا يقصد به الضحية ذاتها بل المجتمع ككل. فالهدف من أعمال العنف المسلح هو فرض الخوف والرعب لدى المجتمع من اجل أن يأخذ دوره إزاء السلطة. فالخوف والرعب والتحسب أمور ليست مقصودة لذاتها بل أن المقصود بذلك هو المجتمع ككل.

3 - <u>**العامل المادي**</u>: وهو أن العمل الإرهابي يقوم على استخدام القوة المسلحة. وهو ما يطلق عليه العنف السياسي. ويختلف هذا العمل بحسب طبيعة الهدف الموجه ضده الإرهاب. فقد يكون استخدام السلاح للقتل أو خطف الرهائن أو الطائرات، أو احتجاز رهائن أو تدمير ممتلكات. وكلما كان العامل المادي قويا كانت آثاره كبيرة ويحقق خسائر فادحة وينتج الإرهاب أثره.

وقد يقوم العمل المادي على العنف المسلح باستعمال أي سلاح يثير الخوف والرعب. وقد يكون خطف طائرة أو سفينة أو أية وسائط نقل أخرى أو احتجاز رهائن.

4 - <u>**العامل السياسي**</u>: ذلك أن ما يميز العمل الإرهابي عن غيره من أعمال العنف المسلح هو أن يكون الهدف من الإرهاب تحقيق أغراض سياسية. كدفع السلطة إلى القيام بعمل أو الامتناع عن عمل أو الانتقام منها أو توجيه الأنظار إلى قضية معينة تتجاهلها السلطة. وإذا انتفى العامل السياسي خرج العمل من دائرة الإرهاب.

5- **عامل الضعف:** إن العمل الإرهابي يعبر عـن عـدم قـدرة المجموعـة عـلى تحقيـق أهدافها بطريقة أخرى. فعلى الصعيد الداخلي يدل العمل الإرهابي عـلى عـدم قـدرة المجموعـة الإرهابيـة عـلى القيـام بثـورة أو تمـرد أو عصيان أو انتفاضـة مسلحة ضـد السلطة الحاكمة. فتلجأ إلى استخدام العنـف المسلح. وكـذلك الدولة عندما تمارس الإرهاب ضد مواطنيها لأنها غير قادرة على فرض سلطتها بالطرق القانونية فتلجأ إلى العمـل الإرهـابي [58]. وقـد عدت الاتفاقيـة العربيـة لمكافحة الإرهاب العمل الإرهابي جريمـة موجبـة للعقاب. وعرفت الجريمـة الإرهابية بأنها: هي أي جريمة، أو شروع فيها ترتكب تنفيـذا لغـرض إرهـابي في أي من الـدول المتعاقدة، أو عـلى رعاياهـا أو ممتلكاتهـا أو مصالحها يعاقب عليها قانونها الداخلي، كما تعد من الجرائم الإرهابية الجرائم المنصوص عليها في الاتفاقيات التالية، عدا ما استثنته منها تشريعات الدول المتعاقدة أو التي لم تصادق عليها:

أ-اتفاقية طوكيو والخاصة بـالجرائم والأفعـال التـي ترتكـب عـلى متن الطـائرات والموقعة بتاريخ 1963/9/14.

ب-اتفاقية لاهاي بشأن مكافحة الاستيلاء غـير المشروع عـلى الطـائرات والموقعـة بتاريخ 1970/12/16.

ج- اتفاقية مونتريال الخاصة بقمع الأعمال غـير المشروعة الموجهة ضـد سلامة الطيران المـدني والموقعـة في 1971/9/23 والبروتوكول الملحـق بهـا والموقـع في مونتريال 1984/5/10.

د- اتفاقيـة نيويـورك الخاصـة بمنـع ومعاقبـة الجـرائم المرتكبـة ضـد الأشخاص المشمولين بالحمايـة الدوليـة بمـن فيهم الممثلـون الدبلوماسيون والموقعـة في 1973/12/14.

---

(58) يراجع كتابنا الإرهاب والإرهاب الدولي، دار الشؤون الثقافية العامة بغداد 2002 ص 16.

هـ- اتفاقية اختطاف واحتجاز الرهائن والموقعة في 1979/12/17.

و- اتفاقية الأمم المتحدة لقانون البحار لسنة 1983، ما تعلق منها بالقرصنة البحرية"[59].

ولم تعد الاتفاقية حالة الكفاح المسلح ضد الاحتلال و(العدوان) من اجل التحرر وتقرير المصير وفقا لمبادئ الأمم المتحدة من حالات الإرهاب. وقد قطعت الاتفاقية الجدل الحاصل حول شمول هذه الحالات بالإرهاب والذي كانت تتبناه الولايات المتحدة بعده من حالات الإرهاب.

كما أبعدت الاتفاقية بعض الأفعال من الجرائم السياسية. ومن هذه الأفعال:

1-الاعتداء على ملوك ورؤساء الدول المتعاقدة والحكام وزوجاتهم أو أصولهم أو فروعهم.

2-الاعتداء على أولياء العهد، أو نواب رؤساء الدول، أو رؤساء الحكومات، أو الوزراء في أي من الدول المتعاقدة.

3-الاعتداء على الأشخاص المتمتعين بحماية دولية بمن فيهم السفراء والدبلوماسيون في الدول المتعاقدة أو المعتمدون لديها.

4-القتل العمد والسرقة المصحوبة بإكراه ضد الأفراد أو السلطات أو وسائل النقل والمواصلات.

5-أعمال التخريب والإتلاف للممتلكات العامه والممتلكات المخصصة لحدمة عامة حتى ولو كانت مملوكة لدولة أخرى من الدول المتعاقدة.

6-جرائم تصنيع أو تهريب أو حيازة الأسلحة أو الذخائر، أو المتفجرات أو غيرها من المواد التي تعد لارتكاب جرائم إرهابية[60].

(59) الفقرة الثالثة من المادة الأولى من الاتفاقية العربية لمكافحة الإرهاب.

(60) المادة الثانية من الاتفاقية العربية لمكافحة الإرهاب.

ثانيا- تدابير منع ومكافحة الإرهاب

تلتزم الدول العربية بعدم تنظيم أو تمويل أو ارتكاب الأعمال الإرهابية أو الاشتراك فيها بأية صورة من الصور، والتزاما منها بمنع ومكافحة الجرائم الإرهابية طبقا للقوانين والإجراءات الداخلية لكل منها. وهذه التدابير تتضمن منع الإرهاب وقمعه والتعاون بين الدول العربية للقضاء على الإرهاب:

1- تدابير المنع:

ويقصد بها الإجراءات التي تتخذها الدول العربية لمنع الإرهاب والتي لا تتضمن استخدام القوة. وتدابير المنع هي:

أ- الحيلولة دون اتخاذ أراضيها مسرحا لتخطيط أو تنظيم أو تنفيذ الجرائم الإرهابية أو الشروع أو الاشتراك فيها بأية صورة من الصور، بما في ذلك إلزام الدول بالعمل على منع تسلل العناصر الإرهابية إليها، أو إقامتها على أراضيها فرادى، أو جماعات، أو استقبالها، أو إيوائها، أو تدريبها، أو تسليحها، أو تمويلها، أو تقديم أية تسهيلات لها. التعاون والتنسيق بين الدول المتعاقدة، وخاصة المتجاورة منها، التي تعاني من الجرائم الإرهابية بصورة متشابهة أو مشتركة.

ب- تطوير وتعزيز الأنظمة المتصلة بالكشف عن نقل واستيراد وتصدير وتخزين واستخدام الأسلحة والذخائر والمتفجرات وغيرها من وسائل الاعتداء والقتل والدمار. وإجراءات مراقبتها عبر الجمارك والحدود لمنع انتقالها من دولة متعاقدة إلى أخرى، أو إلى غيرها من الدول إلا لأغراض مشروعة على نحو ثابت.

ج- تطوير وتعزيز الأنظمة المتصلة بإجراءات المراقبة وتأمين الحدود والمنافذ البرية والبحرية والجوية لمنع حالات التسلل منها. وتعزيز نظم تأمين وحماية الشخصيات والمنشآت الحيوية ووسائل النقل العام. وتعزيز الحماية والأمن

والسلامة للشخصيات وللبعثات الدبلوماسية والقنصلية والمنظمات الإقليمية والدولية المتعمدة لدى الدولة المتعاقدة وفقا للاتفاقيات الدولية التي تحكم هذا الموضوع.

د- تعزيز أنشطة الإعلام الأمني وتنسيقها مع الأنشطة الإعلامية في كل دولة وفقا لسياستها الإعلامية، وذلك لكشف أهداف الجماعات والتنظيمات الإرهابية، وإحباط مخططاتها، وبيان مدى خطورتها على الأمن والاستقرار. وتقوم كل دولة من الدول المتعاقدة، بإنشاء قاعدة بيانات لجمع وتحليل المعلومات الخاصة بالعناصر والجماعات والحركات والتنظيمات الإرهابية ومتابعة مستجدات ظاهرة الإرهاب، والتجارب الناجحة في مواجهتها، وتحديث هذه المعلومات، وتزويد الأجهزة المختصة في الدول المتعاقدة بها، وذلك في حدود ما تسمح به القوانين والإجراءات الداخلية لكل دولة.

2- تدابير قمع الإرهاب

ويقصد بها الإجراءات التي تنطوي على استخدام القوة التي تتخذها الدول العربية للقضاء على الإرهاب. وذلك عن طريق القبض على مرتكبي الجرائم الإرهابية ومحاكمتهم وفقا للقانون الوطني، أو تسليمهم وفقا لأحكام الاتفاقية، أو الاتفاقيات الثنائية بين الدولتين الطالبة والمطلوب إليهم التسليم، وإجراءات تلسليمهم طبقا لقواعد التسليم المعمول بها في القانون الدولي، وتأمين حماية فعالة للعاملين في ميدان العدالة الجنائية. وتأمين حماية فعالة لمصادر المعلومات عن الجرائم الإرهابية والشهود فيها. وتوفير ما يلزم من مساعدات لضحايا الإرهاب. وإقامة تعاون فعال بين الأجهزة المعنية وبين المواطنين لمواجهة الإرهاب بما في ذلك إيجاد ضمانات وحوافز مناسبة للتشجيع على الإبلاغ عن الإعمال الإرهابية، وتقديم المعلومات التي تساعد في الكشف عنها والتعاون في القبض على مرتكبيها[61].

(61) المادة الثالثة من الاتفاقية العربية لمكافحة الإرهاب.

ثالثا- التعاون الأمني العربي لمنع ومكافحة الإرهاب

تعد مسألة مكافحة الإرهاب في جامعة الدول العربية من أكثر المسائل التي حظيت باهتمام مجلس وزراء الداخلية العرب. إذ تتعاون الدول العربية لمنع ومكافحة الجرائم الإرهابية، طبقا للقوانين والإجراءات الداخلية لكل دولة. وحددت المادة الرابعة من الاتفاقية الإجراءات التي تتبعها الدول العربية وهي:

1- تبادل المعلومات:

تتعهد الدول العربية جميعها، بتعزيز تبادل المعلومات فيما بينها حول، أنشطة وجرائم الجماعات الإرهابية وقياداتها وعناصرها وأماكن تمركزها وتدريبها ووسائل ومصادر تمويلها وتسليحها وأنواع الأسلحة والذخائر والمتفجرات التي تستخدمها، وغيرها من وسائل الاعتداء والقتل والدمار. ووسائل الاتصال والدعاية التي تستخدمها الجماعات الإرهابية وأسلوب عملها، وتنقلات قياداتها وعناصرها، ووثائق السفر التي تستعملها. وتقوم كل دولة عربية بإخطار أية دولة متعاقدة أخرى، على وجه السرعة، بالمعلومات المتوفرة لديها عن أية جريمة إرهابية تقع في إقليمها تستهدف المساس بمصالح تلك الدولة أو بمواطنيها، على أن تبين في ذلك الأخطار ما أحاط بالجريمة من ظروف والجناة فيها وضحاياها والخسائر الناجمة عنها والأدوات والأساليب المستخدمة في ارتكابها، وذلك بالقدر الذي لا يتعارض مع متطلبات البحث والتحقيق. وتتعاون الدول العربية فيما بينها لتبادل المعلومات لمكافحة الجرائم الإرهابية، وان تبادر بإخطار الدولة أو الدول الأخرى المتعاقدة بكل ما يتوافر لديها من معلومات أو بيانات من شأنها أن تحول دون وقوع جرائم إرهابية على إقليمها أو ضد مواطنيها أو المقيمين فيها أو ضد مصالحها. وتزويد أية دولة عربية أخرى. بما يتوافر لديها من معلومات أو بيانات من شأنها، وأن تساعد في القبض على متهم أو متهمين بارتكاب جريمة إرهابية ضد مصالح تلك الدولة، أو الشروع أو الاشتراك فيها سواء بالمساعدة أو الاتفاق أو التحريض. وضبط

أيــة أسـلحة، أو ذخـائر، أو متفجـرات، أو أدوات، أو أمـوال اسـتخدمت أو أعدت للاستخدام في جريمة إرهابية. والمحافظة على سرية المعلومات المتبادلة فيما بينها، وعدم تزويد أية دولة غـير متعاقدة أو جهـة أخـرى بها، دون أخـذ الموافقـة المسبقة للدولة مصدر المعلومات.

2- التحريات:

تتعهد الـدول المتعاقـدة بتعزيـز التعـاون فيمـا بينهـا، وتقديم المسـاعدة في مجال إجراءات التحري والقبض على الهاربين من المتهمين أو المحكوم عليهم بجرائم إرهابية وفقا لقوانين وأنظمة كل دولة.

3- تبادل الخبرات

تتعاون الدول العربية عـلى إجـراء وتبـادل الدراسـات والبحـوث لمكافحـة الجرائم الإرهابية، كما تتبـادل مـا لـديها مـن خبرات في مجال المكافحة. ويجب أن يكون التعاون في حدود إمكانياتها عـلى توفير المساعدات الفنية المتاحة لإعداد بـرامج أو عقد دورات تدريبية مشتركة، أو خـاصة بدولة أو مجموعة مـن الـدول المتعاقـدة عند الحاجة، للعاملين في مجـال مكافحـة الإرهـاب، لتنميـة قـدراتهم العلميـة ورفـع مستوى أدائهم [62].

رابعا- تسليم المتهمين والمحكوم عليهم بالإرهاب

تتعهد كل من الدول العربية بتسليم المتهمين أو المحكوم عليهم في الجرائم الإرهابية المطلوب تسليمهم من أي من هذه الدول، وذلك طبقـا للقواعـد والشـروط المنصوص عليها.

1-الجرائم التي لا يجوز التسليم فيها

لا يجوز التسليم في أي من الحالات التالية:

---

(62) المادة الرابعة من الاتفاقية العربية لمكافحة الإرهاب.

أ-   إذا كانت الجريمة المطلوب من أجلها التسليم معتبرة بمقتضى القواعد القانونية النافذة لدى الدولة المتعاقدة المطلوب إليها التسليم، جريمة لها صبغة سياسية.

ب-   إذا كانت الجريمة المطلوب من اجلها التسليم تنحصر- في الإخلال بواجبات عسكرية.

ج-   إذا كانت الجريمة المطلوب من اجلها التسليم، قد ارتكبت في إقليم الدولة المطلوب إليها التسليم، إلا إذا كانت هذه الجريمة قد أضرت بمصالح الدولة المتعاقدة طالبة التسليم، وكانت قوانينها تنص على تتبع مرتكبي هذه الجرائم ومعاقبتهم، ما لم تكن الدولة المطلوب إليها التسليم قد بدأت إجراءات التحقيق أو المحاكمة.

د-   إذا كانت الجريمة قد صدر بشأنها حكم نهائي (له قوة الأمر المقضي-) لدى الدولة المتعاقدة المطلوب إليها التسليم، أو لدى دولة متعاقدة ثالثة.

ه-   إذا كانت الدعوى عند وصول طلب التسليم قد انقضت، أو العقوبة قد سقطت بمضي المدة طبقا لقانون الدولة المتعاقدة طالبة التسليم.

و-   إذا كانت الجريمة قد ارتكبت خارج إقليم الدولة الطالبة من شخص لا يحمل جنسيتها، وكان قانون الدولة المتعاقدة المطلوب إليها التسليم لا يجيز توجيه الاتهام عن مثل هذه الجريمة إذا ارتكبت خارج إقليمه من مثل هذا الشخص.

ز-   إذا صدر عفو يشمل مرتكبي هذه الجرائم لدى الدولة المتعاقدة الطالبة.

ح-   إذا كان النظام القانوني للدولة المطلوب إليها التسليم لا يجيز لها تسليم مواطنيها، فتلتزم الدولة المطلوب إليها التسليم بتوجيه الاتهام ضد من يرتكب منهم لدى أي من الدول المتعاقدة الأخرى جريمة من الجرائم الإرهابية؛ إذا كان الفعل معاقبا عليه في كل من الدولتين بعقوبة سالبة للحرية لا تقل مدتها عن سنة أو بعقوبة أشد. وتحدد جنسية المطلوب تسليمه بتاريخ وقوع

الجريمة المطلوب التسليم من أجلها، ويستعان في هذا الشأن بالتحقيقات التي أجرتها الدولة طالبة التسليم [63].

ط- إذا كان الشخص المطلوب تسليمه قيد التحقيق، أو المحاكمة، أو محكوما عليه عن جريمة أخرى في الدولة المطلوب إليها التسليم، فإن تسليمه يؤجل لحين التصرف في التحقيق أو انتهاء المحاكمة أو تنفيذ العقوبة، ويجوز مع ذلك للدولة المطلوب إليها التسليم تسليمه مؤقتا للتحقيق معه أو محاكمته، بشرط إعادته للدولة التي سلمته قبل تنفيذ العقوبة عليه في الدولة طالبة التسليم [64].

ي- لغرض تسليم مرتكبي الجرائم لا يعتد بما قد يكون بين التشريعات الداخلية للدول المتعاقدة من اختلاف في التكييف القانوني للجريمة، جناية كانت أو جنحة، أو بالعقوبة المقررة لها، بشرط أن تكون معاقبا عليها بموجب قوانين كلتا الدولتين بعقوبة سالبة للحرية لمدة لا تقل عن سنة أو بعقوبة اشد [65].

2-إجراءات التسليم

يكون تبادل طلبات التسليم بين الجهات المختصة في الدول المتعاقدة مباشرة. أو عن طريق وزارات العدل بها أو ما يقوم مقامها، أو بالطريق الدبلوماسي [66]. يقدم طلب التسليم كتابة مصحوبا بما يلي:

1) أصل حكم الإدانة أو أمر القبض أو أية أوراق أخرى لها نفس القوة، صادرة طبقا للأوضاع المقررة في قانون الدولة الطالبة، أو صورة رسمية مما تقدم.

---

(63) المادة السادسة من الاتفاقية العربية لمكافحة الإرهاب.
(64) المادة السابعة من الاتفاقية العربية لمكافحة الإرهاب.
(65) المادة الثامنة من الاتفاقية العربية لمكافحة الإرهاب.
(66) المادة الثالث والعشرون من الاتفاقية العربية لمكافحة الإرهاب.

2) بيان بالأفعال المطلوب التسليم من أجلها، يوضح فيه زمان ومكان ارتكابها وتكييفها القانوني مع الإشارة إلى المواد القانونية المطبقة عليها، وصورة من هذه المواد.

3) أوصاف الشخص المطلوب تسليمه بأكبر قدر ممكن من الدقة، وأية بيانات أخرى من شأنها تحديد شخصه وجنسيته وهويته.

4) للسلطات القضائية في الدولة الطالبة، أن تطلب من الدولة المطلوب إليها- بأي طريق من طرق الاتصال الكتابية حبس (توقيف) الشخص احتياطيا إلى حين وصول طلب التسليم.

5) ويجوز في هذه الحالة للدولة المطلوب إليها التسليم أن تحبس (توقف) الشخص المطلوب احتياطيا، وإذا لم يقدم طلب التسليم مصحوبا بالمستندات اللازمة المبينة في المادة السابقة، فلا يجوز حبس (توقيف) الشخص المطلوب تسليمه مدة تزيد على ثلاثين يوما من تاريخ إلقاء القبض عليه[67].

6) على الدولة الطالبة أن ترسل طلبا مصحوبا بالمستندات المطلوبة. وإذا تبين للدولة المطلوب إليها التسليم سلامة الطلب. تتولى السلطات المختصة فيها تنفيذه طبقا لتشريعها على أن تحاط الدولة الطالبة دون تأخير بما اتخذ بشأن طلبها[68].

7) في جميع الأحوال ، لا يجوز أن تتجاوز مدة الحبس الاحتياطي ستين يوما من تاريخ القبض. ويجوز الإفراج المؤقت خلال المدة المعينة في الفقرة السابقة، على أن تتخذ الدولة المطلوب إليها التسليم التدابير التي تراها ضرورية للحيلولة دون هروب الشخص المطلوب. ولا يحول الإفراج دون إعادة القبض على الشخص وتسليمه إذا ورد طلب التسليم بعد ذلك[69].

---

(67) المادة الرابع والعشرون من الاتفاقية العربية لمكافحة الإرهاب.
(68) المادة الخامس والعشرون من الاتفاقية العربية لمكافحة الإرهاب.
(69) المادة السادس والعشرون من الاتفاقية العربية لمكافحة الإرهاب.

8) إذا رأت الدولة المطلوب إليها التسليم حاجتها إلى إيضاحات تكميلية للتحقق من توافر الشروط المنصوص عليها في هذا الفصل، تخطر بذلك الدولة الطالبة، وتحدد لها موعدا لاستكمال هذه الإيضاحات[70].

9) إذا تلقت الدولة المطلوب إليها عدة طلبات تسليم من دول مختلفة إما عن ذات الأفعال أو عن أفعال مختلفة، فيكون لهذه الدولة أن تفصل في هذه الطلبات مراعية كافة الظروف، وعلى الأخص إمكان التسليم اللاحق، وتاريخ وصول الطلبات، ودرجة خطورة الجرائم، والمكان الذي ارتكبت فيه[71].

خامسا- الإنابة القضائية

لكل دولة عربية أن تطلب إلى أية دولة عربية أخرى القيام في إقليمها نيابة عنها. بأي إجراء قضائي متعلق بدعوى ناشئة عن جريمة إرهابية وبصفة خاصة. سماع شهادة الشهود والأقوال التي تؤخذ على سبيل الاستدلال. وتبليغ الوثائق القضائية. وتنفيذ عمليات التفتيش والحجز. وإجراء المعاينة وفحص الأشياء والحصول على المستندات أو الوثائق أو السجلات اللازمة أو نسخ مصدقة منها[72].

وتلتزم الدول العربية الاعضاء في اتفاقية مكافحة الإرهاب، بتنفيذ الإنابات القضائية المتعلقة بالجرائم الإرهابية، ويجوز لها رفض طلب التنفيذ في أي من الحالتين التاليتين:

● إذا كانت الجريمة موضوع الطلب محل اتهام أو تحقيق أو محاكمة لدى الدولة المطلوب إليها تنفيذ الإنابة.

● إذا كان تنفيذ الطلب من شأنه المساس بسيادة الدولة المكلفة بتنفيذه أو بأمنها، أو بالنظام العام فيها[73].

---

(70) المادة السابع والعشرون من الاتفاقية العربية لمكافحة الإرهاب.

(71) المادة الثامن والعشرون من الاتفاقية العربية لمكافحة الإرهاب.

(72) المادة التاسعة من الاتفاقية العربية لمكافحة الإرهاب.

(73) المادة العاشرة من الاتفاقية العربية لمكافحة الإرهاب.

وينفذ طلب الإنابة وفقا لأحكام القانون الداخلي للدولة المطلوب إليها التنفيذ، وعلى وجه السرعة، ويجوز لهذه الدولة تأجيل التنفيذ حتى استكمال إجراءات التحقيق والتتبع القضائي الجاري لديها في نفس الموضوع، أو زوال الأسباب القهرية التي دعت للتأجيل على أن يتم إشعار الدولة الطالبة بهذا التأجيل [74]. ويكون للإجراء الذي يتم بطريق الإنابة، وفقا لأحكام هذه الاتفاقية، الأثر القانوني ذاته، كما لو تم أمام الجهة المختصة لدى الدولة طالبة الإنابة. ولا يجوز استعمال ما نتج عن تنفيذ الإنابة إلا في نطاق ما صدرت الإنابة بشأنه [75].

سادسا- التعاون القضائي

أ- تقدم كل دولة عربية للدول الأخرى المساعدة الممكنة واللازمة لتحقيقات أو إجراءات المحاكمة المتعلقة بالجرائم الإرهابية [76]. وإذا انعقد الاختصاص القضائي لإحدى الدول المتعاقدة بمحاكمة متهم عن جريمة إرهابية، فيجوز لهذه الدولة أن تطلب إلى الدولة التي يوجد المتهم في إقليمها محاكمته عن هذه الجريمة، شريطة موافقة هذه الدولة وان تكون الجريمة معاقبا عليها في دولة المحاكمة بعقوبة سالبة للحرية لا تقل مدتها عن سنة واحدة أو بعقوبة أخرى أشد، وتقوم الدولة الطالبة في هذه الحالة بموافاة الدولة المطلوب منها بجميع التحقيقات والوثائق والأدلة الخاصة بالجريمة.

ب- يجرى التحقيق أو المحاكمة حسب مقتضى الحال عن الواقعة أو الوقائع التي أسندتها الدولة الطالبة إلى المتهم، وفقا لأحكام وإجراءات قانون دولة المحاكمة [77]. ويترتب على تقديم الدولة الطالبة لطلب المحاكمة، وقف إجراءات الملاحقة والتحقيق والمحاكمة المتخذة لديها بشأن المتهم المطلوب

---

(74) المادة الحادية عشرة من الاتفاقية العربية لمكافحة الإرهاب.

(75) المادة الثانية عشرة من الاتفاقية العربية لمكافحة الإرهاب.

(76) المادة الثالث عشرة من الاتفاقية العربية لمكافحة الإرهاب.

(77) المادة الرابع عشرة من الاتفاقية العربية لمكافحة الإرهاب.

محاكمته، وذلك باستثناء ما تستلزمه مقتضيات التعاون أو المساعدة أو الإنابة القضائية التي تطلبها الدولة المطلوب إليها إجراء المحاكمة [78].

ج- تخضع الإجراءات التي تتم في أي من الدولتين سواء اكانت الدولة الطالبة أم التي تجرى فيها المحاكمة، لقانون الدولة التي يتم فيها الإجراء وتكون لها الحجية المقررة في هذا القانون. ولا يجوز للدولة الطالبة محاكمة أو إعادة محاكمة من طلبت محاكمته إلا إذا امتنعت الدولة المطلوب إليها عن إجراء محاكمته. وتلتزم الدولة المطلوب إليها المحاكمة، بإخطار الدولة الطالبة، بما اتخذته بشأن طلب إجراء المحاكمة. كما تلتزم بإخطارهم بنتيجة التحقيقات، أو المحاكمة التي تجريها [79].

د- للدولة المطلوب إليها إجراء المحاكمة، اتخاذ جميع الإجراءات والتدابير التي يقررها قانونها قبل المتهم سواء في الفترة التي تسبق وصول طلب المحاكمة إليها أو بعده [80]. ولا يترتب على نقل الاختصاص بالمحاكمة المساس بحقوق المتضرر من الجريمة، ويكون له اللجوء إلى قضاء الدولة الطالبة أو دولة المحاكمة في المطالبة بحقوقه المدنية الناشئة عن الجريمة [81].

سابعا - إجراءات حماية الشهود والخبراء

أ- إذا قدرت الدولة الطالبة أن لحضور الشاهد أو الخبير أمام سلطتها القضائية أهمية خاصة، فانه يتعين أن تشير إلى ذلك في طلبها، ويتعين أن يشتمل الطلب أو التكليف بالحضور على بيان تقريبي بمبلغ التعويض ونفقات السفر والإقامة وعلى تعهدها بدفعها، وتقوم الدولة المطلوب اليها بدعوة الشاهد، أو الخبير للحضور، وبإحاطة الدولة الطالبة بالجواب [82].

---

(78) المادة الخامسة عشرة من الاتفاقية العربية لمكافحة الإرهاب.

(79) المادة السادسة عشرة من الاتفاقية العربية لمكافحة الإرهاب.

(80) المادة السابع عشرة من الاتفاقية العربية لمكافحة الإرهاب.

(81) المادة الثامنة عشرة من الاتفاقية العربية لمكافحة الإرهاب.

(82) المادة الرابعة والثلاثون من الاتفاقية العربية لمكافحة الإرهاب.

ب- لا يجوز توقيع أي جزاء أو تدبير ينطوي على إكراه قبل الشاهد أو الخبير الذي لم يمتثل للتكليف بالحضور، ولو تضمنت ورقة التكليف بالحضور بيان جزاء التخلف. وإذا حضر الشاهد أو الخبير طواعية إلى إقليم الدولة الطالبة، فيتم تكليفه بالحضور وفق أحكام التشريع الداخلي لهذه الدولة [83]. ولا يجوز أن يخضع الشاهد أو الخبير للمحاكمة أو الحبس أو تقييد حريته في إقليم الدولة الطالبة عن أفعال أو أحكام سابقة على مغادرته لإقليم الدولة المطلوب اليها، وذلك أيا كانت جنسيته، طالما كان مثوله إمام الجهات القضائية لتلك الدولة بناء على تكليف بالحضور.

ت- لا يجوز أن يحاكم أو يحبس أو يخضع لأي قيد على حريته في إقليم الدولة الطالبة أي شاهد أو خبير- أيا كانت جنسيته- يحضر أمام الجهات القضائية لتلك الدولة بناء على تكليف بالحضور عن أفعال أو أحكام أخرى غير مشار إليها في ورقة التكليف بالحضور وسابقة على مغادرته أراضي الدولة المطلوب إليها.

ث- تنقضي الحصانة المنصوص عليها في هذه المادة إذا بقي الشاهد أو الخبير المطلوب في إقليم الدولة الطالبة ثلاثين يوما متعاقبة، بالرغم من قدرته على مغادرته بعد أن أصبح وجوده غير مطلوب من الجهات القضائية، أو إذا عاد إلى إقليم الدولة الطالبة بعد مغادرته [84].

ج- كفالة سرية أقواله ومعلوماته التي يدلي بها أمام السلطات القضائية المختصة. وتتعهد الدولة الطالبة بتوفير الحماية الأمنية اللازمة التي تقتضيها حالة الشاهد أو الخبير وأسرته وظروف القضية المطلوب فيها، وأنواع المخاطر المتوقعة [85]. وإذا كان الشاهد أو الخبير المطلوب مثوله أمام الدولة الطالبة محبوسا في الدولة المطلوب إليها، فيجرى نقله مؤقتا إلى المكان

---

(83) المادة الخامسة والعشرون من الاتفاقية العربية لمكافحة الإرهاب.

(84) المادة السادسة والثلاثون من الاتفاقية العربية لمكافحة الإرهاب.

(85) المادة السابعة والثلاثون من الاتفاقية العربية لمكافحة الإرهاب.

الذي ستعقد فيه الجلسة المطلوب سماع شهادته أو خبرته فيها، وذلك بالشروط وفى المواعيد التي تحددها الدولة المطلوب إليها، ويجوز رفض النقل:

- إذا رفض الشاهد أو الخبير المحبوس. أو كان وجوده ضروريا من أجل إجراءات جنائية تتخذ في إقليم الدولة المطلوب منها.
- إذا كان نقله من شأنه إطالة أمد حبسه. أو كانت هناك اعتبارات تحول دون نقله.
- يظل الشاهد أو الخبير المنقول محبوسا في إقليم الدولة الطالبة إلى حين إعادته إلى الدولة المطلوب إليها، ما لم تطلب الدولة الأخيرة إطلاق سراحه[86].

ثامنا - معالجة الإرهاب

تعاني الدول العربية العديد من التناقضات المسببة للإرهاب. فلم يعد الإرهاب مؤثرا على وضع الدول العربية وإنما أصبح مهددا لجميع الأنظمة في العالم. وأصبح بؤرة لتفريخ الإرهاب. أن معالجة الإرهاب يختلف من دولة إلى أخرى. وفي جميع الأحوال أن استخدام القوة كوسيلة للقضاء على الإرهاب إنما يزيد من حالات الإرهاب ويعمق جذورها. لهذا نرى أن أفضل وسيلة لمعالجة الإرهاب هي معالجة أسبابه. وأسباب الإرهاب في الغالب هي:

1- <u>إشعار المجتمع</u>: الهدف السياسي من الإرهاب هو إشعار إلى المجتمع الدولي إلى حالة أو مأساة أو قضية تعمل السلطة المختصة أو المجتمع الدولي إلى تغاضيها أو تجاهلها أو عدم إعطائها الأهمية المطلوبة. وهذا النوع من الإرهاب يثير انتباه السلطة أو المجتمع الدولي نحو الحالة من أجل دفعها للبحث عن حل المشكلة التي يعاني منها القائمون بالإرهاب أو المجموعة التي ينتمون إليها. ويمكن

(86) المادة الثامنة والثلاثون من الاتفاقية العربية لمكافحة الإرهاب.

معالجة هذا السبب وذلك عن طريق منح الحرية لهذه المجموعات للتعبير عن معاناتها.

2- **الشعور بالاضطهاد**: قد يعاني بعض أفراد المجتمع من الظلم والتعسف مما يجعلهم يشعرون بالاضطهاد، ويعملون على الانتقام ضد دولة معينة لقيامها بإعمال ضد أقلية أو حزب سياسي أو أي مجموعة ينتمي إليها الإرهابيون. فكلما قامت السلطة في الدولة بعمل ضدها تنشط ردود الإرهابية ضد الدولة. ومعالجة هذه الحالة تتطلب رفع الظلم وقمع الاضطهاد الذي تعانيه شريحة معينة من شرائح المجتمع.

3- **المعاناة والظلم**: يعاني الشعب العربي كافة أنواع الظلم والاضطهاد من قبل الدول العربية. وكان منذ مئات السنيين مرتعا للاستعمال والإذلال والتسلط ونهب الثروات. وقد خلق هذا الوضع حالة نفسية مؤثرة في الشخصية العربية المعادية لكل المتسلطين والمحتلين. وعلى الرغم من موجة التحرر التي اجتاحت العالم، فإن الوطن العربي لا يزال يعاني من القهر والظلم ونهب الثروات وفرض التخلف والجهل عليه. وإذا كان الاستعمار قد خرج من الناحية الشكلية إلا أن الهيمنة والتدخل وسرقة ونهب ثرواته لا تزال مستمرة. لهذا فإن الشعب العربي يشعر بالظلم والتسلط الأجنبي. ومعالجة هذه الحالة يتطلب من الدول الغربية معاملة الشعب العربي بروح إنسانية وأخلاقية ورفع الظلم والتسلط عليه.

4- **التعبير عن نزعة عنصرية**: قد يقوم الإرهاب على أسباب عنصرية. فقد تلجأ الدولة إلى منح بعض الأقليات حقوقا لا ترضي بعض شرائح المجتمع. ومن ذلك قيام بعض المنظمات الإرهابية الدول الغربية بمطاردة المسلمين ومنعهم من أداء واجباتهم الدينية. وتسهم الحكومات الغربية بهذه المشكلة. ومعالجة هذه الحالة تتطلب فرض قواعد المساواة بنين المواطنين ونشر ثقافة التسامح بين المواطنين عن طريق المناهج الدراسية والعمل على عملية إدماج الأفراد من أصول أجنبية بالمجتمع.

5- **الاضطهاد الديني:** قد يشعر بعض الإفراد بأنهم يتعرضون لاضطهاد ديني مـن قبل دولتهم، كما هـو حصـل في المغـرب والجزائـر في 2007/4/14 بتفجيـرات في الدار البيضاء، أو من دولة تحارب مشاعرهم الدينية. وهذا هو أكثر أنواع العنف السياسي المسلح واهم الأسباب المؤدية له، في الدول المسيحية والإسلامية منذ القدم حتى الوقت الحاضر. ومن أمثلة ذلك ضرب برجي التجارة العالمية في نيويورك في 11/أيلول/ 2001. ولمعالجـة هـذه الحالـة لابـد مـن مـنح جميـع الأفراد حرية ممارسة الشعائر الدينية.

6- **الاضطهاد القومي:** يشعر بعض الأشخاص بـأنهم يتعرضون لاضطهاد قومي، أو يشعرون بكونهم أفضل من غـيرهم، فيلجئـون إلى قتـل بعضـهم البـعض. ومـن أمثلة هـذا النـوع مـن الإرهاب مـا تعرضـت لـه بوروندي ورواندا في القارة الأفريقية من عمليات إبادة بين قبيلتي الهوتو والتوتسيـ عـام 1994. وتتطلـب هذه الحالة فـرض سياسـة المسـاواة والتسـامح بـين المواطنين، والتعامـل بـروح بعيدة عن التعصب.

7- **تهجير شعب:** قد يستخدم الإرهاب ضد شعب يعيش على ارض معينة من أجل دفعه على الهجرة من هذه الأرض. ومن أمثلة هذا النوع من الإرهاب، ما تقـوم به منظمة غوش أونيم والمستعربون وأتسل مـن أعمـال ضـد الفلسطينيين مـن أجل دفعهم على الهجرة من فلسطين والاستيلاء على أرضهم[87]. ومعالجـة هـذه الحالة لابد من الإقرار بالحقوق المشروعة للسكان الأصليين.

النزعة الطائفية: قد ينشأ الإرهاب داخل الدين الواحد بسبب التطرف الديني أو الشعور بان طائف تهيمن على الأخرى، وبخاصة عندما يحاول المتطرفون القيام بإعمال إبادة. ومن أمثلة ذلك عمليات القتل الطائفي الشيعة والسنة في العراق

---

(87) عملت الوكالة اليهودية على تهجير الشعب الفلسطيني من فلسطين بطريق الإرهاب، كما قامت بإرهاب اليهود في أوربا والدول الأخرى ودفعه بالهجرة إلى فلسطين.

منذ احتلاله من قبل الولايات المتحدة الأمريكية عام 2003 وفرضت عليه النظام الطائفي [88].

لهذا نرى أن حل مسببات الإرهاب هي العامل الوحيد للقضاء على الإرهاب، وبخاصة أن الدول العربية تعاني من الحالات السابقة، إذ تتعدد الأديان والقوميات والمذاهب والأقليات العرقية والتفاوت الطبقي بين الاغنياء والفقراء، والامتدادات الاجنبية، واختلاف المستويات الثقافية بين المواطنين والفقر والجهل. وهذا ما يتطلب الأخذ بعين الاعتبار الحلول العلمية لتجفيف منابع الإرها.

---

(88) بعد قيام الولايات المتحدة باحتلال العراق في التاسع من نيسان من عام 2003، قامت بإنشاء مجلس الحكم يتكون من 25 عضو على أساس طائفي ثم أنشأت دستورا أقرت فيه ذلك، مما دفع الشعب العراقي إلى التقسيم الطائفي والاقتتال بين الشيعة والسنة.

الفصل الثالث

تنظيم العلاقات العربية الدولية

الفصل الثالث
تنظيم العلاقات العربية الدولية

الفصل الثالث
تنظيم العلاقات العربية الدولية

يقصد بتنظيم العلاقات الدولية العربية، إقامة علاقات خاصة بين الدول العربية، بوصفها دول مستقلة عن بعضها، ذات سيادة. ترتبط فيما بينها بروابط قومية. فمن الواضح أن التقارب بين الدول العربية بوصفها أشخاصا قانونية دولية، يوطد العلاقات القومية. فالعمل على تطوير العلاقات السياسية يساعد على التقارب بين الدول العربية بشكل كبيرة، وهذا لا يمكن أن يتحقق دون أن يصاحب ذلك الشعور بالمساواة بين الدول العربية. فالدول العربية تختلف من حيث الإمكانيات المادية كعدد السكان والمساحة الإقليمية، والموقع الجغرافي والثروات، وهو أمر يتطلب منع هيمنة دولة على أخرى بسبب هذه التمايز.

وإقامة علاقات دولية بين الدول العربية بوصفها دول ذات سيادة يتطلب وضع الأسس لتسوية المنازعات بينها. فمن المعروف أن جميع الدول العربية تعد دولا حديثة النشأة، وان حدودها وضعت من قبل الدول المحتلة أو المنتدبة، مما خلق ذلك منازعات حدودية بين جميع الدول العربية. لهذا يتطلب حسن إقامة علاقات دولية عربية متطورة، ومنع استخدام القوة المسلحة واللجوء إلى الوسائل السلمية لتسوية المنازعات بينها.

إن الأمة العربية لها خصوصية معينة، مما يتطلب توفير حماية خاصة للمواطن العربي في دولته وفي دولة عربية أخرى عندما ينتقل إليها، ويرتبط مع غيره من أفراد آخرين في الدول العربية الأخرى بروابط مشتركة، كالتاريخ والدين المشترك والعادات والتقاليد الموروثة. لهذا فقد عملت جامعة الدول العربية على وضع المعاهدات الدولية وعقدت العديد من مؤتمرات القمة وأصدرت العديد من القرارات التي تضمن للمواطن العربي حقوقه.

وبناء على ذلك يتضمن هذا الفصل المباحث الآتية:

☐   المبحث الأول: تنظيم العلاقات السياسية بين الدول العربية.

☐   المبحث الثاني: عدم التدخل في الشؤون الداخلية.

☐   المبحث الثالث: صيانة استقلال وسيادة الدول العربية.

☐   المبحث الرابع : المساواة بين الدول العربية.

☐   المبحث الخامس: تسوية المنازعات العربية بالوسائل السلمية.

المبحث الأول
تنظيم العلاقات السياسية

نص ميثاق الجامعة على توثيق الصلات العربية العربية، وتنسيق العلاقات الخارجية في القضايا الدولية المهمة، والعمل على تطوير العلاقات العربية مع دول العالم[1]: فمن أهداف الجامعة الواردة في المادة الثانية من الميثاق، "توثيق الصلات بين الدول المشتركة فيها، و تنسيق خططها السياسية، تحقيقا للتعاون بينها و صيانة لاستقلالها و سيادتها، و النظر بصفة عامة في شئون البلاد العربية ومصالحها"[2]. وتوثيق الصلات بين الدول العربية تعد الحد الأدنى، إذ يجوز للدول العربية أن تقيم اتصالات أقوى مما نص عليه ميثاق الجامعة، وان تعقد بينها من الاتفاقيات ما تشاء لتحقيق هذه الأغراض.

وعلى الرغم من قيام الجامعة بعقد العديد من الاتفاقيات الدولية بين الدول العربية حول خلق مؤسسات ومنظمات للتعاون بينها إلا أن غالبية هذه المؤسسات لم تتمكن من تحقيق أهدافها وبقيت هذه الاتفاقيات حبرا على ورق. ونعتقد أن المقصود بتوثيق الصلات وتنسيق خططها السياسية بأن تعمل الجامعة على تحقيق التقارب بين الدول العربية عن طريق ما يأتي:

أولا- تنمية العلاقات الودية بين الدول العربية

لما كانت العلاقات الودية بين الدول، تقرب الدول من بعضها، وتخلق عوامل التفاهم والانسجام، الأمر الذي يمكنها من تسوية منازعاتها الدولية، لهذا فإن من مهام الجامعة تنمية العلاقات الودية بين الدول، لمنع كل ما يعكر صفوة العلاقات بينها. وإذا كانت تنمية العلاقات الودية من أهداف الأمم المتحدة إلا أن

---

(1) المادة التاسعة من ميثاق جامعة الدول العربية.
(2) نصت المادة الثانية من ميثاق جامعة الدول العربية على ما يأتي: " الغرض من الجامعة توثيق الصلات بين الدول المشتركة فيها وتنسيق خططها السياسية تحقيقا للتعاون بينها وصيانة لاستقلالها وسيادتها والنظر بصفة عامة في شؤون البلاد العربية ومصالحها".

ميثاقها ربط بين تنمية العلاقات الودية بين الدول ومسألة حق تقرير المصير[3]. والمساواة بين الشعوب، وهو أمر يتطلب قبل كل شيء منح الشعوب حق تقرير مصيرها، واتخاذ التدابير الأخرى لتعزيز السلم والأمن الدوليين. فلا يمكن تنمية العلاقات السياسية بين الدول، مع وجود الاحتلال والاستعمار.

ولا يقصد بتنمية العلاقات الودية الدولية بين الدول العربية، التنمية الاقتصادية فحسب، بل يقصد بها، إنماء العلاقات الودية الدولية من جميع جوانبها الاقتصادية والسياسية والاجتماعية والثقافية والإنسانية والعلمية. فمد جسور التعاون الدولي بين الدول، يعد الركيزة الأساسية لإنماء العلاقات العربية. فالتعاون العربي في هذه المجالات يؤدي إلى تقوية الروابط بين الشعوب والمؤسسات الاقتصادي والسياسية والاجتماعية، مما يقلل من حالات نشوب منازعات بين الدول العربية ويخلق جسور التفاهم والتعاون والانسجام وتداخل المصالح. فعندما تجد أية دولة عربية بان الحرب على الطرف الآخر يكلفها ضياع العديد من مصالحها الحيوية، وقطع الروابط الاجتماعية والاقتصادية والاجتماعية والسياسية، فمن المؤكد إنها لا تقدم على الإضرار بمصالحها. وهذا ما يدفعها إلى الموازنة ما بين الهدف من الحرب، وما ستفقده من مصالح أخرى بسبب هذه الحرب. ومن هذا المنطلق، فإن تنمية العلاقات الودية بين الدول العربية تسهم بشكل كبير في تجنب الحروب، أو التقليل منها على الأقل.

وكان ما يعكر صفة هذه العلاقات تباين الأنظمة السياسية والاقتصادية بين الدول العربية. فكانت الدول العربية تتبع العالم المنقسم إلى مجموعتين، أو كتلتين متناقضتين، الأولى الكتلة الرأسمالية، بقيادة الولايات المتحدة الأمريكية، والأخرى الكتلة الثانية، وهي الكتلة الاشتراكية، بقيادة الاتحاد السوفيتي. وبعد انهيار الكتلة الاشتراكية عام 1991، سادت العالم الكتلة الرأسمالية، ومن خلالها هيمنة الولايات المتحدة على العالم، أصطبغ العالم كله بلون الرأسمالية تقريبا، وسادت المبادئ الرأسمالية على العالم، بما فيها الكتلة

---

(3) الفقرة الثانية من المادة الأولى من ميثاق الأمم المتحدة.

الاشتراكية سابقا. وانتشرت ظاهرة اقتصاد السوق في جميع دول العالم، واختفت تقريبا ظاهرة الصراعات بين الكتل الكبرى، وحلت محلها ظاهرة تصفية الأنظمة المتناقضة مع الغرب، فنشبت العديد من الحروب ضد العديد من الدول النامية والفقيرة ومنها الدول العربية، تحت مسميات الإرهاب وأسلحة الدمار الشامل وغيرها، واستخدمت محاولات فرض الديمقراطية بالقوة. وتعاونت الدول العربية مع الغرب في تدمير ومحاصرة العديد من الدول العربية.

ومن جانب آخر، لا ينكر، فإن الجامعة خطت خطوات كبيرة في تنمية العلاقات الدولية الودية بين الدول العربية، ، وعقدت العديد من المعاهدات الدولية لتحقيق هذا الغرض، في العلاقات العربية. غير أن ما يؤسف له، أن هذه المعاهدات لم تطبق بالشكل المطلوب.

وإذا كان ميثاق الأمم المتحدة قد ربط بين مبدأ تنمية العلاقات الودية بين الدول وبين حق المساواة بين الدول، فإنه ربط ذلك بحق تقرير المصير، الذي يعد ركيزة كبيرة لتنمية العلاقات الدولية. وبعد صدور ميثاق الأمم المتحدة عام 1945، حصلت العديد من الدول على حق تقرير مصيرها، ومنها السودان بموجب معاهدة 1953، مع بريطانيا.

وكان ينبغي أن ينص ميثاق الجامعة على ربط مسألة تنمية العلاقات الودية بين الدول العربية وحقها بالتحرر من الاستعمار وحصولها على حقها بتقرير مصيرها، كما ربط ذلك ميثاق الأمم المتحدة، وان تختار نظام الحكم الذي تراه مناسبا، وان تتصرف بثرواتها ومواردها الطبيعية، وحق الشعب العربي في اللجوء للكفاح المسلح للتخلص من الهيمنة الاستعمارية.و ضمان المساواة بين الدول بالحقوق والالتزامات بغض النظر عن عدد السكان ومساحة الإقليم. وكان إغفال ميثاق الجامعة هذه الناحية المهمة يعود إلى أن الدول العربية لم تكن تملك إرادتها عند

وضع ميثاق الجامعة، بسبب التدخل الدولي في إنشاء الجامعة[4]. فليس من المنطق أن تسمح لهم بريطانيا حق مكافحتها لتقرير مصيرهم.

ومن الناحية التطبيقية، لم تتمكن الجامعة من العمل لحماية الدول العربية، من الاحتلال الأجنبي، فعندما قامت الولايات المتحدة الأمريكية بضرب العراق عام 2003، لم تتمكن الجامعة من اتخاذ أي عمل عسكري، ضد الولايات المتحدة الأمريكية، بل استخدمت القواعد العسكرية في الدول العربية لضرب العراق. وإذا كانت الدول العربية لا تتمكن من الوقوف ضد الولايات المتحدة الأمريكية، فإنها لم تقدم للعراق أي مساعدة اقتصادية، أو إنسانية على الأقل. وقامت بعض الدول العربية بغلق حدودها ضد اللاجئين العراقيين ولم تسمح للعراقيين الدخول إليها. وكان موقف الجامعة سلبيا. كما لم تتخذ الجامعة أي عمل ضد الغزو الأثيوبي للصومال عام 2006، وتدخل تشاد في شؤون السودان الداخلية عام 2008.

ومن أجل تعزيز العلاقات السياسية الخارجية بين الدول العربية نقترح ما يأتي:

1-إنشاء مؤسسات قانونية وسياسية لتسوية المنازعات بين الدول العربية، وبخاصة المنازعات الحدودية، ومشكلة المياه. والعمل على تنقية العلاقات الشخصية بين القادة العرب. وان تتحرك الجامعة بسرعة إلى تسوية أي نزاع بين دولتين وان لم يثر هذا النزاع على صعيد العلاقات المعلنة. فمجرد علم الجامعة بوجود نزاع فعليها أن تجبر الدول المتنازعة إلى تسويته بالوسائل السلمية، قبل تفاقمه بشكل يؤثر على العلاقات العربية.

2-إنشاء مجلس أعلى من قادة الدول العربية المشهود لهم بالكفاءة، لتوطيد العلاقات السياسية الخارجية بين الدول العربية، والعمل على رأب الصدع بين الدول العربية، بسرعة قبل أن يستفحل ويصعب حله. ومن الممكن اختيار رؤساء سابقين لهذه المهمة.

---

(4)Ian Brownlie, Basic Documents in International Law, Oxfor ,London 1972, p146.

3-العمل على تدريس مادة العلاقات العربية وسبل تطويرها في مناهج كليات العلوم السياسية، والقانون والإعلام، والمعاهد الدبلوماسية في الدول العربية.

4-خلق شبكات اتصال بين القادة العرب، وكذلك بين الوزارات المتخصصة في الدول العربية، من أجل توطيد العلاقات العربية وتعزز التواصل بين المسؤولين العرب.

5-أن يعقد مجلس الجامعة أسبوعيا على الأقل لمراقبة الأوضاع العربية والمشاكل الدولية المؤثرة على الدول العربية.

ثانيا - تنسيق السياسات الخارجية في القضايا الدولية

تعمل الدول التي تربطها روابط معينة على تنسيق علاقاتها الدولية، في مواجهة الدول والمنظمات الدولية. لهذا نجد قاعات خاصة لممثلي الدول الأوربية والأفريقية والأسيوية والأمريكية والعربية في الأمم المتحدة لتنسيق سياساتها إزاء المشاكل الدولية قبل طرحها للمناقشة. وقد بدأت المجموعات الدولية مثل المجموعة الأوربية العمل على تنسيق السياسات الأوربية إزاء العلاقات الدولية، عن طريق حصر تمثيل الدول الأوربية بممثل واحد في المنظمات الدولية، ويتمتع بأصوات بعدد الدول الأوربية، كما هو معمول به في منظمة التجارة العالمية. إذ يمثل الاتحاد الأوربي ممثل واحد، وعند التصويت يحسب صوته بعدد أصوات الدول الأوربية.

وحددت المادة الثانية من الميثاق بأن الغرض من الجامعة هو تنسيق خططها السياسية تحقيقا للتعاون بينها، أي التشاور في الموضوعات الدولية المهمة والتنسيق بينها بما يحقق مصالحها السياسية ويحقق التعاون بينها. وهذا يعني أن على الجامعة العربية أن تحقق الوحدة السياسية في العلاقات الدولية. أي أن تكون مواقف الدول العربية في المواقف الدولية موحدة بشكل يحقق وحدة الموقف الدولي العربي في المسائل الدولية.

ويقصد بتوثيق الصلات تلك الصلات الرسمية بين الدول العربية في مختلف المجالات. أي يجب أن يكون هناك تعاونا بين الدول العربية وعلاقات متميزة بينها يعزز الصلات السياسية بينها. وقيام علاقات دبلوماسية متطورة بينها وروابط متينة مما يعزز التقارب بينها. وان تعمل الدول العربية على توحيد سياساتها الخارجية إزاء المشاكل التي تعاني منها دولة عربية مع دولة أجنبية أو إزاء القضايا الدولية المطروحة واتخاذ المواقف الموحدة بما يحقق مصالح الدول العربية. وتنسيق السياسات الخارجية بين الدول الأعضاء في الجامعة يتطلب قبل كل شيء التشاور بين هذه الدول من أجل توحيد مواقفها.

وعلى الرغم من أن الجامعة تعمل بصورة موحدة في المؤتمرات والمنظمات الدولية سواء في الأمم المتحدة أو غيرها. وإن هناك مجموعة يطلق عليها بالمجموعة العربية، تتشاور فيما بينها وتراعى في اختيار الممثلين في تلك المنظمات وتقديم المشاريع والطلبات باسم هذه المجموعة، إلا أن هذه المجموعة تعد من اضعف المجموعات الدولية الأخرى. فهي ليست بالقدر الذي عليه الاتحاد الأوربي والوحدة الأفريقية ومجموعة دول جنوب شرقي آسيا. فعندما تمت مناقشة إلغاء قرار الجمعية العامة المتخذ عام 1974 باعتبار الصهيونية شكلا من أشكال التمييز العنصري كانت بعض الدول العربية قد صوتت إلى جانب إلغاء القرار وأخرى لم تصوت بينما عارضت إلغاءه بعض الدول العربية. فغيرت العديد من الدول العربية مواقفها السابقة. وهذا يدل على عدم التنسيق السياسي في قضية فيها نص مسبق ورد في برتوكول الإسكندرية وميثاق الجامعة العربية، بمكافحة الصهيونية.

ويمكن أن توثيق العلاقات السياسية بين الدول العربية عن طريق قيام الجامعة بإجراء الاتصالات بين الدول العربية أو من خلال مجلس الجامعة في القضايا الدولية المهمة بحيث تحدد سياسة الدول العربية بشكل دائم إزاء القضايا الدولية المعروفة.

178

ويتضح أن ميثاق الجامعة قد ركز على التعاون في المسائل الاقتصادية والاجتماعية والثقافية والإنسانية. أما التعاون في الميدان السياسي فقد ألمحت إليه المادة بطريقة عارضة إذ اكتفت في شأنه بالتنسيق وقيدت التنسيق بأن يحقق التعاون في نطاق صيانة استقلال وسيادة الدول الأعضاء [5].

ومن المسائل التي توثق الصلات السياسية الخارجية بين الدول العربية ما يأتي:

1- تنسيق الخطط السياسية الخارجية للدول العربية في مواجهة الدول الأجنبية، فعندما تطرح قضية دولية سواء أكانت تتعلق بالقضايا العربية، أو القضايا الدولية الأخرى، فينبغي أن يعلن عن موقف عربي موحد في مثل هذه القضايا، وحبذا لو تولى ممثل الجامعة بإعلان موقف العرب من القضية المطروحة.

2- عدم السماح لأية دولة أجنبية التدخل في العلاقات السياسية العربية، أو القضايا الداخلية لأية دولة عربية. ولنأخذ مثلا مشكلة لبنان التي استمرت عدة سنوات، فكلما تدخلت فيها دولة أجنبية زادت تعقيدا. وعندما قامت دولة قطر في مايس عام 2008 بجمع الفرقاء تمكنت من حل المشاكل الحاصلة بين التيارات السياسية اللبنانية.

3- فتح الحدود بين الدول العربية أو على الأقل تخفيف الإجراءات والقيود المتخذة ضد انتقال المواطنين العرب مما يقوي الصلات العربية ويشد من أزرها.

4- تعزيز قدرة المنظمات العربية الإنسانية والاجتماعية باتجاه خلق روابط قوية بين أبناء الشعب العربي.

5- أن يفحص مجلس الجامعة أسبوعيا جميع المشاكل الدولية، ومدى تأثيرها وانعكاساتها على الدول العربية وان يصدر القرارات الخاصة بها، عملا بما تقوم به المفوضية الأوربية التي تناقش كل مشكلة دولية وترسل مندوبين لها لساحات الصراعات الدولية.

---

(5) الدكتور محمد طلعت الغنيمي، القانون الدولي العام ، القاهرة ، ص 29.

ثالثا- النظر في شؤون البلاد العربية ومصالحها

حددت المادة الثانية من ميثاق جامعة الدول العربية أن هدف الجامعة النظر في شؤون البلاد العربية ومصالحها. والمقصود في هذا الهدف ليس النظر في شؤون الدول العربية الأعضاء في الجامعة فحسب بل في شؤون البلاد العربية بصورة عامة. فلم تضم الجامعة عند إنشائها سوى الدول العربية التي حصلت على استقلالها من الناحية القانونية. بينما كانت خمسة عشر دول عربية أخرى ترزح تحت الاستعمار البريطاني والفرنسي. لهذا فإن ميثاق الجامعة نظر إلى هذا الوضع، ونص على أن من أهداف الجامعة النظر في شؤون البلاد العربية، ولم يرد شؤون الدول العربية، ويقصد بها الأقاليم العربية الخاضعة للاستعمار الأجنبي. وكان المفروض أن يكون النص صريحا في مساعدة الأقاليم العربية الخاضعة للاستعمار[6]، وتقديم المساعدات المالية والعسكرية وكل ما يعمل على تحريرها من الاستعمار. وقد عملت الدول العربية على تقديم مساعدات بسيطة للدول العربية الخاضعة للاحتلال الفرنسي في شمال أفريقيا، بينما لم تقدم أية مساعدات للدول العربية الخاضعة للاحتلال البريطاني.

وطبقا للهدف المذكور فإنه يتطلب من الجامعة العمل على تحرير الدول العربية المستعمرة من الاستعمار الأجنبي. ومن هذه الدول فلسطين المحتلة من قبل المستوطنين الصهاينة والجولان السورية المحتلة من قبل الكيان الصهيوني ومليلة وسبته المغربية المحتلة من قبل أسبانيا والاحواز والجزر العربية الثلاث التابعة للإمارات العربية المتحدة، والاسكندرونة، وشبعة اللبنانية المحتلة من قبل الكيان الصهيوني والأجزاء العربية الأخرى المحتلة من قبل الدول المجاورة. وان تعمل الجامعة عن طريق مجلس الأمن بمد شعوب هذه المناطق بما تحتاجه والمحافظة على عروبتها على اقل ما يمكن عمله.

---

(6) وهذه الأقاليم: الجزائر والمغرب وموريتانيا وليبيا وتونس والسودان وجيبوتي والصومال وجزر القمر والكويت والبحرين وقطر والإمارات العربية المتحدة وسلطنة عمان يضاف إليها فلسطين.

وكانت مؤتمرات القمة العربية المنعقدة في إطار جامعة الدول العربية قد أكدت على ضرورة مساعدة الشعب الفلسطيني من الناحية المادية ولكنها لم تعمل على تحريره من الاستعمار الصهيوني الاستيطاني على الرغم من أن ميثاق الجامعة العربية عد فلسطين دولة عضو في الجامعة العربية.

ولم تطرح في نطاق الجامعة العربية مسألة المناطق المحتلة من قبل الدول المجاورة عدا الجزر العربية الثلاث التابعة للإمارات العربية المتحدة والمحتلة من قبل إيران والجولان السورية المحتلة من قبل الكيان الصهيوني. وكان المفروض أن تطرح مثل هذه المشاكل لأنها من صلب اختصاص الجامعة العربية. كما لم تتطرق الجامعة للحروب الأهلية في بعض الدول العربية والتي كانت تدار من قبل دول أخرى، كالحرب الأهلية في لبنان والسودان. ولم تطرح الجامعة موضوع مصير عروبة اريتريا ذات الأغلبية العربية. ولم تجر الدراسات حول هذه الدولة التي أسهم العرب في تحريرها من الحبشة. وما هي الأسباب والمعوقات التي منعت انضمامها للجامعة.

وإذا كانت الدول العربية غير قادرة على طرح استرداد المناطق العربية المحتلة منها لتحاشيها خلق مشاكل مع هذه الدول فكان الأجدر على الجامعة أن تبادر وتطالب بتحرير هذه المناطق، وان لم تطلب الدولة المعنية بذلك، وان تضع في اجتماعاتها الدورية فقرة خاصة لمتابعة الأجزاء العربية المحتلة من قبل الدول الأخرى. وان تتبنى هذه المسائل بنفسها دون الطلب من الدولة العربية المعنية طالما أن الميثاق منحها حق النظر في شؤون البلاد العربية دون انتظار شكوى من قبل الدولة العربية التي تعود لها المنطقة المحتلة. وإذا كانت الدول العربية تخشى إثارة منازعات مع دول معينة بطرح مثل هذه الموضوعات، فينبغي أن يصار إلى مناقشتها باجتماعات مغلقة وسرية.

ولم يتوقف الأمر عند هذا الحد فقد أسهمت بعض الدول العربية بمساندة الولايات المتحدة الأمريكية باحتلال العراق في عام 2003 وقدمت المساعدات

العسكرية والمالية وسمحت بإقامة قواعد عسكرية في أراضيها باحتلال العراق رغم علم هذه الدول أن هذا الاحتلال سوف يشمل غالبية الدول العربية. وقد سيقت هذه الدول مرغمة إلى هذه المواقف المؤلمة.

وقد قامت الجامعة ببعض المبادرات في تنظيم العلاقات العربية العربية ومن ذلك:

1-العمل على توحيد اليمن الشمالي مع اليمن الجنوبي. وأرسلت الجامعة بعثات متعددة إلى اليمن وقامت المخطط البريطاني, وأنشأت الجامعة لجنة برئاسة الأمين العام عام 1964 لدعم ثورة جنوب اليمن ودعم جبهة تحرير الجنوب اليمني.

2-مساعدة المغرب بالتخلص من الاحتلال الفرنسي، وأوفدت الأمانة العامة للجامعة مندوبا عام 1951، لمنع ضم المغرب إلى فرنسا، وإنشاء مكتب المغرب العربي في القاهرة. واستمعت الجامعة إلى مندوبي حركة التحرر في المغرب، والمطالبة بتحرير الزعيم المغربي عبد الكريم ا لخطابي.

3-مساندة الشعب الجزائري ضد الاحتلال الفرنسي، وإنشاء صندوق لمساعدة الشعب الجزائري عام 1958 وإقرار مساعدة سنوية للجزائر (12) مليون جنية إسترليني. وتشجيع إنشاء حكومة جزائرية في المنفى في القاهرة بقيادة عباس فرحات، ووجهت الجامعة نداءات للدول العربية بمساعدة شعب الجزائر.

4-عملت الجامعة على مواجهة الحرب الأهلية في لبنان، والعمل على حل المشاكل بين الفصائل المقاتلة. وتناولت مؤتمرات القمة تسوية المشكلة اللبنانية. وأوفدت الأمين العام للجامعة إلى بيروت لمحاولات الصلح. وشاركت الجامعة في عقد مؤتمر المصالح في قطر عام 2008، وإنشاء حكومة تجمع كل الأطراف المتصارعة في لبنان.

رابعا- حسن النية في تنفيذ الالتزامات العربية

من أهم العوامل التي تسهم في تقوية الصلات السياسية بين الدول العربية هو أن تعمل الدول العربية على تنفيذ التزاماتها بحسن نية. ومعنى حسن النية Good

Faith أن تتجه إرادة كل دولة عربية إلى تنفيذ التزاماتها الواردة في المعاهدات الدولية وقواعد القانون الدولي العام، وميثاق الجامعة، والمعاهدات الصادرة في ظل الجامعة، بطواعية ورغبة بما يحقق إنماء العلاقات العربية الودية والابتعاد عن إثارة المشاكل.

وعلى الرغم من أن ميثاق الجامعة لم ينص على مبدأ حسن النية، إلا أن هذا المبدأ يعد من المبادئ الأساسية التي يقوم عليها النظام القانوني الدولي. وما لم تقم الدول الأعضاء في المنظمات الدولية بتنفيذ التزاماتها بحسن نية فإن التنظيم الدولي يعجز عن القيام بوظائفه على النحو المطلوب[7]. وكان المفروض أن ينص الميثاق على هذا المبدأ، ويؤكد على تنفيذه.

ومبدأ حسن النية في تنفيذ الالتزامات الدولية من المبادئ المستقرة في العلاقات الدولية. وهو يعني أن تنفذ الدولة التزاماتها الدولية برغبة وبهدف تطوير العلاقات الدولية. وبدون مبدأ حسن النية قد يؤدي إلى انهيار التنظيم الدولي بأكمله.

غير أن هذا المبدأ يثير كثيرا من المشاكل في التطبيق العملي، لأنه يتعلق بالسريرة والنية الداخلية الكامنة في النفس، مما يجعل من غير الميسور التحقق من توافره أو عدمه. ومع ذلك فإن هناك أدلة كثيرة تساعد على معرفة مدى توافر هذا المبدأ. وهذا الأدلة على توافر حسن النية تؤكد القول أن بعضها قانوني وبعضها سياسي، ومن الأدلة القانونية هو العمل الجدي من الدولة في تطبيق الالتزامات بصورة عملية طبقا لقواعد القانون الدولي وان تعارض ذلك مع مصلحتها. أما الدلالات السياسية على الرغبة بتطبيق حسن النية، فهي سلوك الدولة مسلكا لا يتعارض وقواعد القانون الدولي[8].

(7) الدكتور عبد الواحد محمد الفار ، التنظيم الدولي، عامل الكتب القاهرة 1979 ،، ص 138.
(8) الدكتور إبراهيم أحمد شلبي التنظيم الدولي النظرية العامة والأمم المتحدة ، الدار الجامعية القاهرة.1986 ، ص 190.

ويفرض مبدأ حسن النية على الدولة العربية، إلا تلجأ إلى أساليب متناقضة، أو إنها تظهر بمظهر الحريصة الملتزمة في الوقت الذي تعمل فيه بخلاف ذلك. وهذا المبدأ يفرض على الدولة أن تكون صادقة في النوايا تجاه الدول الأخرى التي تلتزم معها، فلا تلجأ إلى أساليب تستغل ضعف الطرف الآخر، وتضع من العبارات في المعاهدات والالتزامات الأخرى التي تلتزم بها ما يمكنها التنصل من التزاماتها، أو تحقيق مصالحها بشكل يخل بالتوازن المطلوب في الالتزامات المتقابلة.

ويتطلب مبدأ حسن النية أن الدولة العربية لا تلتزم بشئ إلا إذا كانت راغبة وجادة في تنفيذه بصورة كاملة[9]. فلا تلتزم بمعاهدة إلا إذا كانت راغبة في تنفيذها أن تطبق مبدأ حسن النية في تنفيذ الالتزامات الدولية، فإن ذلك يوفر الثقة المتبادلة بين أعضاء المجتمع الدولي مما يؤدي إلى تطوير العلاقات الدولية بشكل سليم.

ومن مستلزمات حسن النية هو أن تعمل الدول العربية على تطبيق الحق والعدل في تعاملها مع الدول الأخرى وألا تستغل ضعف دولة أو الظروف التي تمر بها من أجل فرض الالتزامات المجحفة بحقها. وان تلجأ إلى الوسائل السلمية لتسوية منازعاتها الدولية وأن يكون هدفها تحقيق الأمن والاستقرار وإنماء العلاقات الدولية.

وعلى الرغم من رسوخ مبدأ حسن النية في العلاقات الدولية، والنص عليه في ميثاق الأمم المتحدة إلا ميثاق الجامعة لم يلتفت إلى هذا المبدأ. غير أن قواعد القانون الدولي، وقرارات الأمم المتحدة تتطلب من الدول العربية أن تطبق مبدأ حسن النية في المجالات الآتية:

1-الالتزامات الواردة في ميثاق الجامعة

---

(9) الفقرة الثانية من المادة الثانية من ميثاق الأمم المتحدة .

2-الالتزامات الواردة في المعاهدات الدولية المعقودة في نطاق الجامعة.

3-الالتزام بالقرارات الصادرة من الجامعة.

4-الالتزام بعدم القيام بأي عمل مما يهدد السلم والأمن العربيين؛

5-الالتزامات الواردة في المعاهدات الجماعية والثنائية خارج نطاق الجامعة.

6-الالتزامات الواردة في قواعد القانون الدولي الأخرى، كالعرف الدولي، ومبادئ لقانون الدولي العامة، وغيرها.

7-الالتزام بما تمليه الروح القومية والأخوة بين الدول العربية؛

8-الالتزام بما تمليه قواعد الشريعة الإسلامية الرابط الثاني المشترك بين الدول العربية.

وبناء على ذلك يتطلب عند تعديل ميثاق الجامعة النص على مبدأ حسن النية في تنفيذ الالتزامات الدولية كمبدأ من مبادئ الجامعة، لتحقيق الأهداف الواردة في الميثاق.

وفي الجانب التطبيقي، فإن مما يؤسف له، أن الدول العربية وقعت العديد من المعاهدات، وأصدرت العديد من القرارات، إلا أنها لم تلتزم بتطبيقها، وبقيت حبرا على ورق. وكان السبب في عدم تطبيقها يعود إلى حالتين:

1-عدم إيمان بعض الدول العربية بما يصدر من اتفاقيات وقرارات من الجامعة، وإنها توافق عليها، لئلا تتهم بأنها تعرقل عمل الجامعة؛

2-عدم قدرة بعض الدول العربية على تطبيق هذه الاتفاقيات والقرارات، لكونها اكبر من قابلتيها؛

3-تدخل دول أجنبية في منع بعض الدول العربية من تطبيق الاتفاقيات والقرارات؛

4-تعتقد بعض الدول العربية، أن الجامعة مهما كانت تملك السلطة والقوة، فإنها لا ترقى إلى ما ترقى إليه الولايات المتحدة الأمريكية. فالسير في هذا الركب خير من اللجوء للجامعة.

فهذه الأسباب جميعها تتناقض ومبدأ حسن النية. ونعتقد لو منحت الحرية للدول العربية بشكل كامل في التعبير عن حسن نيتها، ما عقدت اتفاقية، ولا صدر قرار من الجامعة. فغالبا ما تتأثر مواقف الدول العربية بالرأي العام العربي، فتسلك سلوكا مغايرا لما تؤمن به.

خامسا-جعل الجامعة مركزا لتنسيق الأعمال بين الدول العربية

لم ينص ميثاق الجامعة على أن تكون الجامعة مركزا لتنسيق الأعمال بين الدول العربية كما نصت ميثاق الأمم المتحدة(10). وقد وردت العديد من الإشارة في ميثاق الجامعة والاتفاقيات المعقودة في ظلها، تطلب من الدول العربية اللجوء إلى المنظمة عند تعرضها للعدوان أو لتسوية منازعاتها الدولية، وتنسيق علاقاتها السياسية والاقتصادية والاجتماعية، والتعاون في مجال الأمن العربي ومكافحة الإرهاب.

وهذا المبدأ لا يعني أن الجامعة تعد سلطة عليا فوق سلطة الدول العربية، أو المنظمات العربية الأخرى، فهي ليست أداة مركزية إلا بما ورد في ميثاقها الذي وافقت عليه الدول العربية صراحة. وإنما يجعل الجامعة مركزا لتنسيق الأعمال، هو حث الدول العربية إلا تتعارض أو تتضارب تصرفاته والتزاماتها، فيما تقوم به من أعمال، أو فيما يصدر عنها من تصرفات مع أهداف ومبادئ الجامعة. وهذا الغرض لا يستوجب فرض سياسة معينة بل يستهدف تفهما لأهداف الجامعة(11).

ولما كانت الدول العربية قد انضمت إلى ميثاق الجامعة لتنظيم العلاقات بين الدول العربية وتسوية المنازعات بينها، فإن عليها أن تجعل من الجامعة مركزا لتنسيق أعمالها، ومحورا تلتقي به لتنظيم شؤونها. ويقوم هذا الهدف على ما يأتي:

(10) نصت الفقرة الرابعة من المادة الأولى من الميثاق على ما يأتي : "جعل هذه الهيئة مركزا لتنسيق أعمال الأمم لأدارك هذه الغايات المشتركة ".

(11) الدكتور إبراهيم احمد الشلبي، مصدر سابق، ص230.

1- أن تسعى الدول العربية إلى أن تعرض كل منازعات ومشاكلها على الجامعة بدلا من اللجوء إلى الوسائل الأخرى التي لا تضمن حقوق الدول ومبدأ المساواة بينها.

2- الاعتماد على الجامعة بشكل أساس في اتخاذ الإجراءات للقيام بالتدابير اللازمة ضد أية دولة تهدد السلم والأمن العربيين.

3- جعل الجامعة مؤسسة تسهم في القضاء على الفقر إدارة عمليات حفظ السلام وبناء السلام في الوطن العربي.

4- مراقبة المنازعات بين الدول العربية، وبينها وبين الدول الأجنبية والعمل على التسوية المبكرة لهذه المنازعات بالوسائل المقررة في القانون الدولي. وإذا ما قامت دولة لرأب الصدع بين دولتين عربيتين، فينبغي أن يكون ذلك من خلال الجامعة، وليس لإضعافها.

5- أن تكون الجامعة مركز لقاء بين الدول العربية، لتنظيم شؤونها وحماية مصالحها، بعيدا عن السيطرة الأجنبية.

6- أن تكون الجامعة مركزا لتنظيم العلاقات العربية بجميع أنواعها، السياسية والاجتماعية والاقتصادية والثقافية.

7- أن تكون الجامعة مركزا لتنظيم العلاقات العربية الأجنبية. فكل دولة عربية أن تقيم من العلاقات ما تشاء ولكن بعلم ودراية الجامعة، كما يفعل الاتحاد الأوربي.

لهذا نرى ضرورة أن يرد نص في ميثاق الجامعة يؤكد فيه على أن تكون الجامعة مركز ا لتنسيق الأعمال بين الدول العربية.

أما التطبيقات العملية، فإن بعض الدول العربية تخطت الجامعة ولجأت إلى الأمم المتحدة وعرضت مشكلتها عليها. وان دولا عربية أخرى بدأت تنظر إلى الوحدة الإفريقية بعين الاعتبار أكثر مما تراه في جامعة الدول العربية، وبدأ اهتمامها بالوحدة الأفريقية أكثر مما في جامعة الدول العربية.

سادسا- توحيد المؤسسات السياسية والاجتماعية العربية

من أهم العوامل على تنمية العلاقات السياسية العربية هو توحيد المؤسسات السياسية والاجتماعية العربية. لهذا فإن على الجامعة أن تقوم بما يأتي:

1-**إنشاء مؤسسات برلمانية**: يتطلب إنشاء مؤسسات برلمانية أن تعمل الجامعة على خلق روابط بين المؤسسات التشريعية في الدول العربية. فقد تم إنشاء اتحاد البرلمانيين العرب، وهذه خطورة جيدة، ولكنها تحتاج إلى تطوير في مؤسستها. بحيث تكون مناظرة للبرلمان الأوربي. فلابد من إنشاء برلمان عربي مستقل عن الدول العربية، يتم انتخابه بشكل منعزل عن البرلمانات القطرية، ويجتمع بصورة دائمة لمناقشة القضايا العربية، وتسري القرارات التي يصدرها على الدول العربية كافة. غير أن ما يعيق هذا الاقتراح هو أن بعض الدول العربية لا توجد فيها برلمانات منتخبة أصلا، أو برلمانات شكلية، أو برلمانات طائفية تخلق تكتلات طائفية داخل البرلمان العربي المقترح. ومع هذه العوائق، فلابد من إنشاء برلمان دائم يتمتع بصلاحية إصدار قرارات ملزمة للدول العربية، وإلغاء ما يصدر منها من قرارات تتعارض مع الأهداف القومية.

2-**توحيد القوانين في الدول العربية**: من الناحية الواقعية فإن اغلب القوانين في الدول العربية تعد متقاربة. وان كل ما تتطلبه هذه العملية هو تنسيق هذه التشريعات بقوانين موحدة مع ضرورة منح خصوصية لبعض الدول العربية بحسب ظروفها. فتحقيق هذا الهدف لا يتطلب العناء والخلاف الحاد بل العمل الفني وإعادة الصياغة وتوحيد المصطلحات. ويساهم توحيد التشريعات العربية في تقارب الدول العربية بشكل أفضل، ويسهل انتقال الأشخاص والأموال والاستثمارات بين الدول العربية.

3-**إنشاء منظمات ثابتة للوزارات المتخصصة**: سعت الجامعة على عقد مؤتمرات دورية لبعض الوزارات المتخصصة. وكان أكثر هذه الوزارات نجاحا واستمرارا وجدية، هو مؤتمرات وزراء الداخلية العرب. وكان ينبغي أن تكون هناك

مؤسسات ثابتة للوزارات المتناظرة تعقد بشكل دائم وممثلين دائمين لها. وان توزع مقار هذه المؤسسات على جميع الدول العربية، ولا تحصر في دولة واحدة.

4-**توحيد مؤسسات المجتمع المدني**:خطت جامعة الدول العربية خطوات كبيرة في موضوع. فتم تكوين العديد من منظمات المجتمع المدني بين الدول العربية، وبخاصة المنظمات ذات الطابع الإنساني والمهني.

5-**إنشاء شبكة من الاتصالات الدولية بين المسؤولين العرب**: لابد من إنشاء شبكة واسعة منفردة وجماعية بين رؤساء الدول العربية، ورؤساء الوزارات والوزراء، أو ما يطلق عليه بالشبكات التلفزيونية المغلقة للتداول في الأمور السياسية العربية والدولية، سواء اللقاءات الثنائية أو الجماعية، تحت إدارة الجامعة وتنظيمها.

6-**تأهيل الدول العربية المنظمة للجامعة**: انضمت العديد من الدول إلى الجامعة ، وان شعوب بعضها لم يتكلموا اللغة العربية منها الصومال وجيبوتي وجزر القمر. وهو ما يتطلب تأهيل هذه الدول من ناحية اللغة العربية وإنشاء مؤسسات متناسقة مع مؤسسات الجامعة والدول العربية، كما هو الحال في الاتحاد الأوربي [12].

7-**منح اللجوء السياسي**: ثبت من خلال التجربة، أن الدول العربية عندما ترفض معارضين لدول عربية أخرى، فإنهم يلجأون إلى الدول الأجنبية التي غالبا ما تجندهم ليس لمعارضة حكومتهم، بل للعمل ضد دولتهم وتخريبها. لهذا نرى أن على جامعة الدول العربية أن تعقد اتفاقية عربية توجب على كل دولة عربية منح للجوء السياسي للمعارضين لدولهم وحمايتهم، على أن لا يعملوا هؤلاء ضد دولهم من الدولة التي منحتهم اللجوء.

---

(12) بعد انهيار الاتحاد السوفيتي وانسلاخ العديد من الدول الأوربية منه ومن المنظومة الاشتراكية، عمل الاتحاد الأوربي على تأهيل هذه الدول لتكون أنظمتها وقوانينها ومؤسساتها متناسقة مع الدول الأوربية. ووضع سقف زمني لهذه العملية لتكون هذه الدول مؤهلة للانضمام إلى الاتحاد الأوربي.

سابعا- تطوير العلاقات العربية مع العالم

ينبغي على الجامعة أن تعمل على تطوير العلاقات الدولية العربية مع العالم:

1- تنمية العلاقات العربية الأفريقية

من الواضح أن الوطن العربي يمتد على مساحات كبيرة في آسيا وأفريقيا وان العديد من الدول الأفريقية المجاورة للدول العربية ترتبط بروابط تاريخية مع الدول العربية في القارة الأفريقية وأن العديد من الدول العربية في الجامعة أعضاء في منظمة الوحدة الأفريقية سابقا ومنظمة الاتحاد الأفريقي حاليا وهذا يتطلب إقامة علاقات متطورة مع الدول الأفريقية خاصة وأنها تعاني من ذات المشاكل التي تعاني منها الدول العربية. ومما يعزز العلاقات العربية الأفريقية وجود عوامل مشتركة بينها. كما أن أكثر الدول العربية تقع في القارة الأفريقية وتمتد على مساحة واسعة من القارة. لهذا لابد من عقد اجتماعات قمة مشتركة بين المنظمتين لتوحيد خططها وسياساتها، و بخاصة أن المنظمتين تعاني من مشاكل متشابهة.

وقد شهدت الفترة التي تلت حرب تشرين الأول عام 1973، مرحلة جديدة في تدعيم العلاقات العربية الأفريقية، وتوثيق الصلات الاقتصادية والسياسية. فلابد للجامعة من الاستفادة من جذور العلاقة بين العرب والدول الأفريقية عبر التاريخ [13].

ومن اجل توطيد هذه العلاقات فقد اتخذ مؤتمر القمة العربي المنعقد في عمان بتاريخ 17-18/آذار – مارس 2001 قرارا بتوطيد التعاون بين الجامعة العربية والدول الأفريقية. انطلاقا من التمازج التاريخي والحضاري والمصالح المشتركة التي تجمع الأمة العربية مع دول القارة الأفريقية والتأكيد على مواصلة الجهود لتعزيز التعاون العربي الأفريقي وإزالة العوائق التي تعترض اجتماعات أجهزته

---

(13) مجدي حماد، دور الجامعة العربية في التعاون العربي - الافريقي ، مركز دراسات الوحدة العربية، بيروت 1983، ص 509.

وتنفيذ البرامج المشتركة وكلف الأمين العام متابعة اتصالاته في هذا الشأن مع نظيره في منظمة الاتحاد الأفريقي [14].

2- تنمية العلاقات العربية الأوربية

بالنظر إلى أن الدول الأوربية من الدول المجاورة للوطن العربي ولها علاقات تاريخية متصلة خلال قرون عديدة. وان الدول الأوربية من الدول المتطورة من النواحي كافة وانها تسير نحو التوحيد والتطور والتقدم في المجالات كافة. ومن المؤمل أن تصبح قطبا دوليا فاعلا في السياسة الدولية، لهذا فإن التعاون معها يفيد العرب في العديد من الجوانب. ومن أجل تعزيز التعاون بين الدول الأعضاء بالجامعة والدول الأوربية فقد اقر مؤتمر القمة العربي المنعقد في عمان تنمية العلاقات العربية -الأوروبية وتطويرها بما في ذلك أحياء الحوار العربي الأوروبي وتطوير تلك العلاقات بما يحقق المصالح المتوازنة والمتكافئة [15].

ومن الناحية العملية فإن العديد من الدول العربية تقيم علاقات جيدة مع الدول الأوربية كما أن هناك علاقات شراكة بين بعض الدول العربية والاتحاد الأوربي، وخاصة الدول العربية الواقعة في حوض البحر الأبيض المتوسط. كما أن الدول الأوربية بحاجة إلى إقامة علاقات متطورة مع الدول العربية لما تملكه هذه الدول من مادة النفط. ومن اجل تطوير أكثر لهذه العلاقات لابد من تخصيص مؤتمرات قمة تعقد بين دول الجامعة، ودول الاتحاد الأوربي.

وقد ظهرت فكرة الحوار العربي الأوربي، عقب حرب تشرين عام 1973، حين أصدرت دول المجموعة الأوربية التسع إنئذ تصريحها المعروف ببيان 6/تشرين الثاني/نوفمبر 1973، حول موقفها من الصراع الدائر في المنطقة العربية، ثم أصدرت الدول العربية في مؤتمر القمة العربي المنعقد في الجزائر بيانا موجها إلى أوربا الغربية في 29/تشرين الثاني - نومفبر 1973، استجابت للتحسن الذي أظهره

---

(14) الفقرة (45) مؤتمر القمة العربي المنعقد في عمان في 27 و28 مارس/آذار 2001. الوثائق الرسمية جامعة الـدول العربية.
(15) الفقرة (46) المصدر السابق.

البيان الأوربي في موقف الدول الأوربية التسع من قضية فلسطين. فبدأ الحوار على صعيد الخبراء عام 1975 في القاهرة، وعقبه الحوار على صعيد لجنة عامة على مستوى السفراء عام 1976، وعقب ذل العديد من الاجتماعات. وقد مرت هذه الحوارات بأزمة الجامعة التي تحتاج إلى تفعلها من الناحية العملية [16].

ثامنا- أثر العولمة على تنمية العلاقات السياسية

على الرغم من أن العولمة تعمل على فرض قواعد عالمية موحدة على العالم اجمع إلا أن نظرتها للوطن العربي مختلفة تماما. حيث تعد التكتل العربي منافيا لمبادئها. ولهاذ فإن تعمل على التشطير والشرذمة والتجزئة، والقضاء على عوامل التقريب المتاحة للتكتل، وما يسمي بالفكر الإقليمي الجديد يعتمد علي نظرة عملية، تتجاهل الروابط الطبيعية في المنطقة العربية، وهي روابط لا يمكن التعرف عليها بمعزل عما يجري في العالم من تحولات، وما يطرأ عليه من مستجدات، خاصة بعد الحادي عشر من أيلول (سبتمبر) ، وهو تاريخ أنهي عصر العولمة، وادخل العالم عصرا آخر، هو ما نجازف ونسميه عصر ما بعد العولمة.

وتؤثر العولمة على الثقافة العالمية عن طريق العديد من الوسائل منها:

1 – استخدام الأقليات في بعض الدول من أجل تهديد وحدتها وتجزئتها والتدخل في شؤونها الداخلية والتأثير على وجودها، وإسقاط أية حكومة تجد الدول الغربية بأنها تهدد مصالحها. كما فرضت ثقافة الأقليات على بعض الدول، كما هو الحال في العراق والسودان.

2- استعمال حرية التجارة العالمية كأداة للإخلال بالتوازن في الدول القومية تمس نظمها وبرامجها الخاصة بالحماية الاجتماعية.

---

(16) احمد صدقي الدجاني، دور الجامعة العربية في الحوار العربي -الأوربي ، مركز دراسات الوحدة العربية، بيروت 1983، ص 460.

ويراجع أيضا: ناصيف حتي، الجامعة العربية والمنظمات الإقليمية المشابهة، مركز دراسات الوحدة العربية، بيروت 1983، ص 837، وما بعدها.

3- اتخاذ السوق والمنافسة التي تجري فيها مجالات لـ"الاصطفاء، أي وفقا لنظرية داروين في "اصطفاء الأنواع والبقاء للأصلح". وهذا يعني أن الدول والأمم والشعوب التي لا تقدر على "المنافسة" سيكون مصيرها ، بل يجب أن يكون، الانقراض لأنها غير قادرة على البقاء والمواكبة.

4- إعطاء كل الأهمية والأولوية للإعلام لإحداث التغييرات المطلوبة على الصعيد المحلي والعالمي، باعتبار أن "الجيوبوليتيك"، أو السياسة منظورا إليها من زاوية الجغرافيا، وبالتالي الهيمنة العالمية، أصبحت تعني اليوم مراقبة "السلطة اللامادية"، سلطة تكنولوجية الإعلام التي ترسم اليوم الحدود في المجال الاقتصادي السياسي التي توفرها وسائل الاتصال الإلكترونية المتطورة[17].

وبدأت العولمة تعمل على تجزئة المجزأ في الوطن العربي. حيث تخطط العولمة إلى تجزئة العديد من الدول العربية. وعلى المنظور القريب فإن الاتجاه نحو العراق ومصر والسودان وسوريا ولبنان والسعودية، وعلى المنظور البعيد فإن التجزئة تشمل جميع الدول العربية الأخرى. في حين نجد أن بعض الدول تشهد تقاربا كبيرا بينها رغم سعت التناقضات بينها. ومن هذه الدول المجموعة الأوربية ومجموعة دول آسيان والاتحاد الأفريقي.

اعتبر البعض أن هناك ثلاثة مشاريع في مجال العولمة : المشروع الرأسمالي، والمشروع الصهيوني، والمشروع الإسلامي، غير أن هناك مشروعين هما : الرأسمالي والإسلامي، وليس هناك مشروع صهيوني منفصل، لأن المشروع الصهيوني جزء من المشروع الرأسمالي، والمشروع الحضاري الغربي حصيلة ازدواجية القيم المسيحية واليهودية، وقد ساهم اليهود في تشكيل المشروع الحضاري الغربي في كل أجزائه: الفكرية والاقتصادية والفنية والاجتماعية الخ... والمشروع الصهيوني لا

_____

(17) محمد عابد الجابري العولمة والهوية الثقافية عشر أطروحات الانترنيت موقع العولمة ص4.

يملك العالمية لانحصار الدين اليهودي في شعب محدود، ولولا تحالف الصهاينة مع الغرب ومع المسيحية لما استطاعوا أن يقوموا بهذا الدور الذي نراه الآن [18].

عملت العولمة على تفتيت العالم، ومنع المنظمات الإقليمية، وبخاصة جامعة الدول العربية من العمل لتوحيد وتنسيق مواقفها. وفرضت على الدول التزامات تتناقض مع التزاماتها في الجامعة، فأصبحت الدول العربية رهينة لاتفاقيات منظمة التجارة العالمية، التي منعت الدول من الالتزام بمعاهدات تتناقض مع الاتفاقيات التي عقدت في إطار هذه المنظمة.

وغالبا ما تتناقض الالتزامات الواردة في ميثاق جامعة الدول العربية منع الالتزامات الواردة في الاتفاقيات الدولية المعقودة في إطار منظمة التجارة العالمية. فجعلت الدول العربية منظمة التجارة العالمية بدلا من الجامعة مركز لتنظيم شؤونها الاقتصادية والتجارية الدولية. ومن ذلك، لم تعد الجامعة، مركزا لتنسيق العلاقات بين الدول العربية، وكان ينبغي أن تنظر منظمة التجارة الدولية إلى الدول العربية من خلال الجامعة وليس الانفراد بكل دولة على حدة. وإذا ما استمر هذا الوضع، فانه سيأتي اليوم الذي تنتهي فيه الجامعة. ويصبح ولاء الدول العربية لمنظمة التجارة العالمية لا للجامعة.

---

(18) العولمة الحقيقة والأبعاد. ورقة مقدمة إلى مؤتمر كلية الشريعة في جامعة الكويت المنعقد 2000 حول العولمة.ص1.

المبحث الثاني
عدم التدخل في الشؤون الداخلية للدول العربية

عدم التدخل في الشؤون الداخلية للدول من المبادئ المهمة في العلاقات الدولية، وتناولت العديد من المعاهدات الدولية الخاصة بتنظيم العلاقات الدولية النص على عليه. وينطلق هذا المبدأ من قاعدة سيادة الدولة واستقلالها. وكان هذا المبدأ مطلقا يمنع التدخل في شؤون الدول الداخلية. غير أن تطور العلاقات الدولية في الوقت الحاضر وبسبب الظروف التي تحيط بالعالم، لم يعد كما كان عليه سابقا، وإنما وردت عليه العديد من الاستثناءات، فلم يعد للدولة السلطان المطلق في شؤونها الداخلية.

أولا – موقف ميثاق الجامعة من المبدأ

نصت المادة الثامنة من ميثاق الجامعة، على ما يأتي: " تحترم كل دولة من الدول المشتركة في الجامعة نظام الحكم القائم في دول الجامعة الأخرى، وتعتبره حقا من حقوق تلك الدول وتتعهد بان لا تقوم بعمل يرمي إلى تغيير ذلك النظام فيها". ونلحظ أن عدم التدخل الوارد في هذه المادة، ليس مبدأ عاما شاملا لجميع حالات عدم التدخل، وإنما يقتصر على عدم المساس بنظام الحكم ، وان تحترم الدول العربية نظام الحكم لكل دولة عربية، وألا تعمل على تغييره. ويقصد بنظام الحكم في هذا النص هو احترام السلطة القائمة، أي الأشخاص الذين يحكمون الدولة، فلا يجوز العمل على تغييرهم، أو تغيير النظام الملكي إلى نظام جمهوري. ولا يقصد بنظام الحكم في هذه الحالة النظام السياسي، أو الاجتماعي أو الاقتصادي، ذلك أن أنظمة الحكم في الدول العربية السبع التي اشتركت في إنشاء الجامعة، متشابهة، وأغلبها وراثية مؤيدة للغرب [19]. ولم تنص معاهدة الدفاع

---

(19) كان نظام الحكم في كل من مصر والعراق والأردن والسعودية واليمن، ملكيا وراثيا، وفي كل من سوريا ولبنان جمهوريا. وهي الدول السبع المؤسسة للجامعة.

المشترك والتعاون الاقتصادي بين الدول العربية على هذا المبدأ على الرغم من أهميته، وبخاصة إذا ما علمنا بان غالبية المنازعات السياسية بين الدول العربية هي حالات التدخل في الشؤون الداخلية [20].

ورد هذا الالتزام في الفقرة السابعة من المادة الثانية من ميثاق الأمم المتحدة، كمبدأ من مبادئ الأمم المتحدة، والتي نصت على ما يأتي : " ليس في هذا الميثاق ما يسوغ للأمم المتحدة أن تتدخل في الشؤون الداخلية التي تكون من صميم السلطان الداخلي لدولة ما. وليس فيه ما يقتضي للأعضاء أن يعرضوا مثل هذه المسائل لان تحل بحكم هذا الميثاق على أن هذا المبدأ لا يخل بتطبيق تدابير القمع، الواردة في الفصل السابع ". والدول العربية ملزمة بتطبيق هذا المبدأ على الصعيد العلاقات فيما بينها، وعلى صعيد العلاقات الدولية مع الدول غير العربية، بحكم عضويتها في ميثاق الأمم المتحدة.

ومبدأ احترام نظام الحكم الواردة في ميثاق الجامعة يختلف عن مبدأ عدم التدخل في الشؤون الداخلية للدول الوارد في ميثاق الأمم المتحدة، فاحترام نظام الحكم يعد جزءا من مبدأ عدم التدخل في الشؤون الداخلية للدول. وهو يعني احترام السلطة القائمة ، بينما يعني مبدأ عدم التدخل في الشؤون الداخلية للدول،

---

(20) ومن حالات التدخل في الشؤون الداخلية للدول العربية: النزاع بين لبنان والجمهورية العربية المتحدة عام 1958. إذ قدمت لبنان شكوى لمجلس الامن ضد الجمهورية العربية المتحدة لاستخدامها القوة والتدخل في شؤونها الداخلية

Venkart Raman, Astudy of the Procedural Concepts of United Nation Intermedilary, The UN ed. New York 1977, p.392

وفي عام 1959 قدم العراق شكوى إلى جامعة الدول العربية ادعى فيها بان مصر- تتدخل في الشؤون الداخلية للعراق. واتهمت مصر العراق بالتنكر لروح الود والاخاء والتعاون الصادق والتضامن العربي. وفي 1959/3/23 قرر مجلس الجامعة تشكيل لجنة مساعي حميدة لتسوية النزاع بين الدولتين. ولم توفق اللجنة في تسوية النزاع. يراجع:تراجع قرارات جامعة الدول العربية : (92/د5ج) في 1946/11/23. وتدخلت بعض الدول العربية بالشؤون الداخلية اللبنانية. ففي عام 2008 اتهمت كل من السعودية وسوريا بالتدخل في الشؤون اللبنانية. وكذلك التدخل في الشؤون الداخلية العراقية. فبعد احتلال العراق عام 2003، اتهمت الدول العربية المجاورة للعراق بالتدخل في الشؤون الداخلية العراقية.

وبصدد النزاع بين العراق والكويت فقد أشار قرار مؤتمر القمة العربية المنعقد في بيروت في 27-28-آذار 2002 إلى التمسك بمبادئ حسن الجوار وعدم التدخل في الشؤون الداخلية.الفقرة (21) من مؤتمر القمة العربية المنعقد في بيروت في 27-28 آذار 2002. جامعة الدول العربية، الوثائق.

بالإضافة إلى تضمنه احترام السلطة القائمة في الدولة، فانه يشمل احترام حق الدولة في المسائل الآتية:

1- اختيار النظام الاقتصادي والثقافي والتعليمي والاجتماعي والقانوني؛

2- عدم جواز التدخل في الشؤون الخارجية للدولة، فالدول حرة في اتخاذ ما تراه مناسبا في رسم سياستها الخارجية؛

3- عدم جواز التدخل في شؤون الأفراد والجماعات؛

4- عدم جواز دعم الحركات المقاتلة داخل الدولة وان لم يكن فيها نظام حكم قائم، أو كانت في حالة حرب أهلية.

وكان المفروض أن ينص ميثاق الجامعة صراحة على مبدأ عدم جواز التدخل في الشؤون الداخلية للدول، وان ينص على الاستثناءات الواردة في ميثاق الأمم المتحدة وقرارات مجلس الأمن لمنع تدخل الدول في الشؤون الداخلية للدول العربية تحت هذه الذريعة.

إن احترام مبدأ استقلال الدولة وسيادتها يوجب على الدول عدم التدخل في الشؤون الداخلية للدول. ولكل دولة حرية اتخاذ القرارات التي تنسجم ورغباتها ويمنع الدول الأخرى من فرض إرادتها على دول أخرى. وان احترام هذا المبدأ يعد الركيزة الأساسية في تعزيز مبدأ سيادة الدولة. وان عدم احترام هذا المبدأ قد يؤدي إلى تدهور العلاقات الدولية، قد تصل إلى مرحلة الحرب.

إن مبدأ عدم التدخل في الشؤون الداخلية للدول العربية وان لم ينص عليه بشكل كامل في ميثاق الجامعة فإن الدول العربية ملزمة بعدم التدخل في الشؤون الداخلية للدول العربية وغير العربية بحكم عضويتها في الأمم المتحدة، وطبقا لقواعد القانون الدولي العام. وإقرار هذا المبدأ يعني أن المنظمة الدولية ليست سلطة عليا فوق الدول، وهو يقرر استقلال الدول في شؤونها الداخلية عن اختصاص المنظمة، إلا في الحدود التي تنازلت عنها في معاهدة إنشاء المنظمة. والفرق بين ما ورد في ميثاق الجامعة، وما ورد في ميثاق الأمم المتحدة، هو أن الدولة التي تلجأ

للجامعة بالشكوى ضد دولة عربية أخرى تدخلت في شؤونها الداخلية، ينبغي أن ينحصر هذا الطلب في حالة ما إذا كان التدخل يمس نظام الحكم في الدولة. أما إذا راجعت الدولة العربية مجلس الأمن التابع للأمم المتحدة حول تدخل دولة عربية في شؤونها الداخلية، فإن مبدأ عدم التدخل يشمل جميع الحالات التي سبق الإشارة إليها ولا ينحصر في حالة المساس بنظام الحكم الذي حدده ميثاق الجامعة. لهذا نقول كان على ميثاق الجامعة ألا يجعل الدولة العربية أن تلجأ إلى الأمم المتحدة عندما تجد الدولة العربية أن ميثاق الجامعة لم يلبي مطالبها. يضاف إلى ذلك أن مبدأ عدم التدخل في الشؤون الداخلية للدول يعد من المبادئ الراسخة في القانون الدولي العام.

وقد أكدت الأمم المتحدة تحريم تدخلها في الشؤون الداخلية للدول في قرار الجمعية العامة للأمم المتحدة بشأن(إعلان مبادئ القانون الدولي المتعلقة بالعلاقات الودية بين الدول وفقا لميثاق الأمم المتحدة) والذي نص على ما يأتي:" ليس لأية دولة أو مجموعة من الدول أن تتدخل، بصورة مباشرة أو غير مباشرة ولأي سبب كان في الشؤون الداخلية أو الخارجية لأية دولة أخرى "

وبناء على ذلك فإن التدخل المسلح وكافة أشكال التدخل أو محاولات التهديد الأخرى التي تستهدف شخصية الدولة أو عناصرها السياسية والاقتصادية والثقافية تمثل انتهاكا للقانون الدولي.

فلا يجوز لأية دولة عربية استخدام التدابير العسكرية، أو الاقتصادية، أو السياسية أو أي نوع أخر من التدابير، أو تشجيع استخدامها لكي تكره دولة أخرى على النزول عن ممارسة حقوق السيادة أو للحصول منها أية مزايا. ولا يجوز كذلك لأية دولة أن تنظيم النشاطات الهدامة أو الإرهابية أو المسلحة الرامية إلى قلب نظام الحكم في دولة بالعنف أو مساعدة هذه النشاطات، أو التحريض عليها، أو تمويلها، أو تشجيعها، أو التفاوض عنها، أو التدخل في حرب أهلية ناشئة في أية دولة أخرى، ولكل دولة حق غير قابل للتصرف في اختيار أنظمتها السياسية

والاقتصادية والاجتماعية والثقافية دون تدخل من جانب أية دولة أخرى ". وعدم التدخل في الشؤون الداخلية للدول ليس هدفا، بل انه مبدأ الغرض منه حماية هدف حماية السلم والأمن الدوليين، فلا يمكن تحقيق سلم دولي، مع تدخل الدول في الشؤون الداخلية للدول أخرى.

ثانيا- الاستثناءات على المبدأ

جاء ميثاق الجامعة بخصوص عدم التدخل في الشؤون الداخلية للدول، بشكل مطلق ولم يرد عليه أي استثناء، لكونه جاء على حالة واحدة وهي احترام السلطة القائمة وعدم العمل على تغييرها. بينما أورد ميثاق الأمم المتحدة والقرارات التي اتخذها مجلس الأمن، والمعاهدات الدولية المعقودة بين الدول والتي تضم الدول العربية جميعها، باستثناءات على هذا المبدأ فأجاز للأمم المتحدة حق التدخل في الشؤون الداخلية للدول، في الحالات الآتية :

1- التدخل الإنساني

إن تطور القانون الدولي المعاصر أضاف مسائل أخرى أجاز فيها للمنظمة التدخل في الشؤون الداخلية للدول لأسباب إنسانية. ومن ذلك إذا ما أصدرت الدولة قوانين عنصرية أو مسألة من مسائل حقوق الإنسان، أو ارتكاب جرائم حرب، أو إبادة ضد الأقليات. ذلك أن مثل هذه الموضوعات لم تعد من مسائل السلطان الداخلي للدولة. فقد نصت ديباجة الميثاق على ما يأتي : " نؤكد من جديد إيماننا بالحقوق الأساسية للإنسان وبكرامة الفرد وقدرته وبما للرجال والنساء من حقوق متساوية ". وقد نصت الفقرة الأولى من المادة الثالثة عشر من الميثاق على ما يأتي : " إنماء التعاون الدولي في الميادين الاقتصادية والاجتماعية والثقافية والتعليمية والصحية والإعانة على تحقيق حقوق الإنسان والحريات الأساسية للناس كافة بلا تمييز بينهم في الجنس أو اللغة أو الدين ولا تفريق بين الرجال والنساء"[21].

---

(21) نصت المادة (55) من الميثاق على مأتي : " ... تعمل الأمم المتحدة على : ... 4- ان يشيع في العالم احترام حقوق الإنسان والحريات الأساسية للجميع بلا تمييز بسبب الجنس أو اللغة أو الدين. ولا تفريق بين الرجال والنساء ومراعاة تلك الحقوق والحريات الأساسية فعلا ".

وعلى الرغم من أن مسالة حقوق الإنسان من الموضوعات الداخلية التي تخص الدول إلا أن المجتمع الدولي يرى أن هدف القانون سواء أكان ذلك على الصعيد الدولي أم على الصعيد الداخلي هو حماية الإنسان وتوفير الاطمئنان والرفاهية والسعادة له، وان من واجب المجتمع الدولي الاهتمام بالإنسان وحمايته وتوفير حد معين من الحقوق والحريات الأساسية، بغض النظر عن المكان الذي يعيش في كنفه والنظام السياسي الذي يخضع له. فليس من المنطق أن يعش بعض الناس في رفاه وتقدم وآخرون يعيشون في فقر وبؤس والحرمان من ابسط الحقوق التي تليق بالإنسان لا لشيء سوى إنهم ولدوا في ظل نظام حكم لا يوفر لهم هذه المستلزمات. لهذا فإن الحدود الطبيعية والسياسية بين الدول لم تكن حاجزا في متابعة ما يلحق الإنسان من أذى وظلم وجور.

وتطبيقا لذلك، صدر عن الجمعية العامة للأمم المتحدة، الإعلان العالمي لحقوق الإنسان عام 1948، والعهدين الصادرين بموجبه بشأن الحقوق المدنية والاقتصادية والاجتماعية عام 1965. وصدرت العديد من الإعلانات والاتفاقيات الدولية الخاصة بحقوق المرأة والطفل، والمعتقلين وغيرها مما يتعلق بحقوق الإنسان. وجميعها التزامات قانونية يجب على الدول أن تحترم مواطنيها وتمنحهم الحقوق الواردة في هذه الاتفاقيات. فإذا كان من شان انتهاك حقوق الإنسان أن يهدد السلم والأمن الدوليين. أي أن التدخل لأغراض إنسانية وهو ما أطلق عليه بالتدخل الإنساني، فلمجلس الأمن حق التدخل لحماية حقوق الإنسان[22]. وأستعمل التدخل الإنساني من قبل الأمم المتحدة لأول مرة في عام 1991 ضد العراق، بذريعة حماية الأكراد في شمال العراق. ووضعت مناطق حظر جوي في شمال العراق وجنوبه تمنع تحليق الطائرات فيها. كما استخدم ضد السودان في حماية سكان دار فور.

---

(22) في الكلمة التي ألقاها الأمين العام للأمم المتحدة السيد كوفي عنان في افتتاح الدورة الرابعة والخمسين للجمعية العامة، دعا فيها الدول إلى عدم التذرع بالسيادة الوطنية عندما ترتكب جرائم ضد السكان المدنيين. مؤسسا دعوته على أساس ان هناك حقوقا بغض النظر عن الحدود، ومؤكدا الاتجاه إلى الاعتراف بضرورة التدخل الذي ظهر في السنوات الأخيرة، وأشار إلى النتائج المتناقضة في مسألتي كوسوفو وتيمور الشرقية، وحدد حقا جديدا للتدخل الإنساني. وقال ان المفهوم التقليدي الصارم للسيادة لم يعد يلبي اليوم تطلعات الشعوب للإفادة من الحريات الأساسية.

2- فرض هيبة القانون

إذا طلبت الدولة من الأمم المتحدة أن تتدخل لعدم قدرتها على فرض هيبة القانون، أو أن المنظمة وجدت ضرورة أعادة هيبة القانون في الدولة، أن تتدخل في تلك الدولة بان ترسل قوات دولية لاستتباب الأمن والاستقرار. فإذا حصل انفلات امني في دولة معينة، ولم تتمكن من فرض هيبة القانون وتحقيق الأمن و الاستقرار، فلمجلس الأمن أن يتولى إعادة الأمن والاستقرار لهذه الدولة[23].

3- استخدام وسائل القمع ضد دولة

أجاز ميثاق الأمم المتحدة للمنظمة أن تتخذ وسائل القمع الواردة في الفصل السابع في الميثاق، في حالة تعرض السلم والأمن الدوليين للخطر[24]. وقد جاء لاستثناء عند استخدام وسائل القمع فقط، ولا يشمل ذلك استخدام وسائل المنع، ويقصد بوسائل القمع، استخدام وسائل إرغامية، أو القوة المسلحة لمنع ما يهدد السلم والأمن الدوليين، بعد أن يستنفذ مجلس الأمن وسائل المنع ولم تحقق نتائج معينة في منع الدول من اللجوء إلى قواتها المسلحة، ولم تسو نزاعها بالوسائل السلمية المقترحة.

فعندما يرى مجلس الأمن أن وسائل المنع لم تؤد إلى حل النزاع، وعرضت على الدول المتنازعة كل الوسائل السلمية لتسوية نزاعها بهذه الوسائل، غير أنها، لم تسو نزاعها بتلك الوسائل، وإنها ماضية بنزاعها بما يهدد السلم والأمن الدوليين، فإن مجلس الأمن، لا يلجا إلى وسائل قمع مباشرة. وإنما يلجأ أولا إلى تدابير قمع مؤقتة، وفي حالة استمرار ما يهدد السلم والأمن الدوليين، يلجأ المجلس إلى اتخاذ تدابير ارغامية غير عسكرية. وإذا لم تؤد هذه الإجراءات كلها بإزالة ما يهدد

---

(23) أصدرت الجمعية العامة للأمم المتحدة قرارا يقضي باتخاذ الإجراءات اللازمة لإعادة الرئيس الهاييتي المخلوع (جان برتران ارستيد) بانقلاب عسكري أطاح به.يراجع القرار رقم (7/46) والقرار (20/47أ) وتراجع الوثيقة المرقمة (A/47/Pv.71,100).

وفي عام 1994 أعادت الولايات المتحدة الرئيس المذكور إلى منصبه بعد احتلال هاييتي.

(24) نصت الفقرة (7) من المادة الثانية من ميثاق الأمم المتحدة على ما يأتي: " ليس في هذا الميثاق ما يسوغ "للأمم المتحدة" أن تتدخل في الشؤون التي تكون من صميم السلطان الداخلي لدولة ما، وليس فيه ما يقتضي- الأعضاء أن يعرضوا مثل هذه المسائل لأن تحل بحكم هذا الميثاق، على أن هذا المبدأ لا يخل بتطبيق تدابير القمع الواردة في الفصل السابع".

السلم والأمن الدوليين، يلجأ مجلس الأمن إلى استخدام وسائل عسكرية. وبناء على ذلك فإن مجلس الأمن يلجأ إجراءات متتالية لمنع ما يهدد السلم والأمن الدوليين ومنها استخدام القوة المسلحة.

4- الامتناع عن امتلاك أسلحة الدمار الشامل

كان امتلاك أسلحة الدمار الشامل شأن من الشؤون الداخلية للدول. وبالنظر إلى أن هذه الأسلحة تؤدي إلى تدمير البشرية كاملة فإن المجتمع الدولي تدخل ومنع الدول من امتلاك أسلحة الدمار الشامل. وعقدت عدة اتفاقيات دولية في إطار الأمم المتحدة لمنع انتشار الأسلحة النووية، كما شكلت الجمعية العامة للأمم المتحدة لجنة خاصة لنزع السلاح النووي[25]. وعقدت العديد من الاتفاقيات الدولية بين روسيا الاتحادية والولايات المتحدة الأمريكية حول الحد من التجارب النووية وتخفيض الصواريخ النووية المتوسطة المدى وغيرها من الاتفاقيات الدولية المتعلقة بتحريم وحيازة الأسلحة ذات التدمير الشامل. وقد استخدمت هذه الحالة كذريعة لضرب الدول وتدميرها. ومن ذلك فقد قامت الولايات المتحدة الأمريكية بضرب العراق تحت ذريعة نزع أسلحة الدمار الشامل التي مل يثبت وجودها بقرار مجلس الأمن المرقم 2007/1762.

ثالثا-حالات لا تعد تدخلا في الشؤون الداخلية للدول

أن تطور المجتمع الدولي، فرض وجود حالات قد تعد أعمالا عدائية وتدخلا في الشؤون الداخلية للدول من الناحية العملية، إلا إنها من الناحية القانونية لا تعد تدخلا. ومن ذلك:

(25) في عام 1975 ادرج موضوع حظر استخدام وصنع أنواع جديدة من أسلحة التدمير الشامل ومنظومات جديدة من هذه الأسلحة في جدول أعمال الدورة الثلاثين للجمعية العامة. وقد تم مناقشة المشروعات والمقترحات في الدورات اللاحقة. وفي الدورة السادسة والعشرين طلبت الجمعية العامة للأمم المتحدة من الحكومات ان تعرض اتفاقية حظر وإنتاج وتخزين الأسلحة البكتريولوجية (البيولوجية) والتكسينية وتدمير تلك الأسلحة وفتح باب التوقيع على الاتفاقية في العاشر من نيسان 1973.تراجع الوثائق :
(A/c.45/P.p.3-23), (A/45/794). (s/c.3/32/Rev.1)and(A/45/Pv.54)
(A/47/42).(A/47/27) , (A/c.5/47/sr.29). and(A/47/690)

1- التدخل الإعلامي

يتمتع الإعلام بالحرية في أداء عمله. وله أن يتناول أية موضوعات ضد الدولة طبقا للقوانين النافذة التي تصدرها الدولة، فهذا شأن داخلي. وللعلام أن يتناول موضوعات داخل دول أخرى. فليس لهذه الدول محاسبة الدولة التي يصدر فيها هذا الإعلام، وان جاء على سبيل التحريض بالانقلاب ودعم جهات معادية وغيرها من الإعلام. ذلك أن الدول نفسها ليست لها سيطرة على الإعلام. ويستثنى من ذلك الإعلام الرسمي التابع للدولة. فيجوز للدول أن تلجأ إلى الجامعة والأمم المتحدة حول التدخل الإعلامي الرسمي من قبل دولة معينة في شؤونها الداخلية.

2- تدخل المنظمات غير الحكومية

تسود العالم في الوقت الحاضر العديد من المنظمات الإنسانية والمهنية تختص بمتابعة العديد من القضايا داخل الدول, ومن ذلك منظمة العفو الدولية، ومنظمة هيومن رايتس ووتش، ومنظمات المحامين والتجار والحقوقيين والأطباء وغيرها من المنظمات المهنية. فجميع ما يصدر من هذه المنظمات لا يعد تدخلا من قبل الدولة في الشؤون الداخلية للدول الأخرى.

رابعا- التدخل في الشؤون الداخلية في عصر العولمة

حددت العولمة مبدأ عدم التدخل في الشؤون الداخلية للدول. وسادة العولمة على سيادة الدولة. فأصبح للدول المتنفذة أن تتدخل في الشؤون الداخلية للدول، وتقوم بتغيير أنظمة الحكم بالطرق السياسية، أو العسكرية، عن طريقة الأمم المتحدة، أو بدونها. فقد تم تغيير نظام الحكم في هاييتي ونيكاراغوا والصومال وأفغانستان والعراق بالقوة بواسطة الأمم المتحدة وبدونها. وجرت محاولات عديدة لتغيير أنظمة الحكم في العديد من الدول العربية، منها سوريا والسودان وليبيا والجزائر.

وأصبح أمن الدول مهددا بسبب سياسات العولمة، التي تهدف إلى إضعاف سيادة الدولة على أراضيها ومواطنيها وتفرض التدخل في الشئون الداخلية للدولة. وأمن المواطن مهدد لان سياسات اقتصاديات العولمة تعفي النظام من التدخل في النشاط الاقتصادي للدولة. بمعنى أن ترفع الدولة مسؤوليتها عن تقديم الخدمات الأساسية. مثل التعليم والصحة والدعم الاقتصادي لمساعدة الطبقات الفقيرة. أي أن سياسات العولمة الاقتصادية تدفع الدولة على إغفال البعد الاجتماعي والإنساني الأمر الذي يؤدي بالضرورة في النهاية إلى تفشي البطالة واتساع دائرة الفقر وكلاهما من محركات الجماهير بأية صورة من صور التحرك في مواجهة النظام[26].

كما أن سياسات العولمة الاقتصادية تسهم في زيادة نصيب الأجانب في ثروة البلاد ودخلها في حالة التوسع في مشاريع الخصخصة مما يؤدى في النهاية إلى ارتفاع معدلات تحويل عائدات الدخول الأجنبية المستثمرة في الدول العربية إلى الخارج بالإضافة إلى أن الاحتكار في ضل الخصخصة يؤدي لا محال إلى إفقار الشعب ويعمل على تحويل ملكية المنشآت الوطنية بفعل الخصخصة إلى ملكية للأجانب هذا إذا تغاضينا عن ذكر تفاصيل شروط الدائنين والمانحين. وتعليمات صندوق النقد الدولي وشروط الشركات متعددة الجنسيات المتعلقة بالاستثمار بالإضافة إلى شروط منظمة التجارة العالمية.

كل هذا في ضل دولة تعاني من نقص متزايد في سيادتها ومتواصل في سيطرتها على أراضيها ومواطنيها بسبب العولمة. الصراعات المحلية والإقليمية ومنذ خلق الإنسان على الأرض نشأ الصراع وأكسبت الحاجات الاقتصادية والاجتماعية والسياسية والنزعات الأيدلوجية الصراع دوافعه الحقيقية. ومع بروز الجماعات الإنسانية برز الصراع من أجل السيطرة والنفوذ[27].

---

(26) العميد أمن م. حسن بيومي. الثقوب الأمنية في ظل العولمة، صحيفة ألرأي 2001. الانترنيت موقع (العولمية).
(27) المصدر السابق.

وسواء أكان هذا التدخل مباشرة أم عبر آليات الشرعية الدولية. وعبر الآليات المستحدثة لفض النزاعات والمدعومة من قبل الدول الكبرى والولايات المتحدة مثل الايكواس والايقاد وآلية فض النزاعات التابعة لمنظمة الوحدة الأفريقية، فإن المحصلة النهائية لحسم هذه الصراعات المفضية إلى تهديد الأمن والسلام العالميين هي فرض شرعية التدخل للدول الكبرى والولايات المتحدة في الشئون الداخلية لأية دولة سواء أكان مباشرة أم عبر آليات الشرعية الدولية. الأمر الذي يتسق تماما مع مفاهيم العولمة. المفضية إلى إضعاف سيادة الدولة[28].

لقد عمل النظام العالمي الجديد على فرض الديمقراطية على الدول العربية بالقوة. فبعض الدول العربية تم احتلالها بحجة تطبق الديمقراطية، كما حدث في العراق، ودول أخرى أقيمت فيها ديمقراطيات شكلية لإضفاء وصف معين عليها، وكان الوطن العربي لا يعاني إلا من غياب الديمقراطية.

ومن الواضح، أن الديمقراطية لا يمكن تطبيقها دون أن يسبقها مستلزمات الديمقراطية، منها تحسين الوضع الاجتماعي والاقتصادي والسياسي للمجتمع. ومثل هذه المستلزمات غير متوافرة في جميع الدول العربية.

أن دور النخب في العملية السياسية في ظل النظام الديمقراطي لن يقتصر على الاستحواذ على المناصب السياسية العليا في الدولة أو يتبادلونها فيما بينهم كما صار عليه الحال في النظم الشمولية وإنما يتعين عليهم الاهتمام والاهتمام المطلق بمسألة التنمية الاقتصادية والاجتماعية وإتاحة الفرص أمام الأجيال القادمة لكي تمارس حقوقها السياسية بشكل طبيعي. لان من أخطر القضايا على أمن المجتمع بأن يسيطر جيل من دون وجه حق مشروع على حقوق الأجيال الأخرى وان كونه وصل إلى الحكم والسلطة بأية صورة من الصور هذا الوضع لا يعطيه الحق في هضم حقوق الأجيال القادمة، كما أن أمن الوطن وأمن المواطن وأمن النظام.

---

[28] المصدر السابق.

يبدأ ويتأكد من الداخل. ويتآكل من الخارج في حالة التفكك وعدم حماية الوحدة الوطنية[29].

ولهذا بات من الأنسب بالنسبة للدول النامية بان تلجأ إلى استنباط نموذج للدولة الحديثة يتلاءم مع خصوصياتها الثقافية شريطة العمل على تقوية هذه الخصوصيات عبر تنشيط حركة المجتمع المدني ومحاولة إيجاد مفهوم جديد تستطيع عبره مؤسسات المجتمع المدني الحديثة احتواء أبنية المجتمع التقليدية تحت عباءتها مثل القبيلة والعشيرة والطائفة... إلخ. لأنه أصبح من المستحيل على الدولة القومية مواجهة مثالب العولمة الاقتصادية والثقافية من دون اللجوء إلى مؤسسات المجتمع المدني كإضافة إلى جهد القطاع الخاص والدولة في مسألة التنمية. وخاصة أن هذه المؤسسات مؤيدة من قبل النخبة التي تعتبر المدافع الوحيد في الساحة السياسية عن شخصيتها الثقافية وعن القومية وخصوصياتها.

---

(29) المصدر السابق.

المبحث الثالث
صيانة استقلال وسيادة الدول العربية

نصت المادة الثانية من ميثاق الجامعة، على أن الهدف من إنشاء الجامعة هو "صيانة لاستقلالها وسيادتها"، وقد حصر الميثاق هذا الهدف بالدول المشتركة في ميثاق الجامعة. وكان المفروض أن يكون الهدف من إنشاء الجامعة ليس صيانة استقلال وسيادة الدول الأعضاء، وجميع الدول العربية. وقد يثور السؤال، كيف يكون تتمكن الجامعة من صيانة استقلال وسيادة الدول الأعضاء في الجامعة، في الوقت الذي كانت فيه خمس دول منها تحت الانتداب البريطاني والفرنسي، وهي كل من الأردن وسوريا ولبنان وفلسطين. أما الدول غير الأعضاء في الجامعة فكانت جميعها تحت الاحتلال المباشر، المباشر. أي جميعها دول مستعمرة. وكان المفروض أن يرد النص بالشكل الآتي: " تهدف الجامعة إلى تحقيق استقلال وسيادة الدول العربية، والعمل على تحرير الدول المحتلة". ذلك أن مصطلح صيانة يعني أن الدول العربية مستقلة وتتمتع بالسيادة، في حين، حتى المستقلة منها قانونيا، كانت غير مستقلة، ولا تتمتع بالسيادة الكاملة من الناحية العملية.

ويدق التمييز بين مصطلحي الاستقلال والسيادة، لدرجة ينعدم التمييز بينهما. ويمكن أن نضع معيارا، للتميز بين المصطلحين، فاستقلال الدولة يعني عدم خضوع الدولة للاحتلال الأجنبي، أي انها غير خاضعة للاحتلال المباشر، أو غير خاضعة لنظام الانتداب، أو الوصاية. بينما يعني مصطلح السيادة، حق الدولة في ممارسة شؤونها الداخلية والخارجية بحرية تامة، وتطبيق قوانينها على جميع أجزاء الإقليم والأشخاص المقيمين عليه دون تدخل أجنبي.

أولا- صيانة استقلال الدول العربية

نص الميثاق على صيانة استقلال الدول المشاركة في الجامعة. وبالنظر إلى أن مفهوم الصيانة يتعلق بوجود استقلال وتعمل الجامعة على المحافظة على هذا

الاستقلال. وكان ينبغي أن يرد النص على ضمان استقلال الدول الأعضاء في الجامعة والأقاليم العربية الخاضعة للاحتلال الأجنبي بكل صوره.

ويقصد باستقلال الدول الأعضاء عدم خضوعها لأي شكل من أشكال الاستعمار، كالاحتلال المباشر والحماية الاستعمارية والحماية الدولية والانتداب والوصاية والدولة المحيدة. وان تتوافر عناصر الدولة الثلاث، وهي الشعب والإقليم والنظام السياسي والقانوني، بغض النظر عن مساحة الإقليم وعدد سكان الشعب، ونوع النظام القانوني والسياسي القائم. وتتمتع الدولة المستقلة بالشخصية القانونية الدولية الكاملة، فلها حق الانضمام إلى المنظمات الدولية وعقد المعاهدات الدولية وحق تبادل التمثيل الدبلوماسي مع أية دولة، وإعلان الحرب وعقد الهدنة والصلح. وقد سبق أن تكلمنا عن السيادة .

وعند وضع ميثاق الجامعة كانت بعض الدول العربية تتمتع بالاستقلال، وبعضها محمية، وبعضها مستعمرة:

1-<u>الدول العربية المستقلة</u>: وهي كل من مصر والعراق والسعودية واليمن، وكانت تتمتع باستقلال قانوني. أما من الناحية الواقعية فكان بعضها خاضعا للهيمنة أو وجود قواعد عسكرية أجنبية. ففي العراق كانت قاعدتي الحبانية في الانبار، والشعيبة في البصرة، وتم إنهاءها بعد قيام الجامعة. وكانت قوات بريطانية في مصر تم إجلاءها عام 1956.

ويحق للدولة العربية المستقلة أن تستخدم مواردها الطبيعية بحرية تامة، وتحديد الاستثمارات الأجنبية في نطاق ولايتها واتخاذ التدابير اللازمة التي تكفل تنظيم هذه النشاطات طبقا لقوانينها. ولها حق تأميم الممتلكات الأجنبية أو نزع الملكية على أن تعوض أصحابها بالتعويض المناسب[30]. وعقد

(30) يراجع قرار الجمعية العامة للأمم المتحدة رقم 3/2/328 الخاص بميثاق حقوق الدول وواجباتها الاقتصادية الصادر في 15 كانون الثاني من عام 1975.
الوثيقة المرقمة: (A/Res/3281/24)

المعاهدات الدولية بمحض إرادتها، فلا يجوز لأية دولة أن تفرض معاهدة دولية على دولة أخرى دون رضاها، ولا يجوز استخدام الوسائل القسرية المادية أو المعنوية لإجبار دولة على أن تنفذ التزامات لا ترغب بها[31].

2- **الانتداب** : الانتداب نظام جاءت به العصبة. وطبقا للمادة (22) صنفت بعض الدول العربية بدرجة (أ) من الانتداب . وهي كل من العراق والأردن وفلسطين تحت الاحتلال البريطاني، وكل من سوريا ولبنان تحت الانتداب الفرنسي. وهو الانتداب الذي فرض على الأقاليم التي انسلخت من الدولة العثمانية. ولما كانت هذه الأقاليم تحت رعاية دولة وهي الدولة العثمانية، فإن لها تجربة بسيطة في إدارة الحكم، فهي قادرة على حكم نفسها بمساعدة دولة أخرى تتولى إدارتها وتطوير شعبها، لحين تتكامل قدرتها على استلام السلطة. وقد أوجبت العصبة أن تكون مدة الانتداب لا تزيد على ثلاث سنوات. غير أن الانتداب استمر أكثر من (25) سنة.

يضاف إلى ذلك أن الدول التي انتدبت كانت قد احتلت الأقاليم التي انتدبت عليها قبل صدور قرار العصبة بفرض الانتداب عليها. وبذلك فإن الدول التي خضعت لهذا النوع من الانتداب كانت أقاليم مستعمرة استعمارا مباشرا من قبل كل من بريطانيا وفرنسا من عام 1914 إلى عام 1920. وبعد هذا التاريخ طبق نظام الانتداب على هذه الأقاليم. وبعد انتهاء الثلاث سنوات لم تحصل هذه الأقاليم على استقلالها الكامل. وتحول إلى احتلال استعماري عن طريق فرض معاهدات حماية، مع وجود سلطة سياسية وقانونية، أي توجد فيها حكومة، تتمتع بصلاحيات محدودة في المجال الداخلي، حددها صك الانتداب.

ومن الدول العربية التي خضعت لهذا النوع من الانتداب، كل من العراق وفلسطين والأردن للانتداب البريطاني، وكل من سوريا ولبنان للانتداب

---

(31) أوجبت المادة (52) من اتفاقية فيينا لقانون المعاهدات لعام 1982 بطلان المعاهدات التي تفرض بالقوة. وحرمت المادة (51) من الاتفاقية المذكورة استخدام وسائل الإكراه ضد ممثل الدولة.

الفرنسي. وانتهى الانتداب على العراق عام 1932، وعلى سوريا ولبنان والأردن عام 1946، وعلى فلسطين عام 1947.

3-**الدول العربية المحمية:** يقصد بالدولة المحمية تلك الدولة التي وضعت تحت حماية دولة أخرى تتولى حمايتها من أي اعتداء خارجي قد تتعرض له. وتلتزم الدولة الحامية بالدفاع عن الدولة المحمية وإدارة شؤونها الخارجية والتدخل في إدارة إقليمها. وتقوم الحماية الدولية بناء على معاهدة دولية[32]. وكانت الكويت عند إنشاء الجامعة من الدول الموضوعة تحت الحماية البريطانية بموجب معاهدة عام 1899، وكانت فيها قاعدة بريطانيا، انتهت عام 1961 وحصلت على استقلالها.

4-**الدول العربية المستعمرة**: يقصد بالدول العربية المستعمرة الأقاليم التي لا يتوافر فيها الركن الثالث من أركان الدولة، أي لا توجد فيها حكومة أساسا. ومن أمثلة ذلك الأقاليم الخاضعة للاستعمار المباشر التي تتول إدارتها الدولة المستعمرة. وتفتقد مثل هذه الأقاليم صفة الدولة. وتتعامل الدول مع الدولة التي تتولى إدارة شؤونها، وتعمل الدول المتعاطفة معها عن طريق حركات التحرر التي تهدف إلى إنهاء الاستعمار الواقع عليها.

ويمثل هذا النوع من الدول الجانب الأكبر من الدول العربية المستعمرة. ومن ذلك المغرب والجزائر وتونس التي كانت تحت الاحتلال الفرنسي، وليبيا والسودان وموريتانيا وجيبوتي، التي تعاقبت على استعمارها عدة دول، وقطر والبحرين والإمارات العربية المتحدة وسلطنة عمان وعدن التي كانت تحت الاحتلال البريطاني.

وعندما قامت الولايات المتحدة الأمريكية باحتلال العراق في 9 نيسان من عام 2003 أعلنت انها تحتل العراق وانه أصبح تحت إدارتها وعينت (بول بريمر)

(32) Ian Brownlie, op. Cit. p120

حاكما مدنيا على العراق. الذي قام بتاريخ 2003/4/17، بحل الجيش العراقي والأجهزة الأمنية وبعض الوزارات. وشكل مجلس حكم تحت رئاسته.. وصدر قرار من مجلس الأمن يقضي بجعل العراق تحت الاحتلال الأمريكي بموجب القرار المرقم (2003/1500). واعترف مجلس الأمن بالقرار (2003/1511) بمجلس الحكم تحت قيادة الحاكم المدني (بول بريمر).

وبالنظر للمقاومة التي تعرضت لها القوات الأمريكية في العراق قامت بتاريخ 2006/6/29 بتشكيل حكومة تتكون من (25) شخصا تمثل طوائف العراق، يتمتعون بجزء من السيادة. وبعد ذلك شكل حكومة مؤقتة تبعتها انتخابات جرت في 30 كانون الثاني 2006. وعلى الرغم من تشكيل حكومة عراقية إلا إنها لا تتمتع بالسيادة الكاملة بسبب وجود القوات الأمريكية في العراق التي تتحكم في جميع الأمور السياسية والمدنية.

5- **الدول العربية الموضوعة تحت الوصاية:** نظم ميثاق الأمم المتحدة أحكام الوصاية بحجة إدارة الأقاليم التي لم تتمكن شعوبها من إدارة نفسها. والعمل على تطويرها ورفاهيتها وتوعيتها في الأمور السياسية والاجتماعية والاقتصادية والتعليم وتشجيعها على احترام حقوق الإنسان الأساسية وتطبيق مبدأ المساواة. وإيصالها إلى المرحلة التي تتمكن فيها شعوبها من إدارة الإقليم في المجالين الداخلي والدولي. وتوضع الوصاية بموجب اتفاقيات دولية. ويطلق على الأقاليم المشمولة بهذا النظام بالأقاليم المشمولة بالوصاية .

ولا توجد دولة عربية موضوعة تحت الوصاية عند عقد إنشاء الجامعة، ذلك أن نظام الوصاية صدر بصدور ميثاق الأمم المتحدة، وان الجامعة كانت سابقة على إنشاء الأمم المتحدة. وقد طبق نظام الوصاية على العراق بعد حرب عام 1991، بموجب قرارات مجلس الأمن ومنها القراران 1991/661 و1991/687، والذي بموجبهما تولت لجنة 661 في الأمم المتحدة شؤون العراق الاقتصادية وحددت تحركاته العسكرية داخل العراق. ومنع من استيراد جميع المواد بما

فيها المواد الغذائية والدواء، وبموجب مذكرة التفاهم (النفط مقابل الغذاء والدواء) عام 1996، تولت لجنة 661 بيع النفط العراقي واستيراد المواد الغذائية والدواء. واستمر العمل بذلك حتى عام 2003، بعد احتلاله من قبل الولايات المتحدة. وألغيت لجنة (661) بموجب القرار (2003/1483) وألغيت أيضا، لجان التفتيش بموجب القرار (2007/1762). ولم يصدر قرار بوضع العراق تحت الوصاية، لان الميثاق منع وضع الدول الأعضاء في الأمم المتحدة تحت الوصاية الدولية(33)، غير أن الأمم المتحدة طبقت نظام الوصاية بدون أن تسمية بهذا الاسم، وانما تحت غطاء مذكرة التفاهم (النفط مقابل الغذاء والدواء)

6-**الدول المحيدة:** يقصد بالدولة المحيدة اتفاق عدد من الدول بوضع دولة معنية تحت الحياد، لتكون ملتقى تلتقي به الدول المتحاربة. وقد فرض الحياد على سويسرا عام 1815 ولوكسمبورغ عام 1868 والنمسا عام 1955 ولاوس عام 1962(34). وتمتلك الدولة المحيدة استقلالها الداخلي والخارجي، إلا ما كان منها متعلقا بالحياد المفروض عليها. فلا تملك حق إعلان الحرب أو الدخول بالأحلاف العسكرية. ولذا فإن سيادتها ناقصة . غير أن هذا النوع من الدول لم يعد له تأثير في الوقت الحاضر لان الحرب والإعلان عنها محرم طبقا لميثاق الأمم المتحدة. وبسبب الحياد لم تنظم سويسرا للأمم المتحدة إلا في عام 2002.

ولا توجد دولة عربية محيدة. غير أن هناك أجزاء من الدول العربية كانت محيدة منها قناة السويس في مصر بموجب معاهدة القسطنطينية عام (1888)، ومضيق باب المندب بين اليمن وجيبوتي، ومضيق هرمز في سلطنة عمان، ومضايق تيران بين السعودية ومصر، ومضيق جبل طارق بين المغرب واسبانيا. فهذه المناطق فرض عليها الحياد بموجب قواعد القانون الدولي العام.

(33) نصت المادة (78) من ميثاق الأمم المتحدة على ما يأتي:" لا يطبق نظام الوصاية على الأقاليم التي أصبحت أعضاء في هيئة "الأمم المتحدة" إذ العلاقات بين أعضاء هذه الهيئة يجب أن تقوم على احترام مبدأ المساواة في السيادة.

(34) Gerhard Von Glahn,op. cit. p71.

7-**القواعد الأجنبية في الدول العربية:** لم يشر الميثاق إلى مسألة القواعد العسكرية المتواجدة في العديد من الدول العربية قبل وبعد إنشاء الجامعة وحتى الوقت الحاضر، وعما إذا كان وجود هذه القواعد يعد انتقاصا لاستقلال الدول العربية. وبخاصة أن وجود هذه القواعد أصبح احد محاور الخلاف بين الدول العربية[35]. وتواجد القواعد العسكرية في الوطن العربي في الوقت الحاضر، يغلب عليه الاتفاق بين الدول العربية وبين الولايات المتحدة الأمريكية. إذ توجد العديد من القواعد في العديد من الدول العربية وبخاصة الدول العربية في الخليج العربي، وعلى الرغم من أن هذه القواعد تنقص من سيادة الدولة، إلا أنها موجود بإرادة الدولة من الناحية القانونية.

8-**الهجرة الأجنبية في الدول العربية:** تعرضت منطقة الخليج العربي إلى هجرة منظمة من قبل بعض الدول وعفوية بحثا عن العمل. وبالنظر إلى أن هذه الهجرة المتزايدة فاقت عدد السكان الأصليين في الخليج العربي ، وبخاصة بعد ظهور مطامع إقليمية في المنطقة، فقد أرسلت الجامعة بعثة لتقصي الحقائق عام 1964 وأشار تقرير البعثة بوجود هجرة غير مشروعة تشجعها بريطانيا وتهدد هذه الهجرة عروبة الخليج، ووجود صراعات بين شيوخ الخليج. لهذا فقد عملت الجامعة على دعم الروابط بين شيوخ الخليج، وتشجيع شيوخ الخليج بإنشاء مكاتب لجوازات السفر واتخاذ الإجراءات بإنهاء الإقامة غير المشروعة للمهاجرين غير الشرعيين الذين تسللوا لمنطقة الخليج، والعمل على النهوض العمراني والاقتصادي لمنقطة الخليج. وقد أنشأت الجامعة مكتب للتنمية تابع للجامعة العربية، لمتابعة مسألة الهجرة للخليج على الرغم من مقاومة بريطانيا لهذه الخطوات[36]. ونعتقد أن الجامعة لم تقم بواجبها تجاه الهجرة الأجنبية إلى

---

(35) حسن نافعة الدور السياسي للجامعة العربية في استقلال بعض الأقطار العربية وفي القضية الفلسطينية، مركز دراسات الوحدة العربية، بيروت 1983، ص130.

(36) يراجع محمد على رفاعي، الجامعة العربية وقضايا التحرير ، الشركة المصرية للطباعة والنشر القاهرة 1971، ص 25. وكذلك يراجع: حسن نافعة، مصدر سابق، ص 135.

دول الخليج سواء أكانت منظمة، أم عفوية. وأصبح لهذه الهجرة الدور الكبير في فرض سياسات خاصة على دول الخليج العربي. وبسبب هذه الهجرة طالبت إيران عام 1972 بضم البحرين. وبتاريخ 2008/8/1 حصلت اضطرابات من قبل المهاجرين البنغال في الكويت.

وتعد الهجرة في الدول العربية في الخليج العربي، من أهم الأخطار التي تواجه مستقبل هذه الدول، وهو ما يهدد استقلالها.

ثانيا- حماية سيادة الدول الأعضاء

تعد حماية سيادة الدول الأعضاء من المبادئ الرئيسية للجامعة. ويقوم هذا المبدأ على مبدأ آخر وهو المساواة بين الدول. ولم ينص الميثاق على المساواة في السيادة بين الدول العربية وإنما جعل صيانة السيادة والاستقلال من مهام الجامعة أي جعله هدفا للجامعة تعمل على تحقيقه، وهذا بخلاف ميثاق الأمم المتحدة الذي جعل المساواة في السيادة مبدأ من مبادئ الأمم المتحدة. فقد نصت المادة الثانية من ميثاق الجامعة، على ما يأتي:" الغرض من الجامعة توثيق الصلات بين الدول المشتركة فيها وتنسيق خططها السياسية تحقيقا للتعاون بينها وصيانة لاستقلالها وسيادتها ...". كما نصت ديباجة معاهدة الدفاع المشترك والتعاون الاقتصادي بين دول جامعة الدول العربية على ما يأتي: " أن حكومات الدول العربية رغبة منها في تقوية الروابط وتوثيق التعاون بين دول الجامعة العربية حرصا على استقلالها ومحافظة على تراثها المشترك".

ومن مظاهر السيادة، هي وحدة السيادة، ومانعية السيادة، وثبوتها وعدم التصرف بها، وعدم تقادمها.

ومن العيوب التي جاء بها ميثاق الجامعة، هو انه وضع سيادة الدول في المقام الأول، على حساب أهداف الجامعة. ومن ذلك:

1-تعد جميع الدول الأعضاء في الجامعة متساوية من الناحية القانونية. ومن ذلك أن تكون متساوية في أصواتها، ولا تتمتع دولة عربية معينة بحق نقض القرارات الصادرة من الجامعة (الفيتو). وانه اخذ بقادة الإجماع في القضايا المهمة. وهذا يعني أن قرارات الجامعة في القضايا المهمة تتطلب موافقة جميع الدول الأعضاء. وهذا يعني تمسك الدول العربية بسيادتها.

2- تتمتع جميع الدول الأعضاء في الجامعة بحقوق السيادة الكاملة في المجالين الداخلي والدولي. فلا يجوز للجامعة ولا للدول العربية التدخل في الشؤون الداخلية والخارجية للدول العربية الأخرى.

3-إذا صدر قرار من الجامعة بالأغلبية، فإن الدول العربية المعارضة لهذا القرار لا تلتزم به. ويعد هذا اكبر مظهر من مظاهر السيادة تمسك الدول العربية بالسيادة، وان كان يعد عيبا، في ميثاق الجامعة، لأنه يضعف الجامعة.

4- تحترم الشخصية القانونية لكل دولة عضو في الجامعة، كما تحترم سلامة إقليمها واستقلالها السياسي. فلا يجوز التدخل في شؤونها الداخلية والخارجية في نطاق الأحكام الأخرى التي تضمنها الميثاق[37].

5-لم يمنح ميثاق الجامعة الحصانات والامتيازات الدبلوماسية لأعضاء مجلس الجامعة وموظفيها الحصانات والامتيازات إلا في مجال عملهم فقط، على الرغم من أن ممثلي الدول سواء اكانوا مندوبين (سفراء) أم رؤساء دول أم وزراء خارجية، يتمتعون بحصانات وامتيازات في القانون الدولي بشكل أفضل مما يتمتعون به في ضوء ميثاق الجامعة.

ثالثا - أثر العولمة على استقلال الدول وسيادتها

اتجه مفهوم السيادة في الوقت الحاضر نحو منحى جديد، ذلك أن قيام الدولة بإدارة مصالحها الوطنية أصبح هو المعيار في تحديد سيادتها، وان تجاوز ذلك اختصاصها الإقليمي إلى اختصاص الدول الأخرى. وقد انقسم المجتمع الدولي إلى

---

(37) الدكتور حامد سلطان، مصدر سابق ،ص628.

فئتين. فبعض الدول صانعة للسيادة الدولية ومتحكمة فيها، وأخرى موضوعا للتنافس الدولي[38]. وبالنظر لاختلافات إمكانات الدول في النواحي العسكرية والاقتصادية والبشرية.

ووفرت هذه الإمكانات فرص المساس بسيادة الدول الأخرى. فعندما كان التوازن الدولي بين الكتلة الشرقية والغربية قائما، نجد أن كل كتلة تتبعا مجموعة من الدولة تسبغ عليها حمايتها مقابل المساس بسيادتها، حتى غدت مثل هذه الدول مسلوبة الإرادة، وان كانت تتمتع بالسيادة من الناحية القانونية إلا أن سيادتها منتهكة من الناحية الفعلية. كما أن السيادة الداخلية للدول هي الأخرى أصبحت تخضع لاعتبارات الهيمنة الدولية، عن طريق التدخل في الشؤون الداخلية وإجبار الدول بإتباع نظام حكم وسياسات داخلية معينة. سواء أكان ذلك عن طريق التدخل المباشر من قبل الدول المتنفذة دوليا، أم عن طريق منظمات حقوق الإنسان التابعة لها أو التي لها مواقف سياسية خاصة.

تهدف العولمة إلى حرية التجارة العالمية فإن من أولى مهامها في تحقيق هذا الهدف هو توحيد القوانين في الدول المختلفة على الرغم من اختلاف أنظمة الحكم فيها. ولهذا فإن قبول العضو في منظمة التجارة العالمية يتطلب قبل كل شئ إجراء مفاوضات وعقد العديد من الجولات بين تلك الدول ومنظمة التجارة العالمية. وتتركز هذه المفاوضات على أن تجعل الدولة قوانينها وقراراتها الداخلية منسجمة مع قواعد منظمة التجارة العالمية. ولا يتم قبول الدولة عضو في المنظمة ما لم تعمل تلك الدولة على تغيير قوانينها وقراراتها الوطنية وذلك عن طريق إلغاء القوانين والقرارات التي لا تنسجم وأهداف العولمة أو إجراء التعديل عليها. وعليها أيضا أن تعلم الدول بكل إجراء، أو تعديل على قوانينها وقراراتها للتأكد من إنها لم تتناقض مع قواعد وأهداف منظمة التجارة العالمية والاتفاقيات المعقودة معها ولا تتضمن قيودا على حرية التجارة العالمية. ويطلق على هذه العملية بالشفافية وإذا لم يتم هذا التغيير فلا تقبل الدولة في المنظمة.

---

(38) الدكتور إبراهيم احمد شلبي، مصدر سابق ص190.

وقيام الدولة بتعديل قوانينها الداخلية وقراراتها طبقا لمنظمة التجارة العالمية التي تنتهج سياسة رأسمالية إنما يؤثر تأثيرا كبيرا على سيادة الدولة الوطنية ويحد من سلطتها ويجعلها خاضعة لإرادة غير إرادتها وتدخلا في شؤونها الداخلية.

وإجراء التغيير في القوانين والقرارات الداخلية مسألة ليست عامة تسري على الدول جميعا بل انها تخص الدول التي لا تنسجم قوانينها وقراراتها مع أهداف المنظمة.

فالولايات المتحدة الأمريكية لم تعدل قوانينها في ضوء قرارات أهداف منظمة التجارة العالمية. لأن صياغة أهداف منظمة التجارة العالمية ومبادئها جرى في ضوء قوانين الولايات المتحدة الأمريكية. وتقوم منظمة التجارة العالمية بمتابعة دقيقة لقوانين الدول الأعضاء. وان قيام أية دولة عضو في المنظمة بإصدار أي قانون أو قرار يتطلب تعميمه على الدول الأعضاء عن طريق المنظمة طبقا لمبدأ الشفافية التي تتبعها المنظمة. وتتولى المنظمة والدول الأعضاء فحص هذه القوانين والإجراءات لمعرفة مدى مطابقتها لمبادئ وقواعد منظمة التجارة العالمية. فإن وجد فيها ما يعارض ذلك كان على الدولة أن تقوم بإلغاء هذه القوانين والإجراءات.

وقيام الدول في تغيير قوانينها وقراراتها وجعلها مواكبة لمبادئ وقواعد العولمة يعني جعلها مطابقة لقوانين الولايات المتحدة الأمريكية وهذا ما يحد من سلطات الدولة السياسية والقانونية ويؤثر في استقلالها ويجعلها غير قادرة على معالجة قضاياها الخاصة وتسلب حريتها وبالتالي تصبح سياستها الداخلية خاضعة لإرادة غير إرادتها الوطنية ويجعلها تابعة لإرادة أجنبية تقرر ما تراه مناسبا طبقا لمصالح هذه الدولة الأجنبية مما يفقد الدول العضو في منظمة التجارة العالمية لاستقلالها السياسي وفقدانها أهم مقومات الاستقلال الوطني الذي هو ركن من أركان الدولة.

المبحث الرابع
المساواة بين الدول العربية

أولا- المساواة بين الدول العربية أمام القانون

على الرغم من أن بروتوكول الإسكندرية أشار إلى مبدأ المساواة بين الدول العربي في مجلس الجامعة[39]، فإن ميثاق الجامعة لم ينص على هذا المبدأ، كما نص على ذلك ميثاق الأمم المتحدة[40]. والسبب في ذلك أن الأمم المتحدة تضم دولا عظمى وكبرى ودولا متقدمة وفقيرة فالنص على المساواة مسألة ضرورية للمحافظة على وحدة منظمة الأمم المتحدة، بينما تضم الجامعة العربية دولا متقاربة نسبيا وليس فيها دول متقدمة يمكن أن تفرض هيمنتها على الدول الأخرى. وان ما حصل من تفاوت بين الدول العربية، دول عربية غنية، وأخرى فقيرة، كان بسبب انضمام دول جديدة، ووجود النفط في بعض الدول، دون الأخرى.

وعلى الرغم من أن بعض الدول العربية، يبلغ تعداد سكانها (78)، مليون مثل مصر، وان بعض الدول يبلغ عدد سكانها اقل من مليون، مثل قطر[41]. كما تختلف بعض الدول من حيث مساحتها، إذ تبلغ بعض الدول العربية أكثر من مليوني كيلومتر مربع، مثل السودان، بينما تبلغ دول عربية أخرى اقل من ألف كيلومتر مربع مثل البحرين[42]، فإن هذا التفاوت ينعدم بسبب أن أغلب الدول العربية الصغيرة تتمتع بثروات كبيرة، تقلل من الفارق في عدد النفوس وعدد السكان. وفي أحيان كثيرة نجد أن الدول العربية الصغيرة هي التي تهيمن على الدول العربية الكبيرة.

---

(39) نصت الفقرة الأولى من بروتوكول الإسكندرية على ما يأتي:" ويكون لهذه الجامعة مجلس يسمى "مجلس جامعة الدول العربية" تمثل فيه الدول المشتركة في "الجامعة" على قدم المساواة".
(40) الفقرة الأولى من المادة الثانية من ميثاق الأمم المتحدة.
(41) يبلغ سكان الدول العربية: الأردن (5,906,760)، الإمارات (2,602,713)، البحرين (698,585)، السعودية (27,019.731)، العراق (26,783,383)، عمان (3,101,239) ، فلسطين (6,352,117) ، قطر (885,359)، الكويت (2,418,393)، لبنان (3,418,050)، الصومال (8,863,338) ، ليبيا (5,900,754) ، مصر- (78,887,007) المغرب (33,241,259)، سورية (18,881,361)، اليمن (21,118,456)، جزر القمر (690,948).
(42) تبلغ مساحة الدول العربية بالكيلومتر المربع: الأردن (89,287)، السودان (2,505,810)، السعودية (1,960,582)، الجزائر (2,381,745)، ليبيا (1,759,540)، مصر- (1,001,450)، الصومال (737,657)، اليمن (527,970)، المغرب (446,550)، العراق (435,300) فلسطين (27,000)، الإمارات (82,880)، الكويت (17,820) قطر (11,473)، البحرين (665).

وعلى الرغم من أن ميثاق الجامعة لم ينص صراحة على مبدأ المساواة إلا أن استقراء نصوص الميثاق تؤكد على وجود مبدأ المساواة.

ومعنى هذا المبدأ هو أن جميع الدول متساوية أمام الجامعة وتتمتع بالحقوق التي يقررها الميثاق وتلتزم بالتزاماته بصرف النظر عن مساحتها أو عدد سكانها أو مقدار تقدمها[43]، أو قوتها العسكرية أو الاقتصادية أو السياسية.

وعلى الرغم من أن ميثاق الأمم المتحدة قد نص على مبدأ المساواة بين الدول، وان ميثاق الجامعة لم ينص عليه، فانه من الملف للنظر أن مبدأ المساواة في جامعة الدول العربية أكثر عدالة من مبدأ المساواة الوارد في ميثاق الأمم المتحدة، إذ تقوم المساواة بين الدول العربية في جامعة الدول العربية على القواعد الآتية:

1- مساواة الدول بين الدول العربية من الناحية القانونية. أي المساواة من ناحية السيادة. غير أن هذه المساواة لا تحجب عدم المساواة الفعلية بين الدول ولا تتضمن على الخصوص مساواتها في المقدرة القانونية. وهي بالتأكيد ليست متساوية في قدرتها ممارسة الحقوق والواجبات. وبذلك فإن المساواة ليست إلا تقرير الحق لكل الدول صغيرها وكبيرها في الحصول على نفس الحماية القانونية وإتباع نفس الإجراءات أمام أجهزة العدالة الدولية[44]. وليس لدولة في الجامعة الهيمنة على القرارات التي تصدر من الجامعة. فجميع الدول العربية، فيها عوامل قوة وضعف، وبالتالي فالفوارق بينها لا تمنح بعضها قدرة الهيمنة على الأخرى. بينما يخضع مجلس الأمن للهيمنة السياسية الدولية للدول المتنفذة. ففي مرحلة التوازن الدولي، كانت القرارات التي تصدر من مجلس الأمن تقوم على التوافق بين الدولتين العظميين، وهما الولايات المتحدة الأمريكية والاتحاد السوفيتي. فلا يصد قرار يغض احدهما، فلابد من التوافق بينهما، لأن الخلاف بينهما يعني تدمير الكل. وبعد انهيار الاتحاد السوفيتي عام 1991، خضع مجلس الأمن للهيمنة الأمريكية. فأصبحت قرارات مجلس

---

(43) الدكتور عبد الكريم علو أن خضير، الوسيط في القانون الدولي العام، الكتاب الرابع، المنظمات الدولية، ط 1 مكتبة دار الثقافة للنشر والتوزيع عم أن 1997ص 88.

(44) الدكتور جعفر عبد السلام ، المنظمات الدولية، دار نهضة مصر للطباعة والنشر، القاهرة.ص 358.

الأمن تصدر بإرادة واحدة، وهي إرادة الولايات المتحدة الأمريكية. فللولايات المتحدة الأمريكية بالإضافة إلى الفيتو القانوني، وهو حق نقض أي قرار يصدر من المجلس، تتمتع بفيتو مستتر، وهو الهيمنة على أعضاء المجلس بما فيهم روسيا الاتحادية.

2- يتم قبول الدولة العربية في الجامعة بقرار من مجلس الجامعة مباشرة، بينما يتم قبول الدولة في الأمم المتحدة بتوصية من مجلس الأمن وموافقة الجمعية العامة. وبدون توصية المجلس لا يمكن قبول دولة عضو في الأمم المتحدة. أي بقرار من المجلس بغلف بتوصية من قبل المجلس. ومن ثم يعرض على الجمعية العامة. وهذا يعني تداخل الاعتبارات السياسية في قبول الدول في الأمم المتحدة، وليس على أسس قانونية.

3- تتمتع جميع الدول العربية بالحقوق اللصيقة بالسيادة الكاملة،واحترام شخصيتها القانونية، وضمان سلامتها الإقليمية واستقلالها السياسي. وان جميع الدول العربية تتمتع بهذا الحق. وعلى الجامعة أن تتصرف طبقا لذلك، بينما نرى أن مجلس الأمن يعمل على حماية استقلال وسيادة بعض الدول، في حين يتغاضى عن حماية سيادة واستقلال دول أخرى. فلم يتدخل مجلس الأمن في العديد من حالات العدوان التي تعرضت لها العديد من الدول، منها العراق والصومال وهاييتي ونيكارغوا وغيرها من الدول. بينما يتدخل في منازعات بسيطة مثل اغتيال الشهيد رفيق الحريري رئيس وزراء لبنان السابق عام 1995[45].

4- تؤدي كل دولة عربية واجباتها والتزاماتها الدولية بإخلاص. وليس لدولة حقوق خاصة، أو تفرض عليها واجبات معينة. وعلى الرغم من أن ميثاق الأمم المتحدة قد اقر ذلك، فإن الواقع العملي، منح الدول الكبرى حقوق تختلف عن الحقوق

(45) اغتيل العديد من القادة في العالم ولم يتدخل مجلس الأمن. ومن ذلك اغتيال الملك عبد الله ملك الأردن عام 1951، واغتيال وصفي التل 1971، رئيس وزراء الأردن واغتيال الملك فيصل عبد العزيز آل سعود عام 1975، واغتيال احمد حسين الغشمي رئيس جمهورية اليمن عام 1978، واغتيال أنور السادات رئيس جمهورية مصر- عام 1981 ، ورينيه معوض رئيس جمهورية لبنان عام 1989، ومحمد بوضياف رئيس جمهورية الجزائر عام 1992، واغتيال بناضير بوتو رئيسة وزراء الباكستان الأسبق عام 2007.

التي تتمتع بها الدول الأخرى. فإذا ما قامت دولة من الدول الدائمة العضوية في مجلس الأمن باحتلال دولة أو العدوان أو انتهاك القانون الدولي، فلا يتدخل مجلس الأمن. فمجرد وقوع اضطرابات في تيمور الشرقية قرر مجلس الأمن منحها الاستقلال عن اندونيسيا، بينما لم يقرر مجلس الأمن منح الشيشان والتبت وايرلندا الشمالية وكيوبك الاستقلال. لأنها تتعلق بدول دائمة العضوية في مجلس الأمن. كما تدخل مجلس الأمن عند قيام العراق باحتلال الكويت عام 1990، في حين لم يتدخل باحتلال الولايات المتحدة الأمريكية للعراق عام 2003.

5- حق كل دولة عربية في أن تختار بحرية أنظمتها السياسية والاقتصادية والاجتماعية والثقافية و أن تنفذ التزاماتها الدولية بحسن نية. ولا يجوز التدخل في شؤونها الداخلية، وليس للجامعة حق التدخل في فرض نظام سياسي على دولة عربية كفرض الديمقراطية، أو فرض نظام اقتصادي معين، كخصخصة القطاع العام. بينما أجاز الميثاق للمنظمة أن تتدخل في حالة استخدام وسائل القمع ضد دولة[46].

وقد تجاوزت العديد من قرارات مجلس الأمن ذلك وتدخلت المنظمة في الشؤون الداخلية في العديد من الدول وفرض تطبيق الديمقراطية وإرسال مراقبين لمراقبة الانتخابات فيها وإجبار الدولة على دعم القطاع الخاص[47]. وهذه المسائل تعد من السلطان الداخلي للدول.

6- حق جميع الدول العربية في التصويت، وان جميع الأصوات متساوية، وليس لدولة أن تنقض القرارات الصادرة من الجامعة، في حين أن ميثاق الأمم المتحدة منح الدول الخمس الكبرى حق نقض أي قرار يصدر من مجلس الأمن، أي أن لكل من الولايات المتحدة وبريطانيا وفرنسا وروسيا الاتحادية والصين حق

---

(46) نصت الفقرة (7) من المادة (2) من ميثاق الأمم المتحدة على ما يأتي: " ليس في هذا الميثاق ما يسوغ "للأمم المتحدة" أن تتدخل في الشؤون التي تكون من صميم السلطان الداخلي لدولة ما، وليس فيه ما يقتضي الأعضاء أن يعرضوا مثل هذه المسائل لأن تحل بحكم هذا الميثاق، على أن هذا المبدأ لا يخل بتطبيق تدابير القمع الواردة في الفصل السابع".

(47) ومن هذه الدول سيراليون يراجع قرار مجلس الأمن المرقمة 2006/1734 الصادر في الجلسة 5608 بتاريخ 22/كانون الأول/2006.: تراجع:وثيقة مجلس الأمن المرقمة: (2006) (S/RES/1734). وكذلك ليبريا بموجب القرار المرقم: 1609/2007 تراجع وثيقة الأمم المتحدة المرقمة: (2007) (S/RES/1750) 2 29001-07.

نقض أي قرار يصدر من مجلس الأمن، بغض النظر عن شريعة القرار من عدمه.

7- حق كل دولة عربية المشاركة في مؤتمرات القمة ومجلس الجامعة وجميع اللجان المنبثقة من الجامعة، في حين أن المناقشة في مجلس الأمن محصورة بين أعضاء المجلس فقط، وان السماح لدولة عضو في الأمم المتحدة، يتطلب موافقة المجلس أو أن الدولة طرفا بالنزاع.

8- تمتع جميع أعضاء مجلس الجامعة وأعضاء لجانها وموظفوها بالحصانات والامتيازات الدبلوماسية في جميع الدول العربية، بينما لا يتمتع موظفو الأمم المتحدة في الدول الأعضاء إلا بموجب اتفاقية المقر التي تعقدها الأمم المتحدة مع الدولة التي يتواجد فيها موظفو الأمم المتحدة.

9- تتمتع الدول العربية بحق المساواة بين في تعديل الميثاق دون توقف ذلك على موافقة دولة معينة [48]، بينما لا يمكن تعديل ميثاق الأمم المتحدة إلا بموافقة الدول الكبرى جميعها [49].

10- تدفع الدول العربية الاشتراكات السنوية بشكل متساو، وهذا بخلاف الأمم المتحدة، إذ تختلف الاشتراكات بحسب إمكانات الدول. فالولايات المتحدة الأمريكية تدفع اشتراكات أضعاف ما تدفعه بعض الدول.

11- إن تعيين الأمين العام، والموظفين، لا يتحدد من دولة معينة، وان كانت الناحية العملية قد فرضت أن يكون الأمين العام من مصر، إلا أن ذلك لا يمنع أن يكون من أية دولة عربية. ويكون اختيار الأمين العام من قبل مجلس الجامعة أو مؤتمر القمة بشكل مباشر، بينما لا تتمتع الجمعية العامة للأمم المتحدة باختيار الأمين العام للأمم المتحدة إلا بعد توصية مجلس الأمن لمرشح واحد

---

(48) المادة (19) من ميثاق جامعة الدول العربية.
واخذ بمبدأ المساواة بناء على اقتراح سعودي، بخصوص احترام نظم الحكم القائمة في دول الجامعة واعتباره حقا من حقوق تلك الدول. وارتبط بعدم القيام بتغيير نظم الدول.
يراجع : علي الدين هلال، ميثاق الجامعة العربية بين القطرية والقومية، مركز دراسات الوحدة العربية، بيروت 1983، ص 81.
(49) المادة (108) من ميثاق الأمم المتحدة.

يرشحه لهذا المنصب. وليس للجمعية العامة اختيار المرشح من قائمة تتضمن عدة مرشحين.

12- تعقد مؤتمرات القمة، في أية دولة من الدول العربية. وتوزعت عقد مؤتمرات القمة على غالبية الدول العربية. ويجوز لمجلس الجامعة أن يجتمع في أي مكان [50]. بينما لم يعقد مجلس الأمن والجمعية العامة اجتماعاتهما إلا في نيويورك.

13- تصدر القرارات الجامعة من مؤتمرات القمة أو من مؤتمرات مجلس الوزراء العرب أو من مجلس الجامعة، وتشترك جميع الدول العربية في إصدار هذه القرارات بعد مناقشتها بشكل مباشر، بينما لا تشترك جميع الدول في مجلس الأمن، وتسري قراراته على الدول جميعا.

14- تصدر القرارات من الجامعة، بشكل مباشر، وتعد ملزمة من الناحية القانونية، ولا تتوقف على موافقة جهة أعلى منها، بينما تصدر في الغالب توصيات من الجمعية العامة، ولمجلس الأمن إصدارها بقرارات، أو رفضها. والعكس أيضا صحيح، إذ تصدر توصيات من مجلس الأمن إلى الجمعية العامة، وإذا ما وافقت عليها تصدر بقرارات ملزمة. ومثل هذا التعقيد غير موجود في ميثاق الجامعة.

15- القرارات التي تصدر من الجامعة موحدة ومنسقة، سواء صدرت من مؤتمرات القمة أو من مجلس الجامعة، لأنها جهة واحدة تمثل الدول ذاتها، بينما تصدر بعض القرارات من الجمعية العامة بشكل يخالف ما يصدر من مجلس الأمن. ومن ذلك، فإن الجمعية العامة تصدر قرارات بعودة اللاجئين الفلسطينيين وحقهم بتقرير مصيرهم ومنحهم الحقوق المشروعة، بينما يصدر مجلس الأمن قرارات متناقضة مع هذه القرارات، على الرغم من أن الجمعية العامة تمثل جميع الدول الأعضاء، وان المجلس لا يمثل إلا خمس عشرة دولة.

---

(50) المادة (10) من ميثاق جامعة الدول العربية .

لهذا نرى أن مبدأ المساواة في نطاق جامعة الدول العربية، اكثر عدالة من مما ورد في ميثاق الأمم المتحدة، وان كان مبدأ المساواة من الناحية العملية، غير مطبق في أي من المنظمتين.

ثانيا- العلاقة بين مبدأ المساواة و تنفيذ الالتزامات الدولية بحسن نية

يرتبط موضوع تنفيذ الالتزامات الدولية بحسن نية بمبدأ المساواة بين الدول. فإن قاعد المساواة بين الدول، تتطلب من الدول تنفيذ التزاماتها بحسن نية. ولم ينص ميثاق جامعة الدول العربية على مبدأ تنفيذ الالتزامات الدولية بحسن نية. إلا انه نص عليه بصورة غير مباشرة. فقد نصت المادة التاسعة من ميثاق الجامعة على ما يأتي: " لدول الجامعة العربية الراغبة فيما بينها في تعاون أوثق وروابط أقوى مما نص عليه هذا الميثاق أن تعقد بينها من الاتفاقات ما تشاء لتحقيق هذه الأغراض. وبالمعاهدات والاتفاقات التي سبق أن عقدتها أو التي تعقدها فيما بعد دولة من دول الجامعة مع أي دولة أخرى لا تلزم ولا تقيد الأعضاء الآخرين". كما نصت المادة العاشرة من معاهدة الدفاع المشترك والتعاون الاقتصادي المعقودة بين الدول العربية على ما يأتي: " ليس في أحكام هذه المعاهدة ما يمس أو يقصد به أن يمس بأي حال من الأحوال الحقوق والالتزامات المترتبة أو التي قد تترتب للدول الأطراف فيها بمقتضى ميثاق هيئة الأم المتحدة أو المسؤوليات التي يضطلع بها مجلس الأمن في المحافظة على السلام والأمن الدولي". كما أشارت المادة الرابعة من معاهدة ا لدفاع العربي المشترك والتعاون الاقتصادي على توافر الرغبة في تنفيذ الالتزامات الخاصة بأهداف المعاهدة[51]. وأكدت المعاهدة بعدم قيام الدول العربية بعقد معاهدات تتناقض مع الالتزامات الواردة فيها[52].

(51) نصت المادة (4) من معاهدة الدفاع العربي المشترك على ما يأتي: " رغبة في تنفيذ الالتزامات السالفة الذكر على أكمل وجه تتعاون الدول المتعاقدة فيما بينها لدعم مقوماتها العسكرية وتعزيزها. وتشترك، بحسب مواردها وحاجاتها، في تهيئة وسائلها الدفاعية الخاصة والجماعية لمقاومة أي اعتداء مسلح".

(52) نصت المادة (10) من معاهدة الدفاع العربي المشترك على ما يأتي: " تتعهد كل من الدول المتعاقدة بأن لا تعقد أي اتفاق دولي يناقض هذه المعاهدة. وبأن لا تسلك في علاقاتها مع الدولية مع الدول الأخرى مسلكا يتنافى مع أغراض هذه المعاهدة".

وقد أكدت مؤتمر القمة العربية المنعقد في بيروت المنعقد في 27-28آذار عام 2002 دعوة الدول العربية على تبني سياسيات توطد العلاقات العربية، وعلاقات حسن الجوار (53).

ويمكن أن يستشف من حسن النية بالنسبة لالتزامات الدول العربية، من الحالات الآتية:

1) الحفاظ على وحدة الصف العربي، والعمل خلق روابط قومية بين الدول العربية؛

2) العمل على تحقيق الهدف الأساسي الذي أنشئت من اجله الجامعة العربية؛

3) الحرص على تطوير الجامعة العربية وجعلها مركزا لتطوير العلاقات العربية؛

4) توفير المناخ السليم للعمل والتنمية في المجالات كافة التي تهم الأمة العربية؛

5) الابتعاد عن التكتلات بين الدول العربية على حساب مصالحها القومية؛

6) رأب الصدع العربي، وتسوية كل المنازعات بالوسائل السلمية؛

7) الموازنة بين المصالح القطرية والمصالح القومية. والعمل بشكل مستمر على تقديم المساعدات للدول العربية التي تتعرض للحروب والكوارث.

8) عدم إذكاء الخلافات بين الكتل السياسية داخل كل دولة عربية، والعمل على جمعها وتسوية الخلافات بينها.

9) تفضيل العلاقات بين الدول العربية، على العلاقات مع الدول الأجنبية.

10) تنفيذ الالتزامات بين الدول العربية بروح طوعية وعدم البحث عن الثغرات والتمسك بها.

ثالثا- المساواة في ظل العولمة

لم تعد المساواة بين الدول من المبادئ المطبقة في عصر العولمة. فإذا كان ميثاق الأمم المتحدة، قد اقر للدول الكبرى بتفوقها من ناحية التصويت والعضوية الدائمة في مجلس الأمن، فإن العولمة أضافت للدول المتنفذة امتيازات لم يقرها

---

(53) الفقرة (21) من قرار مؤتمر القمة العربية المنعقد في بيروت بتاريخ 27-28 آذار 2002.الجامعة العربية الوثائق.

الميثاق. فأصبح لها حق العمل خارج نطاق المنظمة الدولية، والقيام بإعمال عسكرية بذريعة تحقيق السلم والأمن الدوليين خارج نطاق الأمم المتحدة. فقد أجبرت العديد من الدول على قبول قواعد عسكرية على أراضيها، وأجبرت دول أخرى على المشاركة في أعمال عسكرية على الرغم من إرادتها. وأسقطت حكومات، ونصبت حكومات بدلا عنها. فإذا كان القرنين الثامن عشر والتاسع عشر شهد شركات استعمارية مثل الشركة البريطانية للهند الشرقية والشركة الفرنسية للنهد الشرقية والشركة الهولندية للهند الشرقية وشركة خليج هودسن، التي كانت تقوم باحتلال الدول وخطف الأشخاص و الأموال، فإن العالم في الوقت الحاضر تحت شعار الفوضى الخلاقة يعاني من تدخلات الولايات المتحدة الأمريكية في شؤون الدول وبخاصة الدول العربية.

فالدول العربية تعاني من عدم المساواة في السيادة والاستقلال، فبعض الدول احتلت أراضيها، مثل العراق والصومال، ودول أجبرت على قبول القواعد العسكرية مثل دول الخليج العربي، ودول شهدت تدخلات دولية تحت غطاء مجلس الأمن مثل السودان وليبيا وموريتانيا ولبنان. ويمكننا القول أن الدول العربية جميعها محتلة وتعاني من اضطرابات وتدخلات دولية، وقواعد عسكرية، وضغوط سياسية. وليست هناك دولة عربية خارجة عن هذه التدخلات والتجاوزات. وتداخلت المصطلحات، وتراجعت القضية الفلسطينية، وأصبح الشعب الفلسطيني إرهابيا، بعد أن كان العمل الدولي يعمل على تحقيق الحقوق المشروعة له.

لقد تراجع مبدأ المساواة بين الدول، كما ترجع مبدأ حسن النية في تنفيذ الالتزامات الدولية. وأصبح العامل الحاسم في تنفيذ الالتزامات الدولية هو مصالح الدول الكبرى وتسخير الدول الصغرى لخدمة هذه المصالح. وما شاهده العالم من المباحثات بين الولايات المتحدة الأمريكية والعراق في حزيران وتموز وآب من عام 2008، حول فرض اتفاقية أمنية لوضع قواعد أمريكية في العراق تقوم على أساس الإكراه، وهو أمر يتناقض مع اتفاقية فيينا لقانون المعاهدات المعقودة عام 1969.

المبحث الخامس
حل المنازعات العربية بالطرق السلمية

لم ينص ميثاق جامعة الدول العربية على مبدأ تسوية المنازعات الدولية بالوسائل السلمية. وقد سبق القول أن المادة الخامسة من الميثاق نصت على عدم الالتجاء إلى القوة لفض المنازعات بين دولتين أو أكثر من دول الجامعة. وفي حالة حصول نزاع بين الدول العربية فلمجس الجامعة أن يحل النزاع بالطرق السلمية. فقد نصت المادة المذكورة على ما يأتي:" لا يجوز الالتجاء إلى القوة لفض المنازعات بين دولتين أو أكثر من دول الجامعة فإذا نشب بينهما خلاف لا يتعلق باستقلال الدولة أو سيادتها أو سلامة أراضيها ولجأ المتنازعون إلى المجلس لفض هذا الخلاف كان قراره عندئذ ملزما. وفي هذه الحالة لا يكون للدول التي وقع بينها الخلاف الاشتراك في مداولات المجلس وقراراته. ويتوسط المجلس في الخلاف الذي يخشى منه وقوع حرب بين دولة من دول الجامعة وبين أي دولة أخرى من دول الجامعة أو غيرها للتوفيق بينهما وتصدر قارات التحكيم والقرارات الخاصة بالتوسط بأغلبية الآراء[54].

والمنازعات بين الدول العربية لها طبيعة خاصة. وبالنظر للروابط الخاصة بين الدول العربية فانه ينبغي أن تخضع المنازعات بينها لوسائل خاصة:

أولا- طبيعة المنازعات بين الدولي العربية

كانت المنازعات بين الدول العربية من أهم العوامل التي أدت إلى ضعف الجامعة وشلها عن عملها واشغلتها عن تحقيق أهدافها. وإذا ما أردنا أن نبين الوسائل التي تستخدمها الجامعة في تسوية المنازعات بين الدول العربية، فلابد من أن نتعرف على طبيعة هذه المنازعات، فهي منازعا خاصة بالدول العربية يندر وجودها في

(54) المادة الخامسة من ميثاق جامعة الدول العربية .

التجمعات الدولية، كالاتحاد الأوربي والأفريقي وآسيان وغيرها من التجمعات الدولية. فالمنازعات بين الدول العربية تتوزع على ثلاث أنواع رئيسة:

■ منازعات حدودية

أن اغلب المنازعات بين الدول العربية هي منازعات حدودية. فجميع الدول العربية من الدول الحديثة. إذ كانت تخضع للاحتلال والاستعمار المباشر منذ قرون عديدة. وكان هذا الاحتلال لا يقوم على أساس الاحتلال لدولة، بل احتلال لوطن أو إقليم عربي واحد. فلا توجد في التاريخ العربي دولة اسمها العراق، وسوريا، ولبنان، والأردن والإمارات ..الخ. وإنما كانت هذه الدول في وطن واحد اسمه الوطن العربي. فلا توجد حدود بين هذه الدول. وان أقدم دولة عربية تخلصت من الاحتلال الأجنبي من الناحية القانونية هو العراق عام 1932، بموجب المعاهدة مع بريطانيا عام 1930. أما بالنسبة لدول الخليج العربي، فقد أصبحت دولا عام 1972. وكذلك بالنسبة للدول العربية في شمال إفريقيا فهي دول حديثة أيضا.

وبعد توزيع ممتلكات الدولة العثمانية على الدول المنتصرة في الحرب العالمية الأولى، فإن حصة كل دولة من الدول الاستعمارية أصبحت هي الحدود مع الدولة الاستعمارية الثانية، فأرض العراق والأردن وفلسطين احتلت من قبل بريطانيا، وارض سوريا ولبنان احتلت من قبل فرنسا، وصار ت المنطقة التي تحتلها كل دولة استعمارية حدودا مع الدولة الاستعمارية الأخرى. وبعد انسحاب الدول الاستعمارية من هذه المنطقة لم تحدد حدودها بشكل واضح، وليس هناك حدود تاريخية تفصل سوريا عن العراق ولبنان ولا الأردن عن سوريا والعراق، والجزائر عن المغرب وموريتانيا وتونس، ومصر والسودان.

وجميع الدول العربية تعاني من منازعات حدودية بعضها مطروح، وبعضها نائم لوقت ينتظر كل منها ضعف الطرف الآخر لإثارته.

وعندما صدر قرار مجلس الأمن (1991/687) والذي نص على ترسيم الحدود بين العراق والكويت، فإن اللجنة التي رسمت الحدود اعتمدت على حدود المساحة التي احتلها الجيش البريطاني للكويت عام 1899، والحدود التي احتلها الجيش البريطاني للعراق عام 1914. على الرغم من أن بريطانيا كانت تحتل الإقليمين. أما قبل ذلك فلا توجد حدود. وكذلك الحدود التي رسمت بين العراق وسوريا، فقد اعتمد مساحة الأرض التي احتلها بريطانيا للعراق، ومساحة الأرض التي احتلها فرنسا، كحدود اقرها مجلس العصبة وأصبحت حدودا بين الدولتين.

وتسوية مثل هذه المنازعات لا يمكن حلها بالوسائل التقليدية بالمفاوضات المباشرة والوساطة والتحقيق والتوفيق والقضاء. فلا توجد وثائق قانونية تثبت حدود كل دولة. وكل ما تدعيه الدول في الوقت الحاضر أن بريطانيا عندما كانت تحتل أرضها كانت تحتل هذه المنطقة وتطالب أن تكون هذه الحدود حدودا رسمية. وأصبح القتال على شبر من الحدود أكثر من القتال على انتهاك حرمة الدين والمقدسات.

وستبقى مشكل تحديد الحدود بين الدول العربية الهاجس الذي يورق الأجيال المقبلة. وبخاصة فإن مشكلة اكتشاف النفط في هذه المنطقة أبرز أهميتها وجعل كل دولة تريد أن توسع حدودها على حساب الطرف الآخر، لربما تحصل على بئر نفط إضافي. وحل مثل هذه المنازعات تحتاج إلى عصا سحرية توقظ العرب من محنتهم وتدفعهم إلى تبني النظام الذي يجعلهم أمة موحدة، لا تهم بالحدود بقدر اهتمامها بالإنسان العربي نفسه.

وستبقى مثل هذه المنازعات العامل المؤثر في ضعف الجامعة وعدم قدرتها على قيادة العرب نحو تكتل دولة يحقق أمنها واستقلالها واستقرها.

■ الخلاف الايدولوجي

كان العالم مقسم إلى عالم رأسمالي، بقيادة الولايات المتحدة الأمريكية وعالم اشتراكي بقيادة الاتحاد السوفيتي. وتمحورت دول آسيا وأفريقيا وأمريكا على هذين المحورين. وانعكس هذا التقسيم على الدول العربية. فانقسمت إلى دول عربية تدور حول المحور الغربي، وهي كل من الأردن والمغرب ولبنان والسعودية، ودول تدور حول المحور الاشتراكي، وهي كل من سوريا والعراق واليمن الجنوبي وليبيا والجزائر، ومصر. وعلى الرغم من تغير هذه الخارطة وانتقال هذا وذاك إلى هذا المعسكر أو ذاك، إلا أن هذا الخلاف كان وراءه دول كبرى تحركه وتديره بشكل واضح. وخلقت منازعات سياسية بين الدول العربية بدأت منذ مرحلة الستينيات واستمرت إلى مرحلة بداية التسعينيات عندما انهار الاتحاد السوفيتي وانهارت معه كل المنظومة الاشتراكية التي كانت تدور في فلكه.

وانعكس هذا الصراع على قرارات الجامعة. وكيلت الاتهامات لهذا الطرف بأنه عميل للغرب، ولذاك الطرف الملحد المعادي للإسلام. فكل فكرة تطرح من هذا الطرف يقابلها رفض من الطرف الآخر. واعتمدت القضية الفلسطينية كأسلوب للمنازلة بين الأطراف والطعن بقومية الطرف الآخر.

وقد انتهى هذا التمحور بانهيار الاتحاد السوفيتي، إلا انه شل عمل الجامعة بما يقارب أكثر من ثلاثين سنة، ولا تزال آثاره قائمة بين بعض الحكام العرب، ومحاولة التشفي والاقتصاص من الطرف الآخر، لدرجة دفعت بعض الدول (ليبيا) للتحرك نحو الاتحاد الأفريقي وإعلان البراءة من الجامعة، وتهميش الدور الجزائر الذي كان مؤثرا، وضمور الدور التونسي، وتحييد دور مصر الذي كان له الدور المؤثر في قرارات الجامعة، وقيادة الحركة القومية في الوطن العربي.

وعلى الرغم من تراجع هذا العامل من المنازعات بين الدول العربية، وانه قلل من حالات الاصطفاف والتخندق في مواقع معينة ضد الطرف الآخر، وان جبهة من

الدول العربية فقدت غطاءها السياسي الدولي بانهيار الاتحاد السوفيتي، وان أغلب الدول العربية اصطفت على خط واحد وذهبت إلى مدريد عام 1991 لتسوية القضية الفلسطينية سلميا التي كانت تمثل محور الصراع العربي العربي، فإن بقايا هذا الخلاف وضحت بشكل كامل حتى الوقت الحاضر. وبخاصة في القضية اللبنانية التي تجسمت في الصراع بين السعودية وسوريا عام 2008.

ومثل هذه المنازعات لا يمكن حلها بالوسائل التقليدية التي تحل بها المنازعات الدولية، فهي منازعات موروثة ومتداخلة، ويعدها بعض الحكام العرب، أنها جزء من الكرامة وأسلوبا للثأر والتشفي، بعد ما اصطبغ العالم بلون واحد.

◼ منازعات شخصية بين الحكام العرب

اصطبغت اغلب المنازعات بين الدول العربية، بالصراعات الشخصية بين الحكام العرب. فداخل كل محور من المحاور صراع شخصي بين الحكام العرب. وإذا كانت الصراعات الدولية تقوم على صراع المصالح، فإن الصراع بين الحكام العرب من نوع آخر، يقوم على سبب نفسي والغيرة، أو لسبب مجهول غير معروف. وقد وصلت هذه الصراعات إلى حد أن كل منهم يخطط لاغتيال آخر.

وفي اغلب مؤتمرات القمة العربية، يعمد راعي المؤتمر إلى الصلح بين بعض الحكام العرب، من اجل وقف الاحتدام والصراع بين هؤلاء الحكام لئلا يفشل المؤتمر. فتجري قبل افتتاح المؤتمر مصالحة بين بعض الحكام. ولكن ما أن ينتهي هذا المؤتمر حتى تعود المنازعات الشخصية إلى حالتها الطبيعية. ويمكن أن نقول أن السبب الرئيس في فشل العديد من القرارات التي اتخذتها الجامعة ومؤتمرات القمة تعود إلى المنازعات الشخصية بين الحكام العرب.

ومن جراء احتدام الصراعات الشخصية بين الحكام العرب، أن صعود حاكم عربي على الصعيد القومي، وحصوله على تأييد شعبي واسع، وتمكنه من تحقيق مكاسب عسكرية والنهوض ببلده، فإن الحكام العرب، لا يعدون ذلك قوة

لهم وسندا قوميا يحميهم، بل انه يعتقدون أن ذلك قد يحرجهم أمام شعوبهم، أو إنهم يخشون هذا الحاكم أن يتحول عليهم ويبتلعهم، لهذا فإنهم يصطفون للوقوف ضده، أو تحجيمه، والتعاون مع الأجنبي لإسقاطه. وقد تكررت هذه الحالة لمرات عدة للأسف.

وهناك نوع آخر من الصراعات بين الحكام العرب تقوم على أسس قبلية قديمة، وثارات مضت عليها قرونا عدة، ولكنها لا تزال قائمة في النفوس.

ومثل هذه المنازعات لا يمكن تسويتها بالوسائل السياسية، أو القانونية، وإنما تحتاج إلى علماء نفس يحللون الشخصيات ويضعون الحلول لها. وقد تحولت من مرحلة دعم الانقلابات وتمويلها، إلى مرحلة التدخل في الانتخابات، إذ تقوم بعض الدول على دعم مرشحين في دول عربية أخرى ضد مرشحين. وكان وقوف بعض الدول العربية إلى جانب الولايات المتحدة في حربها ضد العراق عامي 1991 و2003، يعود إلى العامل الشخصي، ليس إلا.

ثانيا - الوسيلة الخاصة بتسوية المنازعات العربية

نعتقد أن المنازعات المذكورة غير قابلة للتسوية بالوسائل التقليدية. ومهما عملت الجامعة من خطط ومشاريع فإنها غير قادرة على تسويتها. وان الطريقة الناجعة في تسوية مثل هذه المنازعات هي ترصين العلاقات بين الحكام العرب. فكل حاكم عربي يعد دولة متكاملة يستطيع أن يقرر ما يشاء، وان يحل اعقد المشاكل عندما يرغب في ذلك. ولنا خير مثال على ذلك، النزاع الحدودي بين العراق والأردن، والنزاع الحدودي بين العراق والسعودية. فعلى الرغم من وجود حكومة سابقة في العراق موالية ومتضامنة مع الدولتين العربيتين المذكورتين فلم تحل هذه المنازعات، وعندما تصالح حكام هذه الدول وأقاموا علاقات بينهم، في فترة زمنية معينة، عملوا على حل مشكل الحدود بينهم دون أن تعرف شعوبهم مثل هذه الحلول وماذا جرى وماذا حصل، وكيف تمت.

ومثل هذه الطريقة يمكن أن تعتمد في تسوية جميع المنازعات بين الدول العربية. ونعتقد أن جامعة الدول العربية شعرت بهذه الحالة. فقرر مؤتمر القمة العربي المنعقد في الخرطوم عام 2006، أقرار النظام الأساسي لمجلس السلم والأمن العربي، فقرر تشكيل مجلس يتكون من خمسة وزراء الخارجية العرب ممن ترأسوا مجلس الجامعة، وتشكيل جهاز الإنذار المبكر للكشف عن المنازعات وبنك المعلومات وهيئة الحكماء. وعلى الرغم من عدم التركيز على ترصين العلاقات بين الحكام العرب، إلا انه خطوة نحو الحل السلمي خارج الوسائل التقليدية للوسائل السلمية لتسوية المنازعات الدولية. ولربما يمكن تطوير هذا النهج بشكل يجعل العلاقة بين الحكام العرب أكثر ايجابية وقدرة ومسؤولية في قيادة الأمة العربية قيادة جماعية وعدم تفريد المسؤولية، أو العمل بالوكالة عن الآخرين.

ثالثا- وسائل الجامعة في تسوية المنازعات العربية

لم يرد في ميثاق جامعة الدول العربية على اعتماد الوسائل التي حددها القانون الدولي الخاصة بتسوية المنازعات الدولية، والتي اعتمدها الفصل السادس من ميثاق الأمم المتحدة وهي المفاوضات والوساطة والتحقيق والتوفيق والوسائل القضائية بالنسبة للمنازعات القانونية[55].

وتعتمد الدول في الوقت الحاضر اتفاقية لاهاي للتسوية السلمية للمنازعات الدولية المعقودة عام 1907، التي اعتمدت الوسائل السياسية والقضائية، كاس لتسوية المنازعات الدولية. وكان المفروض على واضعي ميثاق الجامعة أن يضعوا نصا على تطبيق هذه الاتفاقية.

---

(55) نصت المادة (33) من ميثاق الأمم المتحدة على ما يأتي: "يجب على أطراف أي نزاع من شأن استمراره أن يعرض حفظ السلم والأمن الدولي للخطر أن يلتمسوا حله باديء ذي بدء بطريق المفاوضة والتحقيق والوساطة والتوفيق والتحكيم والتسوية القضائية، أو أن يلجأوا إلى الوكالات والتنظيمات الإقليمية أو غيرها من الوسائل السلمية التي يقع عليها اختيارها .

.2ويدعو مجلس الأمن أطراف النزاع إلى أن يسووا ما بينهم من النزاع بتلك الطرق إذا رأى ضرورة ذلك: .

وان كل ما نصت عليه المادة الخامسة من الميثاق هو:

1-عدم اللجوء للقوة لتسوية المنازعات الدولية بين الدول العربية.

2-للجامعة أن تنظر في تسوية النزاع بين الدول العربية بشروط معينة هي:

أ-إذا لجا المتنازعون للجامعة وعرضوا نزاعهم على الجامعة لتسويته. فإذا لم يلجأ المتنازعون فليس للجامعة أن تنظر في المنازعات بين الدول العربية. وهذا يعد عيبا كبيرا في الميثاق. ولم تتمكن الجامعة من تعديل هذا النص. ولتطبيق هذا الشرط يتطلب أن يتفق المتنازعون بإحالة نزاعهم على الجامعة. ونعتقد، إذا كانت الدول المتنازعة قد توصلت إلى إحالة النزاع على الجامعة فهذا يعني إنهم تفاوضوا على إحالته على الجامعة. وطالما إنهم وصلوا إلى هذه المرحلة فلماذا يحيلونه على الجامعة وهم على طاولة المفاوضات.

ويتوسط المجلس بصورة تلقائية إذا خشي حصول حرب بين الدول المتنازعة وان لم تتفق الدول المتنازعة على إحالته على مجلس الجامعة. ونعتقد أن وصول الحالة إلى حالة الحرب تجعل الحل السلمي أمرا عسيرا.

ب-ألا يتعلق النزاع باستقلال الدول أو سيادتها، أو سلامة أراضيها. وهذا يعني تعطيل دور المجلس في تسوية المنازعات بين الدول. فغالبية المنازعات بين الدول، تتعلق بمثل هذه الموضوعات.

3-ينحصر دور المجلس بالتوسط والتحكيم. ولا يشمل الوسائل الأخرى كالمساعي الحميدة والتوفيق والتحقيق وإحالة النزاع على محكمة.

4-ليس للدول المتنازعة المشاركة في مداولات المجلس وقراراته. ويقصد بذلك، يجوز للدول أن تشترك في مناقشات المجلس، ولكنها لا تشترك في مداولات إصدار القرار. غير أن النص جاء مرتبكا ولم يوضح ذلك.

5-ينحصر عمل مجلس الجامعة بوسيلتين هما التوسط والتحكيم. أما الوسائل الأخرى فلا يجوز للمجلس النظر فيها كدعوة الأطراف المتنازعة للمفاوضات المباشرة، أو المساعي الحميدة، أو إحالة النزاع على محكمة دولية.

6-تصدر قرارات المجلس بالأغلبية. ولم ينص الميثاق على أغلبية أعضاء المجلس (22) دولة أي (11) دولة أو أغلبية الحضور. ويبدو اعتماد أغلبية الحضور هو السائد.

7-تطبق ذات الأحكام في المنازعات بين الدول العربية، أو بينها وبين دول أخرى غير عربية.

ونعتقد أن النص المذكور لم يسهم في تسوية المنازعات بين الدول العربية. فقد جمع الميثاق نوعين من الوسائل، الأولى التوسط، وهي وسيلة سياسية لتسوية المنازعات السياسية، والتحكيم وهي وسيلة قضائية لتسوية المنازعات القانونية. وإذا ما علمنا أن ميثاق الجامعة لا يشترط بممثلي الدول حصولهم على شهادة جامعية في القانون، فإن قرار التحكيم الذي يصدره المجلس لن يكون قرارا قضائيا بل قرارا سياسيا.

وكان المفروض أن ينص الميثاق على قواعد تفصيلية لتسوية المنازعات الدولية بين الدول العربية. ويرجع هذا النقص في الميثاق إلى أن واضعي ميثاق الجامعة، كان همهم الوحيد هو العمل على خلق تجمع عربي يجمع العرب وليس نظاما لتسوية المنازعات بين الدول العربية، وان المنازعات بين الدول العربية أرتفع وقودها بعد تحرر عدد من الدول العربية وانضماما للجامعة.

وأشارت المادة (19) من ميثاق الجامعة، الخاصة بتعديل الميثاق الأخذ بعين الاعتبار تطور الظروف العربية لإنشاء محكمة عدل عربية. فقد نصت المادة المذكورة على ما يأتي: " يجوز بموافقة ثلثي دول الجامعة تعديل هذا الميثاق وعلى الخصوص جعل الروابط بينها أمتن وأوثق ولإنشاء محكمة عدل عربية ...".

وإذا كان ميثاق جامعة الدول العربية لم ينص على مبدأ تسوية المنازعات الدولية بالوسائل السلمية بصورة صريحة فإن معاهدة الدفاع المشترك والتعاون الاقتصادي بين دول الجامعة، قد نصت بصورة صريحة على تسوية المنازعات الدولية

الناشئة بين الدول العربية بالوسائل السلمية. ونصت المادة الأولى من المعاهدة على ما يأتي: " تؤكد الدول المتعاقدة حرصا منها على دوام الأمن والسلام واستقرارهما عزمها على فض جميع منازعاتها الدولية بالطرق السلمية سواء في علاقاتها المتبادلة فيما بينها أو في علاقاتها مع الدول الأخرى".

وقرر مؤتمر القمة العربي المنعقد في القاهرة عام 1996، تأسيس محكمة العدل العربية وترك وضع المعاهدة الخاصة لوزراء الخارجية العرب [56].

وطبقا لنصوص ميثاق جامعة الدول العربية ومعاهدة الدفاع المشترك والتعاون الاقتصادي بين دول الجامعة العربية، فإن تسوية المنازعات الدولية بين الدول العربية تتحدد طبقا لقواعد القانون الدولي الخاصة بتسوية المنازعات الدولية بالوسائل السلمية.

وأوجبت الفقرة الثالثة من المادة الثانية من ميثاق الأمم المتحدة حل المنازعات الناشئة بين الدول بالطرق السلمية. فنصت على ما يأتي : " يفض جميع أعضاء الهيئة منازعاتهم الدولية بالوسائل السلمية على وجه لا يجعل السلم والأمن والعدل الدولي عرضة للخطر " . وقد حدد الفصل السادس من الميثاق الوسائل السلمية لتسوية المنازعات الدولية. كما حدد إعلان مانيلا للأمم المتحدة لعام 1982 هذه الوسائل وهي الوسائل الدبلوماسية كالمفاوضات المباشرة والوساطة والمساعي الحميدة والتحقيق والتوفيق والوسائل القضائية كالتحكيم والقضاء الدولي.

وفي ضوء ميثاق الجامعة ومعاهدة الدفاع العربي المشترك يمكن اعتماد الوسائل الآتية لتسوية المنازعات بين الدول العربية وهي المفاوضات المباشرة، والوساطة والمساعي الحميدة والتحقيق والتوفيق والوسائل القضائية وهي التحكيم والمحاكم الدولية.

---

(56) مؤتمر القمة العربي غير العادي (القاهرة - جمهورية مصر العربية 5 - 7 صفر 1417 هـ 21 - 23 يونيو 1996م)

ونص ميثاق الجامعة على أن يقوم مجلس الجامعة بالوساطة الإجبارية في حالة نشوب نزاع بين دولتين عربيتين أو دولة عربية وأخرى غير عربية إذا كان من شأن هذا النزاع انه يؤدي إلى حرب محتملة بين الدولتين المتنازعتين. وكان الأفضل أن يشمل النص جميع أنواع المنازعات الناشئة بين الدول العربية أو بينها وبين الدول الأخرى دون تحديد أن يكون النزاع مما يخشى منه وقوع حرب.

رابعا - مجلس السلم والأمن العربي

في مؤتمر القمة المنعقد في الخرطوم عام 2006 تقرر الموافقة على النظام الأساسي لمجلس السلم والأمن العربي. وفي مؤتمر قمة القاهرة عام 2008 تقرر الموافقة على النظام الأساسي للمجس.

وطبقا للنظام الأساسي للمجلس تم إنشاء مجلس يتكون من خمسة من وزراء الخارجية العرب، وأجهزة تابعة وهي بنك المعلومات ونظام الإنذار المبكر وهيئة الحكماء للعمل على تسوية المنازعات بين الدول العربية, وق تمت المصادقة على النظام الأساسي للمجلس وعقد المجلس أو اجتماعات عام 2008. ونأمل أن يكون هذا المجلس وسيلة لتسوية المنازعات بين الدول العربية، ويتولى تسوية المنازعات بين الدول العربية، سواء أكانت منازعات سياسية أو قانونية، لتتمكن الجامعة من القيام بواجبها[57].

خامسا- دور الجامعة في تسوية المنازعات العربية

يرى بعض الباحثين[58] وجود ثلاث مقاييس لكفاءة الجامعة لتسوية المنازعات وهي:

1-مقياس الكفاءة غير المرجحة: ويقوم هذا المقياس على تدخل الجامعة في المنازعات العربية لضبط النزاع، ويعتمد على إنهاء النزاع والتهدئة والتسوية.

---

(57) سنبحث هذا المجلس عند الكلام عن مؤسسات الجامعة.

(58) محمد السيد سليم، دور الجامعة العربية في إدارة المنازعات بين الأعضاء، مركز دراسات الوحدة العربية، بيروت 1983، ص 170 وما بعدها.

2-مقياس نشاط الجامعة: ويعتمد هذا المقياس على حجم المقياس اللفظي والسلوكي الذي قامت به الجامعة لتسوية النزاع.

3-مقياس أهمية النزاع: ويعتمد على ترجيح درجة كفاءة ونشاط الجامعة في تسوية المنازعات. والتركيز على أهمية النزاع.

وتوصلوا إلى أن هناك نزاعات لم تتدخل فيها الجامعة، وأخرى تدخلت بدون نجاح، وأخرى بنجاح محدود، وأخرى نجحت في تسويتها.

وعلى الرغم من أهمية هذه الدراسة وعلميتها، فإننا نعتقد أن الجامعة ليست مؤسسة قضائية، أو قانونية قادرة على تسوية المنازعات بين الدول على وفق العدل والقانون، أو على وفق المصلحة القومية العليا للوطن العربي. فلا تزال التدخلات الأجنبية وراء تحجيم الجامعة وعدم قدرتها على تسوية المنازعات بين الدول العربية. بل أن الجامعة مؤسسة سياسية تتداخل فيها الاعتبارات الوطنية والأجنبية.

أن الحل الأمثل لتسوية المنازعات العربية يجب أن يعتمد على البحث عن العوامل المشتركة بين الدول العربية وتقوية أواصر العلاقات العربية قبل كل شيء. فبعد التخلي عن القضية الفلسطينية التي استخدمت فترة طويلة ضد هذه الدولة، أو الأخرى، لجأت الدول العربية إلى التزلف إلى الولايات المتحدة الأمريكية لتكون أداة لها ضد بعض الدول العربيه. فقد شاهدنا كيف أن عدد من الدول العربية أعلنت مرارا بأنها ضد ضرب العراق واحتلاله وأقرت ذلك بموجب قرارات صادرة من مؤتمرات القمة العربية، ولكنها في الوقت نفسه فتحت أراضيها وقواعدها لضرب العراق. وشاهدنا كيف أن مؤتمرات القمة العربية لم تعقد خلال عشر سنوات من الحصار على شعب العراق سوى مؤتمر قمة واحد. وكيف أن الدول العربية فرضت طوقا من الحصار على العراق بشكل أكثر مما فرضته أية دولة غربية. وشاهدنا كيف أن الولايات المتحدة الأمريكية وفرنسا تتدخل في القضية اللبنانية بشكل علني، دون استنكار من الجامعة، وكيف أن إسرائيل تضرب ما تدعيه بمفاعلات نووية في سوريا دون أن تلفظ الجامعة بكلمة واحدة.

فلا يمكن أن تنجح الجامعة في تحقيق أهدافها إلا بتسوية المنازعات الشخصية بين القادة العرب، والنظرة إلى المستقبل نظرة مليئة بالحرص على التضامن العربي، والعمل على أن الهدف من الجامعة هو توحيد كلمة الدول العربية إزاء التكتلات الدولية والقوى الدولية المتنفذة.

سادسا- المنازعات العربية التي لم تتدخل الجامعة فيها

خلال مسيرة الجامعة لاكثر من نصف قرن، حصلت العديد من المنازعات بين الدول العربية، ولم تتدخل الجامعة فيها، أو أنها تدخلت ولكن كان تدخلها ضعيفا. واغلبها تم اللجوء إلى مجلس الأمن. ومن هذه المنازعات:

1- **النزاع السوري اللبناني 1949**: في عام 1949 حصل نزاع بين سوريا ولبنان اثر دخول احد الضباط السوريين الأراضي اللبنانية بسيارة الجيش السوري، ومعه بعض الجنود لإلقاء القبض على فلسطيني وقتله، لاتهامه بالتعاون مع السلطات الإسرائيلية. وعند العودة ألقى رجال الدرك اللبناني القبض عليهم ونزعوا السلاح منهم، وقاموا باعتقالهم تمهيدا لمحاكمتهم أمام المحاكم اللبنانية. وقد طالبت السلطات السورية إطلاق سراحهم فرفضت لبنان ذلك. وتأزمت العلاقات بين الدولتين[59].

2- **مشكلة واحة البرليمي 1954:** في عام 1954 حصل نزاع بين السعودية وبريطانيا التي كانت الدولة الحامية لمشيختي ابو ظبي ومسقط. وتم عقد اتفاقية لتسوية النزاع بالتحكيم[60]. ومع هذا فلا تزال مشكلة واحة البريمي مشكلة نائمة سوف تستيقظ في يوم ما.

3- **حرب الجزائر:** تطلق تسمية حرب الجزائر على مجموعة الأعمال الحربية التي حصلت في الجزائر، أبان الحكم الفرنسي لها، والذي قد قام باحتلالها سنة

---

(59) وقد تمت تسوية النزاع عن طريق التحكيم الذي اسند إلى مصر والسعودية . وصدر قرار التحكيم بإطلاق سراح الضابط و الجود وإعادتهم إلى سوريا لتتخذ بشأنهم ما تراه. ودعوة الطرفين إلى اتفاقية لتنظيم الإجراءات الجزائية بينهما. أشار إلى ذلك:

الدكتور بطرس بطرس غالي، الجامعة العربية وتسوية المنازعات ا لمحلية، مصدر سابق، ص 35.

(60) تراجع نصوص الاتفاقية: المجلة المصرية للقانون الدولي، المجلد الأول 1954، ص 136.

1830، فقد امتدت هذه العمليات الحربية المتبادلة بين جبهة التحرير الجزائرية وقوات الاحتلال الفرنسي من نوفمبر 1954 حتى مارس 1962.

وكان عدد الشهداء الجزائريين يناهز المليون نسمة، يضاف إليهم 300 إلف يتيم و 3 مليون مهجر و300 ألف لاجئ إلى المغرب وتونس[(61)]. وتم إنشاء حكومة المنفى في الجزائر بقيادة عباس فرحات. وكان المفروض أن تقبل الجامعة الجزائر عضوا في الجامعة كما هو الحال بالنسبة لفلسطين. وذلك أن تمنح الجزائر صفة المراقب ثم صفة العضو في الجامعة.

4- **النزاع اللبناني المصري 1958:** النزاع بين لبنان والجمهورية العربية المتحدة عام 1958. إذ قدمت لبنان شكوى لمجلس الأمن ضد الجمهورية العربية المتحدة لاستخدامها القوة والتدخل في شؤونها الداخلية[(62)]. وقد اجتمع مجلس الأمن بتاريخ 27/مايس/1958، وقرر تأجيل النظر في الشكوى لفسح المجال أمام جامعة الدول العربية. واجتمع مجلس ا لجامعة في بنغازي بليبيا ووافق على مشروع قرار لإيقاف الاضطرابات في لبنان وسحب شكوى لبنان . وتشكيل لجنة لإنهاء النزاع بينهما. غير أن لبنان رفض القرار وطالب مجلس الأمن النظر في النزاع[(63)]. ولم يطالب الجامعة.

5- **النزاع العراقي المصري 1959:** في عام 1959 قدم العراق شكوى إلى جامعة الدول العربية ادعى فيها بان مصر تتدخل في الشؤون الداخلية للعراق. واتهمت مصر العراق بالتنكر لروح الود والإخاء والتعاون الصادق والتضامن العربي. وفي 1959/3/23 قرر مجلس الجامعة تشكيل لجنة مساعي حميدة لتسوية النزاع بين الدولتين. ولم توفق اللجنة في تسوية النزاع[(64)].

---

(61) http://www.imanway1.com/horras/showthread.php.

(62) Venkart Raman, Astudy of the Procedural Concepts of United Nation Intermediliary, The UN ed. New York 1977, p.392.

(63) المصدر السابق، ص 72.

(64) تراجع قرارات جامعة الدول العربية : (92/د5ج) في 1946/11/23.

6- <u>النزاع العراقي الكويتي 1961</u>: بعد أن أعلنت الكويت استقلالها عن بريطانيا عام 1961 أعلن رئيس وزراء العراق عبد الكريم قاسم، أن الكويت جزء من الدولة العراقية، وأصدر أمرا بتعيين أمير الكويت قائمقاما لمدينة الكويت. وقد طلبت الكويت من بريطانيا إرسال قواتها تطبيقا لمعاهدة الصداقة البريطانية- الكويتية المعقودة عام 1961، وأنزلت بريطانيا قواتها في الكويت. وطلبت الكويت من مجلس الأمن بحث التهديد العراقي، وطالب العراق من مجلس الأمن بحث إنزال القوات البريطانية في الكويت باعتبار أن هذه القوات تهدد السلم والأمن في المنطقة. وقد اجتمع مجلس الأمن في تموز عام 1961 وأعلن مندوب العراق بان الحكومة العراقية لا تهدف إلى استخدام القوة العسكرية لتحقيق الوحدة بين العراق والكويت. وندد ممثل العراق بالتدخل العسكري البريطاني[65]. ولم تتدخل الجامعة في هذا النزاع، وانما قامت بعض الدول العربية بإرسال قوات أطلق عليها بقوات قوات الردع العربية.

7- <u>النزاع الجزائري المغربي 1963</u>: حصل في عام 1963 نزاع عسكري بين الجزائر والمغرب بسبب النزاع على الحدود. وعلى الرغم من صدور قرار من مجلس جامعة الدول العربية في 19/تشرين الأول/ 1963، وصدور القرارين المرقمين 40/1934 و 40/1935 اللذين طالبا من الدولتين وقف استخدام القوة بينهما على الفور وسحب قواتهما إلى مراكزها السابقة لبدء الاشتباك وتسوية النزاع بالوسائل السلمية، وقد رفضت المغرب تنفيذ القرار لادعائها بان الأراضي التي احتلتها تعود إليها. وبعد ذلك حصلت العديد من الوساطات

---

(65) وفي اثناء انعقاد مجلس الأمن عقدت جامعة الدول العربية، في 10/تموز/1961، وأصدرت القرار 35/1777 المتضمن النقاط الآتية:

1- تلتزم حكومة الكويت بطلب سحب القوات البريطانية من أراضي الكويت بأقرب وقت ممكن.

2- تلتزم حكومة العراق بعد استخدام القوة في ضم الكويت.

3- إنشاء قوات طوارئ عربية مكونة من قوات سعودية ومصرية وسودانية وأردنية وتونسية. وقد تنفيذ الفقرة الأخيرة من القرار فقط.

يراجع: بطرس بطرس غالي، مصدر سابق، ص 19. / كذلك يراجع: أروى طاهر رضوان، اللجنة السياسية لجامعة الدول العربية ودورها في العمل السياسي المشترك، دار الفكر، بيروت 133.

انتهت بالفشل[66]. ولم تتدخل الجامعة في تسوية هذا النزاع بالشكل المطلوب.

8- **النزاع المصري السعودي 1967:** النزاع العسكري بين مصر والسعودية عام 1967. إذ قدمت السعودية شكوى ضد مصر ادعت فيها قيام الطائرات العسكرية التابعة لمصر بضرب مدينة نجران[67].

9- **النزاع اليمني السعودي 1970:** في عام 1970 قدمت جمهورية اليمن الجنوبية، شكوى إلى جامعة الدول العربية ادعت فيها، بان الطائرات السعودية الحربية قامت بالتحليق فوق الأراضي اليمنية لتهديد امن وسلامة اليمن الجنوبية، ولم تنظر الجامعة العربية هذه الشكوى وقدم شكوى مباشرة إلى مجلس الأمن[68].

10- **النزاع اليمني الشمالي والجنوبي 1972:** في عام 1972 حصل نزاع عسكري مسلح بين اليمن الشمالي واليمن الجنوبي. ولم يتدخل مجلس الأمن. وفي أيلول عام 1972 اجتمع مجلس الجامعة وأصدر توصية بان يقوم الأمين العام للجامعة بالصلح بين البلدين وان تتولى لجنة مؤلفة من ممثلي الجزائر وسوريا والكويت وليبيا ومصر لتسوية النزاع، وتم تشكيل لجنة من وزراء الخارجية للدول المذكورة والأمين العام للجامعة. وقد طلبت اللجنة وقف النزاع، غير أن الدول المتنازعة هي التي اتفقت وحدها على وقف القتال بينها، وسحب القوات مسافة 10 كيلومتر من حدودها[69].

---

(66) وقد اتخذت منظمة الوحدة الأفريقية عدة مبادرات لوقف النزاع العسكري بين الدولتين. منها وساطة الرئيس الغيني نكروما، ووساطة هيلاسلاسي ملك إثيوبيا، وعقدت منظمة الوحدة الأفريقية في باماكو في 28-30 وتوصلت إلى إيقاف إطلاق النار وتشكيل لجنة عسكرية من الدولتين تتولى تحديد المناطق التي تكون مجردة من السلام بين الدولتين. وتعيين مراقبين من اثوبيا ومال للأشراف على امن وحياد المنطقة، وإنشاء لجنة تحكيم ، ووقف الحملات الإعلامية بين الدولتين. يراجع الدكتور سبعاوي إبراهيم الحسن، مصدر سابق، ص 88.

(67) Venkart Rama.Approach A Study of Good offices Exercised in in the cases of Peace , UN, ed. New York 1977,p630.

(68) يراجع الدكتور سبعاوي إبراهيم الحسن، مصدر سابق. ص 90.

(69) قرار مجلس جامعة الدول العربية رقم 2961، الدورة العادية الثامنة والخمسون في 3/أيلول/ 1972.

11- **النزاع المصري الليبي 1977:** في عام 1977 حدث اشتباك عسكري بين مصر وليبيا نتيجة تدخل ليبيا في الشؤون الداخلية المصرية، وإرسال عدد من المسلحين إلى جمهورية مصر العربية، وتمكنت الجامعة من تسوية النزاع [70].

12- **النزاع المغربي الجزائري:** النزاع العسكري المغربي الجزائري الموريتاني، حول الصحراء المغربية منذ عام 1975 حتى القوت الحاضر [71].

13- **النزاع اليمني وسلطنة عمان 1975:** في عام 1975 حصل نزاع بين اليمن الجنوبية، وسلطنة عمان حيث ادعت اليمن الجنوبية بان القوات المشتركة لسلطنة عمان وإيران قامت بشن الهجمات على الحدود الشرقية لها، وقدم اليمن شكوى إلى مجلس الأمن [72]. ولم ينظر المجلس في الشكوى.

14- **النزاع المصري الليبي 1975:** أدعت ليبيا عام 1975، بان القوات المصرية قامت بشن هجوم مسلح على قريتين ليبيتين قتل خلاله عدد من المدنيين من بينهم نساء وأطفال، كذلك ادعت قيام السلاح الجوي المصري بقصف القاعدة الجوية القريبة من طبرق قصفا متكررا حيث قدمت ليبيا شكوى إلى مجلس الأمن [73].

15- **النزاع السوداني الليبي 1976:** إذ تعرض السودان بتاريخ 1976/7/4 إلى تدخل عسكري مسلح من قبل ليبيا، وقدم السودان شكوى لمجلس الأمن مدعية أن ليبيا دبرت هذا الهجوم لإسقاط الحكومة واستخدام المرتزقة [74].

16- **النزاع اليمني الشمالي والجنوبي 1982:** في عام 1982 حصل اشتباك مسلح بين الدولتين، وقد تدخلت الجامعة لوقف النزاع بينهما، ثم تدخلت الكويت وعقد اجتماع بين الدولتين في مدينة الكويت لتسوية النزاع [75].

---

(70) محي السيد سليم، دور الجامعة العربية في إدارة المنازعات بين الدول الاعضاء، الجامعة العربية وتسوية المنازعات المحلية. معهد البحوث والدراسات العربية القاهرة ، 1977 ص 70.

(71) الدكتور سبعاوي إبراهيم الحسن، مصدر سابق. ص 58.

(72) تراجع وثائق مجلس الأمن: (A/8402)

(73) تراجع وثيقة مجلس المرقمة: (S/12372)

(74) تراجع وثائق مجلس الأمن:
(S/12122) , (S/12129) , (A/3212).

17- <u>**النزاع الليبي التونسي 1986:**</u> في عام 1986 وقع نزاع عسكري مسلح بين ليبيا وتونس، إذ اتهمت ليبيا بالتدخل في الشؤون الداخلية لتونس، وحاولت الجامعة التخفيف من الصراع العسكري ولم تتمكن من تسوية النزاع الذي أدى إلى ذلك ^(76.)

18- <u>**النزاع القطري البحريني 1986:**</u> تأزمت العلاقات بين قطر والبحرين حول الحدود بينها، وحشدت كل من الدولتين قواتها المسلحة، ولم يتمكن مجلس التعاون لدول الخليج العربية من حل النزاع بينهما، إلا بعد تدخل السعودية ⁽⁷⁷⁾.

19- <u>**الانتفاضة الفلسطينية 2000:**</u> وتعد الانتفاضة الفلسطينية التي انبثقت في أيلول من عام 2000 على أثر قيام رئيس كتلة الليكود شارون بانتهاك حرمة القدس الشريف في عهد رئيس الوزراء (ايهود باراك)، اكبر عمل جسدته الانتفاضة المسلحة ضد الاحتلال الصهيوني لفلسطين، وقد استخدم الكيان الصهيوني جميع الأساليب الوحشية في قتل الفلسطينيين واضطهادهم وتعذيبهم ومنع الغذاء والدواء عنهم ومنع المرضى والحوامل من الوصول إلى المستشفيات، وقام بتهديم دور المواطنين على ساكنيها وقطع الماء والكهرباء عن المجمعات السكنية وخاصة المخيمات الفلسطينية، وكانت هذه الإجراءات تهدف إلى تشريد الفلسطينيين عن دورهم وأموالهم من أجل الاستيلاء عليها وبناء مستوطنات صهيونية في أماكنها، وقتل وشرد الآلاف من الأطفال والنساء الفلسطينيين.

20- <u>**الحرب ضد العراق عام 2003:**</u> حاولت الولايات المتحدة اتخاذ إجراءات عسكرية ضد العراق عن طريق مجلس الأمن، بحجة وجود أسلحة دمار شامل في العراق. وعلى الرغم من استخدام الضغوط السياسية والاقتصادية

---

(75) محي السيد سليم، مصدر سابق، ص 70.
(76) الدكتور سبعاوي إبراهيم الحسن ، مصدر سابق، ص 91.
(77) المصدر نفسه. ص 102.

على أعضاء مجلس الأمن إلا أن الدول الأعضاء في المجلس رفضت استخدام القوة المسلحة ضد العراق، وفي الثامن عشر من آذار من عام 2003، قامت الولايات المتحدة الأمريكية وبعض الدول بالهجوم العسكري المسلح وتمكنت من احتلاله في التاسع من نيسان من العام نفسه، وقد قامت بتدمير العراق تدميرا شاملا وتم تدمير المؤسسات العسكرية والسياسية والاقتصادية بشكل كامل، كما قامت بحل الجيش والمؤسسات الأمنية والشرطة والمخابرات وإسقاط الحكومة، وأعلنت احتلاله. وقد سادت العراق الفوضى بشكل كبير مما أدى إلى نزاعات طائفية وعرقية وإنشاء ميليشيات مسلحة راح ضحية هذه الفوضى مقتل (1200000) شخص ترمى جثثهم في شوارع المدن العراقية، كما شرد أربعة ملايين عراقي داخل وخارج العراق، وكان كاتب هذه السطور احد ضحايا التشريد [78].

21-<u>النزاع الأردني القطري</u>: في عام 2006 قرر مجلس وزراء الخارجية العرب ترشيح ممثل الأردن الدائم في الأمم المتحدة أمينا عام للأمم المتحدة، وطلبت الجامعة من ممثل الجامعة في مجلس الأمن وهي دولة قطر تأييد هذا الترشيح، غير أن قطر أيدت مرشح كوريا الجنوبية (بان كي مون) ولم تلتفت إلى طلب الجامعة، مما أثار غضب الأردن. ولم تتدخل الجامعة لتهدئة الموضع.

22-<u>محاصرة غزة 2008</u>: على اثر قيام السلطة الفلسطينية وانقسامها إلى سلطتين سلطة في الضفة الغربية (فتح) وسلطة في الضفة الغربية (حماس). وقد قامت إسرائيل بغلق المعابر الحدودية والمنافذ وفرضت عليهم حصار جائر. ولم تتمكن الجامعة من أي عمل لرفع الحصار عن غزة.

يتضح من ذلك، أن الجامعة العربية لم توفق في تسوية المنازعات بين الدول العربية، وكان من شأن هذه المنازعات أن تدور وتتراكم مع بعضها.

---

(78) يراجع التقرير الذي وضعته المنظمات الدولية حول الضحايا في العراق:
Xinhua News Agenc December 2007

الفصل الرابع

تنمية الروابط العربية المشتركة

الفصل الرابع
تنمية الروابط العربية المشتركة

الفصل الرابع
تنمية الروابط العربية المشتركة

من أهم مستلزمات تحقيق الأمن القومي العربي، تنمية العلاقات العربية المشتركة بين الدول العربية. ونقصد بتنمية العلاقات العربية، العمل على مد الجسور بين الدول العربية وتقريبها مع بعضها، على أساس أن الأمة العربية أمة واحدة، فلابد من العمل على تنمية وتطوير العوامل المشتركة بين أبناء الأمة العربية وقد أنشئت الأمم المتحدة بعد الحرب العالمية الثانية، من قبل الدول المنتصرة في الحرب، وهي في حالة انهيار، لهذا كرست جهودها لتجنب قيام حرب أخرى جديدة مدمرة. فكان الهدف الأساس للأمم المتحدة هو حماية السلم والأمن الدوليين. أما بالنسبة للدول العربية، التي اشتركت في وضع ميثاق الجامعة، لم تكن قد شاركت في الحرب. لهذا كان الهدف الأساس من إنشاء الجامعة العمل على جمع شمل العرب في مؤسسة دولية تعمل على استقلالهم، وتقربهم مع بعضهم. وجاءت مسألة حماية السلم والأمن العربيين مسالة عابرة. ولم يمنحها الميثاق الأهمية المطلوبة. وقد كرس الميثاق اهتمامه كله، من اجل توطيد العلاقات العربية العربية. فوضع الأهداف التي تقرب الأمة العربية مع بعضها، ولكنه لم يضع المبادئ لتحقيق هذه الأهداف كما فعل ميثاق الأمم المتحدة.

ومن أجل ذلك نصت المادة الثانية من ميثاق الجامعة على أن :"الغرض من الجامعة توثيق الصلات بين الدول المشتركة فيها، و تنسيق خططها السياسية، تحقيقا للتعاون بينها و صيانة لاستقلالها و سيادتها، والنظر بصفة عامة في شؤون البلاد العربية و مصالحها. كذلك من أغراضها تعاون الدول المشتركة فيها تعاونا وثيقا بحسب نظم كل دولة منها و أحوالها في الشئون الآتية:

(1) الشئون الاقتصادية و المالية، و يدخل في ذلك التبادل التجاري والجمارك، والعملة، وأمور الزراعة والصناعة؛

(2) شؤون المواصلات، و يدخل في ذلك السكك الحديدية، و الطرق، والطيران، والملاحة، و البرق، و البريد؛

(3) شؤون الثقافة؛

(4) شؤون الجنسية، و الجوازات، و التأشيرات، وتنفيذ الأحكام و تسليم المجرمين.

(5) الشؤون الاجتماعية؛

(6) الشؤون الصحية".

ويظهر من المادة المذكورة، أن الهدف الأساس من الجامعة هو توثيق الصلات القومية بين الدول العربية، وتنمية الشعور القومي وإقامة نظام موحدة في المجالات المختلفة. وتحقيق أهداف سياسية، وإقامة نظام اقتصادي متكامل، وتطوير الثقافة والقضايا الاجتماعية، وحماية حقوق الإنسان العربي.

وبناء على ذلك فإن هذا الفصل يتضمن المباحث الآتية:

- ☐ المبحث الأول - مفهوم تنمية العلاقات القومية؛

- ☐ المبحث الثاني - تنمية العلاقات الاقتصادية؛

- ☐ المبحث الثالث - تنمية العلاقات الاجتماعية؛

- ☐ المبحث الرابع - تنمية العلاقات الثقافية؛

- ☐ المبحث الخامس - حماية حقوق الإنسان العربي.

المبحث الأول
مفهوم تنمية العلاقات القومية

أولا- تنمية العلاقات الودية بين الدول العربية

كان الوطن العربي منذ آلاف السنين يعيش كدولة واحدة تربط أواصره الانتماء القومي المشترك. فعلى الرغم من ظهور بعض الكيانات السياسية في أجزاء معينة من الوطن العربي، إلا أن هذه الكيانات لم تكن حاجزا تمنع تنقل المواطن العربي في ذلك الوقت والإقامة في أي جزء من أجزاء الوطن العربي.

وبعد الحرب العالمية الأولى أنشئت دول عربية بموجب معاهدات دولية، ووضعت الحدود المصطنعة بينها، والموانع بين أجزاء الوطن العربي، لأول مرة في تاريخه. لهذا كان الهدف الأساس لإنشاء الجامعة، هو تنمية أو توطيد العلاقات القومية عبر الكيانات السياسية التي تم إنشاءها في فترة الانتداب والاحتلال الأجنبي:

أولا- مفهوم القومية

يندمج مفهوم الوطنية في المجتمعات الغربية بمفهوم القومية، ويطلق على المفهومين مصطلح **National**. إذ يطلق على الفرنسي بالوطني الفرنسي، أو القومي الفرنسي. أما في الوطن العربي، فإن مفهوم الوطنية لم يكن معروفا في الوطن العربي، إلا بعد قيام الكيانات السياسية الحالية. فأصبح الوطني هو الذي ينتمي إلى دولة معينة. فالعراقي ينتمي إلى العراق والأردني ينتمي إلى الأردن واليمني ينتمي إلى اليمن. أما القومي فهو الذي ينتمي إلى أمة معينة لها صفات خاصة، وهي الأمة العربية، بغض النظر عن الحدود الإقليمية لوطنه. فالعربي ينتمي إلى الأمة العربية التي تمتد من المحيط الأطلسي إلى الخليج العربي. فالقومي ينتمي إلى أمة، أو من مفهوم الوطني الذي ينتمي إلى دولة. وما يجمع العربي المفهوم القومي، وما يفرقهم المفهوم الوطني. أو ما يطلق عليه القطري.

وإذا كانت مجموعة من الدول تتمتع بمواصفات معينة لا يطلق عليها بالدول، وإنما بالأقطار كما هو الحال بالنسبة للدول الأوربية، إذ يطلق عليها بالأقطار الأوربية **Countries European** ولا يطلق عليها بالدول الأوربية **European states**. وقد استعمل هذا المصطلح بالنسبة للأقطار العربية فترة معنية، إلا أن بعض الدول الخليجية اعترضت على هذا المصطلح لأنه يعبر عن موقف لحزب معين. ونرى عند تعديل ميثاق الجامعة أن يطلق على جامعة الدول العربية بـ(جامعة الأقطار العربية **Arabs League Countries**)

وقد اختلف الفقه في تحديد مفهوم القومية وذهب إلى نظريات متعددة[1]:

الأولى - النظرية الموضوعية: تقوم هذه النظرية على أن القومية تقوم على مبدأ اشتراك مجموعة من الأشخاص برابطة اللغة والدين والثقافة والإقليم والعادات. وأضافت النازية الألمانية عنصري الأصل المشترك ونقاء الدم. الأمر الذي أدى بهم إلى تصنيف الشعوب، واعتبار العنصر الألماني في المرتبة الأولى.

الثانية - النظرية الشخصية: والتي تقيم القومية على معيار شخصي. وهو إرادة المعيشة المشتركة، والرغبة المشتركة والتجانس النفسي والشعور بالتضامن بين أفراد الجماعة من اجل العيش المشترك لتحقيق غايات مشتركة والاستعداد للتضحية من اجلها عند الحاجة[2]. ولا تشترط هذه النظرية الروابط الواردة في النظرية الأولى.

الثالثة - نظرية الواقع: وهي تنظر إلى القومية من خلال ظـروف الواقع، ويميـز بين القومية والنظرية القومية. ويرى أن القومية واقع بديهي يفرض نفسه، وهي حقيقة حية. وليست مفهوما سلاليا عرقيا. وهي المستوى الناضج الذي بلغته البشرية نتيجة تفاعل قرون طويلة بين أفرادها وبين الظروف الطبيعية والتاريخية التي مرت بها والتي نسجت فيما بينها روابط مادية وروحية مشتركة. أما النظرية

(1) يراجع كتابنا القانون الدولي العام، الجزء الأول، دار الثقافة، عمان 2007، ص 174.
(2) الدكتور عصام العطية، القانون الدولي العام، دار الحكمة بغداد 1993، ص 223.

القومية فهي التعبير عن محتوى هذه الحقيقة. وعد أصحاب هذا الرأي أن القومي من يتكلم بلغة المجتمع ويسكن في الوطن. وهذا ما ينطبق على الأمة العربية. فيعد الفرد عربيا إذا تكلم اللغة العربية وسكن الوطن العربي.

والواقع أن المجتمعات تنظر إلى القومية من وجهة مصالحها، فعندما تجد أن القومية ستساهم في وحدة المجتمع أو المجتمعات وتقويتها، فإنها تلجأ إليها وتتخذها شعارا وهدفا لها، كما هو حال الأمة العربية المجزأة إلى عدة دول، فإن اللجوء للقومية يجمعها ويوحدها. وعندما يتألف المجتمع من قوميات متعددة متصارعة كما هو الحال في الولايات المتحدة الأمريكية وروسيا الاتحادية والهند، فإن التمسك بالقومية يؤدي إلى تجزئتها إلى دول متعددة. وقد شهد العالم صراعا قوميا حادا أدى إلى قتل الملايين من البشر بين الدول أو داخل الدولة الواحدة، مما دفع الدول إلى نبذ التعصب القومي.

وتشكل القومية العربية الغالبية العظمى للدول العربية. وهو معيار مشترك يجمع المسلمين وغير المسلمين. كما توجد أقليات قومية داخل الوطن العربي. وهذه الأقليات أما أن تكون موجودا أساسا في الوطن العربي، أو انه هجرت من دول أخرى نتيجة الحروب. وبعض هذه الأقليات تدين بالإسلام، وأخرى تدين بأديان أخرى. وعلى الرغم من ذلك فإن الوطن العربي لم يشهد صراعا قوميا دمويا كما شهدته العديد من الدول الأخرى و بخاصة الدول الأوربية. ويعود ذلك إلى أن القومية العربية قومية إنسانية تتعايش مع القوميات الأخرى، وجاء الإسلام ليضفي عليها طابعا إنسانيا وأخلاقيا.

والوطن العربي، هو الوطن الوحيد الذي لم يشهد صراعا قوميا، والوحيد الذي حافظ على الأقليات فيه، والوحيد الذي تتحكم فيه الأقليات على الأكثرية. كما حصل بالنسبة للموارنة في لبنان، والأكراد في العراق، بخلاف ما حصل في الغرب من مجازر رهيبة ضد الأقليات. وما وجود اليهود في فلسطين، وما الاضطهاد البروتستانتي ضد الايرلنديين، إلا خير دليل على الاضطهاد الغربي للأقليات.

فالقومية العربية قومية إنسانية تتفاعل مع الأقليات، ولا تذيبها. فالأكراد والصابئة والمسيحيين واليهود من غير العرب، يعيشون في الوطن العربي منذ قرون عدة، ولم يسجل التاريخ صراعا قوميا في الوطن العربي كما حصل في الغرب.

وأثبت الواقع أن إقامة نظام قومي يؤدي إلى تنمية القوميات الأخرى، لشعور هذه القوميات بضرورة تمتعها بالحقوق الخاصة بها. فالأكراد مثلا في العراق، أو في سوريا لا يمكن يمارسوا حقوقهم القومية، إلا عبر دولة قومية. وليس من حقهم المطالبة بالحقوق القومية إذا كانت الدولة لا تتبنى نظاما قوميا، فالجميع سواء في التعامل. ويتمتع الكردي في هذه الحالة بحقوق المواطنة كأي مواطن آخر. أما إذا تبنت الدولة نظاما قوميا، فمن حق الكردي أن يطالب بحقوقه القومية ضمن إطار هذه الدولة.

وكانت الأمة العربية، أمة موحدة في العهود المختلفة منذ بدأ الرسالة الإسلامية مرورا بالدولة الأموية والعباسية والعثمانية. وقسمت بعد الحرب العالمية الثانية إلى كيانات سياسية أطلق عليها بالدول، ورسمت الحدود الاصطناعية بينها. وبدأ تقسيم الأمة العربية إلى دول متناقضة ومتصارعة مع بعضها. وعلى الرغم من أن الدول العربية الموضوعة تحت الاحتلال أو الانتداب البريطاني أو الفرنسي، إلا أن الدول الاستعمارية لم تعمل على توحيد الدول العربية التي تخضع لحكمها، بل جعلتها مقسمة وأطلقت عليها تسميات لا تزال مستعملة. فلم يشهد التاريخ دولا عربية يطلق عليها العراق، أو الأردن، أو سوريا، أو لبنان، أو السعودية، أو مصر، أو الجزائر....ألخ. فهذه المسميات غير معروفة قبل الحرب العالميه الأولى.

وبقيت جميع الدول العربية تحت الاحتلال الأجنبي البريطاني والفرنسي، فالدول العربية في شمال أفريقيا كانت تحت الاستعمار الفرنسي المباشر. أما بالنسبة لمصر فتحولت من الاحتلال الفرنسي إلى الاحتلال البريطاني. وخضع كل من العراق والأردن وفلسطين للانتداب البريطاني الذي جاءت به عصبة الأمم، وخضعت سوريا ولبنان للانتداب الفرنسي. وعلى الرغم من انتهاء الاحتلال البريطاني

على العراق عام 1932، بموجب المعاهدة العراقية البريطانية المعقودة عام 1930، فإن بريطانيا احتفظت بقاعدتين عسكريتين في الحبانية (سن الذبان) في الانبار، والشعيبة القريبة من البصرة. واستمر الانتداب على سوريا ولبنان والأردن حتى عام 1946. وفي فلسطين إلى عام 1947، بعد أن سلمت فلسطين لليهود. وبالنسبة لمصر فقد خضعت للاحتلال الفرنسي ثم البريطاني. واحتفظت بريطانيا بقواعد لها في مصر حتى عام 1956 عندما قرر الرئيس المصري الراحل جمال عبد الناصر أجلاء القوات البريطانية عن مصر. أما بالنسبة لدول الخليج العربي، عدا السعودية فقد استمر الاحتلال البريطاني المباشر إلى عام 1972 عندما استقلت ودخلت الأمم المتحدة. وعندما قامت الجامعة العربية بعد الحرب العالمية الثانية 1945، كانت جميع الدول العربية السبع تحت الانتداب أو الاحتلال الفرنسي والبريطاني، عدا السعودية التي لم تكن محتلة من قبل دولة، ولكنها تحت النفوذ الأمريكي خلال الحرب العالمية الثانية. لهذا شعرت الدول السبع القائمة في ذلك الوقت، أن إقامة نظام عربي موحد بصيغة، أو أخرى يحقق لها القوة والمنعة ويمنع التجاوز عليها من الدول الأخرى.لهذا تضمن ميثاق الجامعة، والاتفاقيات الملحقة به العديد من الأهداف القومية، في الحدود المسموح بها.

ثانيا- إنشاء نظام عربي موحد

كان الهدف الأساس من إنشاء جامعة الدول العربية العمل على تحقيق الوحدة العربية[3]. وهو ما أكدته مباحثات مؤتمر الإسكندرية وبروتوكول الإسكندرية والمباحثات التي جرت بين الدول العربية والمشاريع التي طرحت للنقاش والتي جعلت من الجامعة نواة لتحقيق الوحدة العربية وهي الهدف الأساس من إنشاء الجامعة[4]. فكان الخلاف بين الدول العربية حول شكل الوحدة العربية، هل

---

(3) الدكتور محمد سامي عبد الحميد ، قانون المنظمات الدولية ، القاهرة ص 17.
ويراجع عن الوحدة العربية مؤلف: غالب عامر ، الوحدة العربية في زمن المتغيرات، دار الينابيع ، دمشق 1997.
(4) الدكتور السعيد الدقاق المنظمات الدولية ، مؤسسة الثقافة الجامعية ، الإسكندرية 1978 ص297.

تكون وحدة اندماجية، أو إنشاء اتحاد فدرالي قوي قادر على قيادة الأمة العربية، أو إنشاء الوحدة العربية بين بعض الدول العربية ومن ثم تكون هذه الوحدة نواة لوحدة شاملة. وكان الصراع بين هذين الاتجاهين مرهونا بالصراع بين المصالح الاستعمارية التي فرضت طوقا على الجامعة ومنعتها من أن تحقق أهدافها.

وقد وردت إشارات غير مباشرة في برتوكول الإسكندرية بخصوص الوحدة العربية. منها ما ورد في الديباجة على حرص الدول الأعضاء على توطيد الروابط وتدعيمها وتوجيهها إلى ما فيه خير البلاد العربية قاطبة وصلاح أحوالها وتأمين مستقبلها وتحقيق أمانيها وآمالها.

وورد في الفقرة الثالثة من البرتوكول: " ترجو اللجنة أن توفق البلاد العربية في المستقبل إلى تدعيمها بخطوات أخرى وبخاصة إذا أسفرت الأوضاع العالمية بعد الحرب القائمة عن نظم تربط بين الدول العربية بروابط امتن وأوثق". وهذه إشارة إلى أن الميثاق كان استجابة للظروف العربية والدولية القائمة وإن الأمل في الفترة اللاحقة، أن توطد هذه الروابط نحو تحقيق نظام يحقق آمال الأمة العربية أكثر مما حققه البروتوكول.

ومما لا شك فيه أن غالبية دساتير الدول العربية تنص على أن دولها جزء من الأمة العربية. غير أن التطبيق العملي لم يتجه إلى العمل الفعلي الجاد إلى خلق وحدة عربية تقودها الجامعة، أو على الأقل لم تتمكن الجامعة من توحيد مواقف الدول العربية إزاء المنازعات الناشئة بينها والمنازعات الناشئة بينها وبين الدول الأجنبية وتوحيد مواقفها في القضايا الدولية.

وعلى الرغم من أن ميثاق الجامعة، لم يكن محققا لآمال الأمة العربية وحتى لآمال رؤساء الدول العربية في ذلك الوقت بسبب الظروف الدولية القائمة والتدخلات الأجنبية، فأنه تضمن العديد من النصوص الإيجابية التي تهدف إلى توحيد الأمة العربية. ومن ذلك ما نص عليه الميثاق من توثيق التعاون والصلات في

المجالات الأمنية والعسكرية والاقتصادية وتوحيد سياسة الدول العربية الخارجية، وتوحيد الجنسية والعملة، واعتماد الجامعة كمؤسسة عربية تقود العرب وتوحدهم. كما جاء ذلك في المادة الثانية من ميثاق الجامعة، فإن كل ذلك يعد دلالة واضحة على أن الجامعة كانت تهدف إلى تحقيق الوحدة العربية، وان لم تشر إلى ذلك صراحة.

ومما يبعث على الأمل تمكن الجامعة من عقد العديد من المعاهدات الدولية والتي تهدف جميعها إلى توحيد العرب في مختلف المجالات السياسية والوحدة الاقتصادية والأمنية وانتقال الأشخاص والأموال والأيدي العاملة والإعلام والقضايا الاجتماعية والجنسية وغيرها من الموضوعات التي تهدف جميعها إلى توحيد الأمة العربية أو على الأقل تهدف إلى التضامن العربي.

وعلى الرغم من أن الخلافات بين الدول العربية تعد خلافات هامشية وإن الشعور الشعبي العام يدعو إلى الوحدة العربية، إلا أن العائق أمام تحقيق هذا الهدف هو مشكلة السلطة ومدى التمسك بها والفارق المادي بين الدول العربية الغنية التي تملك النفط والدول العربية الفقيرة. ولم تتمكن الجامعة العربية من حل هذه المعضلة التي يمكن حلها في حالة توافر النية عن طريق مراعاة هذه الحالة بان تحتفظ كل دولة بخصوصيتها على أن توحد السياسة الخارجية للدول العربية ضمن إطار جامعة الدول العربية.

ومما زاد في العوائق التي تقف أمام عمل الجامعة على تحقيق التقارب العربي، ظهور المحاور داخل الجامعة. ففي مرحلة التوازن الدولي عانت الجامعة من امتدادات دولية في اتخاذ القرارات وخاصة تلك القرارات التي تهدف إلى توحيد الوطن العربي، أو التضامن العربي. وقد تحولت تلك المحاور إلى مؤسسات رسمية داخل الجامعة وأصبحت منظمات دولية داخل الجامعة تضم الدول المتمحورة، وهي مجلس التعاون لدول الخليج العربية ومجلس التعاون العربي والاتحاد المغاربي. وبعد انهيار الاتحاد السوفيتي هيمنت الولايات المتحدة الأمريكية على الجامعة بسبب

ارتباط العديد من الدول بعلاقات قوية مع الولايات المتحدة الأمريكية التي تولت قيادة الجامعة وفرض القرارات عليها. وكانت أحداث الثاني من أيلول من عام 1990 خير مثال على هيمنة الولايات المتحدة الأمريكية وما تبعها من تداعيات، وتوجيهها بالاتجاه الذي يخدم مصالحها. وكان قيام الولايات المتحدة الأمريكية باحتلال العراق في حرب ضارية ومدمرة في التاسع من نيسان عام 2003 خير دليل على فشل الجامعة في تحقيق أهدافها وحل مشاكلها بنفسها.

ولم تعمل المنظمات التي أنشئت داخل جامعة الدول العربية على تطويرها بل كانت عاملا مهما في شل الجامعة وعدم قدرتها على تحقيق التضامن العربي حيث تحولت المحاور المستترة داخل الجامعة إلى محاور رسمية تعمل بصورة علنية ضد الجامعة. كما لم تتمكن هذه المؤسسات من توحيد العلاقات بين الدول الأعضاء فيها إلا في موضوع واحد كانت تعمل من أجله وهو الوقوف ضد تحقيق الجامعة لأهدافها في توحيد الأمة العربية أو منع تضامنها. وشهدت حركة القومية العربية في مرحلة الخمسينيات، والستينيات من القرن الماضي تصاعدا كبيرا، ورفعت شعارات الوحدة والحرية والاشتراكية في العديد من الدول العربية، وان اختلف ترتيب هذه الشعارات من دولة لأخرى. غير أن حركة القومية العربية، انتكست بعد هزيمة الخامس من حزيران عام 1967، عندما انهزمت الدول العربية، وبوجود القوة العسكرية الإسرائيلية. لم يعد هناك مجالا للكلام عن الوحدة العربية، أو التضامن العربي، وتحولت الجامعة إلى مؤسسة لتصريف الأعمال الاعتيادية الروتينية.

ثالثا- التضامن العربي

بسبب المحاور التي ظهرت داخل الجامعة، وعدم قدرتها على توحيد الدول العربية، ظهرت فكرة التضامن العربي، وطرحت العديد من المشاريع في هذا الاتجاه. ويقصد بالتضامن العربي توحيد المواقف العربية في العلاقات الدولية وتسوية

المشاكل بينها بالوسائل السلمية. والتضامن العربي ليس مؤسسة دولية قائمة بذاتها وإنما عمل مشترك بين الدول الهدف منه تعزيز العلاقات بينها من أجل دفع الأخطار التي تهدد دولة عربية أو عدة دول عربية.

والتضامن العربي حالة تعبر عن ضعف الأمة في العمل ضمن مؤسسة دولية قادرة على تحقيق الوحدة العربية، أو الاتحاد بينها. وهو يمثل الحد الأدنى من الصلات بين الدول العربية عندما تفتقد الأمة مقومات التعبير عن الحالة المطلوبة. وعلى ذلك فإن ميثاق جامعة الدول العربية يعد حالة متقدمة على حالة التضامن العربي بصورة عامة[5].

وبالنظر إلى عدم قدرة جامعة الدول العربية على تحقيق أهدافها في توحيد العرب وخلق صلات وروابط متينة بين الدول العربية، فقد رفعت الأصوات بين الدول العربية تطالب الدول العربية بالتضامن كحد أدنى للتعامل فيما بينها والحفاظ على الجامعة. وأنه من المؤسف أن تتحول مسألة الدعوة للتضامن العربي إلى مقررات رسمية تتخذها الجامعة. فقد أصدرت الجامعة ميثاق التضامن العربي في 1965/9/15 بقرار مؤتمر القمة المنعقد في الدار البيضاء في المغرب.

وكان صدور الميثاق نتيجة الإيمان بضرورة التضامن بين الدول العربية ودعم الصف العربي لمناهضة المؤامرات الاستعمارية الصهيونية التي تهدد الكيان العربي، والحاجات القصوى لتوفير الطاقات العربية تمهيدا لتعبئة القوى لمعركة الكفاح لتحرير فلسطين والإيمان بالحاجة إلى الانسجام والوفاق بين الدول العربية لكي يتسنى لها أن تلعب دورا فعالا في إقرار السلام والرغبة في توفير جو تسوده روح الود والإخاء بين البلاد العربية حتى لا يتمكن الأعداء من أن يفتوا في عضد الأمة العربية.

---

(5) للتفاصيل عن التضامن العربي، يراجع مؤلف: فؤاد مطر، التضامن العربي ذلك المستحيل،. - ط. 1. دار الناشر العربي الدولي، بيروت،: 2002.

وقد تضمن ميثاق التضامن العربي ما يأتي:

1- العمل على تحقيق التضامن في معالجة القضايا العربية وخاصة قضية تحرير فلسطين.
2- احترام سيادة كل من الدول العربية ومراعاة النظم السائدة فيها وفقا لدساتيرها وقوانينها وعدم التدخل في شؤونها الداخلية .
3- مراعاة قواعد اللجوء السياسي وآدابه وفقا لمبادئ القانون والعرف الدولي.
4- استخدام الإعلام لخدمة القضية العربية.
5- مراعاة حدود النقاش الموضوعي والنقد البناء في معالجة القضايا العربية ووقف حملات التشكيك والمهاترة عن طريق الصحافة والإذاعة وغيرها من وسائل النشر.
6- مراجعة قوانين الصحافة في كل بلد عربي بغرض سن التشريعات اللازمة لتجريم أي قول أو عمل يخرج عن حدود النقاش الموضوعي والنقد الباني، من شأنه الإساءة إلى العلاقات بين الدول العربية أو التعرض بطريق مباشر أو غير مباشر بالتجريح لرؤساء الدول العربية.
7- تنمية العلاقات العربية مع الدول المجاورة للوطن العربي. وأهمية تعزيز علاقات التعاون مع هذه الدول خاصة إيران وتركيا التي ترتبط بعلاقات تاريخية وحضارية ومصالح مشتركة مع الوطن العربي ويعتبر القادة قضية المياه في أبعادها القانونية والاقتصادية والأمنية مسالة في غاية الحيوية للأمة العربية.

ومن هذا المنطلق فقد دعت الجامعة تركيا إلى الدخول في مفاوضات ثلاثية مع كل من العراق وسوريا وفقا لأحكام القانون الدولي والاتفاقات المعقودة بينها للتوصل إلى اتفاق عادل ومنصف لتقاسم المياه يضمن حقوق البلدان الثلاثة[6] . وعلى الرغم من أن ميثاق التضامن أصبح جزءا من ميثاق الجامعة، وان على الدول العربية أن تعمل به وانه يمثل الحد الأدنى من العمل القومي المشترك، فأنه لم تطبق أية فقرة من فقراته.

---

(6) الفقرة (44) من قرار مؤتمر القمة العربي المنعقد في عمان في 27 و28 مارس/آذار 2001. الوثائق الرسمية جامعة الدول العربية.

ونظرا أهمية دعم الأمن القومي العربي الشامل في مواجهة التحديات التي تهدد سيادة الدول العربية ووحدة أراضيها ومواردها الطبيعية وانطلاقا من الارتباط الوثيق بين الأمن القومي العربي بمفهومه الشامل كوحدة لا تتجزأ وبين الأمن الوطني لكل دولة من الدول العربية، فإن مؤتمر قمة عمان أكدت عزم الدول العربية على بناء التضامن العربي باعتباره السبيل الصحيح لتحقيق أهداف العمل العربي المشترك والذي يستند إلى احترام السيادة والاستقلال والسلامة الإقليمية لكل دولة وسيادتها على مواردها الطبيعية والاقتصادية والالتزام بمبدأ عدم التدخل في الشئون الداخلية لأية دولة وتسوية المشاكل الثنائية بين الدول العربية بالوسائل السلمية ووفقا لمبادئ القانون الدولي والعمل على احترام مبادئ ميثاق الأمم المتحدة وميثاق جامعة الدول العربية والاتفاقيات المبرمة في والتأكيد على أن ضمان الأمن القومي العربي بمعناه الشامل هو أفضل سبيل للحفاظ على كيان الأمة العربية وصيانة مصالحها[7].

وإذا كانت الدعوة للتضامن العربي تعبر عن حالة ضعف الأمة العربية وعدم قدرتها على تفعيل جامعة الدول العربية فأنها لم تلق الأذن الصاغية من قبل الدول العربية، بسبب الامتدادات الدولية التي رافقت الجامعة منذ نشوئها حتى الوقت الحاضر وان اختلفت هذه الامتدادات من فترة لأخرى.

إن العالم يتجه نحو التكتلات الدولية. فالدول القوية تبحث عن تكتلات دولية لا من اجل المحافظة على كياناتها وديمومتها فحسب، بل لتطويرها في المجالات التكنولوجية والاقتصادية والسياسية وتحقيق الرفاهية الاجتماعية. ولابد من القول أن العرب بدون وحدتهم لا مستقبل لهم ولا تقدم ولا وجود لهم في هذا العالم القائم على المصالح الأنانية والسيطرة والاستحواذ. فقد عمل الإسلام على توحيد العرب قبل كل شيء، ومن ثم نهضت الأمة لتحمل رسالة العدل والإنسانية للعالم.

---

(7) الفقرة (41) من قرار مؤتمر القمة العربي مصدر سابق.

لهذا نرى أن تحقيق الوحدة العربية في ظل الظروف الدولية الحالية يصطدم بعوامل عديدة دولية وداخلية. فالعالم يرى في وحدة العرب تحقق أمجادهم القديمة، وان العديد من الأنظمة العربية تعتقد بان الوحدة العربية تقضي على خصوصيتهم الوطنية. لهذا لابد من البحث عن عوامل تسمح بقيام وعلاقة عربية بنوع مقبول يحمل في طياته التعامل الإنساني مع كل الشعوب، والحفاظ على الخصوصية لكل دولة عربية. وان ما نقترحه للنهوض بالأمة العربية والعمل على وضع خطة مستقبلية للأجيال القادمة. تقوم على ما يأتي:

1-العمل على وضع مشروع مستقبلي لعشرات السنين يعمل على تحقيق أجزاء من متطلبات التقارب العربي ما يمكن تحقيقه في ظروف المرحلة التي تمر بها الأمة العربية، ومواجهة تحديات المراحل التي تواجها بروح مرنة.

2-المحافظة على الخصوصية العربية لكل دولة. بحيث يحترم نظامها وحكامها، دون أن يسلب من حقوقها، أو ينتقص من مكتسباتها، فيأتي التقارب معزز لهذه الخصوصيات وليس لإذابتها. فيكون التقارب العربي الخيمة الكبرى التي تحمي جميع الكيانات الأخرى.

3-الاعتماد على تجربة الاتحاد الأوربي، الذي بدأ من معاهدة الحديد والفحم عام 1942، عبر مراحل متعددة وتكللت أخيرا بالبرلمان الأوربي وتوحيد العملة الأوربية (اليورو)، ولا يزال مستمرا على الرغم من المحافظة على الخصوصية لكل دولة أوربية. ويطلق في مجال العلاقات الدولية على الدول الأوربية بالأقطار الأوربية **Europe Countries**، ولا يطلق عليها بالدول الأوربية. ومما يؤسف له أن بعض الدول العربية تعترض على الدول العربية الأخرى التي تستخدم مصطلح الأقطار العربية. وكانت التسمية الأولى للجامعة، هو الجامعة العربية **Arabs league**، وغير هذا الاسم إلى جامعة الدول العربية.

4-أن تضع الجامعة المناهج الخاصة بالتقارب العربي أو التضامن العربي، والعمل على تنمية الشعور القومي لأبناء الأمة العربية. يدرس في الدول العربية جميعها وفي مراحلها الثلاث.

5-التركيز على أن الأقليات العربية في الوطن لا يمكن أن تنال حقوقها بدون قيام نظام قومي عربي يعترف بها ويمنحها حقوقا مضاعفة. بحيث تكون الوحدة العربية وحدة إنسانية غير عنصرية.

6-لعبت التكتلات العربية داخل الجامعة دورا كبيرا في ضعف الجامعة، وشلت عملها وأصبحت الجامعة مجالات للتصادم بين هذه الكتل[8].. لهذا فإن تطوير العمل القومي العربي يتطلب قبل كل شيء هو الحد من هذه التكتلات، أو تنظيمها بما يخدم الجامعة ويسندها.

رابعا- آثار العولمة على الشعور القومي العربي

فرضت العولمة نمطا معينا على العالم أجمع وهي محاولة نقل التجربة الغربية القائمة على العنصرية والمادية والرأسمالية إلى الدول الأخرى[9]. فقد سخرت العولمة تكريس نظام لتفكيك الأمم وترسيخ العنصرية والتحيزات الموروثة وضيق الأفق الأثيني والتعصب الطائفي. وأخطر ما يسخر من أجله هو تفكيك الوعي القومي. وأصبح الكلام عن التنمية الوطنية والقومية، أو عن تحرير الأرض والموارد والإنسان، أو عن الوحدة القومية ، كلاما خارج التاريخ وورمانسيا حالما يعيش الماضي، لآن ذلك يعد تناقضا مع العولمة وما يرتبط فيها من تقانة متطورة كالحاسوب والإنترنت وثورة الاتصالات. ولا يقتصر هذا الموقف على أوساط اليمين التقليدي، وإنما يتعداه إلى أوساط اليمين الجديد (اليسار سابقا) [10].

---

(8) غسلان سلامة، الجامعة والتكتلات السياسية، مركز دراسات الوحدة العربية، بيروت 1983، ص 771.

(9) تقول ميري روبنسون مفوضة الأمم المتحدة العليا لشؤون حقوق الإنسان أن ثمة علاقة بين العولمة والعنصرية (الانترنيت) موقع العولمة arabic@bbc.co.uk.

(10) الدكتور هشام غصيب ، حرية التجارة العالمية والهوية القومية. بحث في الانترنيت موقع (العولمة)

وتتجسد تحديات العولمة للقومية العربية على النحو الآتي:

1- تعتقد الولايات المتحدة الأمريكية أن أسباب المنازعات الدولية بين الدول والحروب الأهلية ترجع أساسا إلى أسباب دينية واقتصادية وثقافية وقومية وعرقية. فاختلاف الشعوب في هذه الأمور كانت ولا زالت وراء الكوارث التي حلت بالبشرية. فالتمسك بالقومية كانت وراء الحرب بين العرب واليهود والحرب بين العراق وإيران والحرب الأهلية في تركيا والصومال وأفغانستان ومشكلة التبت في الصين. لهذا فإن الثقافة المعولمة تربط بين الحروب الدولية والتمسك بالقومية. ومن المؤكد أن هذا الاتجاه الذي تفرضه الولايات المتحدة الأمريكية بتوحيد الثقافات إنما هو موجه أساسا ضد الأمة العربية فهي أكثر الأمم تتمسك بالهوية القومية وتعدهما جزءا من الشخصية العربية.

2- يحاول بعض الكتاب الأمريكيين الإيحاء إلى أن هناك عوامل سلبية في الثقافات الأخرى للدول الأخرى بوصفها ثقافة النخبة أو صفوة. وهي ثقافات مكبلة بالقيود وذات توجهات دينية وتستخدم لغة لا تفهمها غير فئة قليلة من الصفوة أو من رجال الدين ومن ثم فهي لا تلبي احتياجات الإنسان المعاصر[11]. وتعمل العولمة على صياغة ثقافات وقيم ومعتقدات عامة، وفق معايير أحادية صرفة. وان الثقافة الأمريكية تجاوزت الحدود في التعامل مع الثقافات والحضارات والعقائد والأفكار المغايرة، ودخلت مناطق محظورة وحساسة، لتجاهلها التركيب النفسي والوجداني والمعنوي للأفراد والجماعات والشعوب، وإسقاطها لعوامل التراكم الثقافي المبلور لشخصيات الشعوب والأمم، خلال مئات السنين. والنتائج المترتبة على مثل هذا التدخل تأتي دائما بنتائج عكسية، وتزيد من كراهية الشعوب للسياسة الأمريكية[12].

---

(11) عبد المنعم السيد علي، مصدر سابق، ص64.

(12) محمد عبد الحكم دياب، تكتل ما بعد حرية التجارة العالمية بين النظرة العملية والنظرة التقليدية. الانترنيت الموقع (العولمة).

ومن هذا تعمل الولايات المتحدة الأمريكية على تشكيل النخب السياسية في الوطن العربي بشكل يفسح المجال أمام توثيق ارتباط الاقتصاد والسياسة العربية بالولايات المتحدة الأمريكية. ولكي تتم إعادة تشكيل النخب لابد من نشر ثقافة سياسية بديلة تقوم على تمجيد قيم اقتصاد السوق والحرية السياسية والمجتمع المدني، ومحاصرة العامل القومي.

3- قللت العولمة من فاعلية الأمة العربية في خدمة قضاياها الوطنية والقومية وبخاصة القضية الفلسطينية وعدم القدرة على وقف الكيان الصهيوني من تنفيذ أطماعه التوسعية في الأراضي العربية، وبخاصة المستوطنات وتهجير الفلسطينيين وهدم منازلهم وقتلهم وتشريدهم، رغم (اتفاقيات السلام) مع منظمة التحرير الفلسطينية ومع عدد من الدول العربية واستمرار احتلاله للجنوب اللبناني رغم انسحابه في 2000/5/23 واحتفاظه بجزء منها واحتلاله هضبة الجولان واحتلال الجزر العربية الثلاث من قبل إيران واستمرار اسبانيا لاحتلالها لسبتة ومليلة والجزر الجعفرية واستمرار احتلال العراق والسودان واستمرار التدخل الأجانب في الصومال وتمزيقه وتشجيع الانفصال ودعمه في السودان والعراق وجزر القمر وتشجيع الأقليات الساكنة في الوطن العربي على التمرد وخرق السيادة الوطنية [13]. وان الدول العربية غير قادرة على مقاومة ذلك لخشيتها التعرض لحصار اقتصادي وسياسي. وبدلا من أن تتجه الدول العربية إلى توثيق صلاتها القومية، فإنها انشغلت في مشاكلها الداخلية.

4- دعمت العولمة الأقليات في الوطن العربي. وشهدت هذه الأقليات تناميا نحو النزعة الانفصالية والتكتل الجغرافي وتفكيك المجتمع السياسي [14]. لهذا يلاحظ العلاقة المتنامية بين الحركة الكردية في شمال العراق. وتنامي

---

(13) مها ذياب ، تهديدات العولمة للوطن العربي ، مجلة المستقبل العربي، العدد 276 العدد الثاني بيروت 2002 ، ص160.

(14) الدكتور مصطفى رجب، مخاطر حرية التجارة العالمية على المجتمعات العربية ، البيان 2000/10/13 الانترنيت الموقع (العولمة)

النشاط القبطي المصري مع الولايات المتحدة الأمريكية، وتمويل نشاطات حزب جبهة القوى الاشتراكية الجزائرية من قبل الصندوق القومي للديمقراطية، ودعم الانفصاليين في السودان والصومال[15]، وإذكاء الطائفية في لبنان. ولم تتمكن هذه الدول من طرح مشاكلها السياسية أمام منظمة الأمم المتحدة لاحتمالات الحصار الاقتصادي الذي قد تفرضه العولمة. ومشكلة الأقليات ليست في الوطن العربي فحسب بل إنها شملت دول العالم كلها. فالولايات المتحدة الأمريكية أكثر الدول تتضمن أقليات متعددة. والمشكلة ليست النظر في مأساة هذه الأقليات بل إنها باستغلال هذه الأقليات. فحيث يكون إسناد هذه الأقليات محققا لمصالح الولايات المتحدة تظهر هذه الأقليات وتنمى وتساند من قبل الولايات المتحدة الأمريكية. ولنأخذ مشكلة الأكراد الذين يشكلون أقليات في العديد من الدول منها تركيا وإيران وسوريا والعراق. وبالنظر لموقف الولايات المتحدة الأمريكية من العراق أفرزت مشكلة الأقلية الكردية في العراق على وجه الخصوص ولقيت الدعم من قبل الولايات المتحدة الأمريكية. في الوقت الذي أعطت ظهرها للأقليات الكردية في الدول الأخرى لكونها لا تحقق مصالح الولايات المتحدة. كذلك هو الحال بالنسبة للأقليات في السودان والدول الأفريقية المجاورة. فقد أفرزت الأقلية في السودان لان الولايات المتحدة تريد ذلك.

5- على الرغم من أن العولمة تعمل على فرض قواعد عالمية موحدة على العالم[16]، إلا أن نظرتها للوطن العربي مختلفة تماما. حيث تعد التكتل العربي منافيا لمبادئها. ولهاذ فإن تعمل على التشطير والشرذمة والتجزئة، والقضاء على

---

(15) وليد عبد الحي، علاقة السياسة الخارجية الأمريكية بالتحولات الديمقراطية في الوطن العربي، مجلة المستقبل العربي، العدد (267) مايس 2001 بيروت ص73.

(16) للتفاصيل على أممية العولمة تراجع المصادر الآتية:
السيد يسين. العالمية و العولمة ، ط. 1. نهضة مصر القاهرة، : ، 2000. دمشق {525 ل.س}.
محمد يوسف الجندي ، العولمة و الأممية ، ط. 1. - دار الثقافة الجديدة، القاهرة،: 1999.

عوامل التقريب المتاحة للتكتل، وما يسمي بالفكر الإقليمي الجديد يعتمد على نظرة عملية، تتجاهل الروابط الطبيعية في المنطقة العربية، وهي روابط لا يمكن التعرف عليها بمعزل عما يجري في العالم من تحولات، وما يطرأ عليه من مستجدات، خاصة بعد الحادي عشر من أيلول (سبتمبر) 2001، بدأت العولمة تعمل على تجزئة المجزأ في الوطن العربي. حيث تخطط العولمة إلى تجزئة العديد من الدول العربية. وعلى المنظور القريب فإن الاتجاه نحو العراق ومصر والسودان وسوريا ولبنان والسعودية ولجزائر، وعلى المنظور البعيد فإن التجزئة تشمل جميع الدول العربية الأخرى. في حين نجد أن بعض الدول تشهد تقاربا كبيرا بينها رغم سعت التناقضات بينها. ومن هذه الدول المجموعة الأوربية ومجموعة دول آسيان والاتحاد الأفريقي.

6- ظهور فكر إقليمي جديد، يبدو في بعضه أنه تنظير للتشطير والشرذمة والتجزئة، فهو يقفز فوق كل عوامل التقريب المتاحة للتكتل، وما يسمي بالفكر الإقليمي الجديد يعتمد على نظرة عملية ، تتجاهل الروابط الطبيعية في الوطن العربي، وهي روابط لا يمكن التعرف عليها بمعزل عما يجري في العالم من تحولات، وما يطرأ عليه من مستجدات، خاصة بعد الحادي عشر من أيلول (سبتمبر) من العام الماضي، وهو تاريخ أنهي عصر "التسوية"، وأدخل العالم عصرا آخر، وهو عصر العمل العسكري، احتل العمل العسكري مكانة شبه مطلقة في إعادة صياغة نظام الهيمنة الجديد، وتشكيل العالم على أساسه، وفق مقتضيات الأمن وخطر الإرهاب التي برزت بعد الهجوم على مركز التجارة العالمي في نيويورك، ومبني وزارة الدفاع الأمريكية (البنتاغون) في واشنطن. وسادت في العالم لغة التدمير والقتل[17]. وما صاحبها من تقسيم وتصنيف بين مسلمين خيرين ومسلمين إرهابيين والكل متخلف، وعرب معنا وعرب ضدنا. وعد الفلسطيني إرهابي والصهيوني مكافح شريف

(17) محمد عبد الحكم دياب، مصدر سابق.

7- يدافع عن حق. وأصبح الكلام عن القومية والدين والتراث والتاريخ والحضارة العربية الإسلامية عملا محظورا على المواطن والدولة معا. ومثل هذه الفرضيات والمسميات هزت الهوية القومية وتفريغها من محتواها بالترغيب أو الترهيب.

ولا بد من التأكيد هنا على أن مفهوم الهوية الثقافية القومية الذي نستعمله هنا، بمعنى الهوية المشتركة لجميع أبناء الوطن العربي من المحيط إلى الخليج، لا يعني قط إلغاء ولا إقصاء الهويات الوطنية القطرية. إنه لا يعني فرض نمط ثقافي معين على الأنماط الثقافية الأخرى، المتعددة والمتعايشة، عبر تاريخنا المديد، داخل الوطن العربي الكبير.

أن العولمة كالشيوعية. فإذا كانت الشيوعية تعمل على توحيد العالم تحت شعار الأممية، كان المفروض عليها أن تنظر إلى وحدة العرب كأساس لتحقيق هذه الأممية، فإن العولمة تنظر إلى توحيد العالم وجعله قرية واحدة، فكان المفروض أن تعمل على توحيد العرب تحت هذا السياق، وعلى الرغم من أن الشيوعية والعولمة تنظران بمنظار واحدة وهو المنظار الاقتصادي الموحد للعالم، إلا إنهما اتفقتا على محاربة الوحدة العربية، وعملت على تفريق الدول العربية.

المبحث الثاني
تنمية العلاقات الاقتصادية

أوجب ميثاق الجامعة العربية أن تتعاون الدول العربية تعاونا وثيقا بحسب نظم كل منها وخاصة في الشؤون الاقتصادية والمواصلات والثقافة والجنسية والشؤون الاجتماعية و الصحية [18]. ولم ينص ميثاق الجامعة على نوع العلاقات الاقتصادية بين الدول العربية. وان كل ما نص عليه الميثاق هو التعاون " في الشؤون الاقتصادية والمالية ويدخل في ذلك التبادل التجاري والجمارك والعملة وأمور الزراعة والصناعة" . ولم يحدد الميثاق آلية تحقيق هذا الهدف. غير أن الاتفاقيات التي عقدت في إطار الجامعة العربية حددت الأهداف الاقتصادية التي تقوم عليها الجامعة. وعقدت العديد من المعاهدات من أجل تنظيم الجوانب الاقتصادية للدول العربية:

أولا –معاهدة الدفاع العربي المشترك والتعاون الاقتصادي

على الرغم من أن معاهدة الدفاع العربي المشترك والتعاون الاقتصادي، المعقودة عام 1950، خاصة بالأمن العربي، فإنها تناولت تنظيم الجانب الاقتصادي للجامعة، وإنشاء المجلس الاقتصادي ليتولى مهمة تقديم الاقتراحات إلى حكومات الدول الأعضاء. غير أن المعاهدة لم تشر إلى أهداف التكامل الاقتصادي أو الترابط بين الاقتصاديات العربية أو هدف المجلس الاقتصادي. ولا يملك هذا المجلس صلاحية سوى تقديم الاقتراحات، وانه محكوم بقاعدة التصويت الواردة المطبقة في مجلس الجامعة، فلا تلتزم الدول العربية إلا بما وافقت عليه. ومع ما رافق تشكيل هذا المجلس من إشكاليات، فانه أصبح محور نشاطات الجامعة في المجال

---

(18) نصت المادة الثانية من ميثاق جامعة الدول العربية على ما يأتي: " ... كذلك من أغراضها تعاون الدول المشتركة فيها تعاونا وثيقا بحسب نظم كل دولة منها وأحوالها في الشؤون الآتية:
1-الشؤون الاقتصادية والمالية ويدخل في ذلك التبادل التجاري والجمارك والعملة وأمور الزراعة والصناعة.
2-شؤون المواصلات ويدخل في ذلك السكك الحديدية والطرق والطيران والملاحة والبرق والبريد.
3-شؤون الثقافة.
4-شؤون الجنسية والجوازات والتأشيرات وتنفيذ الأحكام وتسليم المجرمين.
5-الشؤون الصحية".

الاقتصادي بعد أن فشلت المعاهدة من تحقيق الأمن العربي وهو الهدف الأساس من إنشاءها. وتمكن المجلس من تخلطي الأهداف المرسومة له في المعاهدة، وقام بإرساء الأسس المرحلية للعمل العربي المشترك في المجالات الاقتصادية، وخلق الإطار الفكري والتنظيمي للعمل المشترك. واتسمت جهوده بالعمل التدريجي والشمول، منطلقا من مرحلة التعاون والتنسيق إلى مرحلة بناء صرح متكامل والوحدة الاقتصادية، بما يتجاوز الأهداف المكتوبة في المعاهدة[19].

وشهدت الجامعة في مرحلة الخمسينيات إنشاء منظمات وهيئات ومجالس واتحادات، انطلاقا من مبدأ الوظيفة والتخصص. ومستعينة بتجربة الأمم المتحدة. ومما أسهم في نجاح هذه التجربة قيام بعض المنظمات الدولية في إنشاء هذه المؤسسات. وكان المفروض أن يكون هذا العمل الكبير المدخل للتكامل الاقتصادي العربي، ووحدة التنظيم الاقتصادي القومي، غير أن غياب التنظيم القانوني الذي ينسق بين مجلس الجامعة وبين المنظمات المتخصصة وعدم وجود قاعدة موحدة لتكييف علاقتها بها. وظهور الازدواجية بين الاتفاقيات المعقودة في ظل الجامعة ومعاهدة الدفاع المشترك والتعاون الاقتصادي. وفي عام 1974، تم إنشاء لجنة التنسيق بين الجامعة والأجهزة العاملة في نطاقها والمنظمات العربية، وتشكيل لجنة من كبار الخبراء العرب عام 1975، لبحث أوضاع هذه المنظمات والتعرف عليها. واتضح أن النظام المتبع لا يحقق الحد الأدنى المطلوب من العمل المشترك[20].

ثانيا- الوحدة الاقتصادية

من الواضح أن الوحدة العربية لا يمكن أن تتحقق ما لم تقم على قاعدة قوية. ومن ذلك إقامة علاقات اقتصادية متينة بين الدول العربية. فالاتحاد الأوربي قام أساسا على العلاقات الاقتصادية. وقد شعرت الجامعة العربية بأهمية العلاقات الاقتصادية.

---

(19) الدكتور عبد الحسن زلزلة، الدور الاقتصادي لجامعة العربية، مركز دراسات الوحدة العربية، بيروت 1983، ص215.

(20) المصدر السابق، ص 216.

وانطلقت مسيرة التعاون والتكامل الاقتصادي العربي بعد قيام الجامعة العربية منذ عام 1945 وتحديدا في مطلع الخمسينيات مرتكزة على خمسة مجالات وهي التجارة والمعونات والاستثمار والقطاعات الإنتاجية والقطاع العمالي. ففي ظل الجامعة العربية وفي إطار معاهدة الدفاع العربي المشترك والتعاون الاقتصادي المعقودة عام 1950، تم إنشاء المجلس الاقتصادي العربي الذي أصبح فيما بعد المجلس الاقتصادي والاجتماعي. وبدء ثمارها عام 1963 حين وضع المجلس الاقتصادي العربي عدة اتفاقات ومشاريع لتشترك فيها جميع الدول العربية ومثالها اتفاقية تسهيل التبادل التجاري وتنظيم تجارة الترانزيت. وبتاريخ الثالث من حزيران من عام 1957 وافق المجلس الاقتصادي للجامعة العربية في دورة انعقاده العادية الرابعة على اتفاقية الوحدة الاقتصادية بين دول الجامعة العربية. وانضمت الدول الأعضاء في الجامعة لهذه الاتفاقية. ومن أهم الأهداف التي تناولتها الاتفاقية هي تحقيق وحدة اقتصادية كاملة بين الدول الأعضاء[21].

وفي أواخر الخمسينيات أعدت اللجنة الاقتصادية للوزراء العرب مشروعا كاملا للتعاون الاقتصادي انبثق عنه مجلس الوحدة الاقتصادية الذي أقرته اتفاقية حزيران 1962. وفي عام 1965 صدر قانون إنشاء السوق العربية المشتركة ثم صدر بعد ذلك قرار إنشاء الصندوق العربي للإنماء الاقتصادي والاجتماعي 1967 واتفاقية مركز التنمية الصناعية عام 1968 الذي تحول بعدئذ إلى المنظمة العربية للتنمية الصناعية والتعدين. بالإضافة إلى اتفاقية إنشاء المنظمة العربية للتنمية الزراعية عام 1969 واستراتيجيا العمل الاقتصادي العربي المشترك التي أقرتها مؤتمر القمة العربي الحادي عشر في عمان عام 1980 والتي تمت ترجمتها في شقها التجاري باتفاقية تيسير وتنمية التبادل التجاري لعام 1981 وبجانبها العمالي

(21) يراجع للتفاصيل: عبد المنعم السيد علي ، الدور الاقتصادي لجامعة الدول العربية، متابعة وتقويم ، مجلة المستقبل العربي كانون الثاني عدد 1 سنة 2002 ص42.

بإعلان المجلس الاقتصادي والاجتماعي العربي لعام 1984 بشأن تنقل القوى العاملة العربية[22].

وانطلاقا من ضرورة الربط بين المصالح المشتركة للدول العربية، وما تفرضه التطورات الاقتصادية العالمية من موجبات التجمع والتكتل في كيانات أكبر، أكدت الجامعة على أن قدرة الدول العربية على تعزيز دورها وتقوية مساهمتها ومشاركتها على النطاق الدولي يتطلب تحقيق التنمية العربية، وتفعيل دور مؤسسات العمل الاقتصادي والاجتماعي وتطوير مجلس جامعة الدول العربية بوضع وتنفيذ استراتيجيات وخطط عمل اقتصادية واجتماعية متكاملة تتيح للأمة العربية فرصة خدمة مصالحها الاقتصادية العليا، والقدرة على التعامل من موقع التكافؤ مع الشركاء الآخرين في النظام الاقتصادي العالمي الراهن[23].

وحققت جامعة الدول العربية اكبر إنجاز في الجانب الاقتصادي يتمثل بإقرار المجلس الاقتصادي في حزيران عام 1957 بعقد اتفاقية الوحدة الاقتصادية العربية التي نصت في مادتها الأولى على قيام وحدة اقتصادية كاملة بين دول الجامعة العربية تضمن لمواطنيها حرية تنقل الأشخاص، وحرية تبادل البضائع وحرية الإقامة والعمل والاستخدام وممارسة النشاط الاقتصادي وحقوق التملك والإيصاء والإرث. وخلق منطقة جمركية واحدة وتوحيد أنظمة النقل وعقد الاتفاقيات التجارية واتفاقات المدفوعات مع الدول الأخرى بصورة مشتركة وتنسيق السياسات الصناعية والزراعية والتجارية والضريبية والعمالة وتنسيق السياسات النقدية والمالية والأنظمة المتعلقة بها في الدول الأطراف المتعاقدة تمهيدا لتوحيد النقد بها.

وكان أول تطبيق عملي للاتفاقية هو قرار إنشاء السوق العربية المشتركة عام 1964 والذي كان في جوهره قرار إنشاء منطقة تجارة حرة عربية هو أمر لم يتحقق أبدا ولم يرق أبدا إلى مرحلة الاتحاد الجمركي ولا إلى مرحلة السوق

---

(22) عبد الصاحب العلوان، قضايا التكامل الاقتصادي العربي والأمن الغذائي: التطورات والتحديات وآفاق المستقبل. مجلة المستقبل العربي، العدد (267) مايس لسنة 2001 بيروت ص93.

(23) مؤتمر القمة العربي غير العادي (القاهرة - جمهورية مصر العربية 5 - 7 صفر 1417 هـ - 21 - 23 يونيو 1996م)

المشتركة وبقي أسلوب التعاون وفق ميثاق الجامعة العربية هو الأسلوب السائد ضمن إطار صفته الطوعية والاختيارية وبقي المدخل التجاري السلعي القائم على مبدأ التعاون والتنسيق وليس مبدأ التكامل و التوحيد هو المبدأ المتبع والمختار على الرغم من تخلف الهياكل الإنتاجية العربية, والقاعدة الإنتاجية الضعيفة مما لا يسمح بفائض إنتاجي متفرع لأغراض التبادل(24).

وكان الإنجاز المهم الثاني هو وثيقة إستراتيجية العمل الاقتصادي العربي المشترك الذي أقرته قمة عمان 1980 والميثاق الاقتصادي القومي اللذين سرعان ما تم التخلص منهما وإيقاف العمل في مدة لم تتجاوز السنوات الثلاث وتم إسقاط أي التزام بهما.وأعطي اهتماما أكبر للمشروعات العربية والمشتركة بحجة عدم تعرضها مع السيادة الوطنية ولا تتأثر بتباين المواقف السياسية لارتباطها بميادين الإنتاج وسعة انتشارها، مما قد يرسي قاعدة صلبة للتعاون والتكامل. ويعمل كأداة مرنه لجميع بين رأس المال والعمل وعلى الرغم من أن تكوين عدد كبير منها، إلا أن تأثيرها في التنمية والتكامل كان محدودا في وقت استحوذ فيه قطاع التمويل على 38% من رؤوس أموالها، كما أن معظمها كان ذا طابع عربي دولي بلغت نسبته 51,6 % من مجموع المشروعات المشتركة، وتملك نحو 6 ,40 % من جملة رؤوس أموالها. وكان النشاط الأكبر لهذه الشركات في قطاع التمويل أيضا، والذي تركز بدوره في التمويل القصير الأجل وفي تمويل التجارة الخارجية دون اهتمام بتمويل التنمية أو بدفع عملية التكامل. أما في ميادين الصناعة الاستخراجية والتحويلية فإن عددا من الشركات المشتركة كان بشكل شركات قابضة مستثمرة في دول عربية مختلفة، ضغط ممثلوها باتجاه زيادة حصة كل من دولها في استثماراتها دون مخطط أو طابع تكاملي تعمل هذه الشركات في إطاره(25).

(24) عبد المنعم السيد علي، مصدر سابق، ص50.
(25) عبد المنعم السيد علي، مصدر سابق، ص50.

ثالثا- منطقة التجارة الحرة العربية الكبرى

بعد أن تم عقد اتفاقية منظمة التجارة العالمية عام 1994 في مراكش ودخولها حيز التنفيذ عام 1995 والتي انضمت إليها العديد من الدول العربية عن طريق الترغيب والترهيب شعر العرب بأنهم أمام مرحلة خطيرة كبيرة تتطلب التكتل والجهود المضنية لمقاومتها بشكل يحقق استقلال الدول ويحفظ سيادتها. وهو أمر يتطلب من الدول العربية التكتل والعمل لمواجهة هذا التحدي الكبير الذي يواجه مصير الأمة العربية.

وتم إقرار منطقة التجارة الحرة العربية الكبرى في مؤتمر القمة العربي الذي عقد في القاهرة، وذلك بهدف إعادة الروح للجسد الاقتصادي العربي من جديد ومواجهة التحديات الجديدة. وقد تم إقرار برنامجها التنفيذي بمقتضى قرار المجلس الاقتصادي والاجتماعي العربي بتاريخ 1997/2/19 والذي نص على أن يكتمل إنشاء منطقة التجارة الحرة الكبرى خلال عشر سنوات تبدأ من 1/1/ 1998 وتنتهي في نهاية عام 2007 ومن الجائز اختصار هذه المدة وتخفيضها إلى سبع سنوات بدلا من عشر سنوات من اجل أن يبدأ العمل التمهيدي للتقدم إلى المرحلة التالية وهي مرحلة الاتحاد الجمركي. وبموجب البرنامج التنفيذي تم إنشاء لجنة خاصة للمتابعة والتنفيذ وفض المنازعات. وقد استعيض من أسلوب المفاوضات للوصول إلى التحرير الشامل بإتباع أسلوب التحرير التدريجي وبنسب تخفيض سنوية متساوية للرسوم بمعدل 10% تبدأ من 1998/1/1 بحيث يتم التحرير الشامل للتجارة بين الدول العربية خلال عشر سنوات وقد تقرر أن تعتبر الرسوم الجمركية المطبقة في 1998/1/1 في كل دولة عربية هي التي يتم التخفيض السنوي على أساسها[26].

(26) برهان الداني ، مرئيات الاتحاد العام للغرف العربية حول دور مؤسسات العمل العربي المشترك في تعزيز العمل العربي المشترك، العمران العربي - لاتحاد العام لغرف التجارة والصناعة والزراعة للبلاد العربية ، بيروت العدد 38 آذار- نيسان 1999. كذلك يراجع: عبد الصاحب علوان، مصدر سابق، ص 98.

أما الوسائل التي وضعتها الاتفاقية المذكور لتحقيق أهدافها فهي:

- جعل الدول العربية منطقة اقتصادية واحدة؛
- توحيد سياسة الاستيراد والتصدير والأنظمة المتعلقة بها؛
- توحيد أنظمة النقل والترانزيت؛
- عقد الاتفاقات التجارية واتفاقات المدفوعات مع الدول الأخرى بصورة مشتركة.
- تنسيق السياسة المتعلقة بالزراعة والصناعة والتجارة الداخلية وتوحيد التشريع الاقتصادي بشكل يكفل لمن يعمل من رعايا الدول المتعاقدة في الزراعة والصناعة والمهن شروطا متكافئة؛
- تنسيق تشريع العمل والضمان الاجتماعي؛
- تنسيق تشريع الضرائب والرسوم الحكومية والبلدية وسائر الضرائب والرسوم الأخرى؛
- تنسيق السياسات النقدية والمالية والأنظمة المتعلقة بها في الدول الأطراف المتعاقدة تميدا لتوحيد النقد بها؛
- توحيد أساليب التصنيف والتبويب الإحصائية.

ومما يؤسف له أن هذه الاتفاقية لم تر النور. رغم انضمام غالبية الدول العربية إليها. وإنها لم تحقق أهدافها. ولو كانت هذه الاتفاقية قد طبقت لحققت وحدة عربية شاملة راسخة وقوية، قادرة على مواجهة تحديات النظام العالمي الجديد.

وقد أولى مؤتمر القمة العربية المنعقد في عمان عام 2001 اهتماما خاصا لموضوع التكامل الاقتصادي العربي وقرروا الخطوات الكفيلة بتفعيل هذا الجانب من العمل العربي المشترك بما يحقق الربط بين المصالح المشتركة والمنافع المتبادلة ويعزز القدرات الاقتصادية باعتماد خطة عربية تمكن من تحقيق التنمية الشاملة

المستدامة وتعميق العمل الاقتصادي المشترك بتفاعل إيجابي مع معطيات الاقتصاد الدولي وظاهرة العولمة[27].

وأعرب مؤتمر القمة العربي المنعقد في عمان عن تقديره لسير العمل في تنفيذ منطقة التجارة الحرة العربية الكبرى واثنى على ما تم إنجازه خلال الفترة الماضية لإقامة هذه المنطقة وقرر الإزالة الفورية للقيود غير الجمركية الإدارية والفنية والمالية والنقدية والكمية وإخضاع كافة الرسوم والضرائب ذات الأثر المماثل للتخفيض التدريجي المتفق عليه ومعاملة السلع العربية معاملة السلع الوطنية[28]. وطالب مؤتمر القمة العربي المنعقد في عمان عام 2001 أهمية الإسراع في دراسة إدماج منطقة التجارة الحرة العربية الكبرى مع أهمية الأعداد للانتقال إلى مرحلة متقدمة للتكامل الاقتصادي العربي من خلال إقامة اتحاد جمركي عربي وكلف المجلس الاقتصادي والاجتماعي بمتابعة ذلك[29].

رابعا- تشجيع الاستثمار

عملت الجامعة على تشجيع الاستثمار وتحسين مناخ الاستثمار وأهمية إعطاء المزيد من الحوافز لجذب الاستثمارات مع تحفيز القطاع الخاص للقيام بدور أكبر في هذا المجال ودعت المؤسسات المالية العربية إلى المساهمة في تمويل مشروعات البنية الأساسية ومشروعات القطاع الخاص وطلبت الجامعة من المجلس الاقتصادي والاجتماعي العمل على مراجعة الاتفاقية الموحدة لاستثمار رؤوس الأموال العربية في الدول العربية بهدف تفعيلها في ضوء المستجدات العالمية والعربية[30].

---

(27) الفقرة (33) من قرار مؤتمر القمة العربي المنعقد في عمان في 27 و28 مارس/آذار 2001. الوثائق الرسمية جامعة الدول العربية.

(28) الفقرة (34) من قرار مؤتمر القمة العربي، مصدر سابق.

(29) الفقرة (35) من قرار مؤتمر القمة العربي مصدر سابق.

(30) الفقرة (37) من قرار مؤتمر القمة العربي المنعقد في عمان في 27و28/ آذار عام 2001.

خامسا- الاتفاقيات الاقتصادية الأخرى

عقد في إطار الجامعة العربية العديد من الاتفاقيات الاقتصادية لتكملة اتفاقية الوحدة الاقتصادية. ومن هذه الاتفاقيات:

- اتفاقية تسهيل التبادل التجاري وتنظيم تجارة الترانزيت بين دول الجامعة العربية المعقودة بتاريخ 1953/9/7.
- اتفاقية بشأن تسديد مدفوعات المعاملات الجارية وانتقال رؤوس الأموال بين دول الجامعة العربية المعقودة في 1953/9/7.
- اتفاقية بشان اتخاذ جدول موحد للتعريفة الجمركية المعقودة في 1956/1/25.
- عقد تأسيس شركة البوتاس العربية المساهمة المحدودة المعقودة في 1956/1/25.
- المنظمة العربية للأقطار العربية المصدرة للنفط المعقودة بتاريخ 1968/2/19.
- المنظمة العربية للثروة المعدنية المعقودة بتاريخ 1979/2/24.

ولم تنفذ هذه الاتفاقيات رغم إنها أنشأت إدارات خاصة للقيام بمهامها. وتعود أسباب إخفاق الجامعة في تنفيذ هذه الاتفاقيات إلى الأسباب نفسها التي سبق شرحها.

سادسا- فشل الجامعة في تحقيق التعاون الاقتصادي

من الواضح أن تجربة الاتحاد الأوربي قامت أساس على الجانب الاقتصادية. فقد بدأت بجماعة الحديد والصلب عام 1942 ، ووصلت في الوقت الحاضر إلى الاتحاد الأوربي والمخطط لها أن تحقق الوحدة الأوربية. فتوحيد الجانب الاقتصادي القاعدة الأساسية في التقارب السياسي.

وفي الوقت الذي أبرمت فيه الجامعة العربية أكثر من 135 اتفاقية تعاون وتكامل. وأقامت العديد من المنظمات المالية والتنموية والمشاريع المشتركة. كان رصيد التعثر والإخفاق فيها أكثر من رصيد النجاح . كما تدل عليه النسبة الضئيلة من التبادل التجاري البيني العربي ليس فقط بسبب قصور السياسيات الاقتصادية

القطرية المتعلقة بالتكامل وإنما أيضا وبدرجة موازية في الأهمية بسبب ضعف الآليات والجوانب المؤسسية والإدارية التي جرت هذه التجارب من خلالها والاتفاقيات والدراسات المسبقة التي بنيت عليها وتنظيم المجالس الاقتصادية و ضعف السلطة الإلزامية التي تملكها وآليات وسلطات التنسيق التي تباشرها، ونظم أسلوب المتابعة والرقابة على الاتفاقيات والدعم الفني و العون المادي اللذان تقدمهما المجلس والمنظمات المختلفة للدول الأعضاء وقلة وضعف الكوادر الفنية والخبراء الذي يعملون بها. هذا بالإضافة إلى غياب الإرادة والآلية السياسيتين الأزمتين لتفعيل الاتفاقيات والمعاهدات والمنظمات والافتقار إلى كيان مؤسسي قومي معزز بسلطة إلزامية فوق قطرية وبالإمكانات الفنية والبشرية اللازمة وإلى التوازن بين سلطة اتخاذ القرار بين الجامعة ومنظماتها والدول الأعضاء فيها[31].

وقد بدأت المؤسسات المالية تنسحب من المشاريع المشتركة بحجة عدم جدواها. وبدأ مع مسيرة التراجع أسلوب جديد هو ما أطلق عليه (الفيتو المالي) على القرارات والمشاريع التي تقدمها الأمانة العامة للجامعة العربية حتى لا تنسجم مع أطلق عليه بـ(التجمع النفطي) بسبب الاختلاف الشديد في درجة الثراء بين الدول العربية. وهو الاختلاف الذي أدى إلى شعور الاستغناء والتباعد لدى الدول الثرية عن غيرها من غيرها من الدول العربية، وإلى تزايد الاتجاه لتكوين رابطة خاصة للدول النفطية الثرية في الخليج، للدفاع عن مصالحها الخاصة، وإلى تعزيز علاقاتها بالدول الصناعية المتقدمة، وإنشاء علاقات خاصة بها، والتنسيق معها خارج الإطار القومي العربي. وبتحويل الفرائض المالية السائلة إلى الأسواق المالية الصناعية المتقدمة وإعادة تدويرها حسب مصالح المؤسسات المالية المتقبلة لها. فقد ارتبطت مصالح الدول الموظفة للأموال بالدول التي تم توظيف تلك الأموال فيها ارتباطا وثيقا يصعب الفكاك منه[32].

(31) عبد المنعم السيد علي ، مصدر سابق، 49.
(32) مصدر سابق ، ص 51.

إن ما تحقق في الميدان الاقتصادي في جامعة الدول العربية لا يصل في أفضل حالاته إلى مرحلة التعاون الاقتصادي الجاد والحقيقي. فالعلاقات الاقتصادية العربية مازالت ثانوية الأهمية، فقيرة الاتجاه بالقياس إلى مجمل العلاقات الاقتصادية مع الخارج. أن تواضع النتائج وبطئ الخطى وتعثرها في الميدان الاقتصادي الجماعي تكاد تكون السمة المعبرة الغالبة لجهود جميع مؤسسات العمل المشترك. فقد اتسمت تحركات عناصر الإنتاج والسلع وانتشار المؤسسات والمشاريع بالعشوائية. وفي غياب تصور عام يحقق الترابط الأفقي و الجغرافي والعمودي والمتصل بمراحل الإنتاج من أجل تسريع التنمية القطرية والقومية [33].

وعدم قدرة الجامعة على النهوض بالاقتصاد العربي تعود لأسباب عديدة منها:

1- عدم حماس الحكومات العربية تجاه قضايا ومشروعات العمل العربي المشترك. ويعود ذلك إلى أن معظم المشروعات التي طرحت في مجال التكامل جاءت من أفكار ودراسات الأمانة العامة للجامعة وليس من قبل الحكومات العربية. وإن حكومات الدول الأعضاء لا تدرس مذكرات الأمانة وخططها التكاملية مطلقا أو بصورة كافية. وترفض اعتماد تخصصات مالية لدراسات الأمانة؛

2- تمسك الوفود التي تشارك في اجتماعا الجامعة بعدم المساس بمبدأ سيادة الدولة وقوانينها أو بمشروعات الدولة الاقتصادية وخططها وبرامجها الإنمائية [34]؛

3- خروج مصر من عمل الجامعة بعد تعليق عضويتها في عام 1978. وبعد عودتها لم تكن متحمسة للعمل على تطوير الجامعة وإكمال المسيرة التي بدأتها الجامعة؛

4- كانت الحرب بين العراق وإيران التي أشغلت العراق مدة ثمانية سنوات ووقوف بعض الدول إلى جانب إيران والفتور الذي أصاب الجامعة العربية قد قلل الاهتمام بالقضايا الاقتصادية العربية؛

---

(33) عبد الحسن زلزلة، مصدر سابق، ص 247. كذلك يراجع: عبد المنعم السيد علي، مصدر سابق ص52.
(34) عبد المنع السيد علي ، مصدر سابق، ص53.

5- بدأت التكتلات العربية الرسمية داخل الجامعة العربية منذ بداية الثمانينيات بظهور مجلس التعاون لدول الخليج العربية عام 1981 وما قابلة من تكتل آخر وهو مجلس التعاون العربي والاتحاد المغاربي عام 1989. بينما بقيت بعض الدول العربية خارج هذه التكتلات. وقد عقدت العديد من الاتفاقيات بين هذه التكتلات. وهذا ما اضعف الجامعة وقلل من شأنها وخلق بدائل عنها.

6- الانقسامات التي ظهرت بين العديد من الدول العربية بسبب اتفاقيات (كامب ديفد) وما أعقبها من اتفاقيات أخرى مع الكيان الصهيوني زادت في سعة الخلافات بين الدول العربية. فلم يعد الاهتمام بالجامعة العربية.

7- اختلاف الأنظمة الاقتصادية في الدول العربية. فبعض الدول العربية تطبق النظام الاشتراكي حيث تهيمن الدولة على القطاعات الاقتصادية في حين أن دولا أخرى تطبق النظام الرأسمالي وتترك للقطاع الخاص حرية العمل الاقتصادي، بينما تأخذ دولا أخرى بالنظامين ففيها القطاع العام والقطاع المختلط والقطاع الخاص. وهذا ما يضع صعوبات كبيرة في التعامل مع هذه المؤسسات لاختلاف طريقة عملها؛

8- ارتباط العديد من الدول العربية بمنظمة التجارة العالمية بينما بقيت الأخرى منها خارج هذه المنظمة مما جعل النظام الاقتصادي العربي يتعامل مع القضايا الاقتصادية بطريقتين مختلفتين مما أدى إلى تهميش دور الجامعة في هذا المجال؛

9- ربطت العلاقات الاقتصادية بين الدول العربية بالعلاقات السياسية. وهذا ما جعلها تتأثر سلبا وإيجابا بالعلاقات السياسية. ولم تتمكن الجامعة من معالجة هذه الحالة. وإذا ما علمنا أن العديد من الدول العربية لا توجد علاقات دبلوماسية بينها.

10- كان الحصار على العراق، قد شل قدرات الجامعة في الجوانب الاقتصادية بشكل كامل. فلم تجتمع القمة العربية منذ عام 1990 لغاية عام 2000 سوى مؤتمرا واحدا. وكانت هذه الفترة من اشد الفترات في التراجع الاقتصادي العربي. كذلك الحصار الذي فرض على كل من السودان وليبيا. وأشتد

التراجع بشكل اكبر بعد احتلال العراق عام 2003. فلم تتمكن الجامعة من النهوض بعملها الاقتصادي. وبخاصة فإن العديد من الدول العربية كانت قد طبقت الحصار على المفروض على الدول العربية أكثر من تطبيقها الاتفاقيات المعقودة بين الدول العربية.

سابعا- أثر العولمة الأهداف الاقتصادية للجامعة العربية

أثرت العولمة على تنفيذ الأهداف الاقتصادية للجامعة تأثيرا كبيرا، لأسباب عديدة. فأغلب الدول العربية أعضاء في منظمة التجارة العالمية، وان أهداف هذه المنظمة تتناقض مع الأهداف الاقتصادية للجامعة. وان اتفاقية منظمة التجارة العالمية المعقودة عام 1994 تنص صراحة على أن الالتزامات الواردة في هذه الاتفاقية تتفوق على الالتزامات الواردة في الاتفاقيات الأخرى عند التعارض. كما أن التوجه الأمريكي نحو المنطقة العربية خلق وضعا دوليا فوضويا، وهو ما أطلق عليه بالفوضى الخلاقة، التي انعدمت في ظلها العلاقات العربية في المجالات الاقتصادية، بسبب إشعال المنطقة بحروب مدمرة. فمنذ عام 1991 ، شنت حروب مدمرة على العراق والسودان وليبيا والصومال، واضطرابات داخلية في الجزائر وموريتانيا ومصر وعمليات إرهابية في العديد من الدول العربية، مما جعل الدول العربية تهتم بالجانب الأمني أكثر من الجانب الاقتصادي.

ومما زاد في تعقيد الأمور ظهور تحديدات جديدة منذ مطلع التسعينيات واجهت فيها الأمة العربية ضغوطا وتحديات خارجية شديدة ذات أبعاد وتأثيرات مباشرة وغير مباشرة أثرت تأثيرا كبيرا على مسيرة التكامل الاقتصادي العربي بالإضافة إلى ما يعانيه من قصور في الأداء والتنمية وتفاقم التبعية للدول الصناعية الكبرى. وتتولى حركة الضغوط والتحديات مجموعة الدول الصناعية الكبرى وعلى رأسها الولايات المتحدة الأمريكية التي أعلنت في النصف الثاني من عام 1990، قيام النظام العالمي الجديد الذي ظهر بعد غياب إحدى القوتين الرئيسيتين عن المسرح الدولي وبروز عامل جديد قائم على أحادية القوى العظمى. وفرض على

العالم ضرورة تقبل فكرة هذا النظام والانسجام معه في صياغة إستراتيجية وسياسات اقتصادية تتفق مع التوجهات التي يقوم عليها هذا النظام الذي استكملت مؤسساته بقيام منظمة التجارة العالمية عام 1994. التي رسخت تحرير التجارة الخارجية وفتح اقتصاد الدول النامية باتجاه الاندماج بالاقتصاد العالمي ودعم العولمة والتشابك المتسارع للعلاقات المتسعة فيما بين دول العالم في مجالات المال والثقافة والتجارة والتفوق التقاني وفرض سياسيات التكيف الهيكلي والتثبيت الاقتصادي[35].

يرى بعض الباحثين، أن العولمة التي يشهدها الاقتصاد العالمي تعد تحديا خارجيا وخطيرا للدول العربية واقتصادياتها باعتبارها موجة جارفة من التحولات الاقتصادية والتقنية عبر العالم لا تقيد بحدود أو ضوابط ولا يمكن السيطرة عليها أو التحكم بها[36].

وبناء على ذلك فإن موقع الدول العربية في العولمة موقع مؤلم ويهدد الاقتصاد العربي ويحد من إنشاء صناعات وطنية. وان الامتيازات التي تتمتع بها الدول العربية بوصفها من الدول النامية فهي امتيازات وقتية ستنتهي خلال فترة قصيرة وبالتالي ستتعرض الدول العربية لأضرار اقتصادية وصناعية كبيرة. وعلى الرغم من إدراك الدول العربية لمخاطر العولمة إلا إنها وجدت أن منظمة التجارة العالمية أصبحت تضم الغالبية العظمى من دول العالم. وإن عدم انضمامها يعني إنها سوف تتعرض لأخطار المنظمة دون أن تستفيد منها. واهم صادرات الدول العربية هي مادة النفط والبتروكيماويات كأهم سلعةّ تصدير والمصدر الرئيسي لمواردها من العملات الحرة والذي يتم على أساس عوائد التخطيط لبرامج التنمية المستقبلية مما يجعل هذه البرامج تتأثر بشك كبير بالتراوحات الطارئة على الأسعار العالمية للبترول. لذا تبدو حاجة الدول العربية البترولية إلى التحول تدريجيا عن الاعتماد شبه

(35) عبد الصاحب علوان، مصدر سابق ، ص 96.

(36) صادق جلال العظم، ما هي حرية التجارة العالمية، مجلة الطريق ن العدد الرابع، السنة (56) تموز-آب 1997 بيروت 34.

الكلي على سلعة واحدة كمصدر رئيس للدخل القومي وخطط التنمية خاصة وان هذه السلع لم تدخل ضمن السلع التي شملتها مفاوضات جولة أوروغواي وبالتالي لم تخضع لأي خفض للتعريفات الجمركية أو إزالة القيود غير التعريفية في حالة وجود مثل هذه القيود [37].

إن نشاطات وممارسات الشركات التضامنية المتعدية للجنسيات أو العابرة للحدود تخلق أوضاعا تجبر الدول التي تعمل تحت رعايتها توفير المناخ الملائم لاستثمارتها وتوفير العمالة اللازمة لعملياتها الإنتاجية وعلى حماية ابتكاراتها التقنية ومشروعاتها البحثية. وهنا يبرز الصراع أو التعاون المحتمل بين هذه الشركات وحكوماتها وبين حكومات دول العالم الثالث بخصوص قوانين التجارة العالمية أو حماية البيئة مثلا وبذلك تبرز حالة العلاقات المتبادلة وهو ما يطلق عليه بالفساد المعولم بين الحكومات والطبقة الرأسمالية المعولمة وشركائها في دول العالم [38].

فالعولمة ليست ظاهرة جديدة وإنما هي موجة ثالثة من التوسع الاستعماري فالمطلوب ليس وصفها من زاوية ما تماثل به الحقب الرأسمالية الماضية ولكن بالعكس تماما ما يميز استعمارها الجديد، بالمقارنة مع النظم الاستعمارية السابقة، فلابد من إدراك خصوصية الظاهرة ومنطق عملها واتجاه حركتها، ولا يتعلق الأمر هنا بحالة منجزة ونهائية وثابتة، ولكن بصيرورة تاريخية [39]،

ويعاني الوطن العربي من انقسامات وصراعات تغذيها الدول الأجنبية والمصالح الشخصية لرؤساء الدول. وقد جاءت العولمة لتغذي هذه الصراعات وتزيد من شدتها وخلق التناقضات بين الدول العربية والحيلولة دون ظهور تكتلات

---

(37) أسامة المجدوب، الجات ، ومصر والبلدان العربية من هافانا إلى مراكش، الدار المصرية اللبنانية ط2 1996.ص 246.

(38) خلدون حسن النقيب، واقع ومستقبل الأوضاع الاجتماعية في دول الخليج العربي مع إشارة خاصة إلى العولمة، مجلة المستقبل العربي، العدد (268) حزيران- 2001 بيروت ص 113.

(39) الدكتور رضوان جودت زيادة (كاتب سوري)، العولمة بين أخطاب المواكبة والنضال الأيديولوجي، دمشق دار الفكر 1999.

اقتصادية عربية موحدة بزيادة مشاركتها في صنع القرار الاقتصادي الدولي طالما أن مهمة الدول العربية هو تطبيق قرارات منظمة التجارة العالمية. كما أن من مبادئ العولمة هو إلغاء الخصوصيات التي تتمتع بها بعض الدول في العالم. وتعد القومية من العوائق التي تقف حالا أمام العولمة. وان كل تكتل قومي أو ديني بين مجموعة من الدول يتعارض وأهدافها. فالمنظمات الدولية بين مجموعة من الدول تعمل على إقامة علاقات اقتصادية خاصة بينها إنما يتعارض والعولمة. ومن ذلك فإن العولمة تدعو إلى إلغاء المنظمات الدولية الإقليمية ومنها جامعة الدول العربية.

إن إلغاء جامعة الدول العربية يعني إلغاء الاتفاقيات الاقتصادية التي عقدت في إطارها. مثل اتفاقية السوق العربية المشتركة واتفاقية الوحدة الاقتصادية واتفاقية المناطق الاقتصادية الحرة وغيرها من الاتفاقيات. وهذه الاتفاقيات وان لم تطبق فأنه لابد أن يأتي اليوم الذي تطبق فيه. وان إلغاء هذه الاتفاقيات يحرم الأجيال القادمة من الإفادة منها. وتؤدي حرية التجارة العالمية إلى فرض شروط اقتصادية قاسية على الدول النامية ومنها الدول العربية وان ابرز تلك الشروط: هو فرض آلية السوق بلا مؤسسة سوق. وفرض الرأسمالية بلا رأسمالية. وفرض اللاهوية الاقتصادية بدلا من الهوية الاقتصادية. فرض نماذج التنمية الكونية بدلا من نماذج التنمية القومية[40].

_____

(40) الدكتور حميد الجميلي، الاقتصاد السياسي للعولمة ومستقبل الاقتصاد العربي، مجلة الزحف الكبير العدد الثاني، تموز - آب 1999 بغداد.، ص75.

المبحث الثالث
تنمية العلاقات الاجتماعية

يقصد بتنمية العلاقات الاجتماعية تلك العلاقات التي تنمي أواصر التقارب بين أبناء الشعب العربي وتزيد من تواصله واندماجه مع بعضه. وتختلف العلاقات الاجتماعية بين الدول العربية عن الدول الأخرى، إذ أن شعوب هذه الدول هي شعب واحدة، ولغة واحدة ويدينون بدين واحد تقريبا. لهذا تجد أن القوانين المطبقة في الدول العربية تكاد أن تكون متشابهة، وبخاصة في قضايا الأحوال الشخصية والمدنية والاجتماعية والمالية.

ولم يتضمن ميثاق الجامعة، مسألة مكافحة الفقر والأمراض وحماية البيئة، والحماية من الكوارث الطبيعية، على الرغم من أن هذه المشاكل كانت موجودة قبل أن تنشأ الجامعة ولا تزال موجودة، وستبقى مستمرة في المستقبل، طالما لم تجد لها الحلول ولم تعالج بشكل علمي من قبل الجامعة.

وقد يبدو لأول وهلة أن الاهتمام بالمواصلات والاتصالات والبيئة والفقر والصحة من الموضوعات الجانبية، التي لا تمس جوهر الموضوع، ولكننا نرى أن مثل هذه الموضوعات تعد حجر الأساس في إقامة نظام عربي موحدة. إذ إنها تربط أواصر المجتمع العربي بشبكة من العلاقات التي تشد من تلاحمه، وتعمل على تقاربه، وتزيد من تشابك مصالحه، وتخلق قاعدة أساسية تلزم الحكام بمراعاة مصالح شعوبهم.

فالاتحاد الأوربية، اهتم بالإنسان الأوربي، وخلق روابط بين شعوب أوربا، بشكل لا يمكن الفصل بين العلاقات الإنسانية المتشابكة بين شعوب أوربا. فكان على حكام أوربا العمل على حماية مصالح شعوبهم، قبل النظر إلى المسائل السياسية الخاصة. واهتم ميثاق الجامعة بتعاون الدول العربية في مجالات الاتصالات والمواصلات والجنسية. وان البحث في مثل هذه المسائل يتطلب دراسات خاصة. لهذا سنتناول ما يتيسر منها:

أولا- التعاون في مجال المواصلات

تشمل المواصلات جميع وسائل النقل بين الدول الخاصة بنقل الأشخاص والبضائع كالنقل البري بالسيارات والقطارات والنقل البحري والنهري بالبواخر والسفن والنقل الجوي بالطائرات. ولا توجد مشاكل أو حواجز بين الدول العربية تحول دون تطوير هذه الوسائل بينها كما هو الحال بين الدول الأوربية.

ونصت المادة الثانية من ميثاق جامعة الدول العربية على ما يأتي:" ... كذلك من أغراضها تعاون الدول المشتركة فيها تعاونا وثيقا بحسب نظم كل دولة منها وأحوالها في الشؤون الآتية: ب - شؤون المواصلات ويدخل في ذلك السكك الحديدية والطرق والطيران والملاحة والبرق والبريد".

وأولت الجامعة هذا القطاع الأهمية فقد كلف مؤتمر القمة المنعقد في عمان عام 2001، المجلس الاقتصادي والاجتماعي العمل مع جميع الجهات ذات العلاقة لبحث مشكلة النقل بمختلف جوانبه وأبعاده وسبل تقوية ربط الدول العربية برا وبحرا وجوا ورفع ما يتم التوصل إليه إلى مؤتمر القمة العربي الدوري القادم من خلال مجلس الجامعة على مستوى وزراء الخارجية[41].

ولم تعمل الجامعة على اتخاذ الخطوات اللازمة في هذا المجال بسبب سوء العلاقات السياسية والأوضاع الدولية. خاصة إذا ما علمنا أن غالبية الدول العربية لا ترغب بفتح حدودها بصورة كاملة مع بعضها.

وتعد المواصلات من أهم الوسائل لتقارب الدول العربية مع بعضها. فهي الوسائل التي تقرب الدول العربية مع بعضها. وقد عقدت جامعة الدول العربية العديد من الاتفاقيات الخاصة في تنظيم شؤون المواصلات. ومن هذه الاتفاقيات:

أ- اتفاقية مجلس الطيران المدني المعقودة في تاريخ 1956/3/21.

---

(41) الفقرة (38) من قرار مؤتمر القمة العربي المنعقد في عمان في 27 و28 مارس/آذار 2001. الوثائق الرسمية جامعة الدول العربية.

ب- اتفاقية إنشاء الأكاديمية العربية للنقل البحري المعقودة في تاريخ 1974/14.

ولم تسهم هذه الاتفاقيات في تطوير المواصلات بين الدول العربية. فلا تزال المواصلات بين الدول العربية تعاني من التخلف والتعقيد في المنافذ الحدودية.

ويمكن للجامعة أن تطور وسائل المواصلات إذا ما اتبعت ما يأتي:

أ- مد شبكة سكك حديدية بين الدول العربية تربطها مع بعضها بشكل منظم لنقل الأشخاص والبضائع.

ب- تنظيم طرق المواصلات بين الدول العربية باعتمال إقامة طرق حديثة للنقل السريع تتوافر فيه الخدمات المطلوبة.

ت- جعل النقل الجوي بين المدن العربية نقلا داخليا تطبق عليه قواعد النقل الداخلي والسماح لكل دولة عربية بان تقوم بنقل الأشخاص والبضائع بين المدن العربية بدون عوائق.

وتعاني الدول العربية العديد من المشاكل في تنفيذ شبكة متكاملة من المواصلات وبخاصة تخلفها في مد شبكة سكك حديدية بين الدول العربية، لما تتميز به السكك الحديدة من رخص ثمن التنقل بها، والسلامة والأمان في استعمالها. ويمكن تجاوز مشكلة وجود إسرائيل كحاجز بين الدول العربية الواقعة في آسيا والدول العربية الواقعة في أفريقيا، عن طريق فتح إنفاق بين الأردن ومصر ، وبين والسعودية ومصر عبر مياه خليج العقبة، ،واليمن وجيبوتي عبر مضيق باب المندب. لغرض النقل البري بالسيارات، على غرار النفق الذي يربط أوربا ببريطانيا تحت مياه بحر المنانش.

وجرت محاولات بين بعض الدول العربية بمد شبكة من المواصلات عن طريق السيارات. فتم إنشاء شبكة مواصلات بين الدول العربية المجاورة بشكل ثنائي خراج حدود الجامعة، مثل شركة النقل البري بين العراق والأردن، وبين الأردن ومصر.

ثانيا- التعاون في شؤون الاتصالات

يقصد بالاتصالات جميع الوسائل الخاصة بالاتصال بين الأشخاص عن بعد. ومن ذلك البريد والهاتف السلكي واللاسلكي والبرق والانترنيت والبريد الالكتروني والاتصال باستخدام الشفرة، والندوات التلفزيونية المغلقة. وقد اتسم العصر الراهن بالتطور الهائل في هذه الوسائل. وأصبح بالإمكان إيصال رسالة بريدية إلى أية دول وتصل في اليوم نفسه. وأصبح بالإمكان استخدام الاتصالات الحديثة في إجراء المعاملات المالية والاقتصادية بسرعة فائقة. كما استخدمت الاتصالات لإجراء المعاملات الروتينية وهي ما يطلق عليها بالحكومة الالكترونية، لتسهيل المعاملات، والحصول على الوثائق وإجراء المعاملات المالية، والبيع والشراء عن طريق الانترنت بواسطة البطاقات المالية الخاصة. واغلب هذه الوسائل متيسرة في الوطن العربي.

وعلى الرغم من أن المادة الثانية من ميثاق الجامعة قد نصت على أن من مهام الجامعة تعاون الدول في مجال المواصلات في البرق والبريد فقط. إلا أن ذلك يشمل جميع الاتصالات السلكية واللاسلكية والبريد. وعلى الرغم من عدم ذكر التعاون في مجال الهاتف حيث لم يكن الهاتف الدولي عند إنشاء جامعة الدول العربية فإن التعاون يشمل الهاتف كما يشمل شبكة المعلومات الدولية (الانترنيت).

وبالنظر للدور المؤثر لقطاع الاتصالات على مختلف مجالات التكامل والتعاون الاقتصادي بين الدول وخاصة بعد ثورة الاتصالات والمعلومات التي يشهدها عالمنا المعاصر فإن الوطن العربي لم يكن له نصيب في هذه الثورة ولم يدخلها إلا في نطاق محدود. خاصة وأن ثورة الاتصالات والمعلومات أخذت تتخطى الحواجز الجغرافية فإن الجامعة طلبت من الدول العربية تطوير قدراتها في مجال تكنولوجيا المعلومات والاتصالات واعتبارها مجالا حيويا للتعاون والتنسيق على المستوى العربي[42].

---

(42) الفقرة (38) من قرار مؤتمر القمة العربي المنعقد في عمان مصدر سابق.

وعقدت في هذا المجال العديد من الاتفاقيات منها:

أ-   اتفاقية المؤسسة العربية للاتصالات الفضائية المعقودة بتاريخ 1976/3/21.

ب-   اتفاقية الاتحاد العربي للمواصلات السلكية واللاسلكية المعقودة بتاريخ 1953/9/9.

ج-   دستور الاتحاد البريدي العربي المعقود في تاريخ 1946/12/9.

وعلى الرغم من دخول أكثر وسائل الاتصالات للدول العربية، إلا أنها لم تدخل عن طريق الجامعة، وإنما بجهود الدول العربية. وكان ينبغي أن تتولى الجامعة هذه المسؤولية وتضطلع بدور مهم في هذا الجانب. فالتسهيلات المعمول بها في الاتحاد الأوربي ليست ذات التسهيلات المعمول بها في الدول العربية. لهذا كان ينبغي أن يكون للجامعة الدور المؤثر في هذا الجانب. وذلك عن طريق إقامة شبكة واسعة من الاتصالات المتطورة في جوانبها المختلفة وتشمل جميع الدول بما فيها الدول الفقيرة التي لا تستطيع الولوج بمثل هذه الاتصالات.

ثالثا- التعاون في أمور الجنسية

تعد الجنسية من أهم الوسائل لتوحيد الأمة العربية. فقد كانت الأمة العربية أمة موحدة قبل أن يدخلها الاستعمار الغربي ويقسمها إلى دول متعددة. ولم يعرف الشعب العربي غير الولاء للدولة العربية الإسلامية. وكان تطبيق الأنظمة الغربية في الوطن العربي حمل معه مفهوم الجنسية فأصبح لكل إقليم جنسية خاصة بالأشخاص المقيمين فيه بصورة مختلفة عن الإقليم الآخر. فمفهوم الجنسية لم يكن معروفا في الدول التي حكمت الوطن العربي قبل الاحتلال الأجنبي الحديث.

وقد عقد في إطار جامعة الدول العربية العديد من الاتفاقيات بخصوص الجنسية. ومن هذه الاتفاقيات اتفاقية الجنسية المعقودة في تاريخ 1954/4/5 والتي منحت الزوجة التي تتزوج من عربي جنسية زوجها وحقها بالعودة لجنسيتها عند انتهاء العلاقة الزوجية. كما حددت الاتفاقية حق الأولاد باكتساب جنسية والدهم.

ومنح اللقيط جنسية الدولة العربية التي يولد فيها. ونظمت حق اختيار العربي الجنسية عند تعدد الجنسيات.

ورغم أن هذه الاتفاقية وغيرها من الاتفاقيات المعقودة في إطار جامعة الدول العربية والاتفاقيات الثنائية فإن المواطن العربي غير قادر على التنقل بين الدول العربية كما يتنقل المواطن الأوربي بين الدول الأوربية أو كما يتنقل المواطن الأوربي في داخل الوطن العربي. وإن كل ما يحصل عليه المواطن العربي هو أن بعض الدول العربية أصدرت تشريعات قررت بموجبها تجنس المواطن العربي بإقامته مدة أقل من الأجنبي. وهذا غير كاف. فالتطبيقات العملية في غالبية الدول العربية، باتجاه عدم منح العربي جنسية الدولة العربية المقيم فيها. بل نذهب أكثر من ذلك، فإن مما يؤسف له أن بعض الدول العربية لا تسجل عقود الزواج لمواطنيها، إذا كانت الزوجة من دولة عربية معينة. وهذا يعني مدى انعكاس القضايا السياسية على المسائل الإنسانية والاجتماعية.

وبالنظر لأهمية موضوع الجنسية، فلابد من اتخاذ خطوات في المجالات الآتية:

1-وضع ضوابط اكتساب العربي جنسية دولة عربية بشروط اقل من تجنس الأجانب. وعلى الرغم من أن قوانين الجنسية في العديد من الدول العربية تنص على ذلك، فانها من الناحية التطبيقية فإنها تتشدد بمنح العربي جنسية الدولة المقيم فيها. ولتطبيق ذلك يتطلب عقد معاهدة في ظل الجامعة توجب على الدولة العربية أن تمنح الجنسية للمواطن العربي المقيم فيها مدة معينة.

2-منح المرأة العربية المتزوجة من عربي من جنسية دولة زوجها، وكذلك منح الزوج جنسية دولة زوجته بحسب الرغبة.

3-السماح بازدواجية الجنسية العربية، واعتماد الجنسية الأصلية كجنسية معتمدة عند التنازع بين الالتزامات والحقوق بين الجنسيتين.

4-إذا منح عربي جنسية دولة عربية، فينبغي أن يحصل عليها ليس أولاده الصغار، بل أولاده البالغين وزوجته، إذا رغبوا بذلك. من اجل جمع شمل العوائل.

5- ضرورة عقد اتفاقيات في ظل الجامعة تقضي بضرورة تخفيف إجراءات الإقامة والتنقل في الدول العربية، والدخول والخروج.

6- السماح للمواطن العربي المقيم في دولة عربية حق العمل والتوظف ومعاملته المعاملة التي يعامل فيها أبناء البلد.

7- استخدام هوية عربية للتنقل بين الدول العربية بدلا من جوازات السفر . وتمنح هذه الهويات منذ يوم الولادة، وتكون بمثابة وثيقة سفر بين الدول العربية.

8- إلزام الدول العربية وبخاصة الدول العربية في الخليج العربي، بقبول العمالة العربية وتفضيلها على غيرها.

9- أن تتولى الجامعة معالجة حالات انعدام الجنسية وبخاصة في دول الخليج والذين يطلق عليهم (البدون)، ومنحهم جنسية الدولة المقيمين عليها.

رابعا- المحافظة على البيئة

يحتل موضوع البيئة مكانة مهمة في العلاقات الدولية. لما يمثله تلوث البيئة من أخطار جسيمة على حياة البشرية. وقد أولت الدول المتقدمة هذا الموضوع عناية خاصة وعملت على مكافحة تلوث البيئة والمحافظة عليها عن طريق عقد العديد من الاتفاقيات الدولية.

وعلى الرغم من أن الوطن العربي يتعرض لتلوث بيئي كبير بسبب استخراج النفط وما تسببه الناقلات من تلوث للمياه العربية الإقليمية والدولية فإن الجامعة لم تهتم بهذا الموضوع كما ينبغي. وقد بدأ العمل العربي المشترك لحماية البيئة متأخرا ولم يكن بالمستوى المطلوب. وقد ثمنت الجامعة نتائج العمل العربي المشترك في مجال البيئة والتنمية المستدامة والتنسيق في المحافل الدولية وأيدت الجمعية إعلان أبو ظبي حول مستقبل العلم البيئي العربي كمنهاج عمل في القرن الحادي

والعشرين وأكدت على أهمية التشاور والتنسيق العربي لمؤتمرات قمة الأرض والمشاركة في اتفاقية الأمم المتحدة للتغيير المناخي[43].

ونرى أن الضرورة تتطلب أن تولي الجامعة مسألة المحافظة على البيئة الأهمية التي يستحقها هذا المجال بالنظر إلى ما تتعرض له الأمة العربية من أخطار جسيمة بسبب تلوث البيئة العربية من جراء استخراج النفط واستخدام المياه العربية للنقل والصيد. كما يعاني الوطن العربي من حالة التصحر التي شملت غالبية الدول العربية وهي حالة تنبأ بكارثة بيئية كبيرة تتطلب الجهود الكبيرة لمواجهتها.

وينبغي الاهتمام بالبيئة البرية والجوية والفضاء والبيئة البحرية والنهرية بين الدول العربية، وبينها وبين الدول المجاورة. وينبغي أن تعمل الجامعة على إقامة بيئة عربية سليمة. ولابد من العمل العربي المشترك لمنع دفن النفايات النووية في الدول العربية، أو المياه الإقليمية العربية أو القريبة منها. فقد قامت الولايات المتحدة الأمريكية بدفن اليورانيوم المنضب في بعض الدول العربية في حربها على العراق عام 1991، مما شكل ذلك كارثة بيئة في المستقبل. فلابد للجامعة من تعقد معاهدة تمنع فيها الدول العربية السماح لأي دولة عربية بدفن اليورانيوم أو النفايات النووية.

خامسا - التعاون في مجال الصحة

خلال العقود الأربعة الماضية، سجل تطور غير مسبوق في مؤشرات الصحة العامة والصحة الإنجابية في الدول العربية. ولم يكن هذا التطور ممكنا لولا لجوء سلطات الدولة لتوسيع قاعدة التأييد السياسي اللازم لمجابهة التحديات الصحية، فضلا عن قيامها بترجمة ذلك التأييد إلى تعبئة الموارد واستثمارها في التنمية الصحية، واعتبارها الصحة حقا مجانيا يدخل ضمن الحقوق الأساسية للإنسان وعاملا من عوامل التنمية البشرية المستدامة. وعلى أثر تبني الدولة للرعاية الصحية

---

(43) الفقرة (42) من مؤتمر القمة العربي المنعقد في عمان في 27 و28 مارس/آذار 2001. الوثائق الرسمية جامعة الدول العربية.

الأولية وإدماج مكونات الرعاية الصحية الإنجابية ومشتملات الصحة الوقائية ضمن إطار فعاليات الدولة وواجباتها الأساسية، وتأمين الظروف المادية والبشرية المشجعة، انتقلت الدول العربية إلى مرحلة متقدمة، حيث انخفضت معدلات الأمراض السارية والمستوطنة والأوبئة والوفيات.

ومن المعلوم أن نمط الخصوبة في الأقطار العربية عموما يتصف بحداثة التحول نحو الهبوط مع التحسن النسبي في البيئة الاجتماعية والاقتصادية والصحية والثقافية، واتساع نطاق استخدام خدمات تنظيم الأسرة، وارتفاع العمر عند الزواج، خاصة بالنسبة للإناث. وخلال السنوات الأخيرة، بدأ ذلك الهبوط يتسارع أكثر مع التحولات الإيجابية في المواقف الحكومية والشعبية تجاه تخفيض الخصوبة، ذلك أنه يعتبر العامل الحاسم في النمو السكاني العالي. وترجمت هذه المواقف إلى إستراتيجية ذات أهداف محددة في سياسات كثير من الدول العربية. ووضع تنظيم الأسرة في صدارة الأولويات المتاحة لتخفيض الخصوبة مع توسيع نطاق الإيمان بمزاياه النسبية في النهضة الصحية والاجتماعية والاقتصادية للأسر والمجتمع على السواء [44].

إن المطالبة بالمحافظة على دور الدولة في مجالات الخصوبة وتنظيم الأسرة لا يقلل من أهمية دور القطاعات الأخرى، ذلك أن أي إنجاز يحققه القطاع الخاص في هذا المجال مرتبط بنجاح الدولة في توفير البنيات الأساسية وتحسين نوعية الحياة السكانية، وتطوير مركز المرأة الاجتماعي والاقتصادي والسياسي، وتحييد أثر القوى الثقافية التقليدية في الحد من درجة استقلال المرأة في اتخاذ القرارات الخاصة بالسلوك الإنجابي وتنظيم الأسرة والتركيب الأسري. وفي كل الأحوال، فإن مسؤولية استنفار الموارد وتحسين استخداماتها وتوسيع قنوات المعلومات والخدمات لتنظيم الأسرة هي من شأن جميع القطاعات على أن يتم في أطر التنسيق الكامل مع القطاع العام [45].

---

(44) آفاق المستقبل في ظل حرية التجارة العالمية وبرامج التكيف الهيكلي. الانترنيت الموقع (العولمة)

(45) مصدر سابق.

سادسا- آثار العولمة على الأهداف الاجتماعية

أثرت العولمة تأثيرا على الواقع الاجتماعي العربي. فمن الثابت أن شبكة الاتصالات الدولية تملكها الشركات الغربية، وتديرها. وان دور الدول العربية في هذا المجال يكاد أن يكون منعدما. وان شبكة الاتصالات الدولية تستنزف قدرات الدول العربية المالية والبشرية. إذ أن الدول العربية لا تصدر ولا تصنع هذه الشبكات، بل انه مستوردة لها، كما أن شركات الاتصالات الدولية استقطبت الأيدي العربية العاملة الماهرة، مما دفعها للهجرة، بسبب ما تدفعه لها من أجور كبيرة قياسا للأجور التي تدفع لهم في دولهم.

أما شبكة المواصلات بين الدول العربية، فهي الأخرى تأثرت تأثيرا كبيرا في عصر العولمة. ونظرا لارتفاع أسعار البترول فقد عملت الدول الغربية على رفع أسعار السيارات والسفن بشكل يضاعف ارتفاع أسعار البترول.

إن تأثير العولمة على البيئة والصحة في الوطن العربي تأثير واضح. ذلك أن آلية السوق وحرية التجارة العالمية تتطلب أن تمتنع الدولة عن تقديم الدعم المباشر لقطاع الصحة والمحافظة على البيئة. فالشركات في الولايات المتحدة الأمريكية هي المسؤولة عن تقديم الدعم الصحي وحماية البيئة للمواطن. حيث لا تملك الدولة هناك مستشفيات أو مراكز صحية. وتقوم الشركات بدفع أجور الخدمات الصحية وحماية البيئة.

وتدخل تكلفة هذه الأجور ضمن المواد المنتجة التي تنتجها هذه الشركات، أو الخدمات التي تقدمها. وهذا ما يزيد من ارتفاع أسعار السلع والخدمات التي تقدمها الشركات الأمريكية. وإذا ما قامت دولة معينة بتحمل أجور الخدمات الصحية وحماية البيئة فإن الشركات العاملة فيها لا تتحمل نفقات ذلك. وبالتالي ستنخفض أجور السلع التي تنتجها والخدمات التي تقدمها. وتؤدي هذه العملية إلى الإخلال بشروط المنافسة التي وضعتها العولمة.

وهذا يعني أن الدول العربية يجب عليها أن تنسحب من قطاع الصحة وحماية البيئة. وهو أمر يؤدي إلى مشاكل صحية تصيب المواطن العربي بشكل خطير وتهدد بانتشار أمراض وبائية فتاكة، بسبب الظروف التي يعيشها المواطن العربي ونوعية الغذاء الذي يتناوله. وطبقا لذلك فإن العولمة تهدد بكارثة صحية وبيئة للوطن العربي.

وشهد العقدان الماضيان تحولات مهمة وعميقة على صعيد العلم والإنتاج والعلاقات الدولية تركت آثارها العميقة على الطبقة الفقيرة. إذ أدى النمو والاستقرار خلال حقبة ما بعد الحرب العالمية الثانية وحتى أوائل السبعينيات، وخاصة في الدول الصناعية المتقدمة، وزيادة تركز رأس المال والإنتاج العالمي وما رافق ذلك الثورة العلمية والتقنية المعاصرة إلى نمو وتطور الدول الغربية والشركات عابرة القومية، وتنامي دورها الإنتاجي والتجاري على الصعيد العالمي، إذ تمتلك هذه الشركات أكثر من ثلث الأصول الإنتاجية على الصعيد العالمي وتسهم بما يقارب ثلث التجارة العالمية وتتبادل فيما بينها وبين فروعها ما يقارب من ثلث التجارة العالمية أيضا[46]. ولاشك أن طبيعة التفكير الاستغلالي الذي يعيش في مكونات الرأسمالية حيث الربح والاقتصاد في الموارد يجعل من المصالح الخاصة فوق كل اعتبار إنساني أو اختلاقي ستحول هذه الطبيعة العالم إلى أكداس بشرية من العاطلين ، وكما يقول الخبراء فإن عشرين بالمائة من السكان العاملين ستكفي في القرن القادم للحفاظ على الاقتصاد الدولي وبعبارة أخرى الاقتصاد الدولي للسماسرة، وان الثمانين بالمائة من البشر هم من العاطلين الفقراء الذين يعيشون على هامش العولمة وفتاتها كما يعيش المسحوقون على هوامش المدن الكبيرة في صفائح الحديد المتأكسد .

---

(46) دراسة أعدتها مجلة عالم العمل (الأمانة العامة للاتحاد الدولي لنقابات العمال العرب) العدد 35 تشرين أول / امتوبر 2000 بيروت.

وأدت جملة هذه العوامل إلى تقليص الإيرادات العامة وإيرادات أنظمة الضمان الاجتماعي، في الوقت الذي ازدادت فيه أعباء هذه الصناديق نتيجة خروج أعداد كبيرة من العاملين وفق أنظمة التقاعد المبكر ووجود أعداد كبيرة من العاطلين عن العمل، واتجاه الموازنة العامة نحو التقشف وتقليص الأنفاق العام....الخ. وتعكف منظمة العمل الدولية ومنظمات نقابية عدة على دراسة حلول مختلفة لمواجهة الصعوبات الحالية والمستقبلية. وتؤكد هذه الحلول بشكل عام ضرورة وأهمية استمرارية أنظمة الضمان الاجتماعي في المرحلة الحالية من العولمة الجارية للحفاظ على مبدأ التضامن الوطني والتآزر بين الأجيال وللحفاظ على الاستقرار والسلم الاجتماعيين.

وتترافق هذه التحولات في البلدان العربية بوجود أنظمة حماية اجتماعية هشة ومحدودة غير قادرة في الظروف الحالية من التراجع في النشاط الاقتصادي والانفتاح على المنافسة العالمية، على توفير حدود مقبولة من الرعاية الاجتماعية، مما يهدد المجتمعات العربية بعدم الاستقرار وإضعاف إمكانات التطور المستقبلي. وفي ظل هذه المستجدات على الصعيد الاقتصادي والاجتماعي، للمنظمات النقابية العربية دور فاعل ورائد وهي مدعوة إلى تكثيف جهودها وعملها، وشق طريق جديد للعمل النقابي الاجتماعي من خلال زيادة فعالية دورها الاقتصادي، والمطلوب إثراؤه من دروس وتجارب الحركة النقابية العالمية والأشكال الجديدة لنشاطها وعملها الاجتماعي والاقتصادي [47].

---

(47) مجلة عالم العمل مصدر سابق.

المبحث الرابع
تنمية العلاقات الثقافية

أولا- مفهوم الثقافة

الثقافة في اللغة العربية تعني الإجادة والحذق والضبط وسرعة التعلم[48]، وتعبر الثقافة عن وضعية تظهر فيها جميع السمات الروحية والمادية والفكرية والتاريخية والعاطفية التي تميز مجتمعا بعينه أو فئة اجتماعية بعينها، وهي تشمل طرائق الحياة والتقاليد والمعتقدات والفنون والآداب وتدمج في الوقت ذاته في نظامها القيمي الحقوق الإنسانية للإنسان.

إن ثقافة أي بلد لا تقتصر بطبيعة الحال على الثقافة المتخصصة بل تشمل أيضا الثقافة الشعبية، وهي لا تتلخص في التراث وحده، بل إنها تثري وتنمو بفضل ملكة الإبداع والذاكرة معا، وأن الثقافة لكي تظل نابضة بالحياة، لا يمكنها أن تنطوي على نفسها، بل أن المبادلات الثقافية هي التي تخصبها وتنميها[49]. فالثقافة حالة اجتماعية إنسانية مترابطة.

ولكنها في علم الاجتماع والحضارة تعني مجموعة الأوضاع والأنماط الفكرية والتطبيقية والسلوكية والحياتية، التي تميز فردا ما أو جماعة ما أو أمة ما في فترة زمنية معينة وموقع مكاني معين. " فالتحديات الثقافية " تعني مجموعة الأوضاع والأنماط الفكرية والتطبيقية والسلوكية والحياتية، التي تهدد مثيلاتها في الأمة[50].

---

(48) (انظر ابن منظور ، مادة ثقف ، 9 : 19 - 20)

(49) اليونسكو UNESCO، مشروع تقرير لجنة العلوم الاجتماعية للدورة الثالثة والأربعين، جنيف، 14-19 سبتمبر 1992، وثيقة رقم (Com / Prov ED/BIE/CONFINTED / 43).

(50) العولمة والثقافة بحث منشور على الانترنيت لم يذكر اسم الناشر . موقع (العولمة)

وتعد الثقافة مركب متجانس من الذكريات والتصورات والقيم والرموز والتعبيرات والإبداعات والتطلعات التي تحتفظ لجماعة بشرية بهويتها الداخلية. وبمعنى آخر فالثقافة هي المعبر الأصيل عن الخصوصية التاريخية لأمة من الأمم، وعن نظرة هذه الأمة إلى الكون والحياة والموت والإنسان ومهامه وقدراته وحدوده، وما ينبغي أن يعمل وما لا ينبغي أن يأمل[51].

تعد الثقافة العربية من أهم مقومات القومية العربية، وهي حضارة خاصة للشعب العربي ورثها منذ آلاف السينين. إذ يتميز الوطن العربي بثقافة متميزة وخاصة، تستمد مقوماتها من القيم والعادات القبلية ومبادئ الشريعة الإسلامية. ولهذا فإن الدول المعادية للأمة العربية تعمل على تغريب الثقافة العربية وإبدالها بثقافة غربية تتناقض بشكل جذري مع القيم والأخلاق العربية. وخير مثال على ذلك، فإن احتلال العراق عام 2003، فإن أول ما قام به الاحتلال وأعوانه هو سرقة الآثار الثقافية العراقية ونقلها إلى الخارج، كما تم تدمير العديد من المؤسسات الثقافية، وطرد موظفيها من أعمالهم. وقام بضرب الجامعات والمدارس، ومحطات الإذاعة والتلفزيون، وألغى وزارة الإعلام وحرق المكتبات وبخاصة تدمير كامل للمكتبة الوطنية المعروفة بتراثها المعرفي العظيم، ودمر دور النشر الحكومية، والنصب التذكارية المنتشرة في المحافظات. ودمر المناطق الأثرية وجعلها مواقع عسكرية .

ثانيا- دور جامعة الدول العربية في تنمية الثقافة العربية

من أجل ترسيخ الثقافة العربية والمحافظة عليها فقد عقدت في إطار جامعة الدول العربية العديد من الاتفاقيات بين الدول العربية في الشؤون الثقافية. ومن أهم هذه الاتفاقيات ما يأتي:

---

(51) يميز العديد من الغربيين بين الحضارة والثقافة ويضعون تعاريف متعددة لها. ويعتقدون إن هناك صراعا بين الحضارات. يراجع:
Samuel P. Hintington, The Clash of Civilizations, Simon & Schuster, 1997, pp. 41- 43

أ- المعاهدة الثقافية المعقودة بتاريخ 1945/11/27.
ب- ميثاق الوحدة الثقافية المعقود بتاريخ 1964/2/29
ج- المنظمة العربية للتربية والثقافة والعلوم المعقودة بتاريخ 1964/4/21.
د- دستور المنظمة العربية للتربية والثقافة والعلوم المعقود بتاريخ 1964/2/29.

وعملت الجامعة على إنشاء العديد من الأجهزة الثقافية منها:

أ- **اللجنة الثقافية:** تتألف اللجنة الثقافية من ممثلين جميع الدول الأعضاء في الجامعة. وقد حددت المعاهدة الثقافية وظائفها وأعمالها.
ب- **الهيئات المحلية:** تتكون في جميع العواصم العربية هيئات محلية للعناية بشؤون التعاون الثقافي بين الدول العربية. وقد ترك تحديد عملها للدول العربية التي تقيمها بالشكل الذي يتلاءم مع تشكيلات الوزارة والإدارة التي تهمين على شؤون الثقافة والتربية والتعليم.
ج- **المكتب الدائم:** يتألف من ممثلين الدول العربية لتنظيم الشؤون الثقافية بين الدول العربية. ويتولى المكتب إعداد جدول الأعمال لاجتماعات اللجنة العامة وتحضير المسائل التي تدرج في جدول الأعمال والنظر فيما تحيله اللجنة العامة عليها من الأعمال. والنظر فيما يرى الرئيس عرضه عليها من تنفيذ قرارات اللجنة العامة، وما هو قابل للتنفيذ من المسائل الواردة في المعاهدة الثقافية والقيام بجميع المعلومات والإحصائيات والوثائق الثقافية والتعليمية في مختلف البلاد العربية ونش ما ترى نشره منها.
د- **الإدارة الثقافية:** وتتألف من موظفين تابعين للأمانة العامة للجامعة. وهؤلاء يمثلون الجامعة ولا يمثلون دولهم. وقد تولت بصورة فعلية أمر إعداد الأعمال التي ستعرض على المكتب وتنفيذ القرارات التي تتخذها اللجنة المكورة أو المؤتمرات التي تعقد تحت رعايتها(52).
هـ- **معهد إحياء المخطوطات العربية:** تم إنشاء هذا المعهد بقرار مجلس الجامعة في عام 1946، وتم تطويره بموجب القرار 572 في عام 1956 .

---

(52) أبو خلدون ساطع الحصري ، ثقافتنا في جامعة الدول العربية مركز دراسات الوحدة العربية بيروت 1985 ص30.

معهد الدراسات العربية العالية: أنشأ هذا المعهد عام 1953، وشمل دراسة حينئذ الآداب واللغات والتاريخ والجغرافية والاقتصاد والاجتماع والقانون الدولي. وكان الهدف منه توحيد الجوانب الفكرية العربية وإعداد قيادات لهذه الغاية. وقد أنشأ معهد الدراسات العربية سنة 1953. من أجل أعداد شباب عربي مثقف ثقافة عربية عالية ونشر الثقافة العربية عن طريق التدريس و التأليف و النشر والمحاضرات وإقامة القومية العربية على أسس علمية وتكييف أسس الثقافة العربية بحيث تنتفع من تقدم المدنية الحديثة. ويمنح المعهد شهادة الدبلوم والماجستير لكل لطالب حصل على دبلومين عاليين ووضع رسالة ترضي الممتحنين في موضوع يقره المعهد[53].

وبعد تعليق عضوية مصر من جامعة الدول العربية عام 1978 نقل المعهد إلى بغداد. وعندما أعيدت العضوية إليها أعيد العهد إلى مقره السابق في القاهرة. وقد تخرج من هذا المعهد العديد من حملة الماجستير والدكتوراه. كما انشأ معهد التاريخ العربي، وكان مقره في بغداد، ويمنح شاهدة الماجستير والدكتوراه في التراث العربي الإسلامي.

أ- الجهاز الإقليمي العربي لمحو الأمية: انشأ هذا الجهاز عام 1967، للعمل على محو الأمية في الدول العربية.

ب- لجنة الشؤون الثقافية والاجتماعية: اعتمد مجلس الجامعة قرارا بأن يكون خلال كل دورة من دورات اجتماعه لجنة تسمى لجنة الشؤون الثقافية والاجتماعية ويحيل إليها جميع المقترحات المتعلقة بالثقافه والتربيه والتعليم قبل أن ينظر فيها وتتخذ قرارا في شأنها. واللجنة التي تنبثق عن جامعة الدول العربية بهذه الصورة هي غير اللجنة الثقافية الأصلية التي تعمل خارج أوقات اجتماع مجلس الجامعة وتقدم إليه تقريرا عن أعمالها.

---

(53) مصدر سابق ص128.

وتعمل المعاهدة الثقافية من حيث الأساس إلى تنظيم التعاون الثقافي بين الدول العربي المستقلة المشتركة في ميثاق جامعة الدول العربية ومع هذا فإنها لم تهمل شؤون سائر البلاد العربية التي كانت محرومة من نعم الاستقلال [54].

وعملت جامعة الدول العربية على عقد مؤتمرات سنوية لوزراء الثقافة في الدول العربية، للتنسيق والتدبير في تعزيز الثقافة العربية.

وعلى المستوى العمل العربي للجامعة أبرزت دراسات المنظمة العربية للثقافة والعلوم النتائج التطبيقية للجامعة وهي:

1- توحيد مجموع سنوات المرحلة الدراسية قبل الجامعة، باثني عشر سنة لكل الدول العربية فيما عدا بعض التخصصات في بعض الدول. وان ثلث الدول العربية تطبق هذا النظام.

2- التقارب في الأهداف العامة للتعليم وأسس المناهج من ناحية تقبل الفكر الوحدوي العربي مع تور في محتويات المناهج التي تحقق ذل تدريجيا [55].

3- توحيد في السلم التعليمي، ولغة التدريس والأهداف العامة للتربية والخطط الدراسية وأسس الناهج ، وان كان انعكاسها قليلا بالنسبة للكتب المدرسية التي تعبر عن أفكار التوحيد.

4- توحيد مناهج العلوم والرياضيات لحياديتها النسبية بالنسبة لمناهج التربية الإسلامية واللغة العربية بوصفهما يشكلان الثقافة المشتركة للدول العربية [56].

وفي عام 1976 عقد في عمان مؤتمر وزراء الثقافة العرب. وتمخض المؤتمر عن التوصيات الآتية:

(54) أبو خلدون ساطع الحصري، مصدر سابق ص31.

(55) أسامة شموط، واحمد الخطيب، محاولات توحيد وتطوير الناهج الدراسية في البلاد العربية ، جامعة الدول العربية المنظمة العربية للتربية والثقافة والعلوم تونس 1981، ص 45.

(56) محي الدين صابر، دور الجامعة العربية في التوحيد التربوي الثقافي، مركز دراسات الوحدة العربية، بيروت 1983، ص204.

1- ترسيخ المفهوم الصحيح لمفهوم الثقافة العربية، بكونها ثقافة قومية وإنسانية، تقوم على الأصول المشتركة للأمة العربية.

2- تكوين الشخصية العربية المتكاملة للإنسان العربي، وبث الوعي بتراث الأمة وقيمها الأصيلة.

3- نشر وعي ديمقراطية الثقافة بين المواطنين. ووضع معالم السياسة الثقافية العربية للوحدة[57].

أما الجانب الإعلامي، فقد جاء ميثاق الجامعة خلوا من الإشارة للإعلام ودوره في توجيه المجتمع العربي بالاتجاه الذي يعزز الاتجاه القومي. وكان العمل الواقعي للجامعة يقوم على أساس القضية الفلسطينية. ففي عام 1945، قرر مجلس الجامعة تفويض الأمين العام للجامعة في تنظيم الدعاية للبلاد العربية والقضية الفلسطينية. وتم إنشاء العديد من المؤسسات الإعلامية العربية منها:

– اللجنة الدائمة للإعلام،

– المكتب الدائم للدعوة العربية،

– الصندوق المشترك للإعلام العربي،

– إدارة الاستعلام والنشر.

ولم يكن لهذه المنشأة تصور سياسي واضح لدور الإعلام في الأمانة العامة للجامعة، إلا أن القضية الفلسطينية فرضت الحاجة إلى وجود إعلام يتصدى لأعداء هذه القضية ولنصرتها دوليا. فاتجهت الجامعة إلى المكاتب الخارجية للهيئة العربية العليا للاضطلاع بهذه المهمة. وأصبح للجامعة ما يقارب العشرين مكتبا. وعملت المكاتب على سد الفراغ الذي فرضه الواقع الفلسطيني، وقد أقرت مؤتمرات القمة العربية ميثاق التضامن العربي الذي أولى القضية الفلسطينية والإعلام اهتماما كبيرا[58].

---

(57) تراجع توصيات مؤتمر وزراء الثقافة العرب في عمان 1976.

(58) الدكتور غسان العطية، دور الجامعة العربية في الإعلام، مركز دراسات الوحدة العربية، بيروت 1983، ص 421.

وعلى الرغم من القرارات العديد التي اتخذت بصدد الإعلام العربي، إلا انه بقي على حالة ولم يتمكن من التحرك لمواجهة الإعلام المعادي للقضية الفلسطينية والأمة العربية. واخفق الإعلام العربي في ممارسة الدور المطلوب[59].

إن الظروف غير الموضوعية التي يعانيها الإعلام العربي ستبقيه مقيدا وتبقى المساحة التي يتحرك بها محدودة، وأقصى ما يمكن عمله ، هو استغلال الإمكانات المحدودة المتاحة له، على الرغم من ضحالتها ورغم الظروف غير المواتية[60]. ويعاني الإعلام العربي من العوائق الآتية:

1-انعكاس عدم وضوح الهدف السياسي المشترك لجامعة تجاه القضايا المركزية، على أهداف أجهزة الأعلام في الجامعة.

2-أدى ربط المكاتب الخارجية بمجلس السفراء العرب في الخارج إلى أن تنعكس الخلافات العربية على سير عمل الإعلام.

3-لم يكن إنشاء اللجنة الدائمة للإعلام على مستوى التمثيل في اللجنة.

4-افتقار جهاز الإعلام للموارد المالية.

5-ضعف تحرك المكاتب الإعلامية الخارجية.

6-نقص الكفاءة البشرية في مكاتب الإعلام.

7-عدم استقرار والاستمرار بسبب التغيرات لجهاز الإعلام[61].

ثالثا- أثر العولمة على الثقافة العربية

إن الإعلام العربي لم يكن قادرا على القيام بمهامه ومواجه الإعلام الغربي، قبل أن تهيمن العولمة على العالم، فجاءت العولمة لتزيد الأزمة التي تعاني منها الكثير من المجتمعات المتقدمة والنامية في العالم، وهي ضعف قدرتها على بناء جسر ثقافي يسهل ويهيئ التواصل والتفاعل والترابط الاجتماعي بين

---

(59) احمد الشقيري، الجماعة الاتحادية والجامعة الانفصالية، المستقبل العربي، السنة الاولى، العدد الخامس/ كانون الثاني/ يناير 1979، ص 87.

(60) الدكتور غسان العطية، مصدر سابق، ص 435.

(61) مصدر سابق، ص 421.

الخصوصيات الثقافية والثقافة العالمية الإنسانية، ويتجلى ذلك أوضح ما يكون في أزمة التربية والتنشئة الاجتماعية للإنسان، سواء أكان تلميذا في مدرسة أم مواطنا في مجتمع. فالثقافة التي تهيمن على العالم في الوقت الحاضر، هي الثقافة المعولمة، التي تفرض قيما وأخلاقيات غربية خاصة على المجتمعات المختلفة. ولم تتمكن الجامعة من مواجهة تهديدات العولمة للثقافة العربية.

وتعد العولمة تحديا للهوية القومية العربية. فعلى الرغم من أن العولمة تختص بالقضايا التجارية والاقتصادية الدولية ولا علاقة لها بالموضوعات الثقافية إلا أن المسائل الثقافية تعد من الأهداف الأساسية للعولمة التي تستخدمها عبر منظمة التجارة العالمية بحجة تجارة المواد المرئية والصوتية وغيرها مما يتعلق بعرض الموضوعات الثقافية التي تحمل الثقافة الأمريكية بما لها من تأثير على الشباب المراهقين.

ورافق ذلك ربط وسائل الإعلام مع الوسائل الالكترونية الحديثة وخلق نظام اتصال مبني على ترابط هذه الوسائل أدى إلى إطلاق ثورة إعلامية أظهرت إمكانيات هائلة لتطوير الحياة الإنسانية ومن ثم السيطرة عليها، وهذه الكميات لهائلة من الطاقة العقلية التي تولدها تقنيات الإعلام تملك أو تدار غالبيتها العظمى مؤسسات إعلامية تعمل عبر الدول، والشركات الخاصة والمتعددة الجنسية. ومما لا شك فيه أن نجاح الدول الغربية في توظيف هذه الوسائل في مجال نشر الثقافة الغربية يمثل ثورة كبيرة إدارة حروب وإدارتها من بعد دون أن تتضرر بأضرار كبيرة ودون أن استخدام الجيوش [62].

وتعمل الولايات المتحدة الأمريكية على تغييب الثقافات الوطنية وإلغائها وإبعادها عن هيمنة الدولة وتبني سياسة لا تخضع لقيم ومعايير وطنية وإنما لمعايير

---

(62) الدكتور عبد الله بلقزيز وآخرون ، إشكالية العلاقة الثقافية مع الغرب ، مركز دراسات الوحدة العربية ، ط1 بيروت أيار 1997 ص 224. كذلك يراجع نبيل دجاني ، البعد الثقافي والاتصال في ضوء النظام العالمي الجديد، مجلة المستقبل العربي ، العدد 224 بيروت 1997 2 59.

البقاء في إطار المنافسة العالمية [63]. وتغيير مفاهيم المجتمعات وأنماط سلوكهم في اتجاه الأذواق والسلوك. وبعبارة أدق تغريب الثقافة القومية في جميع دول العالم [64].

وتعتقد الولايات المتحدة الأمريكية أن نقل التجربة الأمريكية سوف يقلل من المنازعات الدولية القائمة على التعصب الديني والقومي والعرقي. وهذا يتطلب قبل كل شيء القضاء على المشاعر القومية والدينية والعرقية عن طريق تعميم الثقافة الأمريكية وفرضها على العالم. ومن هذا المنطق عملت الولايات المتحدة الأمريكية على شن حرب كبيرة وواسعة على المنظمات الدينية والقومية والدول التي تتمسك بالدين والقومية. وكان نصيب الوطن العربي من هذه الحملة كبيرا وقاسيا.

ويحرص المجتمع العربي على تمسكه بنوع متميز من الثقافة المنطلقة من التراث العربي الإسلامي، ويعدها جزءا من شخصية القومية التي يتفاخر بها. ومن المؤكد أن ما تحمله منظمة التجارة العالمية من مفاهيم اقتصادية معينة تعتمد على ثقافة خاصة بها تنسجم وتطلعاتها. وهذه المفاهيم تتعارض مع القيم الثقافية للمجتمع العربي. فكان المطلوب من الجامعة أن تعمل على تعميق الوعي القومي والثقافة العربية الإسلامية لمواجهة تحديات العولمة.

وكان نجاح الدول الغربية على مستوى البعد الخارجي أو إدارة السياسة الخارجية واضح النجاح والتأثير تمثل في النجاحات المتتابعة والمتواصلة عبر العقود العديدة من السنوات على مستوى المسرح السياسي الدولي.

يتضح من ذلك أن الآثار الثقافية للعولمة تشمل كل دول العالم بما فيها الدول المتقدمة، تحت غطاء بان توحيد الثقافات بين المجتمعات الإنسانية المختلفة

(63) علاء جبار أحمد سعيد، الدولة القطرية العربية بين العولمة والخيار القومي العربي ، رسالة ماجستير مقدمة إلى كلية العلوم السياسية جامعة بغداد 1001 ص 33.
(64) الدكتور جلال أمين ، العولمة والتنمية العربية من حملة نابليون إلى جولة الأورغواي، 1798-1998 مركز دراسات الوحدة لعربية ط1 بيروت أيلول 1999 ص 116.

يؤدي إلى التقارب بين شعوب العالم ويحقق الانسجام بينها ويبعدها من المنازعات التي تؤدي إلى الحروب. وقد اختيرت الثقافة الأمريكية لأن تكون الثقافة التي تعمم على شعوب العالم. باعتبار أن الشعب الأمريكي يتكون من أصول عرقية وثقافية مختلفة تمت إذابتهم في بودقة واحدة تكون منها نسيج الثقافة الأمريكية.

وتعمل الولايات المتحدة الأمريكية على تشكيل النخب السياسية في الوطن العربي بشكل يفسح المجال أمام توثيق ارتباط الاقتصاد والسياسة العربية بالولايات المتحدة الأمريكية. ولكي تتم إعادة تشكيل النخب لابد من نشر ثقافة سياسية بديلة تقوم على تمجيد قيم اقتصاد السوق والحرية السياسية والمجتمع المدني. وقد أدركت الولايات المتحدة بعد التحولات في إيران أن النخب السياسية المغلقة تؤدي على المدى البعيد إلى احتقان سياسي ولاسيما مع اتساع قاعدة التعليم وتزايد التكنوقراطين في المجتمع العربي المعاصر، وسعي النخب الجديدة إلى المشاركة في الحياة السياسية ولاسيما أن نسبة مهمة من عناصر النخبة الصاعدة هم من خريج الجامعات الغربية(65).

أن السوق المعولمة "ترفض اعتبار وجود خصائص وطبائع ثقافية أو سيكولوجية محلية، وبذلك فإن العولمة تقضي بميلاد نموذج جديد للتبادل له بعد كوني. هكذا يفقد تداول السلع طبيعته الملموسة داخل الأسواق التقليدية (وطنية وجهوية ودولية) ليصبح مجردا داخل سوق من نوع جديد(66).

(65) ومن المؤسسات الحكومية التي تنفذ هذه السياسة: الصندوق القومي للديمقراطية تأسس عام 1983 والذي يعمل معه عدد من الهيئات المتخصصة بالتعاون مع هذا الصندوق منها:

- **American Federation for Teacher Educational Foundation.**
- **Foundation for Defense of Human Rights.**
- **National Democratic Institute for International Affairs. Sisterhood is Global Institute**

ومن ابرز الهيئات العاملة في الوطن العربي المعهد الدولي الجمهوري والمجلس الوطني للعلاقات الأمريكية العربية:

International Republican Institute.
National Council on US-Arab Relations

كما توجد العديد من المراكز لكل دولة بصورة خاصة.

وليد عبد الحي، علاقة السياسة الخارجية الأمريكية بالتحولات الديمقراطية في الوطن العربي، مجلة المستقبل العربي، العدد (267) مايس 2001 بيروت ص 15.

(66) انظر فتح الله ولعلو، تحديات عولمة الاقتصاد والتكنولوجيا في الدول العربية، عمان 1996 ص 26.

وقد يقال أن هذه النزعة يمكن أن تستفيد من الدول في التبادل التجاري ويؤثر بعضها بالبعض الآخر. ونرد على ذلك أن الدول العربية لا تملك السلع والخدمات التي تستطيع بموجبها تصدير ثقافتها للخارج طالما إنها لا تملك مقومات التنافس التجاري الدولي. فتكون هي بذلك المتضرر الأول من هذه العملية.

يطرح أنصار العولمة أفكارا براقة وتلاقي رواجا وقبولا عند الجميع . ويطرحون أفكارهم من حقوق الإنسان والديمقراطية والثقافة الحديثة والتخلص من التعصب الديني أو القومي أو العرقي فإن مثل هذه الأفكار تبدو لمن يسممها مقبولة جدا ، وأصبح على الإنسان أن يقبل نوعية من السلع والخدمات والابتكارات وهذا يدل على أن هذه الحالة الخاصة أو النمط الجديد من العلاقات الإنسانية تفرض على الآخرين، ويتم تنميق وتزيين هذا النمط الذي يسوق إلى العالم كله. وإذا اقتنعنا بذلك فإن صورة العلاقات الجديدة التي يقدمها الغرب ذات مظاهر براقة من أجل جذب أذواق المستهلك العربي [67]. ومن المؤلم أن العديد من النخب العربية التي عاشت في الغرب، انسلخت عن الثقافات الوطنية، وتشبعت في ثقافة العولمة. فعندما قامت الولايات المتحدة باحتلال العراق، لأن العراق يمثل أنموذجا للثقافة العربية الإسلامية، فتحطيم هذا الأنموذج يعني إنهاء الحضارة العربية الإسلامية. لهذا حملت الولايات المتحدة معها جيشا من المتأثرين بثقافة العولمة من العراقيين وأقليات عرقية ودينية. فعلى الرغم من اختلاف هؤلاء في توجهاتهم الدينية والسياسية والقومية والاجتماعية، فإن ما يربطهم ببعضهم، هو ثقافة العولمة، تحت عناوين براقة منها مكافحة العنصرية والتعصب ونشر حقوق الإنسان والديمقراطية ومؤسسات المجتمع المدني. وكان الهدف الأساس من هذه العملية كلها جعل العراق أنموذجا في المنطقة يطبق على بقية الدول. غير أن هذا الأنموذج اصطدم بالثقافة المحلية العربية الإسلامية، وكان صراعا مريرا تمخض عن فشل الأنموذج المقترح،

---

(67) عبد الجليل كاظم الوالي، جدلية العولمة بين الاختيار و الرفض، مجلة المستقبل العربي، العدد (275) كانون ثاني- بيروت 2002.، ص74.

بسبب عمق جذور الثقافة العربية الإسلامية في العراق. وان افجع وأمر ما رافق هذه الحملة هو أن نخبها من رجال الدين، من مذاهب مختلفة، وقوميين وأقليات عنصرية، ليعمل كل منهم في المجال الذي يؤثر فيه. ومع هذا التخطيط المحكم، وشراسة الجانب العسكري، تمكنت الثقافة المحلية من الصمود بوجه الثقافة المعولمة.

المبحث الخامس
احترام حقوق الإنسان العربي

شهدت الدول العربية فترة مظلمة، نتيجة التسلط الأجنبي الذي لازمها قرونا عدة. فانتقلت من سيطرة استعمارية متعددة، إلى أخرى أسوء وأمر من سابقاتها. وبعد استقلال الدول العربية، عملت على أن تكون دساتيرها من الناحية النظرية، متماشية مع دساتير العالم. وأصبح واقع حقوق الإنسان، في الوطن العربي وضعا مؤلما، على الرغم من انضمام الدول العربية، للاتفاقيات الدولية الخاصة بحقوق الإنسان. كما صدرت اتفاقية عربية لحماية حقوق الإنسان:

أولا - واقع حقوق الإنسان في الوطن العربي

تعرض الوطن العربي للاحتلال الأجنبي، وشهد الظلم، والاضطهاد، ونهب الثروات من قبل الدول الغربية. مما أدى إلى ظهور حركات سياسية متنوعة من أجل رفع الظلم والمعاناة عنه. وتفيد المعطيات التاريخية أن حركة حقوق الإنسان المعاصرة، ظهرت في الوطن العربي بشكل تلقائي وغير منظم بسبب الهيمنة الأجنبية وتبعية الحكام للغرب. وبعد ظهور العديد من حركات التحرر الوطني في أرجاء الوطن العربي كافة بدأ التشكل التنظيمي لمنظمات حقوق الإنسان مرحلة متطورة ، أفرزتها ظروف عربية محددة.

وعندما كان الوطن العربي، خاضعا للاحتلال الاستعماري الأجنبي لم ينشأ هذا الاستعمار منظمات خاصة لحماية حقوق الإنسان، بسبب أن من ينتهك حقوق الإنسان هو الاستعمار نفسه، فليس من المنطق أن يضع رقيبا على تصرفاته. وعلى الرغم من الظلم والقسوة، التي اتصف بها الاستعمار الغربي للوطن العربي، ظهر العديد من المفكرين والكتاب والشعراء، في وسائل الإعلام يطالبون بتطبيق

مبادئ حقوق الإنسان ويشيرون إلى الانتهاكات التي ترتكبها قوات الاحتلال الغربي. فظهرت حركة واسعة تطالب بتحقيق الاستقلال وإقامة أنظمة وطنية تعمل لصالح شعبها.

واقترن ظهور الحركة بوضع سياسي واجتماعي انتقالي متحرك، وتحديدا بظاهرة الصراعات المسلحة، والمحاكمات السياسية، التي شهدها عدد من الدول العربية، بخاصة في الخمسينيات، والستينيات من القرن العشرين؛ أي منذ بدايات عهد تشكل الدولة الوطنية، التي حلت محل سلطة الاستعمار المباشر في الوطن العربي. دأب المتطوعون من المحامين ومن عامة الحاملين لقيم التضامن الإنساني أفرادا ومجموعات على تجنيد أنفسهم تلقائيا للدفاع عن ضحايا تلك المحاكمات السياسية[68].

ونظرا للقسوة التي كانت تميز ظروف الاعتقال والتحقيق، وما كان يرافق ذلك من قسوة وظلم، فقد نتج عن تلك الظاهرة كثير من المآسي الاجتماعية التي استدعت التدخل التطوعي من أجل تقديم الخدمات القضائية والإنسانية للمحاكمين ولأهاليهم. وعلى الرغم من أن المتطوعين لتلك الخدمات، لم يكونوا جميعا يتحركون بدافع الوعي الكامل ببنود الإعلان العالمي لحقوق الإنسان، الذي لم يكن يلقى وقتها ما يلقاه اليوم من اهتمام، فإنهم كانوا مع ذلك يشكلون حركة للدفاع عن تلك الحقوق[69].

ومما ساعد على انتكاس مبادئ حقوق الإنسان في الوطن العربي، تناسق منهجي بين الحكام المستبدين، وحركات التحرر. فالحكام المستبدون يعتقدون أن منح حقوق الإنسان لمواطنيهم إنما يقوض سلطتهم وينمي روح التمرد، بدلا من أن يعتقد بان ذلك يمنحه القوة والمنعة ويجعل من شعبه سندا له. أما بالنسبة لحركات التحرر وبخاصة تلك الحركات التي استلمت السلطة عن طريق الثورة،

---

(68) بن عيسى الدمني (تونس)) حقوق الإنسان العربي الخلفية والمضمون. موقع شؤون سياسية المنطقة العربية. 2001/8/23.

(69) مصدر سابق.

فهي تنظر إلى مبادئ حقوق الإنسان، من إنها وضعت من قبل الدول التي فرضت عليهم الظلم والاضطهاد والتسلط لسنين طويلة، ويعتقدون بان جلادهم ينادي بهذه المبادئ للتورية والخداع والتضليل. فالدول الغربية تحترم شعوبها وتمنحهم حقوق الإنسان، ولكنها تتعامل مع الآخرين بروح الانتقام والاضطهاد ونهب الثروات وتساند الأنظمة الدكتاتورية المستبدة . فعندما تستلم حركات التحرر السلطة في دولة عربية، فإنها تمارس ذات الاضطهاد وسلب الحريات. والإنسان العربي هو الضحية في هذا وذاك.

وعلى الرغم من أن التطور الذي يشهده العالم في مجال حقوق الإنسان، إلا أن أغلب الدول العربية لم تهتم بها. ومن الناحية الدستورية والقانونية، فإن اغلب دساتير الدول العربية، تضمنت مبادئ حقوق الإنسان، غير أن هذه المبادئ لم تطبق من الناحية العملية. وكان مرد هذا الاتجاه، هو الخوف من بروز المنظمات والأحزاب اليسارية، التي كانت تتهم بالموالاة للاتحاد السوفيتي. فالدول كانت تتخوف من منح شعوبها الحقوق، والحريات الأساسية، بسبب اعتقادها أن هذه لمنظمات والأحزاب ستسيطر على مقاليد الحكم في الدول العربية.

وبعد انهيار الاتحاد السوفيتي، رفع الاتهام عن المنظمات والأحزاب اليسارية. وبدأت الدول الغربية تطالب الدول العربية بتطبيق الديمقراطية في الوطن العربي، بالترغيب والتهديد والتدخل العسكرية المسلح. ومن أجل ذلك بدأت بعض الحكومات العربية تضمن لشعوبها ممارسة مبادئ حقوق الإنسان والحريات الأساسية، من أجل مسايرة التطورات في العالم. وطبقت الديمقراطية وحقوق الإنسان، بالقوة في بعض الدول العربية. غير أن هذه التجارب الديمقراطية تمخضت عن مفاجئات عدة منها، تصاعد الحركات الإسلامية، التي وجد فيها الغرب تحديا جديدا لمصالحه.

ونتيجة لهذه المفاجئة، بدا صناع السياسة الغربية يطالبون بتطبيق مبدأ (الأمن قبل الديمقراطية). وبهذا وقعت مبادئ حقوق الإنسان في الوطن العربي،

من تناقض إلى تناقض آخر. من حماية الإنسان العربي، إلى ضمان مصالح الغرب وتطلعاته. ومن الضرورات الوطنية، إلى التدخلات الدولية، ومن الحرية إلى السجون والتعذيب في المعتقلات، ومن الاستقلال إلى الاحتلال العسكري الأجنبي المباشر.

ومما عقد مسألة حقوق الإنسان في الوطن العربي، ظاهرة الحرب على الإرهاب، فأصدرت العديد من الدول قوانين طوارئ لملاحقة شرائح من مواطنيها المعارضين لها بذريعة مكافحة الإرهاب.

ولم تعد هذه الظاهرة محصورة في الوطن العربي، بل إنها امتدت إلى الدول الغربية التي كانت في السابق ملاذا للمضطهدين من حكام دولهم، فأصبحت الدول الغربية، هي الأخرى تلاحق العربي، بذريعة مكافحة الإرهاب.

ثانيا- منظمات حقوق الإنسان في الوطن العربي

شهدت العديد من الأقطار العربية ظهور منظمات خاصة بحقوق الإنسان. وحضرنا عددا من المؤتمرات العربية لحقوق الإنسان، لمنظمات من أقطار عربية. وقد وجدنا أن هذه المنظمات لا تعمل من أجل حماية حقوق الإنسان العربي، بل أنها مرآة تعكس رأي الحكومة التي تتبعها. وان منظمات حقوق الإنسان لكل قطر عربي تعمل ضد القطر الآخر، وتتهمه بانتهاك حقوق الإنسان، في الوقت الذي تتغاضى فيه عن انتهاكات حقوق الإنسان لمواطنيها في دولتهم [70].

---

(70) تبين من خلال دراسة مواقف هذه المنظمات على الرغم من أنها مؤسسات غير حكومية إلا أنها مؤسسات حكومية تعمل تحت غطاء المنظمات غير الحكومية. حيث تعين الدولة أفرادها بشكل معين أو تمولها الدولة، ليس من أجل الدفاع عن حقوق الإنسان العربي الذي يعاني من الظلم والاضطهاد. وحضرنا بعض مؤتمرات حقوق الإنسان العربية تحت إدارة المفوضية العليا لحقوق الإنسان التابعة للأمم المتحدة ووجدنا أن منظمات حقوق الإنسان العربية منابر لدعم الحكومات. وان بعضهم كان من الوزراء السابقين في دولهم. وطرح رئيس احد المنظمات غير الحكومية من أن سلطات دولته انتهكت حقوق بعض مواطني دولته وجردتهم من الجنسية. فانبرى ممثل منظمة حقوق الإنسان في تلك الدولة وهو يرتع ويرتجف ويتهجم على مواطنه بدلا من أن يحل مشكلته. فهذا هو ديدن أغلب منظمات حقوق الإنسان العربية.

وكان عمر أقدم منظمة حقوق إنسانية معترف بها قانونيا في الوطن العربي -
هي جمعية حقوق الإنسان العراقية التي تأسست عام 1961، بعد قيام ثورة
الرابعة عشر من تموز عام 1968، ثم "الرابطة التونسية للدفاع عن حقوق الإنسان"
التي تأسست عام 1979، وتأسست بعد ذلك منظمات إنسانية في العديد في الدول
العربية. ورغم تحرر العديد من الدول العربية، إلا أن الحكام العرب ينظرون لهذه
التنظيمات بكونها ذات توجهات يسارية، أو شيوعيه، أو التخوف من استغلالها
من قبل أعداء النظام، أو أنها تعمل للإطاحة بالنظام القائم. فلم تكن هناك صلة
بين هذه المنظمات والحكومات العربية. ومن الناحية العملية، فانه بعض هذه
المنظمات عملت لصالح الأجنبي وأصبحت عبئا على الدولة والمجتمع. فأصبحت
واجهات وطنية بتمويل أجنبي.

غير أن طبيعة الأهداف التي ترمي حركة حقوق الإنسان، إلى تحقيقها في
الواقع لم تكن مضبوطة بالدقة المطلوبة في جميع الظروف والأحوال؛ إذ تنازعها في
معظم ردهات مسيرتها اتجاهان كبيران؛ يميل أحدهما إلى المنزع السياسي المناضل
والمعارض، ويميل الثاني إلى المنزع القانوني والإجرائي. لكن الظروف السياسية
والاجتماعية العربية، التي لحقت بنشأة الحركة وبتشكلها التنظيمي جعلت المنزع
الأول، أي السياسي المعارض، يغلب على الثاني، في معظم الأقطار العربية، خاصة
عندما انخرطت جمعيات حقوق الإنسان في الصراعات السياسية بأشكال مختلفة،
وصارت نوعا من الرديف الموضوعي لأحزاب المعارضة[71]. وفي جميع الأحوال لم
تصل منظمات حقوق الإنسان في الوطن العربي إلى ما وصلت إليه منظمات حقوق
الإنسان في الغرب. فجميع شعوب العالم بما فيها الشعب العربي، ينظر إلى منظمة
العفو الدولية ومنظمة هيومن رايتس ووتش، نظرة احترام وتقدير، على الرغم من
هذه المنظمات منحازة وغير منصفة للقضايا العربية، بينما ينظر إلى منظمات
حقوق الإنسان العربية، بكونها مؤسسة من مؤسسات الدولة، ولربما تكون
مؤسسات الدولة أكثر تقبلا لحقوق الإنسان من منظمات حقوق الإنسان.

---

(71) مصدر السابق.

ثالثا- الميثاق العربي لحقوق الإنسان

على الرغم من أن الجامعة العربية أنشئت عام 1945، قبل إنشاء منظمة الأمم المتحدة بشهور عدة، وقبل صدور الإعلان العالمي لحقوق الإنسان، الذي صدر عام 1948، إلا أنها لم تعقد اتفاقية خاصة لحماية حقوق الإنسان العربي، بسبب الصراع بين الأنظمة السائدة في الوطن العربي. وبعد مرور أكثر من نصف قرن صدر الميثاق العربي لحقوق الإنسان في 15 أيلول/ 1997م[72]، فإن العديد من الأقطار العربية تحفظت على العديد من نصوص الميثاق، مما افقده قيمته والهدف منه. غير أنها عقدت العديد من الاتفاقيات وأنشئت العديد من المنظمات في إطار جامعة الدول العربية تتعلق بقضايا حقوق الإنسان[73]. وأشارت ديباجة الميثاق إلى أن الأمة العربية تؤمن بكرامة الإنسان منذ أن أعزها الله بان جعل الوطن العربي مهد الديانات وموطن الحضارات التي أكدت حقه في حياة كريمة على أسس من الحرية والعدل والسلام، وتحقيقا للمبادئ الخالدة التي أرستها الشريعة الإسلامية والديانات السماوية الأخرى في الأخوة والمساواة بين البشر[74].

وتوزعت أحكام الميثاق على أربعين مادة. تناولت حق تقرير المصير وخطر الصهيونية على الأمة العربية ولابد من إزالتها. والتزام الدول العربية بمنح كل

---

(72) صدر ميثاق الميثاق العربي لحقوق الإنسان بالقرار المرقم 5424 في 1997/9/15 .

(73) ومن الاتفاقيات التي عقد في إطار جامعة الدول العربية والتي لها صفة إنسانية، ومن هذه الاتفاقيات" اتفاقية المنظمة العربية للدفاع الاجتماعي ضد الجريمة 1965، ومنظمة العمل العربية 1965، واتفاقية نقل الأيدي العاملة 1968والعديد من المنظمات الأخرى المتعلقة بحقوق الإنسان.

(74) وجاء بالديباجة : واعتزازا منها بما أرسته عبر تاريخها الطويل من قيم ومبادئ إنسانية كان لها الدور الكبير في نشر مراكز العلم بين الشرق والغرب مما جعلها مقصدا لأهل الأرض والباحثين عن المعرفة والثقافة والحكمة، وإذ بقى الوطن العربي يتنادى من أقصاه إلى أقصاه حفاظا على عقيدته، مؤمنا بوحدته، مناضلا دون حريته مدافعا عن حق الأمم في تقرير مصيرها والحفاظ على ثرواتها، وإيمانا بسيادة القانون وان تمتع الإنسان بالحرية والعدالة وتكافؤ الفرص هو معيار أصالة أي مجتمع، ورفضا للعنصرية والصهيونية اللتين تشكلان انتهاكا لحقوق الإنسان وتهديدا للسلام العالمي،وإقرارا بالارتباط الوثيق بين حقوق الإنسان والسلام العالمي، وتأكيدا لمبادئ ميثاق الأمم المتحدة والإعلان العالمي لحقوق الإنسان وأحكام العهدين الدوليين للأمم المتحدة بشأن الحقوق المدنية والسياسية والحقوق الاقتصادية والاجتماعية والثقافية، وإعلان القاهرة حول حقوق الإنسان في الإسلام.

شخص على أراضيها الحقوق والحريات كافة المعترف بها دون تمييز بسبب العنصر واللون والجنس واللغة والدين والرأي السياسي والأصل الوطني والثروة والميلاد.

وتعد الأحكام الواردة في الميثاق الحد الأدنى للحقوق التي يتمتع بها المواطن العربي. ولا يجوز فرض قيود على الحقوق والحريات المكفولة في الميثاق سوى ما نص عليه القانون. وأجاز الميثاق للدول في حالة الطوارئ أن تتخذ الإجراءات لمواجهة الوضع. ولا يجوز التعذيب والإهانة ومنع العودة للوطن وضرورة منح اللجوء السياسي.

ومنح الميثاق كل مواطن عربي، الحق في الحياة والحرية وسلامة شخصه. وأقر بأن لا جريمة ولا عقوبة إلا بنص قانوني، وعدم رجعية القانون على الماضي. وان المتهم بريء حتى تثبت إدانته بمحاكمة قانونية. ولا يجوز القبض على الشخص أو حجزه، أو إيقافه بغير سند قانوني، وان يقدم للقضاء بدون إبطاء. وينبغي أن يكون الناس متساوون أمام القضاء، وحق التقاضي مكفول لكل مواطن على إقليم الدولة.وحرم الميثاق عقوبة الإعدام، إلا في الجنايات البالغة الخطورة. وفي الأحوال جميعها لا يجوز الحكم بعقوبة الإعدام في الجرائم السياسية[(75)]. ولا يجوز تنفيذ عقوبة الإعدام فيمن يقل عمره عن ثمانية عشر عاما، أو بامرأة حامل حتى تضع حملها، أو على أم مرضع، إلا بعد انقضاء عامين على تاريخ الولادة[(76)]. وفي مجال الحقوق السياسية عد الميثاق الشعب مصدر السلطات والأهلية السياسية حق لكل مواطن. وضمن الميثاق حق المقيم وحق الشخص بالتنقل والمغادرة وعدم جواز نفيه من بلده، وحق منحه اللجوء السياسي، وعدم جواز إسقاط الجنسية، وضمان حرية العقيدة وممارسة الشعائر الدينية، وحرية التجمع وحق العمل والوظائف العامة، وتشكيل النقابات العامة، وحق التعليم، وحرية الرأي والثقافة وضمان حقوق الأقليات[(77)].

(75) المادة الحادية عشر من الميثاق.
(76) المادة الثانية عشر من الميثاق.
(77) المواد (20-40) من الميثاق.

رابعا- عيوب الميثاق العربي لحقوق الإنسان 1997

على الرغم من تأخر عقد الميثاق العربي لحقوق الإنسان، فانه يمثل وثيقة مهمة في المجال العربي وثقافة حقوق الإنسان. وعلى الرغم من ذلك، فلم يقدم المساهمة الواجب من اجل تطوير وضع حقوق الإنسان في المنطقة العربية، ويرجع ذلك إلى اعتبارات عدة منها:

1. إن الميثاق صدر بعد مداولات استمرت أكثر من عشرين عاما، حتى أمكن الحصول على موافقة مجلس الجامعة عليه. وهذا يعني أن العديد من الدول لم تكن راغبة في عقد الميثاق، غير أن التحولات الدولية هي التي دفعتها لذلك.

2. وضعت على الميثاق العديد من التحفظات والاشتراطات التي قيدت الكثير من نصوصه وأفرغته من مضمونه. لذلك جاء متأخرا عن التطور الدولي في قوانين وصكوك حقوق الإنسان [78].

3. إن ميلاد الميثاق جاء نتيجة حماس بعض الدول العربية دون الأخرى التي وافقت عليه مرغمة لدفع الاتهام عنها.

4. إن الأقطار العربية، وان أصدرت الميثاق بقرار من مجلس الجامعة، وهو أعلى سلطة سياسية دائمة التمثيل لكن محصلة ذلك، فإن الحكام العرب سواء أيدوا الميثاق، أو تحفظوا عليه، لم يكونوا على استعداد حقيقي للتقدم خطوة إلى الأمام، في مجال حقوق الإنسان لاختلاف أولوياتهم وتراجع ذلك على جدول أعمالهم. لهذا كانت الموافقة على الميثاق أشبه بإسقاط فرض.

5. إن جامعة الدول العربية عاشت في دوامة مستمرة، بتركيزها علي القضايا السياسية، وعاملت الميثاق بالأسلوب الروتيني التقليدي، غير راغبة في القيام بعمل يحدث هزة في علاقات الدول بالجامعة، أو حتى يؤثر في موقفها الساعي إلى تحقيق الأهداف بالدبلوماسية الهادئة, والأكثر انه عندما سنحت الفرصة، وأنشأت الجامعة، ما أسمته بمفوض المجتمع المدني فإن هذا المفوض لم يفعل

---

(78) تحفظت ست دول عربية على الميثاق.

شيئا ملموسا, ومن ثم عاشت الجامعة شانها شان الدول العربية في حالة من التناقض بين القول الجميل، والفعل الايجابي المحدود [79].

6. إن اللجنة العربية الدائمة لحقوق الإنسان المنشاة، في إطار جامعة الدول العربية والمفترض أن هذا الميثاق من صلب عملها، عاشت منذ نشأتها في حالة غياب ذهني وعملي, ولم تقدم إسهاما حقيقيا مما اضعف من مصداقيتها, في هذا الإطار كله.

7. اقتبس الميثاق نصوصا من الإعلان العالمي لحقوق الإنسان والعهدين الصادرين بموجبه، لهذا فلم يضف الميثاق شيئا جديدا على المواثيق العالمية المطبقة. وهذا يعني أن صدور الميثاق وعدم صدوره ليس له أهمية في التزامات الدول طالما أنها ملتزمة بالمواثيق العالمية الصادرة والتي تملك من وسائل المراقبة ما لا يملكه الميثاق.

8. كان المفروض أن يتضمن الميثاق تمتع العربي بحقوق الإنسان العربي ليس في دولته، لان القانون الدولي كفل ذلك، بل يتمتع بها في الدول العربية الأخرى.

9. لم يتعرض الميثاق إلى انتهاك حقوق الإنسان التي يتعرض لها العربي، في الدول الأجنبية، وما هي إجراءات الجامعة للدفاع عنهم.

خامسا - الميثاق العربي لحقوق الإنسان

عقد في إطار الجامعة الميثاق العربي لحقوق الإنسان عام 2004. وجاء بديباجة الميثاق العربي لحقوق الإنسان [80]، انطلاقا من إيمان الأمة العربية بكرامة الإنسان الذي أعزه الله منذ الخليقة، وبأن الوطن العربي مهد الديانات وموطن الحضارات ذات القيم الإنسانية السامية التي أكدت حقه في حياة كريمة على

(79) الدكتور محمد نعمان جلال،الميثاق العربي لحقوق الإنسان بين الدول والنشطاء الحقوقيين مركز القاهرة لحقوق الإنسان 22 يونيو http://www.ahram.org.e2003

(80) قرار مجلس جامعة الدول العربية بالمصادقة على الميثاق العربي لحقوق الإنسان إن مجلس الجامعة على مستوى القمة، بعد إطلاعه :على تقرير الأمين العام الذي تناول مختلف مجالات العمل العربي المشترك، وعلى قرار الدورة العادية (121) لمجلس الجامعة على المستوى الوزاري رقم 6405 بتاريخ 2004/3/4، قرر لموافقة على الميثاق العربي لحقوق الإنسان بالصيغة المرفقة .ق.ق : 270 د.ع (16) – 2004/5/23

أسس من الحرية والعدل والمساواة، وتحقيقا للمبادئ الخالدة للدين الإسلامي الحنيف والديانات السماوية الأخرى في الأخوة والمساواة والتسامح بين البشر، واعتزازا منها بما أرسته عبر تاريخها الطويل من قيم ومبادئ إنسانية كان لها الدور الكبير في نشر مراكز العلم بين الشرق والغرب مما جعلها مقصدا لأهل الأرض والباحثين عن المعرفة والحكمة، وإيمانا منها بوحدة الوطن العربي مناضلا دون حريته، مدافعا عن حق الأمم في تقرير مصيرها والمحافظة على ثرواتها وتنميتها، وإيمانا بسيادة القانون ودوره في حماية حقوق الإنسان في مفهومها الشامل والمتكامل، وإيمانا بأن تمتع الإنسان بالحرية والعدالة وتكافؤ الفرص هو معيار أصالة أي مجتمع، ورفضا لكافة أشكال العنصرية والصهيونية التي تشكل انتهاكا لحقوق الإنسان وتهديدا للسلم والأمن العالميين، وإقرارا بالارتباط الوثيق بين حقوق الإنسان والسلم والأمن العالميين، وتأكيدا لمبادئ ميثاق الأمم المتحدة والإعلان العالمي لحقوق الإنسان وأحكام العهدين الدوليين للأمم المتحدة بشأن الحقوق المدنية والسياسية والحقوق الاقتصادية والاجتماعية والثقافية، ومع الأخذ في الاعتبار إعلان القاهرة حول حقوق الإنسان في الإسلام[81].

وقد أشارت الديباجة إلى أن الوحدة العربية حقا من حقوق الإنسان العربي، ونددت بالعنصرية والصهيونية. والمفارق أن أغلب الدول العربية صوتت على إلغاء قرارا الجمعية العامة الصادر عام 1974 على أن الصهيونية شكل من أشكال التمييز العنصري.

وقد تضمن الميثاق المبادئ الآتية:

1-**<u>الحفاظ على الهوية الوطنية للدول العربية</u>**: فقد اوجب الميثاق المحافظة على الهوية الوطنية للدول العربية والشعور بالانتماء الحضاري المشترك إلى تحقيق الغايات وضع حقوق الإنسان في الدول العربية ضمن الاهتمامات الوطنية

---

(81) ورد في العديد من النشريات الخاصة بالجامعة والمنظمات الإنسانية الدولية على صدور الميثاق العربي لحقوق الإنسان صدور الميثاق العربي لحقوق الإنسان في 15 أيلول/ 1997م بالقرار المرقم 5424 في 1997/9/15 . ولم يشر الميثاق العربي لحقوق الإنسان المعقود عام 2004 إلى الإعلان المذكور. ولا نعرف أسباب صدور الميثاق خلال سبع سنوات، في الوقت الذي تأخر صدورهما أكثر من نصف. ويظهر أن الضغوط الدولية كانت وراء ذلك.

الأساسية، التي تجعل من حقوق الإنسان مثلا سامية وأساسية توجه إرادة الإنسان في الدول العربية، وتمكنه من الارتقاء بواقعه نحو الأفضل وفقا لما ترتضيه القيم الإنسانية النبيلة [82].

2- **حق الشعوب في تقرير مصيرها:** لكافة الشعوب الحق في تقرير مصيرها، والسيطرة على ثرواتها ومواردها، ولها الحق في أن تقرر بحرية اختيار نمط نظامها السياسي، وأن تواصل بحرية تنميتها الاقتصادية والاجتماعية والثقافية. لكافة الشعوب الحق في العيش تحت ظل السيادة الوطنية والوحدة الترابية. أن كافة أشكال العنصرية والصهيونية والاحتلال والسيطرة الأجنبية هي تحد للكرامة الإنسانية وعائق أساسي يحول دون الحقوق الأساسية للشعوب، ومن الواجب إدانة جميع ممارساتها والعمل على إزالتها. لكافة الشعوب الحق في مقاومة الاحتلال الأجنبي [83].

ونلحظ أن الميثاق العربي لحقوق الإنسان لم يجرأ أن يقول بان لكل عربي له حق تقرير المصير، وإنما نقل النص من العهد الدول للحقوق السياسية والاقتصادية والاجتماعية. فمن المعلوم أن الميثاق العربي لحقوق الإنسان ليس وثيقة عالمية إنما هو وثيقة إقليمية خاصة بالدول العربية. فكان من الأجدر أن ينص على أن لكل عربي حق تقرير المصير، ولكل عربي حقه في مقاومة الاحتلال.

3- **حق كل مواطن عربي بالمساواة في داخل دولته:** تتعهد كل دولة طرف في هذا الميثاق بأن تكفل لكل شخص خاضع لولايتها حق التمتع بالحقوق والحريات المنصوص عليها في هذا الميثاق، دون تمييز بسبب العرق أو اللون أو الجنس، أو اللغة أو المعتقد الديني، أو الرأي، أو الفكر، أو الأصل الوطني، أو الاجتماعي، أو الثروة، أو الميلاد، أو الإعاقة البدنية أو العقلية [84].

---

(82) المادة (1) من الميثاق العربي لحقوق الإنسان.

(83) المادة (2) من الميثاق.

(84) المادة (3) من الميثاق.

ومن الناحية العملية، فإن أغلب الدول العربية لا تعامل مواطنيها معاملة متساوية. فالعديد من الدول العربية يقسم مواطنيها إلى درجة أولى وثانية وثالثة.

ونرى من الأجدر على الميثاق أن يأخذ بميثاق حقوق الإنسان الأوربي، الذي يمنح العديد من الحقوق للمواطن الأوربي بغض النظر عن مكان وجوده. وليست الشعوب الأوربية متقاربة كما هو الحال في الوطن العربي. وكان على الميثاق أن ينص بإلغاء تأشيرات الدخول للمواطن العربي، ومعاملته معاملة بروح إنسانية.

4- **إصدار قوانين الطوارئ:** أجاز الميثاق لكل دول أن تصدر قوانين الطوارئ في حالات الطوارئ الاستثنائية التي تهدد حياة الأمة، والمعلن قيامها رسميها، يجوز للدول الأطراف في هذا الميثاق أن تتخذ، في أضيق الحدود التي يتطلبها الوضع، تدابير لا تتقيد فيها بالالتزامات المترتبة عليها بمقتضى هذا الميثاق، بشرط ألا تتنافى هذه التدابير مع الالتزامات الأخرى المترتبة عليها بمقتضى القانون الدولي، وألا تنطوي على تمييز يكون سببه الوحيد هو العرق أو اللون أو الجنس أو اللغة أو الدين أو الأصل الاجتماعي. ولا يجوز في حالات الطوارئ الاستثنائية مخالفة أحكام حق الإنسان بالحياة وعدم تعذيبه وعدم استخدامه للتجارب الطبية، ومنحه الضمانات القضائية .

على الرغم من أن هذه المادة ليس موضعها معاهدات حقوق الإنسان، وإنما تندرج ضمن قوانين العقوبات، فهي قد منحت الدولة سلطة إلغاء كل حقوق الإنسان.

5- **حق الإنسان في الحياة:** الحق في الحياة حق ملازم لكل شخص، ويحمي القانون هذا الحق، ولا يجوز حرمان أحد من حياته تعسفا. ولا يجوز الحكم بعقوبة الإعدام إلا في الجنايات بالغة الخطورة وفقا للتشريعات النافذة وقت ارتكاب الجريمة وبمقتضى حكم نهائي صادر من محكمة مختصة، ولكل محكوم عليه بعقوبة الإعدام الحق في طلب العفو أو استبدالها بعقوبة أخف،

ولا يجوز الحكم بالإعدام على أشخاص دون الثامنة عشرة عاما ما لم تنص التشريعات النافذة وقت ارتكاب الجريمة على خلاف ذلك. لا يجوز تنفيذ حكم الإعدام في امرأة حامل حتى تضع حملها أو في أم مرضع إلا بعد انقضاء عامين على تاريخ الولادة، وفي كل الأحوال تغلب مصلحة الرضيع. [85]

6- <u>**حظر التعذيب**</u>: يحظر تعذيب أي شخص بدنيا أو نفسيا أو معاملته معاملة قاسية أو مهينة أو حاطة بالكرامة أو غير إنسانية. تحمي كل دولة طرف كل شخص خاضع لولايتها من هذه الممارسات، وتتخذ التدابير الفعالة لمنع ذلك وتعد ممارسة هذه التصرفات أو الإسهام فيها جريمة يعاقب عليها لا تسقط بالتقادم. كما تضمن كل دولة طرف في نظامها القانوني إنصاف من يتعرض للتعذيب وتمتعه بحق رد الاعتبار والتعويض. [86] ولا يجوز إجراء تجارب طبية أو علمية على أي شخص أو استغلال أعضائه دون رضائه الحر وإدراكه الكامل للمضاعفات التي قد تنجم عنها، مع مراعاة للضوابط والقواعد الأخلاقية والإنسانية والمهنية والتقيد بالإجراءات الطبية الكفيلة بضمان سلامته الشخصية وفقا للتشريعات النافذة في كل دولة طرف. ولا يجوز بأي حال من الأحوال الاتجار بالأعضاء البشرية. [87]

7- <u>**الحقوق العامة للإنسان**</u>: نص الميثاق على الحقوق العامة التي يتمتع بها الإنسان أمام دولته، كالحماية من الرق والمساواة أمام القانون والقضاء والحرية الرأي والدين وغيرها من الحقوق التي نقلها الميثاق من الاعلان العالمي لحقوق الإنسان والعهدين الصادرين بموجبه.

8- <u>**للعربي طلب حق اللجوء**</u>: لكل شخص الحق في طلب اللجوء السياسي إلى بلد آخر هربا من الاضطهاد، ولا ينتفع بهذا الحق من يجري تتبعه من أجل جريمة تهم الحق العام، ولا يجوز تسليم اللاجئين السياسيين. [88]

---

(85) المواد (4 و5 و 6 و7) من الميثاق

(86) المادة (8) من الميثاق

(87) المادة (9) من الميثاق

(88) المادة (28) من الميثاق

9- **لجنة حقوق الإنسان العربية:** تنشأ لجنة تسمى "لجنة حقوق الإنسان العربية" يشار إليها فيما بعد باسم "اللجنة". وتتكون من سبعة أعضاء تنتخبهم الدول الأطراف في هذا الميثاق بالاقتراع السري. تؤلف اللجنة من مواطني الدول الأطراف في هذا الميثاق،

وعمل اللجنة كما يأتي:

1- تتعهد الدول الأطراف بتقديم تقارير بشأن التدابير التي اتخذتها لإعمال الحقوق والحريات المنصوص عليها في هذا الميثاق، وبيان التقدم المحرز للتمتع بها. ويتولى الأمين العام لجامعة الدول العربية بعد تسلمه التقارير إحالتها إلى اللجنة للنظر فيها .

2- تقوم الدول الأطراف بتقديم التقرير الأول إلى اللجنة خلال سنة من تاريخ دخول الميثاق حيز التنفيذ بالنسبة لكل دولة طرف، وتقريرا دوريا كل ثلاثة أعوام. ويجوز للجنة أن تطلب من الدول الأطراف معلومات إضافية ذات صلة بتنفيذ الميثاق .

3- تدرس اللجنة التقارير التي تقدمها الدول الأطراف) بحضور من يمثل الدولة المعنية لمناقشة التقرير .

4- تناقش اللجنة التقرير وتبدي ملاحظاتها وتقدم التوصيات الواجب اتخاذها طبقا لأهداف الميثاق .

5- تحيل اللجنة تقريرا سنويا يتضمن ملاحظاتها وتوصياتها إلى مجلس الجامعه عن طريق الأمين العام .

6- تعتبر تقارير اللجنة وملاحظاتها الختامية وتوصياتها وثائق علنية تعمل اللجنة على نشرها على نطاق واسع [89] .

_____

(89) المادة (48) من الميثاق.

سادسا- عيوب الميثاق العربي لحقوق الإنسان 2004

على الرغم من تأخر عقد الميثاق العربي لحقوق الإنسان، فانه يمثل وثيقة مهمة في المجال العربي وثقافة حقوق الإنسان. وعلى الرغم من ذلك، فلم يقدم المساهمة الواجب من اجل تطوير وضع حقوق الإنسان في المنطقة العربية، ويرجع ذلك إلى اعتبارات عدة منها:

1- إن الميثاق صدر بعد مداولات استمرت أكثر من نصف قرن، حتى أمكن الحصول على موافقة مجلس الجامعة عليه. وهذا يعني أن العديد من الدول لم تكن راغبة في عقد الميثاق، غير أن التحولات الدولية هي التي دفعتها لذلك.

2- إن الدول العربية، وان أصدرت الميثاق بقرار من مجلس الجامعة، وهو أعلى سلطة سياسية دائمة التمثيل لكن محصلة ذلك، فإن الحكام العرب سواء أيدوا الميثاق، أو تحفظوا عليه، لم يكونوا على استعداد حقيقي للتقدم خطوة إلى الأمام، في مجال حقوق الإنسان لاختلاف أولوياتهم وتراجع ذلك على جدول أعمالهم. لهذا كانت الموافقة على الميثاق أشبه بإسقاط فرض.

3- إن جامعة الدول العربية عاشت في دوامة مستمرة، بتركيزها علي القضايا السياسية، وعاملت الميثاق بالأسلوب الروتيني التقليدي، غير راغبة في القيام بعمل يحدث هزة في علاقات الدول بالجامعة، أو حتى يؤثر في موقفها الساعي إلى تحقيق الأهداف بالدبلوماسية الهادئة, والأكثر انه عندما سنحت الفرصة، وأنشأت الجامعة، ما أسمته بمفوض المجتمع المدني فإن هذا المفوض لم يفعل شيئا ملموسا, ومن ثم عاشت الجامعة شانها شان الدول العربية في حالة من التناقض بين القول الجميل، والفعل الايجابي المحدود[90].

4- اقتبس الميثاق نصوصا من الإعلان العالمي لحقوق الإنسان والعهدين الصادرين بموجبه، لهذا فلم يضف الميثاق شيئا جديدا على المواثيق العالمية المطبقة. وهذا

---

(90) الدكتور محمد نعمان جلال،الميثاق العربي لحقوق الإنسان بين الدول والنشطاء الحقوقيين مركز القاهرة لحقوق الإنسان 22 يونيو 2003 http://www.ahram.org.e

يعني أن صدور الميثاق وعدم صدوره ليس له أهمية في التزامات الدول طالما أنها ملتزمة بالمواثيق العالمية الصادرة والتي تملك من وسائل المراقبة ما لا يملكه الميثاق. ونعتقد أن التزام الدول العربية بقواعد القانون الدولي الخاصة بحقوق الإنسان طبقا للاتفاقيات الدولية أكثر التزاما من التزامها بقواعد حقوق الإنسان الواردة في الميثاق العربي لحقوق الإنسان.

5- كان المفروض أن يتضمن الميثاق تمتع العربي بحقوق الإنسان العربي ليس في دولته، لان القانون الدولي كفل ذلك، بل يتمتع بها في الدول العربية الأخرى. فالمواطن العربي يعاني في أغلب الدول العربية من الاهانة والقسوة، ويعامل الأجنبي أفضل بكثير من التعامل مع المواطن العربي. وان الروتين الممل المستخدم في اغلب الدول العربية أن لم نقل جميعها يعد روتينا مملا ومهينا بكرامة الإنسان. ومما يؤلم النفس، أن بعض مواطني الدول العربية الذين اكتسبوا جنسيات دول أجنبية عندما يأتون إلى دولهم لزيارة أهلهم، لا يدخلون بجواز سفر دولتهم، لان دولتهم تعاملهم معاملة سيئة، وإنما يدخلون بجواز سفر الدولة التي يعمل بها من أن تحترمهم سلطات دولته عند دخوله وخروجه.

6- سمح الميثاق لكل عربي طلب حق اللجوء إلى دولة عربية. ولم يلزم الدول العربية بقبول هذا اللجوء. وكان المفروض أن يلزم الدول العربية بقبول هذا اللجوء. وقد أدى هذا الوضع إلى أن العربي لا يلجأ إلى دولة عربية لأنها لا تمنحه حق اللجوء، بل يلجأ إلى دولة أجنبية وغالبا ما يحند من قبل الدول الأجنبية ليس ضد حكومته، بل ضد الدولة أساسا. وقد برزت هذه الحالة بشكل واضح عند الاحتلال الأمريكي للعراق. التي اعتمدت بشكل أساس على اللاجئين الذين كانوا في الولايات المتحدة الأمريكية وبريطانيا.

سابعا- منظمة المرأة العربية

بناء على ما جاء بإعلان القاهرة الصادر عن مؤتمر قمة المرأة العربية الأول المنعقد في نوفمبر "تشرين ثاني" 2000م ، واستجابة لدعوة من السيدة المصرية

الأولى "سوزان مبارك"، بتنظيم مشترك مع المجلس القومي للمرأة بمصر، ومؤسسة الحريري بلبنان وجامعة الدول العربية وبمشاركة تسع عشرة دولة عربية، تم التوقيع على اتفاقية منظمة إنشاء منظمة المرأة العربية . بموافقة مجلس جامعة الدول العربية على قيام منظمة المرأة العربية[91]. وتعمل المنظمة في تنشأ في إطار الجامعة وهي ذات شخصية اعتبارية واستقلال مالي وإداري يطلق عليها اسم "منظمة المرأة العربية[92]". ويكون مقر المنظمة هو دولة مقر الجامعة ولها أن تنشئ مكاتب فرعية في الدول العربية الأعضاء ويجوز لها أن تنشئ مراكز متخصصة في الدول الأخرى عند الضرورة[93] .

والعضوية في المنظمة للدول الأعضاء في الجامعة. وللمنظمة أن توافق على قبول العضوية بصفة مراقب للمنظمات الحكومية العربية والإقليمية والدولية بناء على توافق الآراء ووفقا للمعايير المعتمدة التي تقرها المنظمة[94]. وللمنظمة أن تدعو دولا من غير أعضائها أو منظمات عربية وإقليمية ودولية حكومية ذات صلة بعملها لحضور اجتماعاتها بصفة مراقب.

وتهدف المنظمة إلى المساهمة في تعزيز التعاون والتنسيق العربي المشترك في مجال تطوير وضع المرأة وتدعيم دورها في المجتمع .. وعلى الأخص :

أ-   تحقيق تضامن المرأة العربية باعتباره ركنا أساسيا للتضامن العربي.

ب-   تنسيق مواقف عربية مشتركة في الشأن العام العربي والدولي ولدى تناول قضايا المرأة في المحافل الإقليمية والدولية.

---

(91) يراجع قرار مجلس جامعة الدول العربية رقم (6126) من دورة انعقاده العادي (116) المنعقدة بتاريخ 2001/9/10م، وموافقة المجلس الاقتصادي والاجتماعي بقراره رقم (1426) بتاريخ 2001/9/12م.
وقد صدرت اتفاقية إنشاء منظمة المرأة العربية عام 2000، أي قبل الميثاق العربي لحقوق الإنسان بأربع سنوات. بعد ما عاني ميثاق حقوق الإنسان العربي أكثر من نصف قرن من التهميش والإهمال وسوء المعاملة وأكداس من الأتربة التي تحملها في مدرجات الجامعة. وكنا نتمنى أن يكون للسيدة المصرية الأولى الدور في إصدار ميثاق حقوق الإنسان العربي قبل خمسين سنة وتخلصه من هذه المعاناة الطويلة.
(92) المادة (2) من اتفاقية منظمة العربية.
(93) المادة (3) من اتفاقية منظمة العربية.
(94) المادة (4) من اتفاقية منظمة العربية.

ج- تنمية الوعي بقضايا المرأة العربية في جوانبها الاقتصادية والاجتماعية والثقافية والقانونية والإعلامية.

د- دعم التعاون المشترك وتبادل الخبرات في مجال النهوض بالمرأة.

هـ- إدماج قضايا المرأة ضمن أولويات خطط وسياسات التنمية الشاملة.

و- تنمية إمكانات المرأة وبناء قدراتها كفرد وكمواطنة على المساهمة بدور فعال في مؤسسات المجتمع وفي ميادين العمل والأعمال كافة وعلى المشاركة في اتخاذ القرارات.

ز- النهوض بالخدمات الصحية والتعليمية الضرورية للمرأة[95].

الصفحات: وتتخذ المنظمة الوسائل والتدابير الكفيلة بتحقيق أهدافها وتمارس الأنشطة اللازمة للاضطلاع بمهامها .. وعلى الأخص :-

أ- جمع ونشر البيانات المتعلقة بأوضاع المرأة.

ب- دعم وتنسيق الجهود المحلية والقومية المتصلة بقضايا المرأة.

ج- متابعة مختلف التطورات بالمحافل الدولية في مجال اختصاصها.

د- إعداد البرامج المتكاملة والنموذجية لتنمية أوضاع المرأة في شتى المجالات.

هـ- الاتصال والتعاون مع المنظمات الحكومية وغير الحكومية العربية والدولية المعنية.

و- عقد الندوات وورش العمل لتنسيق العمل العربي المشترك في مجال المرأة.

ز- القيام بالدراسات والبحث حول المرأة وموقعها في المجتمع[96].

ثامنا- اثر العولمة على حقوق الإنسان العربي

مما لا شك فيه أن الحقوق السياسية والمدنية تغير هدفها كثيرا في عصر العولمة بعد أن أصبحت حقوق الإنسان بحق لغة العصر لأسباب عدة:

---

(95) المادة (5) من اتفاقية منظمة العربية.
(96) المادة (6) من اتفاقية منظمة العربية.

أولا: التطور المذهل في تكنولوجيا الاتصال وثورة المعلومات سواء في انتقال الخبر بما في ذلك أخبار الانتهاكات وكذلك الوصول إلى المواطن العادي عبر الفاكس والإنترنت فضلا عن وسائل الإعلام المختلفة التي جعلت الناس جميعهم في كوكبنا يعيشون في رؤية ومسمع من بعضهم البعض. وبالتالي لم يعد من الممكن إخفاء الانتهاكات التي تحدث لحقوق الإنسان، وهذا يعد تطورا مهما. كما أنه أصبح من المستحيل إقامة الأسوار الحديدية مرة أخرى حول أي مجتمع من المجتمعات بفضل هذه الثورة في الاتصال وفي المعلومات .

ثانيا: أمكن لمنظمات حقوق الإنسان في العالم بما فيها منظمات العالم الثالث من عمل "مجموعة شبكات لحقوق الإنسان متعددة الجنسية" تضم معظم جمعيات ومنظمات حقوق الإنسان في العالم مدعومة من الحكومات الغربية ومؤسسات التمويل الغربي وأصبح من السهل التحرك دوليا في مواجهة الانتهاكات المحلية كما أصبح من الممكن أن تجعل صوتا عالميا لمن يحرم من صوته وتجييش منظمات حقوق الإنسان في العالم كله ضد هذه الانتهاكات ومساندة نشطاء حقوق الإنسان[97] .

ثالثا: لا شك أن العولمة ضاعفت من نقاط الاتصال بين المجتمعات المنفتحة والمجتمعات المنغلقة، ولا شك أن مثل هذا الاحتكاك والتعامل مع مؤسسات التمويل الدولية والبنوك يدفع إلى التقدم في مجال الوعي بالحريات الأساسية والديمقراطية، وخاصة أن معظم الدول والمؤسسات العالمية الغربية المهتمة بعمليات التحول إلى اقتصاد السوق مثل الولايات المتحدة وصناديق التنمية وفي مقدمتها صندوق النقد الدولي والبنك الدولي بالإضافة إلى مجموعة الدول الأوروبية، تربط بين المساعدات التي تقدمها للدول النامية وبين سجل حقوق الإنسان والتحولات الديمقراطية في هذه الدول. وبطبيعة الحال فإن ازدهار الديمقراطية يؤثر إيجابيا على حقوق الإنسان.

---

(97) محمد فائق، مصدر سابق.

فبدلا من العمل على بناء نظام عالمي يرتكز على التضامن واحترام الحقوق، عمد المعسكر المنتصر بقيادة الولايات المتحدة الأمريكية والاتحاد الأوروبي على فرض نظام تجاري عالمي مبني على أسس غربية قاد إلى توقيع اتفاقية مراكش عام 1994 كأحد توابع اتفاقية الاوروغواي. ومن المعروف أن اتفاقية مراكش تتميز بعدم التوازن وبدرجة عالية من الإجحاف بحق الدول النامية، حيث عفت الدول الغنية من العديد من الشروط والالتزامات التي فرضتها على الدول. وتمثل الاتفاقية آلية عمل في خدمة الدول الغنية والشركات العابرة للحدود والعابرة للقارات[98].

أن الوطن العربي، عانى من اضطهاد وانتهاك لحقوق الإنسان في عهد العولمة ليس فقط من السلطات القائمة، بل أن الدول الغربية بدأت تعيد مجدها الماضي الاستعماري لتقوض الشعب العربي بشتى أنواع الانتهاكات التي لم يعرف التاريخ البشري مثيلا لها. وما معتقل أبو غريب في العراق، وغوانتاموا في خليج كوبا والسجون السرية في أوربا، إلا خير شاهد على مدى انتهاك الولايات المتحدة الأمريكية والدول الغربية لمبادئ حقوق الإنسان[99].فقد كشفت العولمة عن فشلها في معالجة مسألة الغذاء وتفشي الأمراض في العديد من دول العالم، وأصبح العالم يعاني من الفقر والفاقة في عهد العولمة أكثر من أي وقت آخر.

(98) وثيقة URFIG تحليل خاص بمنظمة التجارة العالمية منظمة التجارة العالمية شهرا قبل انعقاد المؤتمر الوزاري في قطر الإمبراطورية الغربية بجميع إنجازاتها (الدكتور رؤول مارك جونار Dr Raoul Marc JENNAR 9أكتوبر 2001. باحث في OXFAM فرع بروكسل و في الاورفيغ URFIG باريس . الانترنيت موقع (منظمة التجارة العالمية).

(99) يراجع كتابنا: حقوق الإنسان في أبو غريب، دار الطليعة، عمان 2007. و كتابنا: جرائم الاحتلال الأمريكي ضد أطفال العراق، دار الطليعة عمان 2007.

الملاحق

الملاح  ق

الملحق رقم (1)
بروتوكول الإسكندرية 1944

الموقعون على هذا رؤساء الوفود العربية في اللجنة التحضيرية للمؤتمر العربي العام وأعضاؤها وهم :

- رئيس اللجنة التحضيرية
- حضرة صاحب المقام الرفيع مصطفى النحاس باشا رئيس مجلس وزراء مصر ووزير خارجيتها ورئيس الوفد المصري .
- الوفد السوري
- حضرة صاحب الدولة السيد سعد الـله الجابري رئيس مجلس وزراء سوريا ورئيس الوفد السوري.
- حضرة صاحب الدولة جميل مردم بك وزير الخارجية.
- سعادة الدكتور نجيب الأرمنازي أمين سر العام لرياسة الجمهورية.
- سعادة الأستاذ صبري العسلي نائب دمشق .
- الوفد الأردني
- حضرة صاحب الدولة توفيق أبو الهدى باشا رئيس مجلس وزراء شرق الاردن ووزير خارجيته ورئيس الوفد الأردني .
- سعادة سليمان سكر بك سكرتير مالي وزارة الخارجية
- الوفد العراقي
- حضرة صاحب الدولة السيد حمدي الباجه جي رئيس مجلس وزراء العراق ورئيس الوفد العراقي.
- حضرة صاحب المعالي السيد راشد العمري وزير الخارجية .
- حضرة صاحب الدولة السيد نوري السعيد رئيس مجلس وزراء العراق سابقا.
- حضرة صاحب السعادة السيد تحسين العسكري وزير العراق المفوض بمصر.
- الوفد اللبناني

حضرة صاحب الدولة رياض الصلح بك رئيس مجلس وزراء لبنان ورئيس الوفد اللبناني.

- حضرة صاحب المعالي سليم تقلا بك وزير الخارجية.
- سعادة السيد موسى مبارك مدير غرفة حضرة صاحب الفخامة رئيس الجمهورية.
- الوفد المصري
- حضرة صاحب المعالي أحمد نجيب الهلالي باشا وزير المعارف العمومية.
- حضرة صاحب المعالي محمد صبري أبو علم باشا وزير العدل.
- حضرة صاحب العزة محمد صلاح الدين بك وكيل وزارة الخارجية.

إثباتا للصلات الوثيقة والروابط العديدة التي تربط بين البلاد العربية جمعاء، وحرصا على توطيد هذه الروابط وتدعيمها وتوجيهها إلى ما فيه خير البلاد العربية قاطبة وصلاح أحوالها وتأمين مستقبلها وتحقيق أمانيها وآمالها، واستجابة للرأي العربي العام في جميع الأقطار العربية.

قد اجتمعوا بالإسكندرية بين يوم الاثنين 8 شوال سنة 1363 (الموافق 25 سبتمبر سنة 1944) ويوم السبت 20 شوال سنة 1363 (الموافق 7 أكتوبر سنة 1944) في هيئة لجنة تحضيرية للمؤتمر العربي العام وتم الاتفاق بينهم على ما يأتي:

أولا - جامعة الدول العربية :

تؤلف "جامعة الدول العربيه" من الدول العربية المستقلة التي تقبل الانضمام اليها. ويكون لهذه الجامعة مجلس يسمى "مجلس جامعة الدول العربية" تمثل فيه الدول المشتركة في "الجامعة" على قدم المساواة.

وتكون مهمته مراعاة تنفيذ ما تبرمه هذه الدول فيما بينها من الاتفاقات وعقد اجتماعات دورية لتوثيق الصلات بينها وتنسيق خططها السياسية تحقيقا للتعاون بيها وصيانة لاستقلالها وسيادتها من كل اعتداء بالوسائل الممكنة وللنظر بصفة عامة في شؤون البلاد العربية ومصالحها.

وتكون قرارات هذا "المجلس " ملزمة لمن يقبلها فيما عدا الأحوال التي يقع فيها خلاف بين دولتين من أعضاء الجامعة، ويلجأ فيها الطرفان إلى المجلس لفض هذا الخلاف، ففي هذه الأحوال تكون قرارات "مجلس الجامعة" نافذة ملزمة .

ولا يجوز على كل حال الالتجاء إلى القوة لفض النزاعات بين دولتين من دول الجامعة، ولكل دولة أن تعقد مع دولة أخرى من دول الجامعة أو غيرها اتفاقات خاصة لا تتعارض مع نصوص هذه الاحكام أو روحها.

ولا يجوز في أية حال اتباع سياسة خارجية تضر بسياسة جامعة الدول العربية أو أية دولة منها. ويتوسط المجلس في الخلاف الذي يخشى منه وقوع حرب بين دولة من دول الجامعة وبين أية دولة أخرى من دول الجامعة أو غيرها للتوفيق بينهما.

ويتوسط المجلس في الخلاف الذي يخشى منه وقوع حرب بين دولة من دول الجامعة وبين أية دولة أخرى من دول الجامعة أو غيرها للتوفيق بينهما.

ثانيا - التعاون في الشؤون الاقتصادية والثقافية والاجتماعية وغيرها :

1) تتعاون الدول العربية الممثلة في اللجنة تعاونا وثيقا في الشئون الآتية :

- الشؤون الاقتصادية والمالية بما في ذلك التبادل التجاري والجمارك والعملة وأمور الزراعة والصناعة.
- شئون المواصلات بما في ذلك السكك الحديدية والطرق والطيران والملاحة والبرق والبريد.
- شئون الثقافة .
- شئون الجنسية والجوازات والتأشيرات وتنفيذ الأحكام وتسليم المجرمين وما إلى ذلك.
- الشئون الاجتماعية.
- الشئون الصحية.

2) تؤلف لجنة فرعية من الخبراء لكل طائفة من هذه الشؤون تمثل فيها الحكومات المشتركة في اللجنة التحضيرية وتكون مهمتها إعداد مشروع قواعد التعاون في الشؤون المذكورة ومداه وأداته.
3) تؤلف لجنة للتنسيق والتحرير تكون مهمتها مراقبة عمل اللجان الفرعية الاخرى وتنسيق ما يتم من أعمالها أولا فأول وصياغته في شكل مشروعات اتفاقات وعرضه على الحكومات المختلفة.
4) عندما تنتهي جميع اللجان الفرعية من أعمالها تجتمع اللجنة التحضيرية لتعرض عليها نتائج بحث هذه اللجان تمهيدا لعقد المؤتمر العربي العام.

ثالثا - تدعيم هذه الروابط في المستقبل :

مع الاغتباط بهذه الخطوة المباركة ترجو اللجنة أن توفق البلاد العربية في المستقبل إلى تدعيمها بخطوات أخرى وبخاصة إذا أسفرت الاوضاع العالمية بعد الحرب القائمة عن نظم تربط بين الدول العربية بروابط أمتن وأوثق.

رابعا - قرار خاص بلبنان :

تؤيد الدول العربية الممثلة في اللجنة التحضيرية مجتمعة احترامها لاستقلال لبنان وسيادته بحدوده الحاضرة وهو ما سبق لحكومات هذه الدول أن اعترفت به بعد أن انتهج سياسة استقلالية أعلنتها حكومته في بيانها الوزاري الذي نالت عليه موافقة المجلس النيابي اللبناني بالاجماع في 7 أكتوبر سنة 1943.

خامسا - قرار خاص بفلسطين :

1- ترى اللجنة أن فلسطين ركن مهم من أركان البلاد العربية وأن حقوق العرب لا يمكن المساس بها من غير إضرار بالسلم والاستقرار في العالم العربي.

كما ترى اللجنة أن التعهدات التي أرتبطت بها الدولة البريطانية والتي تقضي بوقف الهجرة اليهودية والمحافظة على الأراضي العربية والوصول إلى استقلال فلسطين هي من حقوق العرب الثابتة التي تكون المبادرة إلى تنفيذها خطوة نحو الهدف المطلوب ونحو استتباب السلم وتحقيق الاستقرار.

وتعلن اللجنة تأييدها لقضية عرب فلسطين بالعمل على تحقيق أمانيهم المشروعة وصون حقوقهم العادلة.

وتصرح اللجنة بأنها ليست أقل تألما من أحد لما أصاب اليهود في أوروبا من الويلات والآلام على يد بعض الدول الأوروبية الدكتاتورية، ولكن يجب أن لايخلط بين مسألة هؤلاء اليهود وبين الصهيونية . إذ ليس أشد ظلما وعدوانا من أن تحل مسألة يهود أوروبا بظلم آخر يقع على عرب فلسطين على اختلاف أديانهم ومذاهبهم.

2- يحال الاقتراح الخاص بمساهمة الحكومات والشعوب العربية في "صندوق الأمة العربية " لإنقاذ أراضي العرب في فلسطين إلى لجنة الشؤون الاقتصادية والمالية لبحثه من جميع وجوهه وعرض نتيجة البحث على اللجنة التحضيرية في اجتماعها المقبل. وإثباتا لما تقدم وقع هذاالبروتوكول بادارة جامعة فاروق الاول بالأسكندرية في يوم السبت 20 شوال سنة 1363 (الموافق 7 أكتوبر سنة 1944).

إمضـــاءات

مصطفى النحاس

توفيق أبو الهدى

جميل مردم

محمد صبري أبو علم

محمد صلاح الدين

حمدي الباجه جي

أرشد العمري

تحسين السكري

سعد الـلـه الجابري

أحمد نجيب الهلالي

سليمان سكر

نجيب الأرمنازي

صبري العسلي

رياض الصلح

موسى مبارك

ملحق رقم (2)
مِيثَاق جَامِعَة الدُوَل العَرَبيَّة

مادة 1

تتألف جامعة الدول العربية من الدول العربية المستقلة الموقعة على هذا الميثاق.

و لكل دولة عربية مستقلة الحق في أن تنضم الى الجامعة، فإذا رغبت في الانضمام ، قدمت طلباً بذلك يودع لدى الأمانة العامة الدائمة، و يعرض على المجلس في أول اجتماع يعقد بعد تقديم الطلب.

مادة 2

الغرض من الجامعة توثيق الصلات بين الدول المشتركة فيها، و تنسيق خططها السياسية، تحقيقاً للتعاون بينها و صيانة لاستقلالها و سيادتها، و النظر بصفة عامة في شئون البلاد العربية و مصالحها.

كذلك من أغراضها تعاون الدول المشتركة فيها تعاوناً وثيقاً بحسب نظم كل دولة منها و أحوالها في الشئون الآتية:

(1) الشئون الاقتصادية و المالية، و يدخل في ذلك التبادل التجارى والجمارك، والعملة، وأمور الزراعة والصناعة.

(2) شئون المواصلات، و يدخل في ذلك السكك الحديدية، و الطرق، و الطيران، و الملاحة، و البرق، و البريد.

(3) شئون الثقافة

(4) شئون الجنسية، و الجوازات، و التأشيرات، وتنفيذ الأحكام و تسليم المجرمين.

(5) الشئون الاجتماعية.

(6) الشئون الصحية.

مادة 3

يكون للجامعة مجلس يتألف من ممثلى الدول المشتركة في الجامعة، و يكون لكل منها صوت واحد مهما يكن عدد ممثليها.

وتكون مهمته القيام على تحقيق أغراض الجامعة، و مراعاة تنفيذ ماتبرمه الدول المشتركة فيها من اتفاقات في الشؤون المشار اليها في المادة السابقة، و في غيرها و يدخل في مهمة المجلس كذلك، تقرير وسائل التعاون مع الهيئات الدولية التي قد تنشأ في المستقبل لكفالة الأمن و السلام، و لتنظيم العلاقات الاقتصادية و الاجتماعية .

مادة 4

تؤلف لكل من الشئون المبينة في المادة الثانية لجنة خاصة تمثل فيها الدول المشتركة في الجامعة. وتتولى هذه اللجان وضع قواعد التعاون ومداه، وصياغتها في شكل مشروعات اتفاقات تعرض على المجلس للنظر فيها، تمهيداً لعرضها على الدول المذكورة.

ويجوز أن يشترك في اللجان المتقدم ذكرها أعضاء يمثلون البلاد العربية الأخرى، ويحدد المجلس الأحوال التي يجوز فيها اشتراك اؤلئك الممثلين، وقواعد التمثيل.

مادة 5

لاَ يجوز الالتجاء الى القوة لفض المنازعات بين دولتين أو أكثر من دول الجامعة، فإذا نشب بينهما خلاف لا يتعلق باستقلال الدولة أو سيادتها أو سلامة أراضيها، ولجأ المتنازعون الى المجلس لفض هذا الخلاف، كان قراره عندئذ نافذاً وملزماً.

وفي هذه الحالة لا يكون للدول التي وقع بينها الخلاف الاشتراك في مداولات المجلس وقراراته.

ويتوسط المجلس في الخلاف الذي يخشى منه وقوع حرب بين دولة من دول الجامعة، وبين أية دولة أخرى من دول الجامعة أو غيرها، للتوفيق بينهما.

وتصدر قرارات التحكيم والقرارات الخاصة بالتوسط بأغلبية الآراء.

مادة 6

إذا وقع اعتداء من دولة على دولة من أعضاء الجامعة، أو خشى وقوعه فللدولة المعتدى عليها، أو المهددة بالاعتداء، أن تطلب دعوة المجلس للانعقاد فوراً.

ويقرر المجلس التدابير اللازمة لدفع هذا الاعتداء، ويصدر القرار بالإجماع، فإذا كان الاعتداء من إحدى دول الجامعة، لاَ يدخل في حساب الإجماع رأي الدولة المعتدية.

إذا وقع الاعتداء بحيث يجعل حكومة الدولة المعتدى عليها عاجزة عن الاتصال بالمجلس، فلممثل تلك الدولة فيه، أن يطلب انعقاده للغاية المبينة فالفقرة السابقة. وإذا تعذر على الممثل الاتصال بمجلس الجامعة، حق لأي دولة من أعضائها أن تطلب انعقاده.

مادة 7

ما يقرره المجلس بالإجماع يكون ملزماً لجميع الدول المشتركة في الجامعة، ومايقرره المجلس بالاكثرية يكون ملزماً لمن يقبله. وفي الحالتين تنفذ قرارات المجلس في كل دولة وفقاً لنظمها الأساسية.

مادة 8

تحترم كل دولة من الدول المشتركة في الجامعة نظام الحكم القائم في دول الجامعة الأخرى، وتعتبره حقاً من حقوق تلك الدول، وتتعهد بأن لا تقوم بعمل يرمى الى تغيير ذلك النظام فيها.

مادة 9

الدول الجامعة العربية الراغبة فيما بينها في تعاون أوثق، وروابط أقوى، مما نص عليه هذا الميثاق، أن تعقد بينها من الاتفاقات ما تشاء لتحقيق هذه الأغراض.

والمعاهدات والاتفاقات التي سبق أن عقدتها، أو التي تعقدها فيما بعد، دولة من دول الجامعة مع أية دولة اخرى، لاَ تلزم وَلَا تقيد الأعضاء الآخرين.

مادة 10

تكون القاهرة المقر الدائم لجامعة الدول العربية، ولمجلس الجامعة أن يجتمع في أى مكان آخر يعينه.

مادة 11

ينعقد مجلس الجامعة انعقاداً عادياً مرتين في العام، في كل من شهرى مارس وسبتمبر، وينعقد بصفة غير عادية كلما دعت الحاجة الى ذلك بناء على طلب دولتين من دول الجامعة.

مادة 12

يكون للجامعة أمانة عامة دائمة تتألف من أمين عام وأمناء مساعدين، وعدد كاف من الموظفين. ويعين مجلس الجامعة بأكثرية ثلثي دول الجامعة، الأمين العام، ويعين الأمين العام، بموافقة المجلس، الأمناء المساعدين والموظفين الرئيسيين في الجامعة.

ويضع مجلس الجامعة نظاماً داخلياً لأعمال الأمانة العامة وشئون الموظفين. ويكون الأمين العام في درجة سفير، والأمناء المساعدون في درجة وزراء مفوضين، ويعين في ملحق لهذا الميثاق أول أمين عام للجامعة.

مادة 13

يعد الأمين العام مشروع ميزانية الجامعة، ويعرضه على المجلس للموافقة عليه قبل بدء كل سنة مالية.

ويحدد المجلس نصيب كل دولة من دول الجامعة في النفقات، ويجوز أن يعيد النظر فيه عند الاقتضاء.

مادة 14

يتمتع أعضاء مجلس الجامعة، وأعضاء لجانها وموظفوها اللذين ينص عليهم في النظام الداخلي، بالامتيازات وبالحصانة الدبلوماسية أثناء قيامهم بعملهم. وتكون مصونة حرمة المباني التي تشغلها هيئات الجامعة.

مادة 15

ينعقد المجلس للمرة الأولى بدعوة من رئيس الحكومة المصرية، وبعد ذلك بدعوة من الأمين العام. ويتناوب ممثلو دول الجامعة رئاسة المجلس في كل انعقاد عادى.

مادة 16

فيما عدا الأحوال المنصوص عليها في هذا الميثاق، يكتفي بأغلبية الآراء لاتخاذ المجلس قرارات نافذة في الشئون الآتية:

أ - شؤون الموظفين.

ب - إقرار ميزانية الجامعة .

ج- وضع نظام داخلي لكل من المجلس ، واللجان،والأمانة العامة.

د- تقرير فض أدوار الاجتماع.

مادة17

تودع الدول المشتركة في الجامعة، الأمانة العامة نسخاً من جميع المعاهدات والاتفاقات التي عقدتها أو تعقدها مع أية دولة أخرى من دول الجامعة أو غيرها

مادة 18

إذا رأت إحدى دول الجامعة أن تنسحب منها، أبلغت المجلس عزمها على الانسحاب قبل تنفيذه بسنة.

ولمجلس الجامعة أن يعتبر أية دولة لاَ تقوم بواجبات هذا الميثاق منفصلة عن الجامعة، وذلك بقرار يصدره بإجماع الدول عدا الدولة المشار إليها.

مادة 19

يجوز بموافقة ثلثي دول الجامعة تعديل هذا الميثاق. وعلى الخصوص لجعل الروابط بينها أمتن وأوثق ولإنشاء محكمة عدل عربية ولتنظيم صلات الجامعة بالهيئات الدولية التي قد تنشأ في المستقبل لكفالة الأمن و السلام.

ولا يبت في التعديل إلا في دور الانعقاد التالي للدور الذي يقدم فيه الطلب. وللدولة التي لا تقبل التعديل أن تنسحب عند تنفيذه، دون التقيد بأحكام المادة السابقة.

مادة 20

يصدق على هذا الميثاق وملاحقه، وفقاً للنظم الأساسية المرعية في كل من الدول المتعاقدة، وتودع وثائق التصديق لدى الأمانة العامة، ويصبح الميثاق نافذً قِبَلَ من صدق عليه بعد انقضاء خمسة عشر يوماً من تاريخ استلام الأمين العام وثائق التصديق من اربع دول. حرر هذا الميثاق باللغة العربية في القاهرة بتاريخ 8 ربيع الثاني سنة 1364هـ (22مارس سنة1945) من نسخة واحدة تحفظ في الأمانة العامة. وتسلم صورة منها مطابقة للأصل لكل دولة من دول الجامعة.

ملحق رقم (3)
النظام الدْاخِلي لمجلس جَامِعَة الدُوَل العَرَبيَّة

جامعة الدول العربية

الأمانة العامة

النظام الداخلي لمجلس جامعة الدول العربية

المادة الأولى - تعاريف:

1) يسمى هذا النظام "النظام الداخلي لمجلس جامعة الدول العربية" ويتضمن القواعد المنظمة لإجراءات انعقاد المجلس وممارسة مهامه.
2) تكون للمسميات الآتية في هذا النظام الدلالات الواردة قرين كل منهما:
   الجامعة: جامعة الدول العربية
   الميثاق: ميثاق جامعة الدول العربية
   المجلس: مجلس جامعة الدول العربية
   الأمين العام: الأمين العام لجامعة الدول العربية
   الأمانة العامة: الأمانة العامة لجامعة الدول العربية
   المنظمات المتخصصة: المنظمات العربية المنبثقة عن الجامعة
   الدول الأعضاء: الدول العربية الأعضاء في الجامعة

المادة الثانية - عضوية المجلس ومهامه:

1) يتألف المجلس من مندوبي الدول الأعضاء في الجامعة وتزودهم دولهم بوثائق اعتمادهم ووثائق تفويضهم عند الاقتضاء.
2) تصدر وثائق الاعتماد والتفويض عن رئيس الدولة أو رئيس الحكومة أو وزير الخارجية وتسلم الوثائق إلى الأمين العام.

3) يحتفظ المندوبون بصفتهم التمثيلية في المجلس ما لم تخطر الدولة، الأمين العام، بما تدخله على هيئة تمثيلها من تغيير وفي هذه الحالة يزود المندوب الجديد بوثيقة اعتماده وتفويضه.

4) يبلغ كل مندوب معتمد الأمين العام، أسماء أعضاء الوفـــــــد ومستشاريه وسكرتيريه إلى اجتماع المجلس قبل موعد افتتاحه بأسبوع على الأقل.

المادة الثالثة

1-يقوم المجلس في سبيل تحقيق أغراض الجامعة وفقًا لأحكام الميثاق بما يأتي:

أ- وضع السياسة العامة للجامعة وخطة عمل المجلس.

ب- توثيق الصلات بين الدول الأعضاء وتنسيق خططها تحقيقًا للتعاون بينها.

ج- البت في المسائل التي يعرضها عليه الأمين العام أو الدول الأعضاء واتخاذ القرارات اللازمة .

د- مراعاة تنفيذ قراراته وكذلك ما تبرمه الدول الأعضاء بينها من اتفاقات في نطاق الجامعة.

هـ- بحث التقارير التي تعدها المجالس والمنظمات المتخصصة وإصدار القرارات اللازمة في شأن التقارير.

و- تقرير وسائل التعاون مع المنظمات الدولية.

ز- بحث الشئون الإدارية والمالية للجامعة.

2-للمجلس أن يقوم بما يأتي:

1) إنشاء لجان استشارية وفنية يراها ضرورية لنهوض الجامعة بمهامها واختيار أعضاء هذه اللجان بالاقتراع السري من مرشحي الدول الأعضاء المختصين في مجالات عملها.

أن يعهد على واحد أو أكثر من أعضائه بدراسة موضوع معين وتقديم تقرير عنه يوزع على الأعضاء قبل الجلسة التي يبحث فيها الموضوع بيوم على الأقل.

المادة الرابعة

1-تشترك المنظمات المتخصصة في اجتماعات المجلس ولجانه وفقًا للترتيبات التي يتم الاتفاق عليها في هذا الشأن بين الأمين العام والرؤساء التنفيذيين لهذه المنظمات.

2-يجوز دعوة المنظمات الدولية والإقليمية التي تتلاءم أنشطتها مع اهتمامات الجامعة لحضور جلسات معينة للمجلس ولجانه بصفة مراقب وذلك بناء على قرارات يتخذها المجلس بأغلبية ثلثي الدول الأعضاء.

3-تتلقى المنظمات المتخصصة وغيرها من الجهات المقبولة بصفة مراقب في اجتماعات المجلس الوثائق والتقارير بالموضوعات التي يرى الأمين العام أنها تتصل بأنشطة هذه الجهات.

المادة الخامسة - انعقاد المجلس:

1-

أ- يجتمع المجلس في دورتين عاديتين في شهري مارس (آذار) وسبتمبر (أيلول) من كل عام، وله عند الاقتضاء أن يجتمع في دورة غير عادية وفقًا لأحكام الميثاق وللإجراءات الواردة في هذا النظام.

ب- يعقد المجلس دوراته على مستوى وزراء الخارجية أو مستوى أعلى ولهم أن ينيبوا عنهم مندوبين مفوضين وفقًا للمادة الثانية من هذا النظام.

ج- يعقد المجلس دوراته في مقر الجامعة وله أن يعقدها في أى مكان آخر بقرار منه.

د- يدعو الأمين العام قبيل انعقاد المجلس إلى اجتماع يحضره المندوبون الدائمون للدول الأعضاء من أجل التشاور في الأمور المتعلقة بأعمال دورة المجلس.

2-

أ- يحدد الأمين العام تاريخ بدء الدورات، كما يقترح موعد انتهائها.

ب- يوجه الأمين العام الدعوة لحضور الدورة العادية قبل موعد الاجتماع بستة أسابيع على الأقل، وللدورة الطارئة قبل موعد الاجتماع بخمسة أيام على الأقل.

ت- يخطر الأمين العام الأجهزة الملحقة والمنظمات المتخصصة والجهات التي يتقرر حضورها اجتماعات المجلس بصفة مراقب، بموعد الاجتماعات.

المادة السادسة

1-يقرر المجلس في بداية كل دورة سرية الجلسات أو علانيتها.

2-يكون انعقاد المجلس صحيحًا إذا حضره مندوبو أغلبية الدول الأعضاء ويتخذ قراراته بموافقة أغلبية الدول الأعضاء ما لم يرد نص على خلاف ذلك في الميثاق وهذا النظام.

المادة السابعة

1-ينعقد المجلس في دورة غير عادية:

أ-بناء على قرار صادر عن المجلس في دورة عادية سابقة.

ب- بناء على طلب دولتين من الدول الأعضاء وفي هذه الحالة ينعقد المجلس خلال شهر من تاريخ وصول الطلب إلى الأمين العام.

2-في حالات الاعتداء المشار إليها في المادة السادسة من الميثاق، ينعقد المجلس في أقرب وقت ممكن خلال ثلاثة أيام من تاريخ وصول الطلب إلى الأمين العام.

3-لا تدرج في جدول أعمال الدورات غير العادية مسائل غير التي عقدت الدورة من أجل النظر فيها ما لم يقرر المجلس خلاف ذلك بأغلبية ثلثي الدول الأعضاء.

المادة الثامنة - رئاسة المجلس:

مع مراعاة ما ورد في المادتين الخامسة والسادسة من الميثاق:

1) تسند رئاسة المجلس عند بدء كل دورة عادية إلى المندوبين بالتناوب بينهم على أساس الترتيب الهجائي لأسماء الدول. ويظل الرئيس يمارس أعمال الرئاسة إلى

أن تسند لخلفه في مستهل أعمال الدورة العادية التالية. كما يتولى رئاسة كل دورة غير عادية تنعقد قبل انعقاد مدة رئاسته ما لم تكن هذه الدورة قد عقدت تنفيذًا لما نصت عليه المادتان الخامسة والسادسة من الميثاق وكانت الدولة التي ينتمى إليها الرئيس طرفًا في الموضوع، وفى هذه الحالة ينتخب المجلس رئيسًا للدورة.

2) إذا تعذر على الرئيس مباشرة أعمال الرئاسة، تولاها نيابة عنه أحد أعضاء وفد دولته إلى الدورة، فإذا لم يكن لدولته ممثل غيره، أسندت الرئاسة الوقتية لمندوب الدولة التي لها رئاسة الدورة التالية.

3) بالإضافة إلى المهام والصلاحيات المخولة للرئيس بموجب أحكام أخرى واردة في هذا النظام، يعلن الرئيس افتتاح واختتام الدورات والجلسات ووقف الجلسات وإقفال باب المناقشات. ويكفل مراعاة أحكام الميثاق وهذا النظام ويعطى الكلمة بحسب ترتيب طلبها ويطرح الموضوعات للمداولة، ويطرح الاقتراحات لأخذ الرأى فيها ويدير التصويت ويبت في نقاط النظام ويعلن القرارات ويتابع أعمال اللجان ويبلغ المجلس الرسائل الواردة إليه.

للرئيس حق الاشتراك في مداولات المجلس والاقتراع نيابة عن الدولة التي يمثلها ما لم ينب عنه في ذلك أحد أعضاء وفده إلى الدورة.

المادة التاسعة - جدول أعمال المجلس:

1) يعد الأمين العام مشروع جدول أعمال المجلس ويبلغه مع المذكرات التفسيرية والوثائق للدول الأعضاء وغيرها من الجهات المعنية مع كتاب الدعوة للاجتماع قبل انعقاده بستة أسابيع على الأقل.

2) يتضمن مشروع جدول الأعمال:

أ- تقرير الأمين العام عن أعمال الجامعة بين الدورتين والإجراءات المتخذة لتنفيذ قرارات المجلس.

ب- التقارير والمسائل الواردة من المجالس المختصة والمنظمات المتخصصة.

ج- المسائل التي سبق للمجلس أن قرر إدراجها في جدول أعماله.

د- المسائل والتقارير والبيانات التي يتعين عرضها على المجلس بمقتضى نظم الجامعة الداخلية والإدارية والمالية.

ه- المسائل التي تقترحها دولة عضو أو يرى الأمين العام ضرورة عرضها على المجلس.

3) لكل دولة عضو وللأمين العام طلب إدراج مسائل إضافية في مشروع جدول أعمال المجلس وذلك قبل التاريخ المحدد لبدء الدورة بثلاثة أسابيع على الأقل. ويتم إدراج هذه المسائل في جدول إضافي يرسل مع وثائقه إلى الدول الأعضاء وغيرها من الجهات المعنية قبل عشرة أيام على الأقل من موعد الدورة.

4) لأية دولة عضو والأمين العام طلب إدراج مسائل إضافية في مشروع جدول أعمال الدورة حتى حلول الموعد لافتتاحها إذا كانت لهذه المسائل صفة الأهمية والاستعجال.

5) يصادق المجلس على جدول أعماله في بداية كل دورة عادية وله ان يضيف إلى الجدول مسائل غير المدرجة فيه بموافقة أغلبية الدول الأعضاء وبعد أخذ رأي مكتب المجلس في ذلك.

6) للمجلس أثناء الدورة تعديل بعض المسائل المدرجة في جدول الأعمال أو حذفها أو إضافة مسائل جديدة لها صفة الاستعجال، وذلك بموافقة ثلثي الدول الأعضاء.

7) عندما يتضمن مشروع جدول الأعمال، موضوعًا له علاقة مباشرة بأوجه نشاط إحدى المنظمات المتخصصة، يتشاور الأمين العام مع هذه المنظمة حول الموضوع ويقدم للمجلس تقريرًا عنه متضمنًا رأيه ومقترحاته.

8) تنتهى الدورة العادية بعد الفراغ من بحث المواد المدرجة في جدول الأعمال وللمجلس ان يقرر وقف جلسات الدورة مؤقتًا قبل الانتهاء من بحث الجدول واستئناف الجلسات في موعد لاحق.

المادة العاشرة - مكتب المجلس ولجانه:

1) يتشكل مكتب المجلس في كل دورة عادية من رئيس المجلس ورؤساء اللجان يتولى رئيس المجلس رئاسة المكتب، وفي حالة غيابه ينوب عنه في أعمال الرئاسة أحد أعضاء وفده إلى الدورة.

2) يحضر جلسات المكتب الأمين العام أو من ينيبه من الأمناء المساعدين أو مستشاري الأمين العام. كما يجوز لمن يرغب من مندوبي الدول أن يحضر اجتماعات المكتب.

3) يقوم المكتب بالمهام التالية:

أ- تنسيق أعمال المجلس واللجان.

ب- مراجعة صياغة القرارات التي يعتمدها المجلس دون المساس بمضمونها.

جـ- مساعدة رئيس المجلس في إدارة أعمال الدورة بصفة عامة.

د- غير ذلك من المهام الواردة في هذا النظام أو الأعمال التي يكلفه بها المجلس.

المادة الحادية عشرة

1) تتفرع عن المجلس في مستهل كل دورة عادية اللجان التالية:

لجنة الشئون السياسية (اللجنة الأولى)

لجنة الشئون الاقتصادية (اللجنة الثانية)

لجنة الشئون الاجتماعية والثقافية (اللجنة الثالثة)

لجنة الشئون القانونية (اللجنة الرابعة)

لجنة الشئون الإدارية والمالية (اللجنة الخامسة)

وغير ذلك من اللجان التي يرى المجلس أنها ضرورية لسير أعمال الدورة على نحو يتيح دراسة وافية للمسائل المدرجة في جدول الأعمال.

2) تشترك كل دولة عضو في كل من هذه اللجان بمندوب يختاره وفدها من بين أعضائه، ويكون له أو من ينيبه حق الاشتراك في المناقشة.

3) يكون انعقاد اللجان صحيحًا، إذا حضره مندوبون عن أغلبية الدول الأعضاء.

4) تتصل اجتماعات اللجان لإنجاز أعمالها آخذة في الاعتبار الموعد المحدد لانتهاء الدورة، وتصدر توصياتها بأغلبية آراء الأعضاء الحاضرين.

5) تستهل كل لجنة أعمالها بانتخاب رئيس ومقرر من بين أعضائها وفي حال غياب الرئيس ينوب عنه مقرر اللجنة في إدارة جلساتها، وللرئيس أو المقرر في حالة غياب الرئيس أن يقدم للمجلس كل ما يطلبه منه من الإيضاحات حول ما ورد في تقرير اللجنة كما له بموافقة الرئيس أن يشترك في المداولة دون الاقتراع ما لم يكن عضوًا في المجلس.

6) يحيل المجلس المسائل المدرجة في جدول الأعمال إلى اللجان بحسب اختصاصها لدراسة هذه المسائل وتقديم تقارير عنها ويجوز إحالة مسألة واحدة إلى أكثر من لجنة. وللمجلس أن يقرر مناقشة مسألة دون إحالتها إلى اللجنة المختصة.

7) لا يجوز للجان أن تبحث مسائل لم يقرر المجلس إحالتها إليها كما لا يجوز لها أن تتخذ أية توصية في شأن مسألة مدرجة على جدول أعمالها يترتب على اعتمادها من المجلس التزام مالي قبل أن يصلها تقرير من الأمين العام عن الآثار المالية والإدارية المترتبة على اتخاذ التوصية.

8) يجوز للجان أن تشكل من بين أعضائها لجانًا فرعية لدراسة موضوع أو أكثر من الموضوعات المعروضة عليها.

9) تطبق الإجراءات المنصوص عليها في المواد 17/16/13/12/4/8/1/6 من هذا النظام فيما يخص اجتماعات اللجان ومداولاتها.

المادة الثانية عشرة - أمانة المجلس:

1) يشترك الأمين العام في اجتماعات المجلس ولجانه ويجوز أن يعاونه أو يحل محله فيها من يختارهم من مساعديه، وللأمين العام أو لمساعديه بموافقة الرئيس أن

يعرضوا على المجلس في كل وقت تقارير أو بيانات عن أية مسألة يبحثها المجلس.

2) للأمين العام أن يسترعى نظر المجلس أو الدول الأعضاء إلى أيه مسألة يرى أنها قد تسىء إلى العلاقات القائمة بين الدول العربية أو بينها وبين الدول الأخرى.

3) يتولى الأمين العام تنظيم سكرتارية المجلس ولجانه كما يشرف على وضع محاضر يدون فيها ما دار من المناقشات وما اتخذ من القرارات، وتعد محاضر حرفية (مضابط) لجميع جلسات المجلس ولجانه.

4) يوزع مشروع المحاضر على الوفود بأسرع وقت ممكن حتى يتسنى لها موافاة الأمانة العامة بتصحيحاتها في خلال ثمان وأربعين ساعة وتوزع المحاضر الحرفية بصيغتها النهائية على جميع الدول الأعضاء بعد اعتمادها من الأمين العام وذلك خلال أسبوع من نهاية الاجتماع.

5) تعد الأمانة العامة ملخصًا لأعمال المجلس واللجان في اليوم السابق وجدول الأعمال لليوم الذى يليه وتوزعهما على جميع الوفود في نشرة يومية.

6) تتولى الأمانة العامة تلقى وتوزيع وثائق وتقارير وقرارات المجلس ولجانه وتحرير وتوزيع المحاضر والنشرات اليومية، وحفظ الوثائق والقيام بجميع المهام الأخرى التي تتطلبها أعمال المجلس ولجانه وتحرير وتوزيع المحاضر والنشرات اليومية، وحفظ الوثائق والقيام بجميع المهام الأخرى التي تتطلبها أعمال المجلس.

7) ترسل القرارات التي يتخذها المجلس والوثائق المتعلقة بها للدول الأعضاء وغيرها من الجهات المعنية خلال عشرة أيام من تاريخ انتهاء الاجتماع.

لا يجوز إعلان أو نشر نصوص القرارات التي يتخذها المجلس أو لجانه إلا بموافقة أغلبية الدول الأعضاء.

المادة الثالثة عشرة - سير المداولات والاقتراحات:

1) مع مراعاة أحكام المادة الخامسة من الميثاق، لكل دولة عضو، أن تشترك في مداولات المجلس ولجانه على النحو المبين في هذا النظام.

2) يدير الرئيس المداولات في المسائل المعروضة للبحث، بحسب ترتيبها في جدول أعمال الجلسة، وله عند الاقتضاء أن يدعو الأمين العام أو من يمثله في الاجتماع لإيضاح ما يراه.
3) يعطى الرئيس الكلمة بحسب ترتيب طلبها ويجوز أن تعطى الأسبقية في الكلام لرئيس أو مقرر لجنة ما لتقديم تقريرها أو إيضاح نقاط واردة فيه.
4) لكل عضو أن يثير أثناء المداولة نقطة نظام يبت الرئيس فيها فورًا. ويكون قرار الرئيس نافذًا ما لم ينقضه المجلس بأغلبية الأعضاء الحاضرين.

المادة الرابعة عشرة

1) لكل عضو أن يقترح أثناء مناقشة أى موضوع وقف الجلسة أو تأجيلها أو تأجيل المناقشة في الموضوع المطروح للبحث أو إقفال باب المناقشة. ولا يجوز مناقشة هذه الاقتراحات بل يطرحها الرئيس للتصويت بأغلبية الأعضاء الحاضرين إذا ثنى عليها عضو آخر.
2) مع مراعاة ما ورد في الفقرة (4) من المادة السابقة، تعطى الاقتراحات المبينة في الفقرة (1) من هذه المادة الأسبقية على كل ما عداها، وذلك حسب الترتيب الآتى:
أ-وقف الجلسة
ب- تأجيل الجلسة
ج-تأجيل المناقشة في الموضوع قيد البحث.
د- إقفال باب المناقشة في الموضوع قيد البحث.
3) فيما عدا الاقتراحات المتعلقة بالصياغة أو بأمور إجرائية، تقدم مشروعات القرارات والتعديلات الجوهرية كتابة إلى الأمين العام أو من يمثله ليتولى توزيعها على الوفود بأسرع وقت ممكن، ولا تجوز مناقشة مشروع قرار أو طرحه على التصويت قبل توزيع نصه على جميع الوفود.

4) لا تجوز إعادة النظر في اقتراح سبق البت فيه في نفس الدورة ما لم يقرر المجلس خلاف ذلك بموافقة أغلبية الدول الأعضاء.

5) مع مراعاة أحكام المادة الثالثة من النظام المالي للجامعة، لا يجوز النظر في اقتراحات يترتب على تنفيذها زيادة في الموازنة ما لم يكن الاقتراح قد قدم إلى الأمين العام قبل افتتاح الدورة بشهر على الأقل، وتم إبلاغه إلى الدول الأعضاء قبل افتتاح الدورة بأسبوعين على الأقل.

المادة الخامسة عشرة - التصويت:

1) مع مراعاة أحكام المادة السادسة من الميثاق، لكل دولة عضو في الجامعة صوت واحد في الاقتراع، ولا يجوز لأية دولة أن تمثل دولة أخرى أو تصوت عنها.

2) لا يجوز للدولة العضو أن تشترك في الاقتراع إذا كان مجموع المبالغ المستحقة عليها في موازنة الجامعة يفوق مقدار أنصبتها عن السنة المالية الجارية والسنتين اللتين تسبقانها مباشرة، على أنه يجوز للمجلس أن يوافق بأغلبية ثلثي الدول الأعضاء على إعفاء أية دولة عضو من هذا الشرط إذا رأى أنها تختلف عن سداد التزاماتها بسبب ظروف استثنائية.

المادة السادسة عشرة

1- يكون التصويت نداء بالاسم وفقًا للترتيب الهجائي لأسماء الدول أو برفع اليد ويتم التصويت بالاقتراع السري، إذا طلبه عضو ووافق المجلس بأغلبية الدول الأعضاء. ويدون صوت كل عضو في المحضر الحرفي للجلسة إذا كان الاقتراع بالمناداة، وتدرج بالمحضر نتيجة الاقتراع إذا كان سريًا أو برفع اليد.

2- لكل عضو أن يمتنع عن التصويت أو أن يتحفظ على قرار أو على جزء منه، ويتلى التحفظ عند إعلان القرار ويثبت كتابة، وللأعضاء أن يقدموا إيضاحات عن موقفهم في التصويت بعد انتهائه.

3- إذا أعلن الرئيس بدء التصويت فلا يجوز مقاطعته ما لم يكن ذلك لنقطة نظام تتعلق بالتصويت.

المادة السابعة عشرة

1-إذا طلب عضو تعديل اقتراح، يتم التصويت على التعديل أولاً، فإذا كان هناك أكثر من تعديل، يبدأ التصويت على التعديل الذي يرى الرئيس أنه من حيث الموضوع أكثر التعديلات بعدًا عن الاقتراح الأصلي، ثم يصوت على التعديل الذى يليه في البعد، وهكذا حتى يتم التصويت على جميع التعديلات المقترحة فإذا أقر تعديلاً أو أكثر يجرى التصويت بعد ذلك على الاقتراح الأصلي المعدل.

2-يعتبر أى اقتراح جديد بمثابة تعديل للاقتراح الأصلي إذا تضمن مجرد إضافة أو حذف أو تغيير في أحد أجزاء الاقتراح الأصلي.

المادة الثامنة عشرة - اللجان الاستشارية والفنية:

1) للمجلس أن ينشئ لجانًا استشارية يعهد إليها تقديم المشورة في إعداد وتنفيذ برامج الجامعة في مجال معين على أن تقدم نتائج دراساتها إلى اللجان الدائمة تمهيدًا لعرضها على المجلس.

2) يعين المجلس المختص أعضاء اللجان الاستشارية بصفتهم الشخصية من بين موظفي الدول العربية المتخصصين ولمدد محددة أقصاها ثلاث سنوات قابلة للتجديد، وفى جميع الأحوال لا يجوز ان تضم لجنة استشارية واحدة أكثر من عضو من كل دولة.

3) تجتمع اللجان الاستشارية بدعوة من الأمين العام وتضع بالتشاور معه خطة عملها.

4) يضع الأمين العام جدول أعمال اللجان الاستشارية بعد التشاور مع رئيس اللجنة المعنية ويعرض نتائج أعمالها على اللجان الدائمة.

5) تتحمل موازنة الجامعة أجور سفر ونفقات إقامة أعضاء اللجان الاستشارية طبقًا لأحكام النظام الأساسي المالي للجامعة.

6) يحدد في قرارات إنشاء اللجان الاستشارية عدد أعضائها ويضع الأمين العام بموافقة المجلس نظامًا داخليًا لها.

المادة التاسعة عشرة

1) للمجلس أن يشكل لجانًا فنية مؤقتة من الخبراء العرب تكون مهمتها تقديم المقترحات أو إبداء الرأى للمجلس فيما يتعلق بمجال معين أو موضوع محدد.

2) تحدد مهام اللجان الفنية في البرامج والموازنة التي يعتمدها المجلس ويتم اختيار أعضائها بصفتهم الشخصية من قبل الأمين العام وبمعرفة حكوماتهم أو مندوبين عنها.

3) يكون أعضاء اللجان الفنية من موظفي الدول العربية وفى كل الأحوال لا يجوز أن يشترك في اللجنة الفنية الواحدة أكثر من عضو من كل دولة.

4) يضع الأمين العام نظامًا داخليًا للجان الفنية.

المادة العشرون - إجراءات تعديل الأنظمة:

1) لا يجوز النظر في طلب تعديل أى من نظم الجامعة الداخلية والإدارية والمالية، إلا إذا أرسل الاقتراح الخاص بهذا التعديل إلى الدول الأعضاء، قبل عرضه على المجلس بأربعة أشهر على الأقل.

2) لا يجوز إدخال تغييرات أساسية في اقتراحات التعديل المشار إليها في الفقرة السابقة إلا إذا كان نص هذه التغييرات المقترحة قد أرسل إلى الدول الأعضاء قبل عرضه على المجلس بشهرين على الأقل.

3) باستثناء المواد المستندة إلى أحكام الميثاق ومع مراعاة الإجراءات المشار إليها في الفقرتين السابقتين يتم تعديل النظم بقرار يتخذه المجلس بموافقة أغلبية الدول الأعضاء.

المادة الحادية والعشرون - أحكام عامة:

1) يسرى هذا النظام من تاريخ موافقة المجلس عليه ولا يجوز تعديله إلا وفقًا للإجراءات المنصوص عليها في المادة العشرين منه.

2) يلغى النظام الداخلي للمجلس الصادر بالقرار رقم 32 بتاريخ 1946/4/1، كما يلغى قرار المجلس رقم 434 بتاريخ 1952/9/14، وكل نص أو قرار يخالف أحكام هذا النظام.

3) اعتمد هذا النظام بموجب قرار مجلس الجامعة رقم 3058 بتاريخ 1973/7/24.

الملحق رقم (4)
مُعاهَدَة الدِّفَاع العَرَبِي والتعاون الاقتصادي

إن حكومات

حضرة صاحب الجلالة ملك المملكة الأردنية الهاشمية

حضرة صاحب الفخامة رئيس الجمهورية السورية

حضرة صاحب الجلالة ملك المملكة العراقية

حضرة صاحب الجلالة ملك المملكة العربية السعودية

حضرة صاحب الفخامة رئيس الجمهورية اللبنانية

حضرة صاحب الجلالة ملك المملكة المصرية

حضرة صاحب الجلالة ملك المملكة المتوكلية اليمنية

رغبة منها في تقوية وتوثيق التعاون بين دول الجامعة العربية حرصا على استقلالها ومحافظة على تراثها المشترك. واستجابة لرغبة شعوبها في ضم الصفوف لتحقيق الدفاع المشترك عن كيانها وصيانة الأمن والسلام وفقا لمبادئ ميثاق جامعة الدول العربية وميثاق الأمم المتحدة ولأهدافها وتعزيزا للاستقرار والطمأنينة وتوفير أسباب الرفاهية والعمران في بلادها.

قد اتفقت على عقد معاهدة لهذه الغاية وأنابت عنها المفوضين الآتية أسماؤهم

عن المملكة الأردنية الهاشمية

عن الجمهورية السورية

حضرة صاحب الدولة الدكتور ناظم القدسي بك رئيس مجلس الوزراء ووزير الخارجية

عن المملكة العراقية

حضرة صاحب الفخامة السيد نوري السعيد رئيس مجلس الوزراء

عن المملكة العربية السعودية

حضرة صاحب المعالي الشيخ يوسف ياسين وزير الدولة ووزير الخارجية بالنيابة

عن الجمهورية اللبنانية
حضرة صاحب الدولة رياض بك الصلح رئيس مجلس الوزراء
عن المملكة المصرية
حضرة صاحب المقام الرفيع مصطفى النحاس باشا رئيس مجلس الوزراء
وحضرة صاحب المعالي الدكتور محمد صلاح الدين بك وزير الخارجية
عن المملكة المتوكلية اليمنية
حضرة صاحب السعادة السيد على المؤبد المندوب الدائم لدى الدول العربية
الذين بعد تبادل وثائق التفويض التي تخولهم سلطة كاملة والتي وجدت صحيحة ومستوفاة الشكل قد اتفقوا على ما يأتي:

المادة الأولى

تؤكد الدول المتعاقدة، حرصا على دوام الأمن والسلام واستقراهما وعزمها على فض جميع منازعاتها الدولية بالطرق السلمية: سواء في علاقاتها المتبادلة فيما بينهما أو في علاقاتها مع الدول الأخرى.

المادة الثانية

وتطبيقا لأحكام المادة السادسة من ميثاق جامعة الدول العربية والمادة الحادية والخمسين من ميثاق الأمم المتحدة. يخطر على الفور مجلس الجامعة ومجلس الأمن بوقوع الاعتداء وما اتخذ في صدده من تدابير وإجراءات.

المادة الثالثة

تتشاور الدول المتعاقدة فيما بينها، بناء على طلب إحداها كلما هددت سلامة أراضى أيه واحدة منها أو استقلالها أو أمنها. وفي حالة خطر حرب داهم أو قيام حالة دولية مفاجئة يخشى خطرها، تبادر الدول المتعاقدة على الفور إلى توحيد خططها ومساعيها في اتخاذ التدابير الوقائية والدفاعية التي يقتضيها الموقف.

المادة الرابعة

رغبة في تنفيذ الالتزامات السالفة الذكر على أكمل وجه تتعاون الدول المتعاقدة فيما بينها لدعم مقوماتها العسكرية وتعزيزها. وتشترك، بحسب مواردها وحاجاتها، في تهيئة وسائلها الدفاعية الخاصة والجماعية لمقاومة أى اعتداء مسلح.

المادة الخامسة

تؤلف لجنة عسكرية دائمة من ممثلي هيئة أركان حرب جيوش الدول المتعاقدة لتنظيم خطط الدفاع المشترك وتهيئة وسائله وأساليبه. وتحدد في ملحق هذه العاهدة اختصاصات هذه اللجنة الدائمة بما في ذلك وضع التقارير اللازمة المتضمنة عناصر التعاون والاشتراك المشار إليهما في المادة الرابعة.

وترفع هذه اللجنة الدائمة تقاريرها عما يدخل في دائرة أعمالها إلى مجلس الدفاع المشترك المنصوص عنه في المادة التالية.

المادة السادسة

يؤلف، تحت إشراف مجلس الجامعة مجلس للدفاع المشترك يختص بجميع الشئون المتعلقة بتنفيذ أحكام المواد 2،3،4،5 من العاهدة ويستعين على ذلك باللجنة العسكرية الدائمة المشار إليها في المادة السابقة.

ويتكون مجلس الدفاع المشترك المشار إليه من وزراء الخارجية والدفاع الوطنى للدول المتعاقدة أو من ينوبون عنهم. وما يقرره المجلس بأكثرية ثلثى الدول يكون ملزما لجميع الدول المتعاقدة.

المادة السابعة

استكمالا لأغراض هذه المعاهدة وما ترمى إليه من إشاعة الطمأنينة وتوفير الرفاهية في البلاد العربية ورفع مستوى المعيشة فيها، تتعاون الدول المتعاقدة على النهوض باقتصاديات بلادها واستثمار مرافقها الطبيعية وتسهيل تبادل منتجاتها الوطنية، والزراعية والصناعية، وبوجه عام على تنظم نشاطها الاقتصادى وتنسيقه وإبرام ما تقتضيه الحال من اتفاقات خاصة لتحقيق هذه الأهداف.

المادة الثامنة

ينشأ مجلس اقتصادي من وزراء الدول المتعاقدة المختصين بالشئون الاقتصادية، أو من يمثلونهم عند الضرورة لكي يقترح على حكومات تلك الدول ما يراه كفيلا بتحقيق الأغراض المبنية في المادة السابقة.

وللمجلس المذكور أن يستعين في أعماله بلحنة الشئون الاقتصادية والمالية المشار إليها في المادة الرابعة من ميثاق جامعة الدلو العربية.

المادة التاسعة

يعتبر الملحق المرفق بهذه المعاهدة جزءا لا يتجزأ منها.

المادة العاشرة

تتعهد كل من الدول المتعاقدة بأن لا تعقد أى اتفاق دولى يناقض هذه المعاهدة. وبأن لا تسلك في علاقاتها مع الدولية مع الول الأخرى مسلكا يتنافى مع أغراض هذه المعاهدة.

المادة الحادية عشرة

ليس في أحكام هذه المعاهدة ما يمس أو يقصد به أن يمس بأيه حال من الأحوال، الحقوق والالتزامات المترتبة، أو التي قد تترتب للدول الأطراف فيها بمقتضى ميثاق الأمم المتحدة أو المسئوليات التي يضطلع بها مجلس الأمن في المحافظة على السلام والأمن الدولى.

المادة الثانية عشرة

يجوز لأيه دولة من الدول المتعاقدة، بعد مرور عشر سنوات من نفاذ هذه المعاهدة، أن تنسحب منها في نهاية سنة من تاريخ إعلان إنسحابها إلى الأمانة العامة لجامعة الدول العربية.

وتتولى الأمانة العامة إبلاغ هذا الإعلان إلى الدول المتعاقدة الأخرى.

المادة الثالثة عشرة

يصدق على هذه المعاهدة وفقا للأوضاع الدستورية المرعية في كل من الدول المتعاقدة.

وتودع وثائق التصديق لدى الأمانة العامة لجامعة الدول العربية. وتصبح المعاهدة نافذة قبل من صدق عليها بعد انقضاء خمسة عشر يوما من تاريخ استلام الأمانة العامة وثائق تصديق أربع دول على الأقل.

حررت هذا العاهدة باللغة العربية في الإسكندرية بتارخ 2 رمضان سنة 1369 الموافق 17 يونية سنة 1950 من نسخة واحدة تحفظ في الأمانة العامة لجامعة الدول العربية وتسلم صورة منها مطابقة للأصل لكل دولي من الدول المتعاقدة.

عن المملكة الأردنية الهاشمية

(إمضاء) (عونى عبد الهادى)

عن الجمهورية السورية

(إمضاء) (ناظم القدسى)

عن المملكة العراقية

(إمضاء) (نورى السعيد)

عن المملكة العربية السعودية

(إمضاء) (يوسف ياسين)

عن الجمهورية اللبنانية

(إمضاء) (رياض الصلح)

عن المملكة المصرية

(إمضاء) (مصطفى النحاس ، محمد صلاح الدين)

عن المملكة المتوكلية اليمنية - أوافق على هذه المعاهدة مع ملحقها على ما في كتابي لسعادة الأمين العام الموضح في المحضر اليوم.

(إمضاء) (السيد على المؤبد)

ملحق رقم (5)
مَجْلِس السِّلْم والأمن العَرَبِيِّ

إن مجلس الجامعة على مستوى القمة، -بعد إطلاعه: على مذكرة الأمانة العامة، وعلى تقرير الأمين العام عن العمل العربي المشترك، وعلى قرار الدورة غير العادية لمجلس الجامعة على 2005 بشأن /1/ المستوى الوزاري رقم 6479 بتاريخ 13تطوير منظومة العمل العربي المشترك، وإذ يأخذ في الاعتبار أحكام المواد الخامسة والسادسة والثامنة مِنْ ميثاق جامعة الدول العربية، والمادة الثانية والخمسين من مِيثَاق منظمة الأمم المتحدة، والمواد الأولى والثانية والثالثة م ن مُعاهَدَّة الدفاع المشترك والتعاون الاقتصادي بين دول الجامعة العربية،

- /2005/3/وإذ يستذكر قراره رقم) 294 د.ع (17 بتاريخ23 الصادر عن القمة العربية بالجزائر، -وإذ يؤكد أهمية الحفاظ على أمن دول الجامعة وسلامتها الإقليمية واستتباب الأمن والاستقرار في المنطقة العر بية بأسرها، وتوطيد أواصر العلاقات بين دول الجامعة وتسوية مَا قد ينشأ من خلافات بينها بالطرق السلمية،

-وإذ يستشعر مدى الحاجة إلى إنشاء مجلس للسلم والأمن العربي كجهاز متخصص في إطار منظومة العمل العَرَبِيِّ المشترك،

يقرر

1) الموافقة على إنشاء مجلس السلم والأمن العربي ونظامه الأساسي المرفق، وتحل أحكامه محل أحكام آلية جامعة الدُوَل العربية للوقاية من النزاعات وإدارتها وتسويتها.
2) دعوة الدول العربية إلى سرعة استكمال إجراءات التصديق عَلَى النظام الأساسي وفقًا لأنظمتها الدستورية.

تطوير العمل العَرَبِي المشترك ومنظومته: النظام الأساسي لمجلس السلم والأمن العربي.

(-14-مرفق- 05)(ن /(11/05)/ 0501) ق024 -

النظام الأساسي لمجلس السلم والأمن العربي

المادة الاولى

تكون للمسميات الآتية في هذا النظام الدلالات الواردة قرين كل منها:

الميثاق : ميثاق جامعة الدول العربية

الجامعة : جامعة الدول العربية

مجلس الجامعة : مجلس جامعة الدول العربية

النظام الأساسي : النظام الأساسي الخاص بإنشاء مجلس السلم والأمن العربي لجامعة الدول العربية

المجلس : مجلس السلم والأمن العربي لجامعة الدول العربية

الدول الأعضاء : الدول الأعضاء في جامعة الدول العربية

الأمين العام : الأمين العام لجامعة الدول العربية

الأمانة العامة : الأمانة العامة لجامعة الدول العربية

المادة الثانية

ينشأ مجلس السلم والأمن العربي تحت إشراف مجلس الجامعة، ويحل محل آلية جامعة الدول العربية للوقاية من النزاعات وإدارتها وتسويتها.

المادة الثالثة

يهدف المجلس إلى:

أ- الوقاية من النزاعات التي يمكن أن تنشأ بين الدول العربية،

- تم التوقيع على هذا النظام من قبل الدول الأعضاء كافة خلال الجلسة الختامية لمجلس جامعة الدول العَرَبيَّة 2006/3/29.على مستوى القمة بالخرطوم بتاريخ وإداراتها وتسويتها في حال وقوعها.

ب- متابعة ودراسة وتقديم توصيات إلى مجلس الجامعة بشأن التطورات التي تمس الأمن القومي العربي.

المادة الرابعة

أ- يتكون المجلس من خمسة ممثلين للدول الأعضاء على مستوى وزراء الخارجية على النحو التالي:

1) الدولة التي تباشر رئاسة مجلس الجامعة على المستوى الوزاري
2) الدولتان اللتان اضطلعتا برئاسة الدورتين السابقتين لمجلس الجامعة على المستوى الوزاري.
3) الدولتان اللتان ستؤول إليهما رئاسة الدورتين اللاحقتين لمجلس الجامعة على المستوى الوزاري.

ب- يرأس المجلس وزير خارجية الدولة التي تباشر رئاسة الدورة العادية لمجلس الجامعة على المستوى الوزاري.

ج- عقد المجلس اجتماعاته على مستو ى وزراء الخارجية، ويجوز

د- له عقد اجتماعاته على مستوى المندوبين.

ه- يشارك الأمين العام في اجتماعات المجلس.

و- للمجلس دعوة الأجهزة أو الخبراء أو من يراه مناسبًا لحضور اجتماعاته إذا ما دعت الضرورة لذلك.

المادة الخامسة

1) إذا كان رئيس المجلس أو أحد أعضائه أو أكثر ، أطرافًا فِي النزاع تُتبع الإجراءات التالية:
- توكل رئاسة المجلس إلي رئيس الدورة اللاحقة ليترأس المجلس.
- يعوض نقص العضو أو الأعضاء الأطراف في النِّزاع بعضوية رئيس أو رؤساء الدورات اللاحقة للدورتين اللاحقتين الممثلتين في المجلس في دورته الحالية.

2) يتم دعوة كل دولة طرف في النزاع لحضور اجتماعات المجلس، لعرض وجهة نظره ، كما يجوز للمجلس أن يستعين بأي مِنْ الدول الأعضاء لمساعدته على أداء مهامه وذلك حسب مقتضيات كل حالة.

3) .3يعقد المجلس اجتماعاته مرتين في السنة على المستوى الوزاري، تسبق اجتماعات مجلس الجامعة، أو كلما اقتضت الحاجة إلي ذلك، بطلب من إحدى الدول الأعضاء في الجامعة، أو من رئيس المجلس، أو من الأمين العام. يتو لى المجلس طبقا لميثاق جامعة الدول العربية ولمبادئ احترام سيادة جميع الدول الأعضاء وسلامة أراضيها، المهام التالية:
   1) إعداد استراتيجيات الحفاظ على السلم والأمن العربي.
   2) مع مراعاة أحكام المادة السادسة من الميثاق، يقترح المَجْلِس التدابير الجماعية المناسبة إزاء أي اعتداء على دولة عربية، أَوْ تهديد بالاعتداء عليها، وكذلك إذا ما قامت أي دولة عَرَبِيَّة بالاعتداء أو بالتهديد بالاعتداء على دولة عربية أخرى.
   3) تعزيز القدرات العربية في مجال العمل الوقائي من خلال تطوير نظام الإنذار المبكر، وبذل المساعي الدبلوماسية بما فِيهَا الوساطة

والمصالحة، والتوفيق، لتنقية الأجواء، وإزالة أسباب التوتر لمنع أي نزاعات مستقبلية.

4) تعزيز التعاون في مواجهة التهديدات والمخاطر العابرة للحدود، كالجريمة المنظمة والإرهاب.

5) دعم الجهود لإحلال السلام وإعادة الأعمار في فترة ما بَعْدِ النزاعات للحيلولة دون تجددها.

6) اقتراح إنشاء قوة حفظ سلام عربية عندما تستدعي الحاجة ذلك.

7) تيسير جهود العمل الإنساني، والمشاركة في إزالة آثار الكوارث والأزمات والنزاعات.

8) التنسيق والتعاون مع المنظمات الدولية والإقليمية لتعزيز السلام والأمن والاستقرار في العالم العربي، وتسوية النزاعات بين أي دولة عربية ودولة أخرى.

9) يجوز للمجلس في حالة تفاقم النزاع بالإضافة إلى توصياته بالتدابير الكفيلة بإيقافه أن يطلب من مجلس الجامعة عقد دورة استثنائية لاتخاذ القرارات اللازمة بشأنه.

10) يرفع المجلس إلى مجلس الجامعة في أول دور لانعقاده أو في اجتماعه الاستثنائي حسب الأحوال، تقريرًا يتضمن توصياته واقتراحاته حول تحديد التدابير اللازمة لحفظ السلم والأمن العربي والفصل بين الأطراف المتنازعة، ومجمل القضايا المطروحة، ونتائج المفاوضات والمساعي الحميدة والوساطة والتوفيق التي أجراها بين الأطراف المتنازعة.

يكون للمجلس الأجهزة التالية:

المادة السادسة

يتولي الأمين العام إنشاء بنك للمعلومات في إطار الموارد القائمة بالأمانة العامة، لجمع المعلومات التي تزوده بها الدول الأعضاء والمنظمات والهيئات الإقليمية والدولية قصد تمكين المجلس مِنْ تقويم الأوضاع والقيام بمهامه على الوجه الأكمل.

المادة السابعة

يتولى الأمين العام إعداد " نظام للإنذار المبكر" ، بالاستعانة بفريق من الخبراء المختصين العاملين بالأمانة العامة، بما يكفل تحليل المعطيات والمعلومات المتوافرة أولا بأول، ورصد العوامل المؤدية إلي النزاعات، وتقديم تقارير على أساسها إلي المجلس، مشفوعة بتقويم شامل لاحتمالات النزاعات، بغية اتخاذ ما يستلزمه الوضع لاتقائها.

المادة الثامنة

يشكل المجلس هيئة للحكماء تضم شخصيات عربية بارزة، تتمَتَّعَ بالتقدير والاحترام ويختار رئيس المجلس والأمين العام من بَيْنَ أعضاء الهيئة من يكلف بمهام الوساطة أو التو فيق أو المساعي الحميدة بين الطرفين أو الأطراف المتنازعة، على أن يحدد النظام الداخلي طريقة اختيار هيئة الحكماء. كما يمكن، عند الاقتضاء، لرئيس المجلس بالتنسيق مع الأمين العام، تكليف أحد أو بعض أعضاء هذه الهيئة بالتوجه إلي مناطق النزاع، بطلب من الدولة المعنية وبموافقتها، لمعاينة الأوضاع وتقويمها وتقديم اقتراحات وتوصياته لعمل المَجْلِس فِي كل الأحوال.

1) يحدد مجلس الجامعة المواضيع الذي يخول فيها المجلس باتخاذ قرارات بشأنها والمواضيع الأخرى التي يتخذ فيها المَجْلِس توصيات ترفع إلي مجلس الجامعة لإقرارها.
2) لمجلس الجامعة تكليف المجلس اتخاذ الإجراءات اللازمة لاستتباب الأمن في مناطق التوتر، ومنها إيفاد بعثات مراقبين مدنيين أو عسكريين لمناطق النزاعات في مهمات محددة. يضع المجلس نظاما داخليا لتنظيم إجراءات عمله، وتشكيل هيئاته ، يصدر به قرار من مجلس الجامعة على المستوى الوزاري، ويتخذ المجلس توصياته وفقا لآلية التصويت المنصوص عليها في الميثاق.
3) يقوم الأمين العام بإشراف المجلس باتخاذ التدابير والمبادرات اللازمة الكفيلة بتنفيذ التوصيات الصادرة عن المجلس والرامية إلي الوقاية من النزاعات وإداراتها وتسويتها.
4) يمول المجلس من ميزانية الأمانة العامة. تتولي الأمانة العامة أعمال الأمانة الفنية للمجلس. يقوم الأمين العام بناء على تكليف من مجلس الجامعة على

المستوى الوزاري بإبلاغ الأمين العام للأمم المتحدة، ورئيس مَجْلِس الأمن بالأمم المتحدة بما يتخذه المجلس من إجراءات. يفتح باب التوقيع على هذا النظام الأساسي بمجرد اعتماده ويعرض على الدول الأعضاء للتصديق عليه أو الانضمام إليه وفقا لأنظمتها الدستورية. يجوز تعديل هذا النظ ام بموافقة ثلثي الدول الأطراف ويبدأ سريان هذا التعديل بعد شهر من اكتمال إيداع وثائق التصديق عليه مِنْ ثلث الدول الأطراف. يبدأ نفاذ هذا النظام بعد انقضاء خمسة عشر يوما من تاريخ إيداع وثائق تصديق سبع دول لدى الأمانة العامة، ويسرى بشأن الدو ل

الأخرى بعد شهر من تاريخ إيداع وثيقة تصديقها أو انضمامها.

الملحق رقم (6)
المِيثَاق العَرَبِي لحُقُوق الإنسان

قرار مجلس جامعة الدول العربية بالمصادقة على الميثاق العربي لحقوق الإنسان إن مجلس الجامعة على مستوى القمة، بعد إطلاعه: على تقرير الأمين العام الذي تناول مختلف مجالات العمل العربي المشترك، وعلى قرار الدورة العادية (121) لمجلس الجامعة على المستوى الوزاري رقم 6405 بتاريخ 2004/3/4،

يقـرر:

الموافقة على الميثاق العربي لحقوق الإنسان بالصيغة المرفقة.

ق.ق 270 : د.ع (23/5/2004 - (16)

الميثاق العربي لحقوق الإنسان

الديباجة

انطلاقا من إيمان الأمة العربية بكرامة الإنسان الذي أعزه اللـه منذ الخليقة، بأن الوطن العربي مهد الديانات وموطن الحضارات ذات القيم الإنسانية السامية التي أكّدت حقّه في حياة كريمة على أسس من الحرية والعدل والمساواة، وتحقيقا للمبادئ الخالدة للدين الإسلامي الحنيف والديانات السماوية الأخرى في الأخوة والمساواة والتسامح بين البشر،

واعتزازا منها بما أرسته عبر تاريخها الطويل من قيم ومبادئ إنسانية كان لها الدور الكبير في نشر مراكز العلم بين الشرق والغرب مما جعلها مقصدا لأهل الأرض والباحثين عن المعرفة والحكمة، وإيمانا منها بوحدة الوطن العربي مناضلا دون حريته، مدافعا عن حق الأمم في تقرير مصيرها والمحافظة على ثرواتها وتنميتها، وإيمانا بسيادة القانون ودوره في حماية حقوق الإنسان في مفهومها الشامل والمتكامل، وإيمانا بأن تمتّع الإنسان بالحرية والعدالة وتكافؤ الفرص هو معيار أصالة أي مجتمع.

ورفضا لكافة أشكال العنصرية والصهيونية التي تشكّل انتهاكا لحقوق الإنسان وتهديدا للسلم والأمن العالميين، وإقرارا بالارتباط الوثيق بين حقوق الإنسان والسلم والأمن العالميين، وتأكيدا لمبادئ ميثاق الأمم المتحدة والإعلان العالمي لحقوق الإنسان وأحكام العهدين الدوليين للأمم المتحدة بشأن الحقوق المدنية والسياسية والحقوق الاقتصادية والاجتماعية والثقافية، ومع الأخذ في الاعتبار إعلان القاهرة حول حقوق الإنسان في الإسلام.

وبناء على ما تقدّم اتفقت الدول الأطراف في هذا الميثاق على الآتي:

المادة الأولى

يهدف هذا الميثاق في إطار الهوية الوطنية للدول العربية والشعور بالانتماء الحضاري المشترك إلى تحقيق الغايات التالية:

1) وضع حقوق الإنسان في الدول العربية ضمن الاهتمامات الوطنية الأساسية، التي تجعل من حقوق الإنسان مثلا سامية وأساسية توجه إرادة الإنسان في الدول العربية، وتمكنه من الارتقاء بواقعه نحو الأفضل وفقا لما ترتضيه القيم الإنسانية النبيلة.
2) تنشئة الإنسان في الدول العربية على الاعتزاز بهويته وعلى الوفاء لوطنه أرضا وتاريخا ومصالح مشتركة، مع التشبّع بثقافة التآخي البشري والتسامح والانفتاح على الآخر، وفقا لما تقتضيه المبادئ والقيم الإنسانية وتلك المعلنة في المواثيق الدولية لحقوق الإنسان.
3) إعداد الأجيال في الدول العربية لحياة حرة مسؤولة في مجتمع مدني متضامن قائم على التلازم بين الوعي بالحقوق والالتزام بالواجبات، وتسوده قيم المساواة والتسامح والاعتدال.
4) ترسيخ المبدأ القاضي بأن جميع حقوق الإنسان عالمية وغير قابلة للتجزئة ومترابطة ومتشابكة.

المادة الثانية

1) لكافة الشعوب الحق في تقرير مصيرها، والسيطرة على ثرواتها ومواردها، ولها الحق في أن تقرر بحرية اختيار نمط نظامها السياسي، وأن تواصل بحرية تنميتها الاقتصادية والاجتماعية والثقافية.

2) لكافة الشعوب الحق في العيش تحت ظل السيادة الوطنية والوحدة الترابية.

3) إن كافة أشكال العنصرية والصهيونية والاحتلال والسيطرة الأجنبية هي تحد للكرامة الإنسانية وعائق أساسي يحول دون الحقوق الأساسية للشعوب، ومن الواجب إدانة جميع ممارساتها والعمل على إزالتها.

4) لكافة الشعوب الحق في مقاومة الاحتلال الأجنبي.

المادة الثالثة

1) تتعهد كل دولة طرف في هذا الميثاق بأن تكفل لكل شخص خاضع لولايتها حق التمتع بالحقوق والحريات المنصوص عليها في هذا الميثاق، دون تمييز بسبب العرق أو اللون أو الجنس، أو اللغة أو المعتقد الديني، أو الرأي، أو الفكر، أو الأصل الوطني، أو الاجتماعي، أو الثروة، أو الميلاد، أو الإعاقة البدنية أو العقلية.

2) تتخذ الدول الأطراف في هذا الميثاق التدابير اللازمة لتأمين المساواة الفعلية في التمتع بكافة الحقوق والحريات المنصوص عليها في هذا الميثاق، بما يكفل الحماية من جميع أشكال التمييز بأي سبب من الأسباب المبينة في الفقرة السابقة.

3) الرجل والمرأة متساويان في الكرامة الإنسانية، والحقوق والواجبات، في ظل التمييز الإيجابي الذي أقرته الشريعة الإسلامية والشرائع السماوية الأخرى والتشريعات والمواثيق النافذة لصالح المرأة. وتتعهد تبعا لذلك كل دولة طرف باتخاذ كافة التدابير اللازمة لتأمين تكافؤ الفرص والمساواة الفعلية بين النساء والرجال في التمتع بجميع الحقوق الواردة في هذا الميثاق.

370

المادة الرابعة

1) في حالات الطوارئ الاستثنائية التي تهدد حياة الأمة، والمعلن قيامها رسميها، يجوز للدول الأطراف في هذا الميثاق أن تتخذ، في أضيق الحدود التي يتطلبها الوضع، تدابير لا تتقيد فيها بالالتزامات المترتبة عليها بمقتضى هذا الميثاق، بشرط ألا تتنافى هذه التدابير مع الالتزامات الأخرى المترتبة عليها بمقتضى القانون الدولي، وألا تنطوي على تمييز يكون سببه الوحيد هو العرق أو اللون أو الجنس أو اللغة أو الدين أو الأصل الاجتماعي.

2) لا يجوز في حالات الطوارئ الاستثنائية مخالفة أحكام المواد التالية: المادة الخامسة، المادة الثامنة، المادة التاسعة، المادة العاشرة، المادة الثالثة عشرة، المادة الرابعة عشرة فقرة (6)، المادة الخامسة عشرة، المادة الثامنة عشرة، المادة التاسعة عشرة، المادة العشرون، المادة الثانية والعشرون، المادة السابعة والعشرون، المادة الثامنة والعشرون، المادة التاسعة والعشرون، المادة الثلاثون. كما لا يجوز تعليق الضمانات القضائية اللازمة لحماية تلك الحقوق الضمانات القضائية اللازمة لحماية تلك الحقوق.

3) على أية دولة طرف في هذا الميثاق استخدمت حق عدم التقيد أن تعلم الدول الأطراف الأخرى فورا عن طريق الأمين العام لجامعة الدول العربية بالأحكام التي لم تتقيد بها وبالأسباب التي دفعتها إلى ذلك. وعليها في التاريخ الذي تنهي فيه عدم التقيد، أن تعلمها بذلك مرة أخرى وبالطريقة ذاتها.

المادة الخامسة

1) الحق في الحياة حق ملازم لكل شخص.

2) يحمي القانون هذا الحق، ولا يجوز حرمان أحد من حياته تعسفا.

المادة السادسة

لا يجوز الحكم بعقوبة الإعدام إلا في الجنايات بالغة الخطورة وفقا للتشريعات النافذة وقت ارتكاب الجريمة وبمقتضى حكم نهائي صادر من محكمة مختصة، ولكل محكوم عليه بعقوبة الإعدام الحق في طلب العفو أو استبدالها بعقوبة أخف.

المادة السابعة

1- لا يجوز الحكم بالإعدام على أشخاص دون الثامنة عشرة عاما ما لم تنص التشريعات النافذة وقت ارتكاب الجريمة على خلاف ذلك.

2- لا يجوز تنفيذ حكم الإعدام في إمرأة حامل حتى تضع حملها أو في أم مرضع إلا بعد انقضاء عامين على تاريخ الولادة، وفي كل الأحوال تغلب مصلحة الرضيع.

المادة الثامنة

1) يحظر تعذيب أي شخص بدنيا أو نفسيا أو معاملته معاملة قاسية أو مهينة أو حاطة بالكرامة أو غير إنسانية.

2) تحمي كل دولة طرف كل شخص خاضع لولايتها من هذه الممارسات ، وتتخذ التدابير الفعالة لمنع ذلك وتعد ممارسة هذه التصرفات أو الإسهام فيها جريمة يعاقب عليها لا تسقط بالتقادم. كما تضمن كل دولة طرف في نظامها القانوني إنصاف من يتعرض للتعذيب وتمتعه بحق رد الاعتبار والتعويض.

المادة التاسعة

لا يجوز إجراء تجارب طبية أو علمية على أي شخص أو استغلال أعضائه دون رضائه الحر وإدراكه الكامل للمضاعفات التي قد تنجم عنها، مع مراعاة

للضوابط والقواعد الأخلاقية والإنسانية والمهنية والتقيد بالإجراءات الطبية الكفيلة بضمان سلامته الشخصية وفقا للتشريعات النافذة في كل دولة طرف. ولا يجوز بأي حال من الأحوال الاتجار بالأعضاء البشرية.

المادة العاشرة

1) يحظر الرق والاتجار بالأفراد في جميع صورهما ويعاقب على ذلك. ولا يجوز بأي حال من الأحوال الاسترقاق والاستعباد.

2) تحظر السخرة والاتجار بالأفراد من أجل الدعارة أو الاستغلال الجنسي أو استغلال دعارة الغير أو أي شكل آخر أو استغلال الأطفال في النزاعات المسلحة .

المادة الحادية عشرة

جميع الأشخاص متساوون أمام القانون ولهم الحق في التمتع بحمايته دون تمييز.

المادة الثانية عشرة

جميع الأشخاص متساوون أمام القضاء. وتضمن الدول الأطراف استقلال القضاء وحماية القضاة من أي تدخل أو ضغوط أو تهديدات. كما تضمن حق التقاضي بدرجاته لكل شخص خاضع لولايتها.

المادة الثالثة عشرة

1) لكل شخص الحق في محاكمة عادلة تتوفر فيها ضمانات كافية وتجريها محكمة مختصة ومستقلة ونزيهة ومنشأة سابقا بحكم القانون، وذلك في مواجهة أية تهمة جزائية توجه إليه أو للبت في حقوقه أو التزاماته، وتكفل كل دولة طرف لغير القادرين ماليا الإعانة العدلية للدفاع عن حقوقهم.

2) تكون المحاكمة علنية إلاّ في حالات استثنائية تقتضيها مصلحة العدالة في مجتمع يحترم الحريات وحقوق الإنسان.

المادة الرابعة عشرة

1) لكل شخص الحق في الحرية والأمان على شخصه، ولا يجوز توقيفه أو تفتيشه أو اعتقاله تعسفا وبغير سند قانوني.
2) لا يجوز حرمان أي شخص من حريته إلا للأسباب والأحوال التي ينص عليها القانون سلفا وطبقا للإجراء المقرّر فيه.
3) يجب إبلاغ كل شخص يتم توقيفه، بلغة يفهمها، بأسباب ذلك التوقيف لدى وقوعه، كما يجب إخطاره فورا بالتهمة أو التهم الموجهة إليه، وله حق الاتصال بذويه.
4) لكل شخص حرم من حريته بالتوقيف أو الاعتقال حق الطلب في العرض على الفحص الطبي، ويجب إبلاغه بذلك.
5) يقدم الموقوف أو المعتقل بتهمة جزائية دون تأخير أمام أحد القضاة أو أحد الموظفين المخولين قانونا بمباشرة وظائف قضائية، ويجب أن يحاكم خلال مهلة معقولة أو يفرج عنه. ويمكن أن يكون الإفراج عنه بضمانات تكفل حضوره للمحاكمة. وفي كل الأحوال لا يجوز أن يكون الحبس الاحتياطي هو القاعدة العامة.
6) لكل شخص حرم من حريته بالتوقيف أو الاعتقال حق الرجوع إلى محكمة مختصة تفصل دون إبطاء في قانونية ذلك، وتأمر بالإفراج عنه إذا كان توقيفه أو اعتقاله غير قانوني.
7) لكل شخص كان ضحية توقيف أو اعتقال تعسفي أو غير قانوني الحق في الحصول على تعويض.

المادة الخامسة عشرة

لا جريمة ولا عقوبة إلاّ بنص تشريعي سابق، ويطبق في جميع الأحوال القانون الأصلح للمتهم.

المادة السادسة عشرة

كل متهم برئ حتى تثبت إدانته بحكم بات وفقا للقانون، على أن يتمتع خلال إجراءات التحقيق والمحاكمة بالضمانات الدنيا التالية:

1- إخطاره فورا بالتفصيل وبلغة يفهمها بالتهم الموجهة إليه.

2- إعطاؤه الوقت والتسهيلات الكافية لإعداد دفاعه والسماح له بالاتصال بذويه.

3- حقه في أن يحاكم حضوريا أمام قاضيه الطبيعي وحقه في الدفاع عن نفسه شخصيا، أو بواسطة محام يختاره بنفسه ويتصل به بحرية وفي سرية.

4- حقه في الاستعانة مجانا بمحام يدافع عنه إذا تعذر عليه القيام بذلك بنفسه أو إذا اقتضت مصلحة العدالة ذلك، وحقه إذا كان لا يفهم أو لا يتكلم لغة المحكمة في الاستعانة بمترجم بدون مقابل.

5- حقه في أن يناقش شهود الاتهام بنفسه أو بواسطة دفاعه، وحقه في استحضار شهود النفي بالشروط المطبقة في استحضار شهود الاتهام.

6- حقه في أن لا يجبر على الشهادة ضد نفسه أو أن يعترف بالذنب.

7- حقه في إذا أدين بارتكاب جريمة في الطعن وفقا للقانون أمام درجة قضائية أعلى.

8- وفي جميع الأحوال للمتهم الحق في أن تحترم سلامته الشخصية وحياته الخاصة.

المادة السابعة عشرة

تكفل كل دولة طرف بوجه خاص للطفل المعرض للأخطار أو الجانح الذي تعلقت به تهمة، الحق في نظام قضائي خاص بالأحداث في جميع أطراف التتبع والمحاكمة وتنفيذ الأحكام، وفي معاملة خاصة تتفق مع سنه وتصون كرامته وتيسر تأهيله وإعادة إدماجه وقيامه بدور بناء في المجتمع.

المادة الثامنة عشرة

لا يجوز حبس شخص ثبت قضائيا إعساره عن الوفاء بدين ناتج عن التزام تعاقدي.

المادة التاسعة عشرة

1) لا تجوز محاكمة شخص عن نفس الجرم مرتين، ولمن تتخذ ضده هذه الإجراءات أن يطعن في شرعتها ويطلب الإفراج عنه.

2) لكل متهم ثبتت براءته بموجب حكم بات الحق في التعويض عن الأضرار التي لحقت به.

المادة العشرون

1- يعامل جميع الأشخاص المحرومين من حريتهم معاملة إنسانة تحترم الكرامة المتأصلة في الإنسان.

2- يفصل المتهمون عن المدانين ويعاملون معاملة تتفق مع كونهم غير مدانين.

3- يراعى في نظام السجون أن يهدف إلى إصلاح المسجونين وإعادة تأهيلهم اجتماعيا.

المادة الحادية والعشرون

1) لا يجوز تعريض أي شخص، على نحو تعسفي أو غير قانوني، للتدخل في خصوصياته أو شؤون أسرته أو بيته أو مراسلاته أو لتشهير يمس شرفه أو سمعته.

2) من حق كل شخص أن يحميه القانون من مثل هذا التدخل أو المساس.

المادة الثانية والعشرون

لكل شخص الحق في أن يُعترف له بشخصيته القانونية.

المادة الثالثة والعشرون

تتعهد كل دولة طرف في هذا الميثاق بأن تكفل توفير سبيل فعّال للتظلم لأي شخص انتهكت حقوقه أو حرياته المنصوص عليها في هذا الميثاق، حتى لو صدر هذا الانتهاك من أشخاص يتصرفون بصفتهم الرسمية.

المادة الرابعة والعشرون

لكل مواطن الحق في :

1- حرية الممارسة السياسية.

2- المشاركة في إدارة الشؤون العامة إما مباشرة أو بواسطة ممثلين يُختارون بحرية.

3- ترشيح نفسه أو اختيار من يمثله بطريقة حرة ونزيهة وعلى قدم المساواة بين جميع المواطنين بحيث تضمن التعبير الحر عن إرادة المواطن.

4- أن تتاح له على قدم المساواة مع الجميع فرصة تقلد الوظائف العامة في بلده على أساس تكافؤ الفرص.

5- حرية تكوين الجمعيات مع الآخرين والانضمام إليها.

6- حرية الاجتماع وحرية التجمع بصورة سلمية.

7- لا يجوز تقييد ممارسة هذه الحقوق بأيّ قيود غير القيود المفروضة طبقا للقانون، والتي تقتضيها الضرورة في مجتمع يحترم الحريات وحقوق الإنسان، لصيانة الأمن الوطني أو النظام العام أو السلامة العامة أو الصحة العامة أو الآداب العامة أو لحماية حقوق الغير وحرياتهم.

المادة الخامسة والعشرون

لا يجوز حرمان الأشخاص المنتمين للأقليات من التمتع بثقافاتها واستخدام لغتها وممارسة تعاليم دينها وينظم القانون التمتع بهذه الحقوق.

المادة السادسة والعشرون

1) لكل شخص يوجد بشكل قانوني على إقليم دولة طرف حرية التنقل واختيار مكان الإقامة في أية جهة من هذا الإقليم في حدود التشريعات النافذة.

2) لا يجوز لأية دولة طرف إبعاد أي شخص لا يحمل جنسيتها ومتواجد بصورة شرعية على أراضيها إلا بموجب قرار صادر وفقا للقانون وبعد تمكينه من عرض تظلمه على الجهة المختصة، ما لم تحتم دواعي الأمن الوطني خلاف ذلك، وفي كل الأحوال يمنع الإبعاد الجماعي.

المادة السابعة والعشرون

1) لا يجوز بشكل تعسفي أو غير قانوني منع أي شخص من مغادرة أي بلد، بما في ذلك بلده، أو فرض حظر على إقامته في أي جهة، أو إلزامه بالإقامة في هذا البلد.

2) لا يجوز نفي أي شخص من بلده أو منعه من العودة إليه.

المادة الثامنة والعشرون

لكل شخص الحق في طلب اللجوء السياسي إلى بلد آخر هربا من الاضطهاد، ولا ينتفع بهذا الحق من يجري تتبعه من أجل جريمة تهم الحق العام، ولا يجوز تسليم اللاجئين السياسيين.

المادة التاسعة والعشرون

1) لكل شخص الحق في التمتع بجنسية، ولا يجوز إسقاطها عن أي شخص بشكل تعسفي أو غير قانوني.
2) للدول الأطراف أن تتخذ الإجراءات التي تراها مناسبة وبما يتفق مع تشريعاتها الداخلية الخاصة بالجنسية، في تمكين الأطفال من اكتساب جنسية الأم مع مراعاة مصلحة الطفل في كل الأحوال.
3) لا ينكر حق الشخص في اكتساب جنسية أخرى ، مع مراعاة الإجراءات القانونية الداخلية لبلده.

المادة الثلاثون

1) لكل شخص الحق في حرية الفكر والعقيدة والدين، ولا يجوز فرض أية قيود عليها إلا بما ينص عليه التشريع النافذ.
2) لا يجوز إخضاع حرية الإنسان في إظهار دينه أو معتقده أو ممارسة شعائره الدينية بمفرده أو مع غيره إلا للقيود التي ينص عليها القانون والتي تكون ضرورية في مجتمع متسامح يحترم الحريات وحقوق الإنسان، لحماية السلامة العامة أو النظام العام أو الصحة العامة أو الآداب العامة، أو لحماية حقوق الآخرين وحرياتهم الأساسية.
3) للأباء أو الأوصياء حرية تأمين تربية أولادهم دينيا وخلقيا.

المادة الحادية والثلاثون

حق الملكية الخاصة مكفول لكلّ شخص، ويحظر في جميع الأحوال مصادرة أمواله كلّها أو بعضها بصورة تعسفية أو غير قانونية.

المادة الثانية والثلاثون

1) يضمن هذا الميثاق الحق في الإعلام وحرية الرأي والتعبير، وكذلك الحق في استقاء الأنباء والأفكار وتلقيها ونقلها إلى الآخرين بأي وسيلة، ودونما اعتبار للحدود الجغرافية.

2) تمارس هذه الحقوق والحريات في إطار المقومات الأساسية للمجتمع، ولا تخضع إلا للقيود التي يفرضها احترام حقوق الآخرين أو سمعتهم أو حماية الأمن الوطني أو النظام العام أو الصحة العامة أو الآداب العامّة.

المادة الثالثة والثلاثون

1- الأسرة هي الوحدة الطبيعية والأساسية للمجتمع، والزواج بين الرجل والمرأة أساس تكوينها وللرجل والمرأة ابتداء من بلوغ سنّ الزواج حقّ التزوّج وتأسيس أسرة وفق شروط وأركان الزواج، ولا ينعقد الزواج إلا برضا الطرفين رضا كاملا لا إكراه فيه وينظم التشريع النافذ حقوق وواجبات الرجل والمرأة عند انعقاد الزواج وخلال قيامه ولدى انحلاله.

2- تكفل الدولة والمجتمع حماية الأسرة وتقوية أواصرها وحماية الأفراد داخلها وحظر مختلف أشكال العنف وإساءة المعاملة بين أعضائها، وبخاصة ضدّ المرأة والطفل. كما تكفل للأمومة والطفولة والشيخوخة وذوي الاحتياجات الخاصة الحماية والرعاية اللازمتين وتكفل أيضا للناشئين والشباب أكبر فرص التنمية البدنية والعقلية.

3- تتخذ الدول الأطراف كل التدابير التشريعية والإدارية والقضائية لضمان حماية الطفل وبقائه ونمائه ورفاهه في جوّ من الحرية والكرامة واعتبار مصلحته الفُضلى المعيار الأساسي لكلّ التدابير المتخذة في شأنه في جميع الأحوال، وسواء كان معرّضا للانحراف أو جانحا.

4- تتخذ الدول الأطراف كل التدابير الضرورية لضمان الحق في ممارسة الرياضة البدنية وبخاصة الشباب.

المادة الرابعة والثلاثون

1- العمل حق طبيعي لكل مواطن، وتعمل الدولة على توفير فرص العمل قدر الإمكان لأكبر عدد ممكن من المقبلين عليه، مع ضمان الإنتاج وحرية العمل وتكافؤ الفرص، ودون أي نوع من أنواع التمييز على أساس العرق أو اللون أو الجنس أو الدين أو اللغة أو الرأي السياسي أو الانتماء النقابي أو الأصل الوطني أو الأصل الاجتماعي أو الإعاقة أو أي وضع آخر.

2- لكل عامل الحق في التمتّع بشروط عمل عادلة ومرضية، تؤمن الحصول على أجر مناسب لتغطية مطالب الحياة الأساسية له ولأسرته، وتكفل تحديد ساعات العمل والراحة والإجازات المدفوعة الأجر، وقواعد حفظ الصحة والسلامة المهنية، وحماية النساء والأطفال والأشخاص ذوي الإعاقات أثناء العمل.

3- تعترف الدول الأطراف بحقّ الطفل في حمايته من الاستغلال الاقتصادي ومن أداء أي عمل يرجح أن يكون خطيرا أو أن يمثل إعاقة لتعليم الطفل، أو أن يكون مضرّا بصحته أو بنموه البدني، أو العقلي، أو الروحي، أو المعنوي، أو الاجتماعي. ولهذا الغرض، ومع مراعاة أحكام الصكوك الدولية الأخرى ذات الصلة، تقوم الدول الأطراف بوجه خاص بما يلي :

أ- تحديد سن أدنى للالتحاق بالعمل.

ب- وضع نظام مناسب لساعات العمل وظروفه.

ج- فرض عقوبات أو جزاءات أخرى مناسبة لضمان إنفاذ هذه الأحكام بفعالية.

4- لا يجوز التمييز بين الرجل والمرأة في حقّ الاستفادة الفعلية من التدريب والتكوين والتشغيل وحماية العمل والأجور عند تساوي قيمة ونوعية العمل.

5- على كل دولة طرف أن تضمن الحماية الضرورية للعمال الوافدين إليها طبقا للتشريعات النافذة.

المادة الخامسة والثلاثون

1- لكل شخص الحق في حرية تكوين الجمعيات أو النقابات المهنية والانضمام إليها، وحرية ممارسة العمل النقابي من أجل حماية مصالحه.

2- لا يجوز فرض أي من القيود على ممارسة هذه الحقوق والحريات إلا تلك التي ينصّ عليها التشريع النافذ وتشكل تدابير ضرورية لصيانة الأمن القومي أو السلامة العامة أو النظام العام، أو حماية الصحة العامة أو الآداب العامّة، أو حماية حقوق الآخرين وحرياتهم.

3- تكلف كل دولة طرف الحق في الإضراب في الحدود التي ينصّ عليها التشريع النافذ.

المادة السادسة والثلاثون

تضمن الدول الأطراف حقّ كل مواطن في الضمان الاجتماعي، بما في ذلك التأمين الاجتماعي.

المادة السابعة والثلاثون

الحق في التنمية هو حقّ من حقوق الإنسان الأساسية، وعلى جميع الدول أن تضع السياسات الإنمائية والتدابير اللازمة لضمان هذا الحق. وعليها السعي لتفعيل قيم التضامن والتعاون فيما بينها وعلى المستوى الدولي للقضاء على الفقر وتحقيق

تنمية اقتصادية واجتماعية وثقافية وسياسية. وبموجب هذا الحق فلكلّ مواطن حق المشاركة والإسهام في تحقيق التنمية والتمتّع بمزاياها وثمارها.

المادة الثامنة والثلاثون

لكلّ شخص الحق في مستوى معيشي كاف له ولأسرته يوفّر الرفاه والعيش الكريم من غذاء وكساء ومسكن وخدمات، وله الحق في بيئة سليمة. وعلى الدول الأطراف اتخاذ التدابير اللازمة وفقًا لإمكانياتها لإنفاذ هذه الحقوق.

المادة التاسعة والثلاثون

1- تقرّ الدول الأطراف بحقّ كل فرد في المجتمع في التمتّع بأعلى مستوى من الصحّة البدنية والعقلية يمكن بلوغه، وفي حصول المواطن مجانا على خدمات الرعاية الصحية الأساسية، وعلى مرافق علاج الأمراض دون أي نوع من أنواع التمييز.

2- تشمل الخطوات التي تتخذها الدول الأطراف التدابير التالية :

أ- تطوير الرعاية الصحية الأولية وضمان مجانية وسهولة الوصول إلى المراكز التي تقدّم هذه الخدمات بصرف النظر عن الموقع الجغرافي أو الوضع الاقتصادي.

ب- العمل على مكافحة الأمراض وقائيا وعلاجيا بما يكفل خفض الوفيات.

ج- نشر الوعي والتثقيف الصحي.

د- مكافحة الممارسات التقليدية الضارة بصحّة الفرد.

ه- توفير الغذاء الأساسي ومياه الشرب النقية لكلّ فرد.

و- مكافحة عوامل التلوث البيئي وتوفير التصريف الصحي.

ز- مكافحة المخدرات والمؤثرات العقلية والتدخين والمواد الضارّة بالصحة.

المادة الأربعون

1) تلتزم الدول الأطراف بتوفير الحياة الكريمة، لذوي الإعاقات النفسية أو الجسدية والتي تكفل لهم كرامتهم مع تعزيز اعتمادهم على أنفسهم وتيسير مشاركتهم الفعلية في المجتمع.

2) توفر الدول الأطراف الخدمات الاجتماعية مجانا لجميع ذوي الإعاقات، كما توفر الدعم المادي للمحتاج من هؤلاء الأشخاص وأسرهم أو للأسر التي ترعاهم. كما تقوم بكلّ ما يلزم لتجنب إيوائهم في مؤسسات الرعاية. وفي جميع الأحوال تراعى المصلحة الفُضلى للشخص المعاق.

3) تتخذ الدول الأطراف كل التدابير اللازمة للحدّ من الإعاقات بكلّ السبل الممكنة، بما فيها برامج الصحة الوقائية ونشر الوعي والتثقيف.

4) توفر الدول الأطراف كل الخدمات التعليمية المناسبة للأشخاص ذوي الإعاقات، آخذة بعين الاعتبار أهمية الدمج في النظام التعليمي، وأهمية التدريب، والتأهيل المهني، الإعداد لممارسة العمل، وتوفير العمل المناسب في القطاع الحكومي أو الخاص.

5) توفر الدول الأطراف كل الخدمات الصحية المناسبة للأشخاص ذوي الإعاقات، بما فيها إعادة التأهيل لدمجهم في المجتمع.

6) تمكن الدول الأطراف الأشخاص ذوي الإعاقات من استخدام جميع مرافق الخدمة العامة والخاصة.

المادة الحادية والأربعون

1) محو الأمية التزام واجب على الدولة، ولكلّ شخص الحق في التعليم.

2) تضمن الدول الأطراف لمواطنيها مجانية التعليم على الأقل في مرحلتيه الابتدائية والأساسية. ويكون التعليم الابتدائي إلزاما ومتاحا بمختلف مراحله وأنواعه للجميع دون تمييز.

3) تتخذ الدول الأطراف في جميع الميادين كل التدابير المناسبة لتحقيق الشراكة بين الرجل والمرأة من أجل تحقيق أهداف التنمية الوطنية.

4) تضمن الدول الأطراف توفير تعليم يستهدف التنمية الكاملة لشخصية الإنسان وتعزيز احترام حقوق الإنسان والحريات الأساسية.

5) تعمل الدول الأطراف على دمج مبادئ حقوق الإنسان والحريات الأساسية في المناهج والأنشطة التعليمية وبرامج التربية والتكوين والتدريب الرسمية وغير الرسمية.

6) تضمن الدول الأطراف وضع الآليات الكفيلة بتحقيق التعلم المستمرّ مدى الحياة لكلّ المواطنين، ووضع خطة وطنية لتعليم الكبار.

المادة الثانية والأربعون

1- لكلّ شخص حق المشاركة في الحياة الثقافية وفي التمتع بفوائد التقدّم العلمي وتطبيقاته.

2- تعهد الدول الأطراف باحترام حرية البحث العلمي والنشاط المبدع، وتكفل حماية المصالح المعنوية والمادية الناتجة عن الإنتاج العلمي أو الأدبي أو الفني.

3- تسعى الدول الأطراف للعمل المشترك وتعزيز التعاون فيما بينها على كل الأصعدة وبمشاركة كاملة لأهل الثقافة والإبداع ومنظماتهم من أجل تطوير البرامج العلمية والترفيهية والثقافية والفنية وتنفيذها.

المادة الثالثة والأربعون

لا يجوز تفسير هذا الميثاق أو تأويله على نحو ينتقص من الحقوق والحريات التي تحميها القوانين الداخلية للدول الأطراف أو القوانين المنصوص عليها في المواثيق الدولية والإقليمية لحقوق الإنسان التي صادقت عليها أو أقرّتها بما فيها حقوق المرأة والطفل والأشخاص المنتمين إلى الأقليات.

المادة الرابعة والأربعون

تتعهد الدول الأطراف بأن تتخذ طبقا لإجراءاتها الدستورية ولأحكام هذا الميثاق ما يكون ضروريّا لإعمال الحقوق المنصوص عليها من تدابير تشريعية أو غير تشريعية.

المادة الخامسة والأربعون

1- تنشأ بموجب هذا الميثاق لجنة تسمى "لجنة حقوق الإنسان العربية" يشار إليها فيما بعد باسم "اللجنة". وتتكون من سبعة أعضاء تنتخبهم الدول الأطراف في هذا الميثاق بالاقتراع السري.

2- تؤلف اللجنة من مواطني الدول الأطراف في هذا الميثاق، ويشترط في المرشحين لعضوية اللجنة أن يكونوا من ذوي الخبرة والكفاية العالية في مجال عملها، على أن يعمل أعضاء اللجنة بصفتهم الشخصية وبكل تجرد ونزاهة.

3- لا يجوز أن تضمّ اللجنة أكثر من شخص واحد من مواطني الدولة الطرف، ويجوز إعادة انتخابه مرة واحدة فقط ويراعى مبدأ التداول.

4- ينتخب أعضاء اللجنة لمدة أربع سنوات على أن تنتهي ولاية ثلاثة من الأعضاء المنتخبين في الانتخاب لأوّل مرّة بعد عامين ويجددون عن طريق القرعة.

5- يطلب الأمين العام لجامعة الدول العربية من الدول الأطراف تقديم مرشحيها قبل ستة أشهر من موعد الانتخابات. وتقوم الدول الأطراف بذلك في غضون ثلاثة أشهر.

ويبلغ الأمين العام الدول الأطراف بقائمة المرشحين قبل شهرين من موعد انتخاب أعضاء اللجنة. وينتخب لعضوية اللجنة من يحصل على أعلى نسبة من أصوات الحاضرين. وإذا كان عدد الحاصلين على أعلى الأصوات أكثر من العدد

المطلوب بسبب التساوي في الأصوات بين أكثر من مرشح، ويعاد الانتخاب بين المتساوين مرّة أخرى. وإذا تساوت الأصوات يختار العضو أو الأعضاء المطلوبون عن طريق القرعة. ويجرى الانتخاب لأول مرّة لعضوية اللجنة في موعد لا يقلّ عن ستة أشهر من دخول الميثاق حيز النفاذ.

6- يدعو الأمين العام الدول الأطراف لاجتماع يخصص لانتخابات أعضاء اللجنة، ويعقد في مقرّ جامعة الدول العربية. ويعد النصاب مكتملا لانعقاد الاجتماع بحضور أغلبية الدول الأطراف. وإذا لم يكتمل النصاب يدعو الأمين العام إلى اجتماع آخر، وينعقد بحضور ما لا يقلّ عن ثلاث الدول الأطراف، وإذا لم يكتمل النصاب في هذا الاجتماع يدعو الأمين العام إلى اجتماع ثالث ينعقد بأيّ عدد من الحاضرين فيه من الدول الأطراف.

7- يدعو الأمين العام اللجنة لعقد اجتماعها الأول، وتنتخب خلاله رئيسا لها من بين أعضائها لمدة عامين قابلة للتجديد لمدة مماثلة ولمرّة واحدة، وتضع اللجنة ضوابط عملها وأسلوب ودورية اجتماعاتها. وتعقد اللجنة اجتماعاتها في مقرّ الأمانة العامّة بجامعة الدول العربية. ويجوز لها عقد اجتماعاتها في أي بلد طرف في هذا الميثاق بناء على دعوة منه.

المادة السادسة والأربعون

1- يعلن الأمين العام عن المقاعد الشاغرة بعد إخطاره من قبل رئيس اللجنة في الحالات الآتية :

أ- الوفاة.

ب- الاستقالة.

ج- إذا انقطع عضو في اللجنة - بإجماع رأي أعضاؤها الآخرين- عن الاضطلاع بوظائفه بدون تقديم عذر مقبول وبسبب غير الغياب ذي الطابع المؤقت.

2- إذا أعلن شغور مقعد ما طبقا للفقرة (1) وكانت ولاية العضو الذي يجب استبداله لا تنقضي خلال الأشهر الستة التي تلي إعلان شغور مقعده، يقوم الأمين العام لجامعة الدول العربية بإبلاغ ذلك إلى الدول الأطراف في هذا الميثاق، التي يجوز لها، خلال مهلة شهرين، تقديم مرشحين وفقا للمادة (الخامسة والأربعين) من أجل ملء المقعد الشاغر.

3- يضع الأمين العام لجامعة الدول العربية قائمة بأسماء جميع المرشحين على هذا النحو، بالترتيب الأبجدي، ويبلغ هذه القائمة إلى الدول الأطراف في هذا الميثاق. وإذ ذاك يجرى الانتخاب اللازم لملء المقعد الشاغر طبقا للأحكام الخاصة بذلك.

4- كل عضو في اللجنة انتخب لملء مقعد أعلن شغوره طبقا للفقرة (1) يتولى مهام العضوية فيها حتى انقضاء ما تبقى من مدّة ولاية العضو الذي شغر مقعده في اللجنة بمقتضى أحكام تلك الفقرة.

5- يوفّر الأمين العام ضمن ميزانية جامعة الدول العربية ما يلزم من موارد مالية وموظفين ومرافق لقيام اللجنة بعملها بصورة فعّالة ويعامل خبراء اللجنة فيما يتعلق بالمكافأة وتغطية المصاريف معاملة خبراء الأمانة العامة.

المادة السابعة والأربعون

تتعهد الدول الأطراف بأن تضمن لأعضاء اللجنة الحصانات اللازمة والضرورية لحمايتهم ضدّ أي شكل من أشكال المضايقات أو الضغوط المعنوية أو المادية أو أي تتبّعات قضائية بسبب مواقفهم أو تصريحاتهم في إطار قيامهم بمهامهم كأعضاء في اللجنة.

المادة الثامنة والأربعون

1- تتعهد الدول الأطراف بتقديم تقارير بشأن التدابير التي اتخذتها لإعمال الحقوق والحريات المنصوص عليها في هذا الميثاق، وبيان التقدم المحرز للتمتع بها. ويتولى الأمين العام لجامعة الدول العربية بعد تسلّمه التقارير إحالتها إلى اللجنة للنظر فيها.

2- تقوم الدول الأطراف بتقديم التقرير الأول إلى اللجنة خلال سنة من تاريخ دخول الميثاق حيز التنفيذ بالنسبة لكل دولة طرف، وتقريرا دوريا كل ثلاثة أعوام. ويجوز للجنة أن تطلب من الدول الأطراف معلومات إضافية ذات صلة بتنفيذ الميثاق.

3- تدرس اللجنة التقارير التي تقدّمها الدول الأطراف وفقا للفقرة (2) بحضور من يمثل الدولة المعنية لمناقشة التقرير.

4- تناقش اللجنة التقرير وتبدي ملاحظاتها وتقدّم التوصيات الواجب اتخاذها طبقا لأهداف الميثاق.

5- تحيل اللجنة تقريرا سنويا يتضمّن ملاحظاتها وتوصياتها إلى مجلس الجامعة عن طريق الأمين العام.

6- تعتبر تقارير اللجنة وملاحظاتها الختامية وتوصياتها وثائق علنية تعمل اللجنة على نشرها على نطاق واسع.

المادة التاسعة والأربعون

1- يعرض الأمين العام لجامعة الدول العربية هذا الميثاق - بعد موافقة مجلس الجامعة عليه - على الدول الأعضاء للتوقيع والتصديق أو الانضمام إليه.

2- يدخل هذا الميثاق حيز النفاذ بعد شهرين من تاريخ إيداع وثيقة التصديق السابعة لدى الأمانة العامة لجامعة الدول العربية.

3- يصبح هذا الميثاق نافذًا بالنسبة لكلّ دولة – بعد دخوله حيز النفاذ – بعد شهرين من تاريخ إيداع وثيقة تصديقها أو انضمامها لدى الأمانة العامّة.

4- يقوم الأمين العام بإخطار الدول الأعضاء بإيداع وثيقة التصديق أو الانضمام.

المادة الخمسون

يمكن لأي دولة طرف، بوساطة الأمين العام تقديم اقتراحات مكتوبة لتعديل هذا الميثاق، وبعد تعميم هذه التعديلات على الدول الأعضاء يدعو الأمين العام الدول الأطراف للنظر في التعديلات المقترحة لإقرارها قبل عرضها على مجلس الجامعة لاعتمادها.

المادة الحادية والخمسون

يبدأ نفاذ التعديلات بالنسبة للدول الأطراف التي صدقت عليها بعد اكتمال تصديق ثلثي الدول الأطراف على التعديلات.

المادة الثانية والخمسون

يمكن لأي دولة طرف أن تقترح ملاحق إضافية اختيارية لهذا الميثاق ويتخذ في إقرارها الإجراءات التي تتبع في إقرار تعديلات الميثاق.

المادة الثالثة والخمسون

1) يجوز لأي دولة – عند توقيع هذا الميثاق أو عند إيداع وثائق التصديق عليه أو الانضمام إليه – أن تتحفظ على أي مادة في الميثاق، على ألا يتعارض هذا التحفظ مع هدف الميثاق وغرضه الأساسي.

2) يجوز - في أي وقت - لأيّ دولة طرف أبدت تحفّظا وفقا للفقرة (1) من هذه المادة، أن تسحب هذا التحفظ بإرسال إشعار إلى الأمين العام لجامعة الدول العربية.

3) يقوم الأمين العام بإشعار الدول الأعضاء بالتحفظات المبداة وبطلبات سحبها.

التوقيعات

عن المملكة الأردنية الهاشمية

عن دولة الإمارات العربية المتحدة

عن مملكة البحرين

عن الجمهورية التونسية

عن الجمهورية الجزائرية الديمقراطية الشعبية

عن جمهورية جيبوتي

عن المملكة العربية السعودية

عن جمهورية السودان

عن الجمهورية العربية السورية

عن جمهورية الصومال

عن جمهورية العراق

عن سلطنة عُمان

عن دولة فلسطين

عن دولة قطر

عن جمهورية القمر المتحدة

عن دولة الكويت

عن الجمهورية اللبنانية

عن الجماهيرية العربية الليبية الشعبية الاشتراكية العظمى

عن جمهورية مصر العربية

عن المملكة المغربية

عن الجمهورية الإسلامية الموريتانية

عن الجمهورية اليمنية

المصادر و المراجع

المصادر والمراجــــع

قائمة
المصادر والمراجع

أولا - الكتب والبحوث العربية

□ إبراهيم أحمد شلبي التنظيم الدولي النظرية العامة والأمم المتحدة ، الدار الجامعية القاهرة.1986.

□ إبراهيم سعد الدين، الشرق أوسطية مخطط أمريكي صهيوني - ط. 1. مكتبة مدبولي القاهرة، مصر1998.

□ أبو خلدون ساطع الحصري ، ثقافتنا في جامعة الدول العربية مركز دراسات الوحدة العربية بيروت 1985 .

□ احمد الشقيري، الجامعة العربية كيف تكون جامعة وكيف تصبح عربية، دار أبو سلامة للطباعة والنشر ، تونس1979.

□ احمد الشقيري، الجماعة الاتحادية والجامعة الانفصالية، المستقبل العربي، السنة الاولى، العدد الخامس/ كانون الثاني/ يناير 1979.

□ احمد بن سدرين ، دارسة عن الامتيازات القنصلية مجلة القضاء والتشريع التونسية العدد 20 مارس 1976 تونس .

□ احمد صدقي الدجاني، دور الجامعة العربية في الحوار العربي -الأوربي ، مركز دراسات الوحدة العربية، بيروت 1983.

□ أحمد طربين، التجزئة العربية كيف تحققت تاريخيا، مركز دراسات الوحدة العربية، بيروت 2003.

□ احمد عبد الرحيم خلايله، الجامعة العربية والأمن القومي العربي، وقائع الندوة العربية التي أقامها بيت الحكمة تحت عنوان- جامعة الدول العربية في عصر التكتلات الإقليمية ، بغداد 2002 .

☐ أروى طاهر رضوان، اللجنة السياسية لجامعة الدول العربية ودورها في العمل السياسي المشترك، دار الفكر، بيروت 133.

☐ أسامة المجدوب، الجات ، ومصر والبلدان العربية من هافانا إلى مراكش، الدار المصرية اللبنانية ط2 199.

☐ أسامة شموط، واحمد الخطيب، محاولات توحيد وتطوير الناهج الدراسية في البلاد العربية ، جامعة الدول العربية المنظمة العربية للتربية والثقافة والعلوم تونس 1981.

☐ اسحق درينعيم ، الحركة الصهيونية ، ترجمة عن العبرية جودت السعد الأردن أربد .

☐ الإعلان الختامي لمؤتمر حظر الأسلحة الكيميائية المنعقدة في باريس (7- 1989/1/11)

☐ أمين عطايا. النظام الشرق أوسطي الجديد : المخططات ، - ط. 1. - لبنان : المنارة، بيروت، 1995.

☐ باسم حطاب طعمة ، العلاقات التجارية والدبلوماسية الانكليزية العثمانية 1558-1625 دراسة تحليلية ، مجلة آداب البصرة ، العدد 20 السنة 2001 جامعة البصرة.

☐ برهان الداني ، مرئيات الاتحاد العام للغرف العربية حول دور مؤسسات العمل العربي المشترك في تعزيز العمل العربي المشترك، العمران العربي – لاتحاد العام لغرف التجارة والصناعة والزراعة للبلاد العربية ، بيروت العدد 38 آذار- نيسان 1999.

☐ بشار إبراهيم. النظام الشرق أوسطي ، ط. 1. -: دار الحصاد دمشق ، 2000

☐ بطرس بطرس غالي الأمين العام للمنظمة الفرانكفونية الدولية الدورة الثلاثين روما 1999/11/23 (محاضرة ماكوغال التذكارية الحادية والعشرين).

- بطرس بطرس غالي، الجامعة العربية وتسوية المنازعات ا لمحلية، مصدر سابق.
- بن عيسى الدمني (تونس)) حقوق الإنسان العربي الخلفية والمضمون. موقع شؤون سياسية المنطقة العربية. 2001/8/23.
- جعفر عبد السلام ، المنظمات الدولية ، دار نهضة مصر، القاهرة .
- جعفر عبد السلام ، المنظمات الدولية، دار نهضة مصر للطباعة والنشر، القاهرة.
- جعفر عبد السلام ، المنظمات الدولية، دار نهضة مصر للطباعة والنشر، القاهرة.
- جلال أمين ، العولمة والتنمية العربية من حملة نابليون إلى جولة الأورغواي، 1798-1998 مركز دراسات الوحدة لعربية ط1 بيروت أيلول 1999 .
- جميل الجبوري، نشأة فكرة جامعة الدول العربية مجلة شؤون عربية العدد 25 آذار 1983، .
- حسن البدري ، التعاون العسكري العربي المشترك، دار المريخ للنشر الرياض 1982 .
- حسن صعب، الوحدة العربية بين التنظير والتخطيط، دراسات في القومية العربية والوحدة ، مركز دراسات الوحدة العربية، ط2 بيروت 1992 .
- حسن نافعة الدور السياسي للجامعة العربية في استقلال بعض الأقطار العربية وفي القضية الفلسطينية، مركز دراسات الوحدة العربية، بيروت 1983.
- حميد الجميلي، الاقتصاد السياسي للعولمة ومستقبل الاقتصاد العربي، مجلة الزحف الكبير العدد الثاني، تموز - آب 1999 بغداد.
- خطار بوسعيد، عصبة العمل القومي ودورها في لبنان وسوريا 1933-1939، مركز دراسات الوحدة العربية، بيروت 2004.

☐ خلدون حسن النقيب، واقع ومستقبل الأوضاع الاجتماعية في دول الخليج العربي مع إشارة خاصة إلى العولمة، مجلة المستقبل العربي، العدد (268) حزيران- 2001 بيروت.

☐ خلدون ساطع الحصري، حول الوحدة العربية، دراسات في القومية العربية والوحدة، مركز دراسات الوحدة العربية، ط2 بيروت 1992 .

☐ الدكتور عبد الواحد محمد الفار، التنظيم الدولي، عامل الكتب القاهرة 1979.

☐ راندال فورسبرج. [وآخرون] ، منع انتشار الأسلحة النووية ، ؛ ترجمة سيد هدارة. - ط. 1. - القاهرة، مصر : الجمعية المصرية لنشر المعرفة و الثقافة العالمية،. (المركز الثقافي الأمريكي - دمشق1998.

☐ رضوان جودت زيادة (كاتب سوري)، العولمة بين أخطاب المواكبة والنضال الأيديولوجي، دمشق دار الفكر 1999.

☐ السعيد الدقاق المنظمات الدولية ، مؤسسة الثقافة الجامعية ، الإسكندرية 1978 .

☐ سهيل حسين الفتلاوي، حقوق الإنسان في أبو غريب، دار الطليعة، عمان 2007. و كتابنا: جرائم الاحتلال الأمريكي ضد أطفال العراق، دار الطليعة عمان 2007.

☐ سهيل حسين الفتلاوي،لصهيونية حركة استعمارية استيطانية توسعية ، مطبعة عصام بغداد 1990 .

☐ سهيل حسين الفتلاوي، الإرهاب والإرهاب الدولي، دار الشؤون الثقافية العامة بغداد 2002 ص 16.

☐ السيد رجب حراز، الدولة العثمانية وشبه جزيرة العرب، معهد البحوث والدراسات العربية، القاهرة 1980.

☐ السيد يسين. العالمية و العولمة ، ط. 1. نهضة مصر القاهرة، : ، 2000. دمشق {525 (ل.س}

محمد يوسف الجندي، العولمة و الأممية، ط. 1. دار الثقافة الجديدة، القاهرة: 1999.

☐ الشافعي محمد بشير، المنظمات الدولية، منشأة المعارف الإسكندرية 1970.

☐ صادق جلال العظم، ما هي حرية التجارة العالمية، مجلة الطريق ن العدد الرابع، السنة (56) تموز-آب 1997 بيروت.

☐ صبري جريس، صبري جريس، السياسة الصهيونية والمجتمع اليهودي في فلسطين المحتلة خلال الانتداب البريطاني 1918 – 1948 .ص 164,

☐ طلعت أحمد مسلم، التعاون العسكري العربي، مركز دراسات الوحدة العربية، بيروت 1990.

☐ طلعت أحمد مسلم، التعاون العسكري العربي، مركز دراسات الوحدة العربية، بيروت1990 ص 107.

☐ عبد الجليل كاظم الوالي، جدلية العولمة بين الاختيار و الرفض، مجلة المستقبل العربي، العدد (275) كانون ثاني- بيروت 2002.

☐ عبد الحسن زلزلة، الدور الاقتصادي لجامعة العربية، مركز دراسات الوحدة العربية، بيروت 1983.

☐ عبد الحميد المستيري، صهيونية هرتزل العلمانية، مجلة مركز الدراسات الفلسطينية العدد الرابع المجلد الثالث جامعة بغداد 1975 .

☐ عبد الرزاق الحسني، تأريخ العراق السياسي الحديث مطبعة دار الكتب بيروت 1975.

☐ عبد الصاحب العلوان، قضايا التكامل الاقتصادي العربي والأمن الغذائي: التطورات والتحديات وآفاق المستقبل. مجلة المستقبل العربي، العدد (267) مايس لسنة 2001 بيروت.

- عبد العزيز الدوري، دراسات في العصور العباسية المتأخرة، مركز دراسات الوحدة العربية، بيروت 2007.

- عبد العزيز سليمان نوار، تاريخ العراق الحديث، دار الكتاب العربي القاهرة 1968.

- عبد العزيز محمد عبد الهادي، الإرهاب الدولي، دار النهضة العربية القاهرة 1986.

- عبد الكريم علوأن خضير، الوسيط في القانون الدولي العام، الكتاب الرابع، المنظمات الدولية، ط 1 مكتبة دار الثقافة للنشر والتوزيع عم أن 1997.

- عبد الله أبو راشد، العولمة في النظام العالمي و الشرق أوسطية، ط. 1.: دار الحوار للنشر والتوزيع، اللاذقية، سوريا 1999.

- عبد الله الأشعل، أزمة لوكربي من الشرعية الدولية إلى العدالة البريطانية. السياسة الدولية العدد 137 يوليو 1999 .

- عبد الله الدائم، الايدولوجيا القومية العربية بين التجديد والترشيد والردة، دراسات في القومية العربية والوحدة ، مركز دراسات الوحدة العربية، ط2 بيروت 1992 .

- عبد الله بلقزيز وآخرون، إشكالية العلاقة الثقافية مع الغرب، مركز دراسات الوحدة العربية، ط1 بيروت أيار 1997 ص 224. كذلك يراجع نبيل دجاني، البعد الثقافي والاتصال في ضوء النظام العالمي الجديد، مجلة المستقبل العربي، العدد 224 بيروت 1997.

- عبد المنعم السيد علي، الدور الاقتصادي لجامعة الدول العربية، متابعة وتقويم، مجلة المستقبل العربي كانون الثاني عدد 1 سنة 2002.

- عبد الواحد محمد الفار، التنظيم الدولي، عامل الكتب القاهرة 1979.

☐ عدنان السيد حسين، العرب في دائرة النزاعات الدولية، ط1، دار بدر للنشر، بيروت 2001.

☐ عفيف البهوني، في الهوية القومية العربية، دراسات في القومية العربية والوحدة، مركز دراسات الوحدة العربية، ط2 بيروت 1992 .

☐ علاء جبار أحمد سعيد، الدولة القطرية العربية بين العولمة والخيار القومي العربي، رسالة ماجستير مقدمة إلى كلية العلوم السياسية جامعة بغداد 1001 .

☐ علاء موسى كاظم نورس، حكم المماليك في العراق 1975 – 1831، منشورات وزارة الأعلام ، بغداد 1975.

☐ على شاكر علي، تاريخ العراق في العهد العثماني رسالة مقدمة كلية الآداب في جامعة بغداد 1976 .

☐ على فياض، الجامعة العربية وقضية فلسطين، وقائع الندوة العربية التي أقامها بيت الحكمة تحت عنوان: جامعة الدول العربية في عصر التكتلات الإقليمية، بغداد 2002 .

☐ على محافظة، النشأة التاريخية للجامعة العربية، جامعة الدول العربية ، الواقع والطموح، مركز دراسات الوحدة العربية ، بيروت 1983.

☐ علي الدين هلال، ميثاق الجامعة العربية بين القطرية والقومية، مركز دراسات الوحدة العربية، بيروت 1983.

☐ علي عيسى العدوان، موقف جامعة الدول العربية من المنازعات الدولية، أزمة لوكربي، دار وائل عمان 2003.

☐ علي محافظة، فرنسا والوحدة العربية، مركز دراسات الوحدة العربية بيروت 2008.

☐ عماد الدين محمد بن محمد بن حامد الأصفهاني، تاريخ دولة السلجوقية، مطبعة الموسوعات، القاهرة.

- العميد أمن م. حسن بيومي. الثقوب الأمنية في ظل العولمة، صحيفة الرأي 2001. الانترنيت موقع (العولمية).
- عوني فرسخ، حول التاريخ والهوية في الوطن العربي، دراسات في القومية العربية والوحدة ، مركز دراسات الوحدة العربية، ط2 بيروت 1992 .
- غازي نهار، الأمن القومي العربي، دراسة في مصادر التهديد الداخلي، دار الأمل، عمان 1993.
- غالب عامر ، الوحدة العربية في زمن المتغيرات، دار الينابيع ، دمشق 1997.
- غسان العطية، دور الجامعة العربية في الإعلام، مركز دراسات الوحدة العربية، بيروت 1983.
- غسلان سلامة، الجامعة والتكتلات السياسية، مركز دراسات الوحدة العربية، بيروت 1983.
- فتح الـلـه ولعلو، تحديات عولمة الاقتصاد والتكنولوجيا في الدول العربية، عمان 1996 .
- فتحي شهاب الدين، المشروع الشرق أوسطي ،. دار البشير، القاهرة: 1998.
- فؤاد قسطنطين نيسان، الإرهاب الدولي، دراسة تحليلية في طبيعة الظاهرة ومكانتها في التقاليد والممارسات الصهيونية، رسالة مقدمة إلى كلية العلوم السياسية جامعة بغداد 1999
- فؤاد مطر، التضامن العربي ذلك المستحيل،ط. 1. دار الناشر العربي الدولي، بيروت: 2002.
- فؤاد نهرا. الشرق الأوسط الجديد في الفكر السياسي الأميركي / تأليف - ط. 1مركز الدراسات الإستراتيجية..بيروت 2000.
- كمال مظهر احمد، ثورة العشرين في الاستشراق السوفيتي، مطبعة الزمان بغداد 1977.

◻ مجدي حماد، دور الجامعة العربية في التعاون العربي – الافريقي، مركز دراسات الوحدة العربية، بيروت 1983.

◻ محمد اسعد اطلس، تاريخ الأمة العربية عصر الانبعاث، دار الأندلس بيروت 1963 .

◻ محمد السيد سليم، دور الجامعة العربية في إدارة المنازعات بين الأعضاء، مركز دراسات الوحدة العربية، بيروت 1983.

◻ محمد سامي عبد الحميد ، قانون المنظمات الدولية ، القاهرة .

◻ محمد طلعت الغنيمي، القانون الدولي العام ، القاهرة .

◻ محمد طلعت الغنيمي، جامعة الدول العربية، منشأة المعارف الإسكندرية 1974ص6.

◻ محمد عابد الجابري العولمة والهوية الثقافية عشر أطروحات الانترنيت موقع العولمة .

◻ محمد عبد الحكم دياب، تكتل ما بعد حرية التجارة العالمية بين النظرة العملية والنظرة التقليدية. الانترنيت الموقع (العولمة).

◻ محمد عبد العاطي جامعة الدول العربية: المبادئ والأهداف مقر جامعة الدول العربية الانترنيت 2001/3/25.

◻ محمد عبد العزيز الشناوي، أوربا في مطلع العصور الحديثة، القاهرة 1969 .

◻ محمد علي رفاعي، الجامعة العربية وقضايا التحرير، الشركة المصرية للطباعة والنشر، القاهرة 1971.

◻ محمد على منصور مساهمة التشريع والقضاء التونسيين في المحافظة على الذاتية القومية مجلة القضاء والتشريع التونسية العدد (2) لسنة 19 وزارة العدل التونسية 1977 .

◻ محمد علي حوات مفهوم الشرق أوسطية و تأثيرها على الأمن القومي العربي- ط. 1. مكتبة مدبولي القاهرة، ، 2002.

- محمد كمال الدسوقي، الدولة العثمانية والمسألة الشرقي، دار الثقافة، القاهرة 1976.
- محمــد نعمان جلال، الميثاق العربي لحقوق الإنسان بين الــدول والنشطــاء الحقوقيين مركز القاهرة لحقوق الإنسان 22 يونيو 2003 *http://www.ahram.org.e*
- محي الدين صابر، دور الجامعة العربية في التوحيد التربوي الثقافي، مركز دراسات الوحدة العربية، بيروت 1983.
- محي السيد سليم، دور الجامعة العربية في إدارة المنازعات بين الدول الاعضاء، الجامعة العربية وتسوية المنازعات المحلية. معهد البحوث والدراسات العربية القاهرة ، 1977.
- مصطفى اللباد، إيران الجار التاريخي وإسرائيل الخطر البعيد، مجلة شؤون عربية، العدد (133) القاهرة 2008.
- مصطفى رجب، مخاطر حرية التجارة العالمية على المجتمعات العربية ، البيان 2000/10/13 الانترنيت الموقع (العولمة)
- مها ذياب ، تهديدات العولمة للوطن العربي ، مجلة المستقبل العربي، العدد 276 العدد الثاني بيروت 2002 .
- مفيد شهاب، جامعة الدول العربية: ميثاقها وانجازاتها، القاهرة : معهد البحوث والدراسات العربية، 1978.
- ناصيف حتي، الجامعة العربية والمنظمات الإقليمية المشابهة، مركز دراسات الوحدة العربية، بيروت 1983.
- ناظم عبد الواحد الجاسور، قراءة سياسية لميثاق جامعة الدول العربية وأسس تعزيز العمل العربي المشترك. وقائع الندوة العربية التي أقامها بيت الحكمة تحت عنوان- جامعة الدول العربية في عصر التكتلات الإقليمية ، بغداد 2002 .
- نوري السعيد، استقلال العرب ووحدتهم، بغداد 1943.

- هادي حسن عليوي، الاتجاهات الوحدوية في الفكر القومي العربي الشرقي، 1918-1952، مركز دراسات الوحدة العربية، بيروت 2000.
- هشام غصيب، حرية التجارة العالمية والهوية القومية. بحث في الانترنيت
- همسلي لونكريك، العراق الحديث ، 1900-1950 ترجمة سليم طه التكريتي بغداد 1965.
- وحيد رأفت شؤون الجامعة العربية كمنظمة إقليمية دراسات في القانون الدولي _ الجمعية المصرية للقانون الدولي المجلد الثاني عام 1970 .
- وليد عبد الحي، علاقة السياسة الخارجية الأمريكية بالتحولات الديمقراطية في الوطن العربي، مجلة المستقبل العربي، العدد (267) مايس 2001 بيروت .
- وليد قزيهار، فكرة الوحدة العربية في مطلع القرن العشرين، دراسات في القومية العربية والوحدة ، مركز دراسات الوحدة العربية، ط2 بيروت 1992.
- وميض عمر نظمي، دراسات في القومية العربية والوحدة ، مركز دراسات الوحدة العربية، ط2 بيروت 1992 .
- يونان لبيب رزق، موقف بريطانيا من الوحدة العربية، مركز دراسات الوحدة العربية، بيروت 1999.

<u>**ثانيا- الوثائق الدولية**</u>

- قرار الجمعية العامة للأمم المتحدة رقم 3/2/328 الخاص بميثاق حقوق الدول وواجباتها الاقتصادية الصادر في 15 كانون الثاني من عام 1975.
- قرار مجلس الأمن المرقمة 2006/1734 الصادر في الجلسة 5608 بتاريخ 22/كانون الأول/2006.
- قرار مجلس جامعة الدول العربية رقم (6126) من دورة انعقاده العادي (116) المنعقدة بتاريخ 2001/9/10م، وموافقة المجلس الاقتصادي والاجتماعي بقراره رقم (1426) بتاريخ 2001/9/12م.
- قرار مجلس جامعة الدول العربية رقم 2961، الدورة العادية الثامنة والخمسون في 3/أيلول/ 1972.
- قرار مجلس وزراء العدل العرب رقم (249) بتاريخ 1997/11/26م.
- قرار مؤتمر القمة العربي المنعقد في عمان في 27 و28 مارس/آذار 2001. الوثائق الرسمية جامعة الدول العربية.
- قرارا الجَمعِيَة العَّامَّة المرقمة (7/46) والقرار (20/47أ)
- قرارات مجلس الأمن الصادرة بخصوص لبنان، المرقمة : 2005/1595 و 2005/1636 و 2005/1664, وتراجع الوثائق المرقمة *(S/RES/1757 (2007)* و *(S/2006/893)*, *(S/2006/911)*
- قرار جامعة الدول العربية : (92/د5ج) في 1946/11/23.
- قرار جامعة الدول العربية : (92/د5ج) في 1946/11/23.
- قرارات مجلس الأمن الصادرة ضد العراق : 660 المؤرخ في 2 آب/أغسطس 1990، و661 المؤرخ في 6 آب/أغسطس 1990 و 662 المؤرخ في 9 آب/أغسطس 1990 و 664 المؤرخ في 18 آب/أغسطس 1990، و 665 المؤرخ في 25 آب /أغسطس1990، و 666 المؤرخ في 13 أيلول/سبتمبر

أيلول /سبتمبر 1990، و 667 المؤرخ في 16أيلول /سبتمبر 1990، و 669 المؤرخ في24 1990، و 670 المؤرخ في 2 أيلول/سبتمبر 1990، و 674 المؤرخ في 29 تشرين المؤرخ في 28 تشرين الثاني /نوفمبر1990، الأول/أكتوبر 1990، و 677

- قرارات مؤتمر القمة العربي غير العادي (القاهرة، جمهورية مصر العربية5 - 7 صفر 1417 هـ 21 - 23 يونيو 1996م)
- قرارات مؤتمر القمة العربي غير العادي (القاهرة، جمهورية مصر العربية 5 - 7 صفر 1417 هـ* 21 - 23 يونيو 1996م)
- معاهدة الدفاع العربي المشترك والتعاون الاقتصادي.
- ميثاق الأمم المُتحِدة
- مِيثَاق جَامِعَة ا لِدِوَلِ العربية
- ميثاق الميثاق العربي لحقوق الإنسان بالقرار المرقم 5424 في 1997/9/15 .
- وثائق الأُمَـم المُتحِدة المرقمة: ((*A/c.45/P.p.3-23*) ، *K(A/45/794)* (*s/c.3/32/Rev.1*)، and (*A/45/Pv.54*))
- وثائق مجلس الأمن:.(*A/3212*) , (*S/12129*) , (*S/12122*)
- وثيقة الأُمَم المُتحِدة المرقمة (*A/47/Pv.71,100*).
- وثيقة الأُمَم المُتحِدة المرقمة: (*A/Res/3281/24*)
- وثيقة الأمم المتحدة المرقمة: (*S/RES/1750* (*2007*) *07-29001*
- وثيقة مجلس الأمن: (*A/8402*ِ)
- وثيقة مجلس المرقمة: (*S/12372*)
- ورقة عمل اللجنة الفنية اللجنة الفنية حول إنشاء منطقة خالية من أسلحة الدمار الشامل في الشرق الأوسط ، تنفيذا لقرار مجلس الجامعة رقم 5335 سبتمبر 1993 .

❑ ورقة عمل مرفقة بيان مجلس جامعة الدول العربية في دورته غير العادية بتاريخ 1989/10/12 والإعلان الختامي لمؤتمر حظر الأسلحة الكيميائية المنعقدة في باريس 7-11 /1 /1989) .

❑ ورقة عمل مرفقة بيان مجلس جامعة الدول العربية في دورته غير العادية بتاريخ 1989/10/12 والإعلان الختامي لمؤتمر حظر الأسلحة الكيميائية المنعقدة في باريس 7-11 /1 /1989)

❑ اليونسكو *UNESCO*، مشروع تقرير لجنة العلوم الاجتماعية للدورة الثالثة والأربعين، جنيف، 14-19 سبتمبر 1992، وثيقة رقم (43 / *Com / Prov* / *ED/BIE/CONFINTED*).

ثالثاً – المصادر الأجنبية

- Alan R. Taylor. The Arab Balance of Power. Contributors. Publisher: Syracuse University Press. Place of Publication: Syracuse, NY. Publication Year: 1982.

- Alex P. Schmid , Political Terrorism, A Research Guide to Concepts Theories , Data Bases and Literature. – Amsterdam , North Holland Publishing co. 1983.

- Ben Halpern . The Idea of Jewish State . 2ed. Cambridge 1969.

- Ian Brownlie, Basic Documents in International Law, Oxford ,London 1972.

- John Marlowe, Arab Nationalism and British Imperialism. Contributors:: Praeger. Place of Publication: New York. Publication Year: 1961.

- Jon Kimche Seven Fallen Pillars: The Middle East, 1945-1952. Contributors. Frederick A. Praeger. Place of Publication: New York. Publication Year:.

- Samuel P. Hintington, The Clash of Civilizations, Simon & Schuster, 1997.

- Venkart Rama.Approach A Study of Good offices Exercised in the cases of Peace , UN, ed. New York 1977.

- Venkart Raman, A study of the Procedural Concepts of United Nation Intermedilary, The UN ed. New York 1977 .

- William Roger Louis, The British Empire in the Middle East, 1945-1951: Arab Nationalism, the United States, and Postwar Imperialism. Contributors. Clarendon Press. Place of Publication: Oxford. Publication Year: 1984.

- Yonathan Shapiro ,The Formative Years of the Israeli Labour Party, Sage Publication , London 1976.

للمؤلف
صدرت الكتب الآتية

أولا - كتب القانون الدولي العام

1- قانون الحرب في القانون الدولي، دار القادسية، بغداد 1983؛

2- أسرى الحرب في القانون الدولي العام، دار القادسية، بغداد 1943.

3- المنازعات الدولية، دار القادسية، بغداد 1986.

4- القانون الدولي العام، دار الكتب، جامعة بغداد 2001؛

5- الوسيط في القانون الدولي العام، دار الفكر العربي، بيروت 2002؛

6- الإرهاب والإرهاب المضاد، وزارة الثقافة، بغداد 2002،

7- القانون الدولي العام، الجزء الأول، دار الثقافة عمان 2006؛

8- القانون الدولي العام، الجزء الثاني، دار الثقافة عمان2006؛

9- حقوق الإنسان في معتقل أبو غريب، دار الطليعة عمان 2007؛

10- جرائم الاحتلال الأمريكي ضد أطفال العراق، دار الطليعة عمان 2007.

11- القانون الدولي للبحار، دار الثقافة عمان 2008.

12- الإرهاب وشرعية المقاومة، دار الثقافة عمان2009.

13- الموجز في القانون الدولي العام، دار الثقافة عمان 2009.

14- العولمة وآثارها على الوطن العربي، دار الثقافة عمان 2009.

15- القَانُون الدَولي فِي وقت السِّلْم، دار الثقافة عمان 2010.

ثانيا - كتب حقوق الإنسان

1- انتهاك حقوق الإنسان في فلسطين المحتلة، دار القادسية بغداد 1985.

2- مبادئ القانون الدولي الإنساني، مطبعة عصام، بغداد 1986؛

3- حقوق الإنسان، دار الثقافة، عمان2006 ؛

4- القانون الدولي الإنساني، دار الثقافة عمان 2007؛

5- القانون الدولي لحقوق الإنسان، دار الحداثة عمان 2008.

ثالثا-كتب الدبلوماسية

1- الحصانة القضائية للمبعوث الدبلوماسي، مطبعة اسعد، بغداد 1980؛

2- تطور الدبلوماسية عند العرب، دار القادسية، بغداد 1985؛

3- الدبلوماسية بين النظرية والتطبيق، دار الثقافة عمان 2005؛

4- القانون الدبلوماسي، دار الثقافة عمان 2010.

5- الحصانة الدبلوماسية دار وائل عمان 2010.

ثالثا-كتب المنظمات الدولية

1- المنظمات الدولية، دار الفكر العربي، بيروت 2004؛

2- منظمة التجارة العالمية، دار الثقافة، عمان 2005؛

3- التنظيم الدولي، دار الثقافة عمان 2007.

4- المنظمات العالمية والإقليمية، دار الثقافة عمان 2010.

رابعا-كتب القانون الدولي الإسلامي

1- دبلوماسية النبي محمد ، دار الفكر العربي، بيروت 2000؛

2- حقوق الإنسان في الإسلام، دار الفكر العربي، بيروت 2000؛

أدب المجالس في الإسلام، دار الضياء، عمان 2001؛

3- تسوية المنازعات الدولية، في عهد النبي محمد، دار الضياء عمان 2001؛

4- مراسلات النبي محمد وبعثاته الدبلوماسية، دار الضياء، عمان 2001؛

5- الدبلوماسية الإسلامية، دار الثقافة عمان 2005؛

6- فلسفة الإسلام فِي تَحْرِيم الإرهاب ومقاومته، دار وائل عمان 2010.

خامسا-كتب فلسفة القانون

1- حقوق المؤلف الأدبية، دار الحرية بغداد 1977.

2- تاريخ القانون اليمني قبل الإسلام، دار الفكر المعاصر، دمشق 1992.

3- نظرية القانون، دار الفكر المعاصر، دمشق، 1993.

4- نظرية الحق، دار الفكر المعاصر ، دمشق، 1994.

5- تاريخ النظم القانونية، دار الفكر المعاصر، دمشق، 1995.

6- المدخل لدراسة علم القانون، مكتبة الذاكرة، بغداد 2008.